JN451991

전남대학교 종교문화연구소 총서 제3권

영성과 명상의 세계

전남대학교 종교문화연구소 총서 제3권

영성과 명상의 세계

지 운 · 이경열 · 윤찬원 · 허성석 · 김영태 · 황병하
이항만 · 최성식 · 강성률 · 박건주 · 선미라 · 김기현 저

전남대학교출판부

〈 일 러 두 기 〉

* 주석은 본문 중의 괄호 안에 저자나 역자의 이름과 쪽수를 밝히고 각 편 끝의 '참고문헌'에 자세한 자료 소개를 기재하는 방식으로 대신하였다. 동일 저자의 문건이 2건 이상일 경우에는 저자 이름 뒤의 괄호 안에 간행년도를 표기하여 구분하였다.
예) 이형우 역주(1991), 이형우 역주(1999).

* 본문의 서술 중 부연 설명이 필요한 경우에는 관련 내용을 괄호 안에 넣었다.

* 괄호 안의 한자(漢字)가 괄호 앞 단어와 음(音)이 같을 때는 '( )' 안에 넣었고, 음은 다르고 의미가 통할 경우에는 '[ ]' 안에 넣었다.
예) 종교(宗敎), 실재[神].

* 인용문 등에서 생략 부호는 '(…)'로 표기하였다.

| 발간사 |

전남대학교 종교문화연구소에서 이전에 발간한 두 권의 총서, 『문학으로 여는 종교』(No.1), 『종교간 대화의 이론과 실제』(No.2)에 이어 이번에 세 번째로 『영성과 명상의 세계』를 발간하게 된 것을 기쁘고 반갑게 생각합니다. '영성'과 '명상'은 둘 다 종교의 경지를 일컫는 명칭인데, 두 종류의 경지가 있기 때문은 아니고 종교에 따라 관용적으로 사용하는 용어들이 있기 때문에 이 두 용어로써 종교의 경지를 최대한 포괄하고자 하는 의도였음을 미리 밝혀 둡니다.

모든 종교인들은 신앙생활을 통해 종교와 관련한 모종의 심리상태에 이른다고 할 수 있겠습니다. 그 최후의 경지에 대해서는 종교에 따라 용어가 다르고 개념이 다르고 수행방법이 다르겠습니다만, 어느 경우가 되었든 신앙생활 이전과 이후 사이에 마음의 변화가 없다면 그에게는 종교라는 것이 한 종교 조직의 일원으로 등록되었다는 점 외에는 실질상으로 별 의미가 없는 것이 될 수도 있겠습니다. 그만큼 모든 종교인에게는 신앙생활을 통해 마음의 상태를 고양(高揚)시키는 것이 중요하다는 이야기가 되겠습니다. 성직자 또는 전업(專業)으로 맹진하는 수도자(修道者)의 경우에는 그 추구하는 경지가 훨씬 더 뚜렷하고 심오한데, 이것이 각 종교의 '영성과 명상의 세계'를 대표한다 하겠습니다.

전남대 종교문화연구소 및 한국종교문화학회(구 한국종교간대화학회)는 모든 종교에 문을 열어 놓을 뿐만 아니라 성직자와 전문 연구가 외에 일반 신도와 종교가 없는 일반인에게까지 참여의 문을 열어 놓고 있는 특색을 갖고 있습니다. 이런 독자적 정신에 의거하여 이번 총서의 집필진이 선정되었고, 이에 따라 독자들은 이 책 한 권에서 종교의 경지에 관하여 참으로 다양한 관점과 논의들을 접할 수 있겠습니다.

이 책은 3부로 구성되어 있고, 총 12인의 저자들이 참여하였습니다. 바쁜 일정에도 불구하고 원고를 보내주시고 원고의 수정에 협력해 주신데 대하여 저자들께 심심한 감사의 말씀을 드립니다. 이 책은 전남대학교의 도움을 받아 출판되었습니다. 전남대학교 당국에 감사의 뜻을 표하며, 박방배 과장님 이하 많이 기다려주고 보기좋고 짜임새 있는 책으로 잘 만들어주신 출판부 관계자 여러 선생님들께 감사드립니다. 원고의 편집에 도움을 준 종교문화연구소 김현정 연구조교의 노고 또한 적지 않았음을 기록해 둡니다. 이 책이 종교의 경지에 관심이 있는 독자들께 유익한 글이 되기를 바랍니다.

2009년 11월

전남대학교 종교문화연구소 소장 김기현 謹識(근지)

| 목차 |

제3부 : 종교정신과 사회

제1부
수행과 종교심

불교에 있어서 진리와 수행의 세계

지 운

전(前) 동화사 강원 강주, 현(現) 자비선 명상센타 지도법사

목차

1. 머리말

종교에 있어서 우리가 진리(眞理)라고 이야기하는 것은 삶과 죽음의 과정에 따르는 고(苦)를 해결해 주어서 그것을 진리라 할 수 있습니다. 진정 고를 해결해 주는 진리는 깨치고자 하는 수행의 동기를 유발하며 진리에로 들어갈 수 있는 문(門) 자체가 되며 진리가 실제로 그 문으로 들어가는 수단이 되며, 그 진리는 우리를 자유롭게 할 수 있습니다. 왜냐하면 우리들은 진리 밖에 있지 않기 때문이며 진리 그 자체이기 때문입니다. 그렇지 않으면 그 진리는 우리와 아무 상관이 없는 것이 되기 때문에 진리라고 할 수 없을 것입니다.

하지만 이렇듯 명백한 진리가 존재한다 하더라도 머릿속으로 아는 진리는 영속적이지 않아서 삶의 순간순간에 망각이 될 수 있습니다. 그러므로 이를 증명하여 아는 길은 수행뿐이니 수행을 통해 진리와 본래 하나임을 깨치는 지혜를 이끌어 내어야합니다. 즉 이 진리를 인식할 때 지혜가 생겨 우리의 삶과 죽음은 고통으로부터 해방시킵니다.

진리란

진리가 고(苦)를 해결해주고
수행의 동기를 유발하며
진리에로 들어갈 수 있는 문이 되며
또한 수단이 되며 길이 되어

진리는
진리 아닌 것들을 파(破)하여
진리로 되돌아가게 합니다.

수행이란

자신의 내면을 들여다보는 것
자기가 자기를 알아가는 것

자기가 자신을 사랑하는 것

자기의 고통을 자기가 없애는 것
자기의 잘못을 자신이 용서하는 것

내가 나를 깨우는 것
자기가 자기를 구원하는 것

이것은 안에서 일어나는 혁명으로
바깥 경계에 전혀 동요되지 않으니
진리에로 돌아가며 진리 자체인 지혜가 되어
세간의 고통을 구제하여 평안을 구현합니다.

2. 진 리

가) 진리의 여러 가지 다른 이름

세계적인 종교들은 크게 두 범주로 나눌 수 있습니다. 창조주의 존재를 주장하는 유신론적 종교들과 창조주를 부정하는 무신론적 종교들이 있습니다. 기독교, 유대교, 이슬람교, 힌두교 등은 유신론의 예입니다. 그리고 불교, 자이나교, 고대 인도의 상카파 등은 무신론의 예입니다. 무신론적 종교들도 크게 두 가지로 분류할 수 있습니다. 영원하고 불변하고 불멸하는 하나의 영혼인 아트만(atman)의 존재를 인정하는 종교와 부정하는 종교로 나뉩니다. 불교는 아트만의 존재를 부정하고 무아를 이야기 합니다. 무아(無我)는 공(空)입니다. 특히 공은 어떤 고정된 것으로 보이는 사물 안에도 절대적이고 독립적인 실재라는 것은 존재하지 않는다는 불교의 독특한 개념입니다. 즉 연기법(緣起法)법의 다른 이름이 공(空)입니다.

불교에서의 진리라고 함은 부처님께서 깨달으신 연기법입니다. 연기법은 모든 존재는 상호 의존해 있다는 것이며, 나란 생명은 다른 생명에 의해 존재함을 말합니다. 이 연기법의 다른 이름으로 인연, 무상·고(苦)·무아의 삼법인, 공, 중도, 법계, 여래장, 진제, 진여, 일심, 선가(禪家)에서는 한 물건, 주인공, 화두 등이 있습니다. 이 진리의 특성은 『대승기신론』에 의하면 인식할 수 없고 이름을 붙일 수도 없습니다. 그래서 억지로 진여(眞如)라고 했습니다. 이렇게 언어로써 규정하는 것은 그것의 이치를 추구하거나 의미부여가 가능합니다. 하지만 선가에서 쓰는 단어 중에 화두(話頭)라는 용어는 말과 생각 이전의 자리를 지시할 뿐입니다. 경론(經論)에서 쓰는 진리를 규정하는 말에는 이치의 길과 말의 길이 붙을 수 있지만, 그 진리라는 말이 진리 그 자체를 표현할 수는 없습니다. 왜냐하면 언어는 존재의 실체를 규정하는 것이며 생각을 일으킴으로써 공성의 진리에 접근할 수 없게 만들기 때문입니다. 그래서 간화선에서는 진리를 화두라는 말로 바꾸어서 씁니다. 화두는 언어의 길이 끊어져 있어서 말과 생각으로 이해할 수 없으니 말과 생각을 떠나게 하는 조사(祖師)의 언구(言句)를 참(參)하는 간화선의 방편이 생기는 것입니다.

나) 진리의 성격과 그 두 가지 모습 - 불변(不變)과 수연(隨緣)

『연기법경』에 의하면 "연기법은 내가 만든 것도 아니며 남이 만든 것도 아니다. 여래가 이 세상에 출현하거나 안하거나 관계없이 법(法)의 계(界)는 상주하기 때문이다."라고 설하고 있습니다. 연기법은 모든 존재가 그물망처럼 분리되어 있지 않고 상호의존하고 있음을 설합니다. 상호의존은 곧 전체이며, 동시(同時)이며 무시무종(無始無終)입니다. 부분과 전체는 동등하고, 시간적으로 끊임없이 변하며, 공간적으로는 불변의 실체나, 말이나 생각을 행동으로 옮기게끔 하는 영혼 같은 자아가 없음을 설합니다. 이는 안과 밖이 없음을 뜻합니다. 곧 걸림 없으며 상호의존하며 어떤 것에도 소속되어 있지 않으며 무시이래(無始以來)의 것이며 일체 모든 것이 의지하는 것이기 때문에 말과 생각으로 고정시킬 수 없습니다.

앞서 말한 진리[眞如]의 성격에는 자아와 실체 없음의 공(空)의 모습과 인연을 따르는 불공(不空)의 모습을 가지고 있습니다. 전자는 진리의 공의 측면인 불변(不變)을 말한다면 후자는 연을 따르는 불공의 수연(隨緣)하는 측면인데 이 둘은 하나 속의 두 얼굴이라고 할 수 있습니다. 그래서 자성(自性)을 지키지 않고 연을 따르기 때문에 몸과 환경의 영향을 받아 고뇌하는 중생이 될 수 있으며 수연이 본래 무자성의 공성임을 깨달으면 중생의 연을 따라 무한 자비심이 일어나 중생을 구제하는 것이 진리입니다.

이처럼 연을 따르는 진리는 주어지는 것이 아니며 만들 수 있는 것도 아니기 때문에 원인과 조건을 알면 깨달을 수 있습니다. 그래서 스스로의 노력으로 수행하여 깨달을 수 있는 것입니다. 말하자면 고통을 일으키는 원인을 제거하면 삶과 죽음의 괴로움에서 벗어나 해탈할 수 있으며 깨달을 수 있는 원인을 심으면 그에 대한 결과인 깨달음을 이룰 수 있습니다. 원인이 제거되거나 심어진다는 것은 그 원인이 곧 무자성공(無自性空)이기 때문입니다. 그러므로 연기는 누구나 깨달을 수 있습니다. 진리가 연기이며 깨달음 자체이기 때문입니다. 또한 진리는 생사고를 벗어나기 위해 깨쳐야할 인식대상이지만 수행의 결과로 얻어진 궁극적인 것으로 지혜를 말합니다. 지혜 또한 연기이기 때문에 지혜의 완성은 곧 깨달은 이, 진리자체가 되는 것임을 말합니다.(불교에서의 진리는 연기법이며 연기법은 마음입니다. 따라서 지혜가 진리가 됩니다.)

다) 진리의 작용

진리가 고(苦)를 만날 때 고(苦)를 없애주는 힘을 가집니다. 즉 괴로움을 자각하고 괴로움에서 벗어나고자 하며 고(苦)에서 허덕이는 사람에게 연민심을 일으키며 또한 연민심을 통해 보리심을 일으킵니다. 보리심이 일어나면 보리심은 수행방법을 배우게 하고 여기서 자기에게 부처의 성품이 있음을 믿게 하고, 이 믿음을 확인하기 위한 내적관찰의 수행을 하게 합니다. 이러한 내적관찰을 통해 선정(禪定)을 얻고 선정을 바탕으로 하여 반야지혜가 일어나며, 반야지혜가 최종에는 깨달음을 얻게 합니다. 깨달으면 모든 고(苦)와 고(苦)의 원인이 사라져서 진리 그 자체로 돌아갑니다. 『원각경』에 의하면 모든 것이 원각에서 나와서 다시 원각으로 돌아가지만 원각은 바뀌지 않습니다. 마치 허공에 꽃이 피고 지지만 허공은 변함없는 이치와 같습니다. 이때 비로소 깨닫고 보니 깨달을 것이 본래 없어 무각(無覺)이며 닦고 보니 닦을 것이 없어 무수(無修)인 것입니다.

그래서 설잠스님은 『법성게(法性偈)』의 '구래부동명위불(舊來不動名爲佛)'을 주석하여 이르시기를, "어떤 사람이 침상에서 잠이 들어 꿈속에서 30여 여관(旅館)을 전전하다가 꿈에서 깬 후에야 비로소 침상에서 한 발짝도 움직이지 않았음을 알게 된 것과 같습니다."(雪岑撰, p.23.) 그러나 진리의 활동은 여기서 끝나지 않습니다. 『대승기신론』에서 마명보살이 설하기를, "지혜가 번뇌를 없애고 난 뒤 밖으로 중생을 향하여 자비심을 일으켜 구제활동을 한다."라고 합니다. 즉 중생을 향해 사랑과 연민심을 일으켜 중생을 구제해 갑니다. 이 모두가 진리의 본 모습입니다.

이 고(苦)의 발생과 자각으로부터 작용하는 진리의 모습은 『법화경』 「신해품」에 나오는 '궁자(窮子)의 비유' 내용 그대로입니다. 말하자면 괴로움을 자각하고 보리심을 일으킴과 지혜와 자비심, 그리고 깨달음마저도 진리의 모습인 것입니다. 왜냐하면 인연이기 때문입니다. 즉 진리는 연기(緣起)이기 때문이며 연기는 인연이며 인연은 공이며 공의 뜻은 깨달음의 뜻이기 때문입니다. 그래서 진리는 곧 연기로서 깨달음 그 자체입니다.

라) 진리가 문이 되고 수단이 되며 길이 됩니다

진리가 문(門)이 된다고 하는 것은 진리는 현상적으로는 인연생멸(因緣生滅)하는 모습이 있고 본질적으로는 무생멸(無生滅)하는 공(空)의 모습이 있습니다. 현상적으로 생멸하는 모습은 곧 인과 연의 상호작용하는 모습입니다. 이 인연생멸을 잘 살펴보면 바로 인연생멸의 근원에 도달할 수 있습니다. 그래서 인연생멸의 모습은 깨쳐 들어가는 하나의 문이 됩니다. 이를 대승기신론에는 심생멸문(心生滅門)이라 합니다.

그리고 본질적 무생멸은 또 하나의 깨쳐들어 가는 문이 됩니다. 왜냐하면 인연생멸은 마음의 생멸이며 여기에는 자아와 실체가 없습니다. 자아와 실체 없음의 세계는 말 그대로 마음의 무생멸입니다. 따라서 관찰하는 마음을 무생멸 상태로 만들면 마음 진리의 무생멸 모습과 같은 모습이 됩니다. 그러면 마음 진리의 무생멸 세계로 들어갈 수 있습니다. 그러므로 본질적 모습도 하나의 깨침의 문이 됩니다. 이를 대승기신론에는 심진여문(心眞如門)이라 합니다.

문이란 안으로 들어올 수도 있고 또한 밖으로 나갈 수도 있는 통로를 의미합니다. 진리가 문이 된다고 하는 것은 안으로 들어오는 문은 사마타의 선정과 위빠사나의 지혜로서만이 들어올 수 있으며 궁극에는 진리를 깨치게 됩니다. 밖으로 나가는 것은 지혜가 자비의 모습으로 바뀌어 중생의 번뇌망상을 없애주는 구제하는 활동으로 뀝니다.

진리가 수단이 된다고 하는 것은 진리는 연기이며 연기는 주객이 상대하여 일어나는 앎이며 앎은 곧 마음의 특성입니다. 따라서 진리를 바르게 아는 수단도 진리의 작용입니다. 즉 이 마음의 본성이 공인데 공하지 않는 번뇌가 일어나면 이 공인 마음이 공하지 않는 번뇌를 없애는 작용으로 나타납니다. 이것이 발보리심이며 욕・승해・염・정・혜의 수행심리가 나타납니다.

특히 수행심리 가운데 념(念)의 집중에 의해 생각의 흐름이 그쳐지는 사마타(止)수행과 념(念)을 의지해 사유하여 존재의 본질을 통찰하는 위빠사나(觀)의 수행법이라는 수단이 생기는 것입니다. 따라서 사마타에 의해 앎이 고요하면 선정이며 위빠사나에 의해 이 앎이 법을 아는 것이라면 바로 지혜입니다. 지혜가 바로 진리를 아는 앎이자 연기인 진리이기 때문입니다. 따라서 인연생멸의 문은 위빠사나 수행으로 들어가며 본질적인 공(空)의 문은 사마타 수행으로 들어가기 때문입니다. 이와 같이 사마타(止)와 위빠사나(觀)라는 수단에 의해 인연생멸의 문(門)과 공(空)의 문에 들어가서 진리를 깨치지만 이 수단이 곧 진리의 작용이므로 진리라는 근원에서 나와서 다시 근원으로 들어가게 하는 이것은 곧 진리의 속성을 말합니다.

진리의 문으로 들어가는 길은 사마타와 위빠사나의 수단에 의해 진리인 인연생멸의 문과 공의 문으로 들어가고 계(戒)·정(定)·혜(慧) 삼학(三學)의 길이 열리는 것이니(팔정도, 육바라밀, 삼십칠조도품(三十七助道品), 이 모두 삼학으로 되어있습니다) 이는 진리의 회복이며 진리의 작용입니다. 예를 들어, 몸과 마음의 무상을 관찰하면 '항상하다' '고정되어 있다' '분리되어 있다'는 생각에 의해 일어나는 탐욕과 성냄 등의 번뇌가 끊어집니다. 이것이 바로 수행의 길[道]을 내는 것입니다.('봄'이라는 의미를 지닌 바른 견해[正見]의 길이 생김을 말합니다. 또한 마음 쏟음의 의미를 지닌 바른 사유[正思惟], 받아들임의 의미를 지닌 바른 말[正語], 일어남의 의미를 지닌 바른 행위[正業], 청정의 의미를 지닌 바른 삶[正命], 정근의 의미를 지닌 바른 정진[正精進], 확립의 의미를 지닌 바른 마음 지킴[正念], 산란하지 않음의 의미를 지닌 바른 삼매[正定]의 길이 생김을 말합니다. 즉 팔정도八正道의 길이 생김을 말합니다.) 이 길을 익히고 닦으면 생각과 생각의 얽히고 설킨 것을 끊을 수 있으므로 느낌과 생각만으로 존재하는 자아에서 벗어날 수 있을 뿐만 아니라 잠재적인 성향까지 약화시키거나 소멸시킬 수 있습니다. 즉 계와 선정, 그리고 지혜가 일어납니다. 모든 수행이 계(戒)·정(定)·혜(慧) 삼학에서 벗어나지 않기 때문입니다. 사마타는 선정을, 위빠사나는 지혜를 계발하기 때문입니다. 물론 계율은 선정과 지혜가 일어나도록 하는 바탕입니다.

3. 수행의 세계

가) 수행동기 - 발보리심

왜 진리를 찾을까요? 괴로움 때문입니다. 괴로움은 번뇌로부터 생기며 번뇌는 자아로부터, 자아는 진리가 본래 하나인 줄 모르기 때문에 일어난 것입니다. 이 모름을 무명(無明)이라고 합니다. 그래서 진리를 찾습니다. 모든 존재가 본래 하나인 줄 모르는 무명, 즉 무지(無知)를 없애는 길이 바로 수행입니다.

인생을 '고(苦)'라고 말하면 '나는 지금 매우 행복하고 아무 문제가 없다.'고 하는 사람들이 있습니다. 물론 개인의 행복을 부정하는 것은 아닙니다만, 사실 행복하다고 할 때는 괴로움을 겪었기 때문일 수도 있고 그냥 행복해 할 수도 있지만 그 행복 또한 영원하지 않습니다. 그리고 무엇보다도 개인적인 행복은 나 하나만의 행복으로 진정한 행복이라고 할 수 없습니다. 왜냐하면 모든 존재는 서로가 서로를 존재케 하는 생명의 그물망으로 연결되어 있는 데서 존재함으로 독립된 개체란 존재할 수 없기 때문입니다.

따라서 개인적인 행복이란 일시적이며, 진정한 행복이 될 수 없으니, 모든 존재는 생명의 그물망으로 연결되어 있어 함께 행복한 삶을 가꿔가야 한다는 사실을 모르는 무지에서 기인한 행복이기 때문입니다. 그래서 『유마경』에서 유마거사는 '중생이 병이 들었기 때문에 나도 병이 들었으며 중생의 병이 모두 나으면 나의 병도 낫는다.'고 말합니다.

우리들은 괴로움의 해결을 물질적인 곳에서 찾는 경우가 많습니다. 그러나 물질적인 욕구가 강하면 강할수록 채워지지 않는 욕망의 허상으로 인하여 삶의 허무함 또한 맛보게 됩니다. 그래서 '나는 누구이며 왜 존재하는가?' '나는 어떻게 살아 갈 것인가?' '나는 어디서 왔으며 어디로 가는가?' 등의 물음을 떠올리게 됩니다. 이와 같은 되물음을 통해 삶을 되돌아보게 되면서 삶과 죽음의 문제를 다시 생각해 보고, 각종 종교 수련회 및 신행 활동 등을 통해 자신의 마음자리를 찾는 수행을 하며 행복한 삶을 영위하고자 노력하는 사람들이 늘고 있습니다. 이는 단순히 말과 생각이 아닌 직접 체험을 통하여 삶과 죽음의 문제를 해결해 보고자 하는 것이며, 세계적인 흐름이기도 합니다.

진정한 행복, 곧 일시적이지 않은 행복이 삶 그 자체가 되어 생로병사의 고(苦)에서 벗어나는 한 가지 길을 제시하는 것이 불교수행입니다.

진리를 이야기할 때 만일 삶과 죽음의 괴로움이 없다면 굳이 진리를 찾거나 얻으려고 하지 않을 것입니다. 그래서 부처님은 최초의 법문에서 고집멸도(苦集滅道)의 사성제를 말씀하신 것입니다. 이것을 요약한 말씀이 "나는 오직 한 가지를 알려줄 따름이니 괴로움과 괴로움의 소멸이니라."(중부경 22)입니다.

나) 수행이 일어나는 근원과 작용

수행동기가 괴로움의 자각에서 비롯되었다면 이러한 자각이 일어나는 이유를 알아야할 것입니다. 왜냐하면 수행이 일어나는 근원으로서의 진리와 진리의 작용을 알아야만 무명번뇌를 제거하고 다시 진리로 돌아오는 길을 알 수 있기 때문입니다. 이 과정을 모를 때는 엉뚱한 길로 들어서거나 삿된 견해에 떨어지거나 하여 진리로 되돌아오는 시간이 더디게 됩니다.

수행의 출발은 어디서부터일까요? 『원각경』 「문수보살장」에 의하면,

> 선남자여! 무상법왕(無上法王)에 대다라니문(大陀羅尼門)이 있어 이름이 원각이라 하니. 일체 청정진여와 보리열반과 바라밀이 여기에서 흘러나와 보살을 가르치게 된다.
>
> 일체 여래가 본래 인지법행(因地法行)을 일으킴은 모두 원조의 청정한 깨달음의 모양(覺相)에 의지해 영원히 무명을 끊어야만 불도를 이룬다는 것이었다.
>
> 어떤 것이 무명인가. 선남자여! 일체중생이 무시이래 여러 가지로 전도된 생각을 하는 것이, 마치 길 잃은 사람이 사방의 길에서 동쪽을 서쪽이라 하고 남쪽을 북쪽이라고 하는 것과 같다. 허망하게 지수화풍의 사대(四大)로 자신의 몸을 삼고, 육진(六塵)을 반연하는 그림자로 자기 마음을 삼는 것이다. 비유하면 병이 난 눈으로 허공 가운데의 꽃을 보는 것과 같고, 없는 달을 보는 것과 같다. 선남자여! 허공에는 실로 꽃이 없으나 병이 난 눈은 허망하게 집착한다. 허망하게 집착하는 것으로 말미암아 허공의 자성(自性)에 미혹할 뿐만 아니라 또한 실재의 꽃이 생겨나는 곳에도 미혹한 것이다. 이 허망한 집착으로 되풀이 되는 생사가 있으므로 무명(無明)이라 한다.

선남자여! 이 무명은 진실로 어떤 바탕이 있는 것이 아니다. 이것은 마치 꿈을 꾸고 있는 사람과 같다. 꿈을 꿀 때에 꿈속의 것이 없는 것은 아니나, 깨어서는 조금도 얻을 수가 없는 것이다. 이것은 마치 많은 허공의 꽃이 허공에서 멸하는 것과 같아서 반드시 멸하는 곳이 있다고 말할 수가 없다. 왜냐하면 생멸이 없기 때문이다. 일체중생은 생멸이 없는 가운데에서 허망하게 생멸을 보는 것이다. 이런 이유로 윤회하는 생사라고 설명하여 이름을 붙인 것이다.(함허, p.53)

이 경문의 내용은 수행의 출발은 바로 원각(圓覺)임을 설합니다. 원각의 특성은 곧 원만히 비추는(圓照) 것으로서 무명이 이 원조에 의해 소멸되고 수행자가 부처를 이룸을 설하고 있습니다.

즉, 수행출발의 근원이 원각이며 원각의 작용이 원조로서 무명을 없애는 것을 이야기합니다. 바꾸어서 말하자면 무명 때문에 원각의 원조가 일어남을 설하고 있습니다. 허공의 꽃 비유는 허공의 꽃이란 본래 존재하지 않음을 설합니다. 즉 무명이란 착각에 의해서 있을 뿐이라는 것입니다. 마치 새끼줄을 보고 뱀으로 착각한 것과 같습니다. 아무리 관찰하여도 새끼줄이 뱀으로 될 수 없습니다. 뱀은 본래 없기 때문입니다. 이와 마찬가지로 생사윤회란 뱀과 같은 것임을 설합니다. 뱀이 있다고 생각하는 것이 다름 아닌 무명이라는 것입니다.

『대승기신론』에서는 "무명에 의해 마음의 움직임이 일어나고 마음이 움직이면 고통이 있다."고 설하고 있습니다. 말하자면 아뢰야식이 직접 원인인 인(因)이 되고, 근본무명이 간접원인 즉, 연(緣)이 되어 이 인과 연에 의해 무의식이라 여겨지는 아뢰야식인 근본마음의 생멸이 있게 된다고 설합니다. 나아가 무명이 인이 되고 육진(六塵) 경계가 연이 되어 이 인연으로 시각·청각·후각·미각·촉각인 감각과 의식, 그리고 자아의식인 제 7 말나식이 물결치듯 요동한다고 합니다. 이러한 인연으로 중생이라고 합니다. 현실의 괴로움은 결국 그 근원에 무명이 자리를 잡고 있습니다. 이 무명과 그 파생인 번뇌로 인해서 일어나는 고통을 자각함으로써 무명번뇌를 없애는 작용이 일어나는데, 바로 원각의 원조입니다. 비유하자면 허공은 움직이지 않으나 향연기나 향기가 일어나면 향연기와 향기는 허공에서 사라집니다. 이는 허공이 작용하는 것처럼 보이지만 향연기나 향기가 피어오름으로써 허공이 없애는 작용을 하는 것같이 보일 뿐입니다. 이 허공 같은 작용이 원조의 청정한 각의 모습입니다. 그러나 허공은 연기나 냄새가 있거나 말거나 변함없습니다. 단지 연기나 냄새 때문에 작용한 것 같이 보일 뿐입니다.

이와 같은 작용을 『원각경』에서는 인지법행(因地法行)이라고 합니다. 인지법행의 법행은 진리의 행 즉, 진리의 작용 또는 진리의 활동입니다. 진리가 수단이 되는 것입니다. 인지(因地)는 과지(果地)의 대비되는 말로서 인(因)은 원인이며 지(地)는 비유입니다. 법계의 체가 두루 일체공덕을 섭지하는 것이 마치 대지(大地)가 산과 바다 등을 가지는 것과 같으며 일체의 선인(善因)을 능히 생성시켜서 일체의 선과(善果)를 성숙시키는 것이 마치 대지가 능히 싹과 줄기, 잎 그리고 꽃을 피우고 열매를 맺는 것과 같습니다. 이와 같이 원각의 마음은 땅과 같이 무명번뇌가 일어나면 이 무명번뇌를 없애는 작용으로 바뀌는데 이것이 바로 원조(圓照)입니다. 이 원조가 무명번뇌를 타파하고 부처를 이루기 때문에 원인이라고 하는 것이며 원각이 바로 결과를 가져올 수 있는 땅에 비유해서 인지(因地)라고 하였으며 법행은 바로 이 원각의 작용으로 무명번뇌를 없애는 진리의 작용인 원조의 활동을 말하는 것입니다. 그런데 이 인지법행이 인위적인 것인가 하면 그렇지 않습니다. 모든 분별을 떠나서 존재하는 것이지, 스스로 조작하는 마음이 아닙니다. 자연스럽게 일어나서 일체의 공덕을 생기시킵니다. 공덕이란 바로 수행의 결과를 말하는 것입니다. 인지법행(因地法行)의 의미는 곧 원각이 수행의 첫 출발의 근원이며 그 작용임을 알 수 있습니다. 『대승기신론』에서는 이를 법력훈습(法力薰習)이라고 합니다. 법력은 곧 진리[眞如]의 힘을 말하며 훈습은 곧 영향을 끼침을 말합니다. 원효스님은 이를 진여가 안에서 영향을 주는 것(內熏)이라고 하면서 진과 망의 화합으로 이루어진 아뢰야의 화합식(和合識)을 깨트리고 불생불멸의 본성을 드러내어서 궁극에는 법신을 밝혀 나타내며, 상속하는 마음 모습을 없애고 드디어 근원으로 돌아가는데 바로 응신(應身)의 깨끗한 지혜를 이룬다고 합니다. 말하자면 법력훈습이란 곧 일심(一心) 진여(眞如)의 근본자리로 되돌아가게 하는 힘임을 말합니다. 괴로움이 원인이 되어 보리심이 일어남은 인연의 진리에 의해서이며, 보리심을 의지해서 내면을 관찰함과 관찰의 결과로 삶과 죽음의 괴로움에서 벗어나는 깨달음도 인연의 진리에 의한 것입니다. 이는 모두 인지법행이며 법력훈습의 인연진리의 작용이며 활동이 아닐 수 없습니다.

그리고 인지법행과 법력훈습은 곧 대상의 영향을 받는 진여의 작용으로서 수연(隨緣) 즉 인연, 연기의 불공(不空)의 진리 모습이라면 인연을 따르면서도 그 본성이 허공과 같이 텅 비어있어 불변의 공의 모습을 가지고 있는 것입니다. 이 둘은 같은 진여의 모습입니다. 이 인지법행 또는 법력훈습에 의해 일어나는 다섯 가지 수행심리가 있습니다. 이는 수행세계를 아는데 중요한 핵심입니다.

다) 다섯 가지 수행심리(구사론(俱舍論)에는 십대지법(十大地法)(모든 心과 상응하는 心所) 가운데 오별경심소(五別境心所)를 말합니다)

삶과 죽음의 괴로움을 자각하고 괴로움에서 벗어나고자하는 마음에서 진리를 깨닫고자 하는 마음이 일어납니다. 여기에는 다섯 가지 마음작용이 일어납니다. 욕(欲), 승해(勝解), 염(念), 정(定), 혜(慧)가 그것입니다.

① 욕(欲)

욕은 하고자 하는 마음으로 생사가 없는 강 저쪽 언덕으로 가고자 하는 열망에 비유할 수 있습니다. 즉 수행의지로서 수행하고자 하는 마음입니다. 불법을 따르는 수행자의 올바른 의욕은 바로 발보리심입니다.

② 승해(勝解)

승해는 생사해탈하는 길을 명확하게 아는 수승하고 바른 이해를 말합니다. 즉 뗏목을 타고 방향을 잡고 노를 저어 고해를 건너가는 방법을 배우는 것입니다. 수승한 이해는 바른 길을 가기 위해 정견을 세우고 발심과 신심을 돋우어 주는 역할을 합니다.

수행방법을 설명하는 교리를 깊고 바르게 이해하는 것이 승해입니다. 법문을 통해 깨칠 수 있다는 믿음이 생기면서 수행하고자 하는 마음을 일으킵니다. 이렇게 가는 길을 명확하게 이해했다면 그 길로 가면서 두 눈으로 사물을 확인하듯이 체험해야 합니다.

③ 염(念)

염은 수행하게 되면 정념(正念)이 됩니다. 고해(苦海)를 건너는 방법을 배워 직접 뗏목을 타고 저쪽 언덕으로 항해하는 실천이 염입니다. 특히 수행자의 염은 정념으로 몸과 마음을 직접 관찰하는 것입니다. 관찰방법에는 사마타관과 위빠사나관이 있습니다. 이 관찰방법을 통해 체험이 생기고 깨달음에 대한 확신이 견고해지면서 신심이 증장되어 갑니다.

다시 말하면, 승해가 가는 방향과 가는 방법을 머릿속으로 생각하여 정리하는 것으로 확인되지 않는 것에 대한 확신이라면, 정념은 직접 눈으로 몸과 마음을 관찰하여 확인하여 아는 것입니다. 이 앎은 의심을 해소하고 불분명한 것을 명확하게 하는 것입니다. 즉 생각이 추상적이라면 눈은 사실을 확인하고 체험하는 것입니다. 눈앞에 있는 것을 확인하는 것은 과거와 미래의 추상적인 것에서 벗어나는 현실입니다.

알아차림[正念]은 몸과 마음이 무상(無常)·고(苦)·무아(無我)의 삼법인임을 깨우치게 합니다. 알아차림의 꿰뚫어 보고 아는 힘은 고요한 선정이 생기도록 하며 마음이 청정해집니다. 맑고 고요한 거울 같은 선정의 마음은 한쪽으로 치우치는 삿된 견해가 청정해짐으로써 혜(慧)가 생긴 것을 말합니다.

④ 정(定)

정이란 마음의 고요함입니다. 이는 탐진치(貪瞋癡)의 강물을 거슬러서 뗏목이 흔들림 없이 강 가운데를 지나고 있음에 비유할 수 있습니다. 즉 정념의 바른 마음 집중[사마타관]에 의해서 몸과 마음이 고요해 지는 것입니다.

선정(禪定)이란 마음의 고요함으로 고정관념 없이 대상을 주시하는 마음인데, 이를 정중의식(定中意識)이라고 합니다. 이것은 일체의 형상과 감각의 본질을 꿰뚫어 감각과 지각에 걸리지 않는 집중된 의식입니다. 심지어 꿈속에서도 정중의식이 작용하니 이를 '몽중일여(夢中一如)'라고 합니다. 선정은 몸과 마음이 삼법인임을 꿰뚫어 보고 아는[正念] 결과입니다.

⑤ 혜(慧)

혜는 선정에 의해서 올바르게 판단하는 것을 말합니다. 즉 선정에 의해 나타나는 몸과 마음의 현상이 삼법인(三法印)임을 알아차림을 통해 꿰뚫어 보고 아는 것[위빠사나관]을 말합니다. 뗏목이 저쪽 기슭에 도달함에 비유할 수 있습니다. 곧 번뇌의 거센 물결을 건너서 자유롭게 되는 것으로 뗏목이라는 방편에도 머물지 않는 것을 의미합니다.

선정에 의해 지혜가 깊어져서 괴로움을 일으키는 번뇌를 잘라냅니다. 정념에 의한 깊이 있는 관찰의 결과로 선정과 지혜가 완성되어 삶과 죽음의 괴로움을 해결하니, 욕·승해·염·정·혜는 열반에 이르는 길이 됩니다.

라) 수행체계 - 4성제

삶과 죽음의 괴로움에 의해 수행동기가 생기기 시작하는 발보리심은 다섯 가지 수행심리가 말해주듯이 본격적으로 내적 관찰에 들어가게 합니다. 하지만 수행체계가 바로서지 못하면 수행해 나갈 수 없습니다. 이것이 다섯 가지 수행심리 중 승해(勝解)가 필요한 이유입니다. 즉 수행체계가 바로 사성제입니다.

고(苦)·집(集)·멸(滅)·도(道)의 사성제(四聖諦)는 네 가지 성스러운 진리로, 석가모니부처님께서 성도(成道) 후 최초로 녹야원에서 교진여 등의 다섯 수행자를 위해 설파하여 진리를 깨닫게 하였다는 중요한 의미가 있는 가르침입니다. 그런데 사성제라는 최초의 가르침을 편 부처님의 본의(本意)는 중생들이 겪고 있는 온갖 괴로움을 제거하는 데에 있습니다. 고(苦)는 현실적으로 겪고 있는 고(苦)이므로 결과이며, 집(集)은 고(苦)가 일어나는 원인[因緣]이며 멸(滅)은 고(苦)의 원인과 고(苦)가 소멸된 상태인 그 결과로서 열반을 말하며, 도(道)는 이 열반에 이르는 원인으로서 팔정도 수행을 말합니다. 그러므로 네 가지 고귀한 진리는 곧 인과로 이루어져 있습니다. 말하자면 네 가지 고귀한 진리의 핵심은 우리 모두가 고통을 피하고 싶어 하는데도 고통이 찾아오는 것은 우리가 태어나기 이전 아주 먼 옛날부터 이어져 온 인연의 결과 때문이라는 것입니다. 우리가 고통에서 벗어나려는 열망을 성취하려면[發菩提心] 고통을 가져오는 원인과 조건들[因緣]이 무엇인지 확실히 알아내고, 그것들을 없애기 위해서 노력해야 합니다. 그에 덧붙여, 우리에게 행복을 가져오는 원인과 조건들을 확실히 알아내고 그것들을 적극적으로 실천해야 합니다. 이것이 네 가지 성스러운 진리의 핵심입니다. 그래서 부처님의 모든 가르침은 오직 괴로움의 소멸에 있을 뿐이며 누구든 궁극의 깨달음으로 발견하는 바가 있다면 사성제뿐일 것입니다. 이유는 이 사성제야말로 괴로움의 소멸을 가져다주는 최상의 가르침이기 때문입니다. 그러므로 『당지경(當知經)』에서는

> 괴로움의 진리는 마땅히 알고 이해하여야 한다. 괴로움의 원인의 진리는 마땅히 알고 끊어야 한다. 괴로움이 사라지는 진리는 마땅히 알고 증득하여야 한다. 괴로움이 사라지는 길의 진리는 마땅히 알고 닦아야 하느니라.(『雜阿含經』 卷第十五)

라고 설하고 있습니다. 부처님 스스로 부처라고 할 수 있는 것도 이 사성제를 통해 완전한 지혜를 갖추었기 때문이니 고통받는 중생이 고통에서 벗어나 부처가 되는 길도 이 사성제에 있는 것입니다. 한 바라문

이 부처님께 '스승께서는 무슨 까닭으로 부처님이라고 불리우십니까?' 하고 여쭈었을 때 바로 '사성제에 대해 완전한 지혜를 갖췄기 때문이다.'라고 말씀하셨던 것입니다. 부처님께서는

> 나는 알아야 할 것을 알았고, 닦아야 할 것을 닦았으며, 버려야 할 것을 버렸노라. 바라문이여, 그래서 나는 붇다, 곧 깨달은 사람이니라.(숫타니파타 게송 558)

라고 말씀하시는 것입니다. 이렇게 사성제를 이해하고 끊고 닦아 증득했다면 그를 아라한이라 부릅니다. 그는 이미 애욕을 끊었으며 모든 번뇌가 이미 다하였으며 교만과 무명 등의 괴로움을 완전히 벗어났기 때문입니다. 즉 할일을 이미 마치고 모든 무거운 짐을 버려 자기의 이익을 얻고 모든 존재의 얽힘을 없애고 바른 지혜로 잘 해탈한 사람이라 말할 수 있습니다.(『누진경(漏盡經)』: "만일 비구로서, 괴로움의 진리를 이미 알아 이해하고, 괴로움의 쌓임을 이미 알아 끊고, 괴로움이 사라지는 진리를 이미 알아 증득하고, 괴로움이 사라지는 길의 진리를 이미 알아 닦았으면, 그 비구는 아라한이라 부르느니라. 그는 모든 번뇌가 이미 다하고 할 일은 이미 마치고 모든 무거운 짐을 버려 자기의 이익을 얻고 모든 존재의 얽힘을 없애고 바른 지혜로 잘 해탈하였느니라." 『이지경(已知經)』: 괴로움의 진리를 이미 알아 이해하고, 괴로움의 쌓임의 진리를 이미 알고 끊으며, 괴로움이 사리지는 진리를 이미 알아 증득하고, 괴로움이 사라지는 길의 진리를 이미 알아 닦았으면 그 비구는 곧 애욕을 끊고 모든 얽힘을 풀어서 거만과 무명 등의 괴로움을 완전히 벗어나느니라.") 이러한 사성제의 가르침은 어떤 부처님이라 해도 한결같이 가르쳤을 핵심적인 수행체계이며 직접 수행을 통해 체험한 것으로 사실성과 실증성을 갖춘 불교교리의 대표가 되는 가르침이며 이는 곧 중생이 부처되는 가르침인 것입니다.

부처님께서는 사성제를 의사의 진료방법에 응용하여 말씀하시고 있습니다. 의사는 먼저 환자의 병을 진단하고, 그 병의 원인과 발생 과정을 찾아낸 다음 병을 제거할 방법을 검토한 후 처방을 내립니다. 이와 같은 의사(醫師)의 진단(診斷)에는 정확도가 요구됩니다. 어떤 의사는 질병을 과장해서 희망을 포기하라고 엄숙하게 선언하며, 또 어떤 의사

는 오진(誤診)으로 병이 없다고 단언하면서 아무런 치료도 필요치 않다고 거짓 위안으로 환자를 안심시킵니다. 전자는 비관론자, 후자는 낙관론자로서 모두 현명한 것이 아닙니다. 그러나 현명한 의사는 질병의 징후를 바르게 진단하고 질병의 원인과 발생을 이해하여 그 병이 치유될 수 있다고 확신한 다음 환자를 치료하여 구해냅니다. 이러한 의사가 바로 부처님입니다. 그는 세상의 모든 질병에 대처하는 현명하고 과학적인 의사입니다.

여기서 병은 괴로움입니다(苦). 갈애(渴愛)는 병의 발생원인 입니다(集). 갈애를 없앰으로써 병이 제거됩니다. 이것이 치유입니다(滅). 여덟가지 고귀한 길은 그 치료법입니다(道). 이것은 부처님의 입장에서 본 사성제의 가르침이고, 우리 중생의 입장에서는 우리들 스스로 걸어가야 할 현실, 고(苦)라는 출발점에서 괴로움의 해결이라는 목적지에 도달하는 길을 제시한 것으로 보아야 합니다. 이를테면 우리들은 어떤 목적지에 도달하기 위해서 어떤 준비도 없이 무작정 갈 수 없는 것과 같습니다. 즉 우리의 괴로움인 죽고 사는 생사(生死)의 근본 문제를 해결하기 위해서는 첫째, 목적지를 정하는 일과 둘째, 그 목적지를 향하여 어디서부터 출발할 것인가라는 출발점의 문제 셋째, 그 출발점에서 어느 방향으로 향할 것인가라는 방향에 대한 문제입니다. 이러한 세 가지 조건이 구비되어야 비로소 목적지에 도달하는 방법으로서의 수행문제가 해결되는 것입니다.

만약 우리들이 가야할 바르고 정확한 목적지가 없다면 그 목적지로 향할 출발점과 방향 및 수단이 필요 없을 뿐 아니라, 올바른 목적지가 설정되었더라도 출발점이 정해져 있지 않으면 목적지에 도달하는 방법에 대해 혼란을 일으킬 것입니다. 또, 출발점이 설정되었더라도 어디서부터 그 출발의 선을 정할 것인가 하는 문제가 발생하며 출발선이 설정되었더라도 방향을 올바르게 잡지 않으면 그 목적지에 도달할 수 없습니다. 그리고 이미 방향이 정해졌지만 그 도달하는 수단이 바르지 못하면 목적지에 도달할 수 없습니다. 따라서 이러한 출발점과 방향 및 목적지, 그리고 도달하는 방법을 정확히 제시하는 가르침이 바로 사성제인 것입니다. 이 사성제를 부처님께서 의사의 진단과 치료방법으로 비유한 진료방법을 여행자가 목적지에 도달하는 방법에 대응해 보면 다음과 같이 도식화할 수 있습니다.

『四聖諦』		『良醫經』	『의사의 진단』	『수행 실천체계』
苦聖諦 —	苦 ———	善知病 ———	病의 牀態 ———	출발점
集聖諦 —	苦의 原因 —	善知病源 ———	病의 原因 ———	방향
滅聖諦 —	苦의 消滅 —	善知治病已,當來更不動發 —	健康回復 ———	목적지
道聖諦 —	八正道 ———	善知病大治 ———	治療方法 ———	방법

수행체계인 네 가지 고귀한 진리의 핵심에 의지하여 행하는 수행방법이 매우 많지만 그 기본 요소는 바로 사마타(止)와 위빠사나(觀)입니다. 원효스님은 성 안으로 들어오는 문이 사방에 있는데 성 안으로 들어오면 모두 하나가 되듯이 수행의 길은 다양하지만 모든 수행은 사마타와 위빠사나에서 벗어나는 것은 없다고 합니다. 이 사마타와 위빠사나도 역시 고(苦)의 원인을 살펴서 제거하는 수단이며 깨달을 수 있는 원인을 심어 행복을 이끌어 내는 것이기도 합니다.

마) 수행의 과정 – 신 · 해 · 행 · 증(信解行證)

수행동기와 수행심리 그리고 수행체계를 이야기했는데, 이제부터 수행과정에 대해 말하자면 5수행심리에서 말했듯이 신 · 해 · 행 · 증의 과정을 거칩니다.

첫째 믿음[信]은 인과(因果)를 믿는 것을 말합니다. 수행해서 진리를 깨치려는 수행자는 먼저 인과법을 깊이 믿어야 합니다. 만약 인과를 믿지 않고 신 · 구 · 의(身口意) 삼업을 청정하게 하지 않고는 진리를 얻지 못하는 것은 말할 것도 없고 삼악도의 고통이 그를 기다릴 것입니다. 그래서 인과는 선인선과(善因善果), 악인악과(惡因惡果)이기 때문에 계율을 지켜 악인(惡因)을 짓지 않는 것입니다. 일찍이 경허스님은 "형상이 곧으면 그림자가 단정하고, 소리가 크면 메아리가 웅장하다."라고 하였으며, 『능엄경』에 이르기를 "원인이 참되지 못하면 그 결과도 비뚤어진다."고 하였습니다. 이러한 인과는 남을 해치고자 하는 마음을 다스려 곧 생명에 대한 외경으로 나타나게 되니 이것이 바로 자비심입니다. 자비심은 곧 깨닫고자하는 보리심을 일으키게 합니다.

경전의 첫머리에 위치한 "여시아문(如是我聞)"은 믿음을 내게 하는 말씀으로 부처님 가르침은 모두 믿음에 근거하고 있습니다. 말하자면 모든 경율론(經律論) 삼장(三藏)은 믿음에서 출발합니다. 상강례(上講禮 :

一心頂禮 盡十方三世 一切諸佛(일심으로 시방 삼세 부처님께 정례합니다.)

一心頂禮 盡十方三世 一切尊法(일심으로 시방 삼세 모든 존법께 정례합니다.)

一心頂禮 盡十方三世 一切賢聖僧(일심으로 시방 삼세 일체 현성께 정례합니다.)

我弟子等 講論三藏 惟願三寶 爲作證明(저희 제자들 경율론 삼장 강론하는데 바라옵건대 삼보께서는 증명하소서.

南無釋迦牟尼佛(서가모니 부처님께 귀의합니다.)

南無釋迦牟尼佛(서가모니 부처님께 귀의합니다.)

南無本師釋迦牟尼佛(본사이신 서가모니 부처님께 귀의합니다.)

無上甚深微妙法(위 없는 깊고 깊은 미묘한 법이여)

百千萬劫難遭遇(백천 만겁 오랜 세월 만나기 어려워라.)

我今聞見得受持(이제 저희가 보고 듣고 수지하오니)

願解如來眞實意(원컨대 여래 진실한 뜻 알게 하소서.)를 하는 이유도 여기에 있습니다. 그것은 그대로 믿음을 나타내는 의식(儀式)이고 수행입니다.

말하자면 보이지 않는 것이나 보지 못하는 것을 보려고 할 때, 그것이 참[眞]이라고 미리 확신(確信)하는 것이 믿음입니다. 즉 믿음은 언어문자를 매개로 하기 때문에 그 언어문자에 의해, 언어문자에 가려서 진실이 보이지 않는 것입니다. 그러므로 언어문자를 통하여 언어문자 以前으로 돌아가면 진실이 보이고 그 믿음은 사실로 실현되는 것입니다. 믿음을 실현시키는 것은 곧 수행이며 그것의 결과가 깨달음입니다. 그러므로 "믿음은 도의 근원이고, 공덕의 어머니이며, 모든 선근을 장양(長養)한다"(『80화엄경』 현수품)고 한 것입니다. 보지 못해도 믿어야하는 이유가 여기에 있는 것입니다. 신념(信念)이 있는 자만이 찾을 수 있습니다.

믿음은 대상을 직접 확인해 보게 하는(수행자의 직관) 힘입니다. 반대로 보는 것은 믿음을 전제합니다. 믿음이 강하면 강할수록 빨리 깨닫고자 하는 열망이 생깁니다. 이것이 발보리심입니다. 반대로 수행에 대해 또는 수행 중에 수행을 방해하는 갖가지 의심이 생기면 더 이상 수행의 진전은 없습니다. 그래서 믿음은 모든 의심을 종식시킵니다. 믿음은 깨닫게 하는 원인을 일으키며 일체 모든 선한 뿌리를 생장시키는 힘이 있는 것입니다. 말하자면 믿음은 곧 수행의 원인과 그 결과를 믿는 것입니다. 자기에게 부처가 될 수 있는 불성이 있음을 믿고 부처님이 될 수 있는 결과를 믿는 것입니다. 왜냐하면 수행도 인과에서 벗어나는 것이 아니기 때문입니다. 인과의 과(果)가 인(因)이 되어 결과를 가져옴으로 인과는 바로 진리[緣起]의 다른 이름입니다. 『대승기신론』「수행신심분(修行信心分)」에 이 수행인과에 대해 핵심을 설하고 있습니다. 즉

> 무엇을 믿음이라 하고 어떻게 수행하는가. 간단히 설하면 믿음에 네 가지가 있으니 무엇이 그 넷인가. 첫째는 근본을 믿는 것이니, 이른바 진여라는 법을 즐겨 생각하기 때문이다. 둘째는 부처님에게 헤아릴 수 없이 많은 공덕이 있음을 믿는 것이니, 늘 부처님을 가까이하고 공양 공경하며 선한 마음을 일으켜 '모든 것을 아는 지혜'를 구하려고 하기 때문이다. 셋째는 법에 큰 이익이 있음을 믿는 것이니, 늘 모든 바라밀을 수행하는 것을 생각하기 때문이다. 넷째는 스님들이 바르게 수행하여 자신은 물론 남의 이익도 가져다줌을 믿는 것이니, 늘 모든 보살들을 즐겨 가까이하고 실다운 행을 배우려고 하기 때문이다.(원순 역해, pp.321-322.)

원효스님이 말씀하시기를 "믿음에 대한 답변 가운데 '근본을 믿는다.'고 표현한 것은, 진여라는 진리가 모든 부처님이 돌아가는 곳이고 모든 행의 근원이므로 '근본'이라고 말한 것이다."라고 설하십니다. 믿음은 곧 보리심을 일으켜 모든 것의 근원인 진리에로 돌아가게 하는 힘인 것입니다. 그런데 진리로 들어가려면 그 가는 길과 방법을 알지 않으면 안 됩니다. 그것이 바로 해(解)입니다.

둘째, 해(解)는 앎을 말합니다. 즉 믿음에 앎이 동반되지 않으면 맹신, 또는 미신에 빠집니다. 그래서 믿고 있는 것에 대해 자세히 알아야 합니다. 또 앎에 믿음이 동반되지 않으면 그 앎은 탁상공론에 지나지 않습니다. 여기서 앎은 곧 수행의 길을 아는 것으로 목적지에 이르기 전에 지도를 보는 것과 같습니다. 이 지도보기의 앎을 통해 어떠한 표식도 없는 내적인 세계인 마음에 대해 바르게 수행해 갈 수 있습니다. 이것이 바로 행입니다.

셋째, 행(行)은 수행으로 실제로 내적관찰을 해 가면서 괴로움의 원인을 제거하는 것입니다. 그리고 깨달을 수 있는 원인과 조건을 형성해 가는 것입니다. 이는 믿음이 확인되는 과정이며 체험을 동반하는 믿음이 완전한 깨달음에 이르게 하는 원동력이 됩니다.

넷째, 증(證)은 증과(證果) 또는 증오(證悟)로서 깨달음을 말합니다. 확인되지 않는 사실을 확신하고 그 믿음을 수행을 통해 두 눈으로 확인하듯이 확인한 세계가 곧 증(證)입니다. 증의 세계는 초지(初地)부터 십지(十地), 등각(等覺), 묘각(妙覺)까지입니다.

이러한 과정 중에서 체득해 가는 기본적인 수행방편은 사마타(止)와 위빠사나(觀)이며 몸과 마음에서 일어나는 수행현상은 삼법인이며 체득해 가는 마음상태는 선정과 지혜, 그리고 최종으로 체득하는 것은 깨달음과 함께 해탈과 열반으로 진리의 근원으로 돌아오는 것입니다.

바) 관찰대상과 관찰수단

(1) 관찰대상

관찰대상은 몸과 마음입니다. 그러나 국토, 자연환경, 지구, 우주도 대상이 됩니다. 부처님께서는 관찰대상에 신(身, 몸) · 수(受, 감각) · 심(心, 마음) · 법(法, 주객이 상대하여 일어나는 심리)의 네 가지가 있다고 설하십니다. 이를 사념처(四念處)라고 합니다. 념(念)은 관찰대상에 최초로 접촉하는 심리작용입니다. 즉, 감각대상의 자극에 의해 마음이 대상을 향해 처음 주의를 '돌림'으로써 념(念)이 시작됩니다.

처(處)는 념(念)이 관찰대상에 머무는 곳을 말합니다. 염처(念處)는 관찰대상에 최초로 접촉하여 머무는 곳이며, 머무는 대상은 신(身)·수(受)·심(心)·법(法)의 네 곳입니다. 왜 관찰대상이 신(身)·수(受)·심(心)·법(法)인가하면 몸은 자아의 의지처인 대상이며, 감각은 자아가 향수(享受)하는 대상이며, 마음은 자아의 자체인 대상이며, 마음의 현상은 자아의 오염과 청정의 대상이기 때문입니다.(마음의 현상은 심소(心所)로서 심왕(心王)에 영향을 줍니다. 심소가 심왕에 청정과 오염을 줍니다.) 그래서 사념처를 통해 번뇌의 주범인 자아를 규명하는 것입니다. 자아가 본래 존재하지 않음을 알 때 법계가 하나인 줄 모르는 무지를 없앨 수 있습니다.

부처님은 "몸을 정복하지 못하면, 마음을 정복하지 못한다."고 『중부경전』(중부경전은 중아함경과 같다) 36장에서 설하듯이, 몸을 통해서 본래의 마음자리를 찾아가는 것이 신념처(身念處)라면, 수념처(受念處)는 느낌의 본질이 안과 밖, 중간에 머물지 않는 것이라고 『종경록』은 정의하고 있습니다. 심념처(心念處)의 심(心)은 의식의 의지처로서의 의(意)와 대상을 분별 인식하는 식(識)과 달리 마음 상태를 나타내는 근원적인 마음입니다. 왜냐하면 이 마음에서부터 의(意)와 식(識)이 작용하고 또 의지가 생기고 이성·생각·관찰 등의 심리작용이 일어나기 때문입니다. 법념처(法念處)의 법(法)의 의미는 주관[六根]과 객관[六境]의 인연에 의해 생긴 현상을 말합니다. 『종경록』은 이러한 법을 좋은 법[善法]과 좋지 않은 법[不善法]으로 설명하고 이 둘을 모두 얻을 수 없음을 설합니다. 『염처경』의 선법은 7각지(七覺支)라면 불선법은 오개입니다. 이 선법과 불선법 모두 얻을 수 없음을 설하는데 이는 법의 현상이 일어나기 전과 그 과정 그리고 이후의 상태를 정념 관찰하면 선법과 불선법이 무상(無常)하고 고(苦)이며 실체가 없는 공(空)이며 무아(無我)이기에 '얻을 수 없음[부득(不得)]'으로 바꾸어서 말한 것입니다.(『염처경』은 또한 육처 다음으로 오개(五蓋. 깨달음을 방해하는 번뇌를 말한다. 즉, 몸과 마음을 덮고 있는 것으로, 욕망, 성냄, 혼침(멍한 것), 불안정한 마음, 회의(의심)를 말한다.)의 생하고 멸함을 잘 관찰하기를 법과 같이 정념하며, 또 칠각지(七覺支. 깨달음을 도와주는 일곱 가지 길로, 염각지(念覺支), 택법각지(擇法覺支), 정진각지(精進覺支), 희각지(喜覺支), 경안각지(輕安覺支), 정각지(定覺支), 사각지(捨覺支)를 말한다.)를 잘 관찰하기를 법과 같이 하면 이것이 법을 관찰하기를 법과 같이 하는 것임을 설하고 있습니다.『염처경』의 법념처의 내용은 세 가지로 정리할 수 있습니다. 육근(六根)이 육경(六境)을 여실히 알고 육근과 육경이 인연하여 생기는 번뇌가 생하고 멸하는 것을 여실히 알고, 오개의 생하고 멸함을 여실히 알며, 7각지(七覺支) 등을 관찰하여 여실히 아는 것입니다.『중아함경』, 24권.)

사념처를 정리하면 다음과 같습니다.

○ 신념처(身念處) : 몸은 지 · 수 · 화 · 풍 · 공 5대로 이루어져 있는데, 관찰 결과 이 몸이 마치 허공과 같다.
○ 수념처(受念處) : 감각은 내외 중간에 머물지 않는다.
○ 심념처(心念處) : 마음은 이름이며 개념이다.
○ 법념처(法念處) : 법은 선법과 불선법을 얻을 수 없다.

(2) 수행의 근원인 연기법과 수증의 바탕인 계율

부처님께서 깨달은 내용은 모든 존재가 생명의 그물망으로 서로가 서로를 존재케 하는 것이 그 본질이 되는 연기법입니다. 그러므로 연기법을 잘 이해하면 수행의 길이 명백해집니다. 이것은 부처님께서 "연기법(緣起法)은 내가 만든 것도 아니고, 또한 다른 사람이 만든 것도 아니다. 여래가 세상에 나오거나, 세상에 나오지 않거나, 이 법계(法界)[연기법]는 영원히 상주(常住)한다."라고 하신 말씀에서도 잘 드러나 있습니다.

연기법은 두 가지 측면을 가지고 있습니다. 하나는 현상의 측면으로 상호 관계성이며, 시간적으로 끊임없이 변하는 세계입니다. 또 하나는 변화하는 낱낱은 그 자체로는 자아와 실체가 없는 관계로 맺어진 변화이지만, 그 낱낱이 상호 관계하는 전체의 장은 시작도 없고 끝도 없으며 변화없이 상주하는 법계입니다.

이 두 측면은 본래 하나입니다. 곧 낱낱의 변화는 그 자체로 전체성에서의 연기이므로 무변화이며 전체성의 무변화는 낱낱의 변화 자체가 전체성이 되기 때문입니다. 연기법의 이러한 두 측면을 있는 그대로 관찰하는 것이 존재의 모든 것을 깨닫는 길입니다. 이것이 삶과 죽음의 문제를 해결할 수 있는 유일한 길입니다.

이러한 연기법의 두 측면은 사마타관(觀)과 위빠사나관(觀)이라는 방법으로 상응함을 제시합니다. 먼저 사마타관의 방법에는 두 가지가 있는데 하나는 자아와 실체가 없는 무변화에 이르게 하는 관찰방법으로는 대상의 표상(表象)을 만들어 그 표상에 집중 고정시키는 방법이 있습니다.(삼매를 얻기 위한 방법입니다.) 이 방법은 마음의 작용이 그치게 되어 마음이 평온해지면서 연기의 무변화의 측면과 하나가 됩니다. 그 결과 선정이 일어납니다. 두 번째 방법은 마음의 본성인 깨어 있음에 초점을 맞추어 본연의 마음자리에 들어가는 방법입니다. 즉 마음이 몸과 마음의 어떠한 경계에도 의지하지 않도록 함으로써 마음 작용(생각)이 일어날 틈을 주지 않는 방법입니다. 이는 『대승기신론』의 진여삼매(眞如三昧)에 드는 방법입니다.

위의 두 가지 방법은 모두 생각의 흐름을 그치게 하여 선정을 얻거나 실상을 깨닫는 방법입니다.

현상의 측면과 상응하는 관찰은 몸과 마음의 현상이 일어나고 사라지는 인연의 모습을 사유하여 그 이치를 알아 모든 괴로움의 원인을 제거하게 하여 괴로움에서 자유로워지는 것입니다. 이 알아차림을 위빠사나관이라고 합니다. 즉 마음과 대상이 분리되어 있지 않는 상호 관계성을 직관하게 되면 현상에는 변하지 않고 존속하는 자아와 실체가 없음을 알게 되고, 모든 형상에 끄달리는 마음이 그치니 분별하는 바가 없어집니다. 이로 인해 불생불멸이 드러나면 경계에 따라 물같이 흐르는 마음이 그치기 시작하면서 선정이 생기게 되고 지혜가 계발됩니다.

그런데 이 사마타와 위빠사나를 통해 이루려는 선정과 지혜는 도덕적이고 윤리적인 정신무장이 없이는 어렵습니다. 그것은 바로 계율입니다. 계율은 일상생활 속에서 대상을 반연하여 일으키는 불필요한 생각을 절제시키는 효과가 있어서 선정을 일으키는 사마타관이 잘 되도록 도우며 또한 선정을 얻게 합니다. 이 선정의 힘은 안에서 일어나는 생각들을 고요히 잠재우는 힘이 있으며 이 선정이 대상을 있는 그대로 비쳐주는 거울 같은 바탕이 되어 지혜를 일으키니 무명번뇌 뿌리를 잘라버리는 반야의 검이 되어 무명번뇌로부터 속박된 몸과 마음 해탈되어 진리를 구현시킵니다. 그래서 계 · 정 · 혜 삼학에 대해서 서산스님은 『선가귀감(禪家龜鑑)』에서

> 계율이거나 선정이거나 지혜이거나 그 중 하나만 들어도 셋이 구족하여 있어 낱낱이 홀으로 되어있는 것이 아니다.(法頂 옮김, p.111.)

라고 하여 분리되지 않음을 설하고 있습니다.

(3) 관찰수단

대상관찰은 염(念)이 합니다. 염(念)은 곧 사마타(止)관과 위빠사나(觀)관의 지혜입니다. 지관(止觀)은 『대승기신론』에서는,

> 어떻게 지관(止觀)을 수행하는가. 지(止)란 모든 경계에 끄달리는 마음을 그치는 것이니 사마타 관(觀)을 수순하는 뜻이기 때문이다. 관(觀)이란 인연이 일어나고 사라지는 모습을 분별하는 것이니 위빠사나 관(觀)을 수순하는 뜻이기 때문이다. 어떻게 수순하는가. 이 두 뜻으로 점차 닦아 익혀 서로 여의지 않는다면 지(止)와 관(觀)이 함께 드러나기 때문이다.(같은 책, p.329.)

라고 하여 위빠사나 관이란 발생과 소멸의 인연하는 현상[法]의 모습을 분별하여 관찰하는 것이라고 정의를 내리고 있습니다. 사마타와 위빠사나의 상호관계는 「해동소(海東疏)」에 "나타난 모습을 따라 논하면 정(定)을 지(止)라 하고 혜(慧)를 관(觀)이라고 하나, 사실대로 말하면 정(定)은 지(止)와 관(觀)에 통하고 혜(慧)도 또한 이와 같다."라고 하여 말 그대로 지관쌍수(止觀雙修)하는 것입니다.

지관쌍수의 의미는 대상에 대한 그 작용의 쓰임새가 다르지만 함께

작용한다면 사마타와 위빠사나가 한 맛이고 짝을 이루기 때문에 함께 닦는다고 말하는 것입니다. 말하자면 『대승기신론』에서는 한 마음[一心]에 두 가지의 문을 말합니다. 이 문(門)이란 깨침의 통로이자 윤회의 통로도 됩니다. 심진여문(心眞如門)에는 사마타[止]수행으로 일심(一心)에 이르고 심생멸문(心生滅門)에는 위빠사나[觀]로 일심에 이르는 수행을 말합니다. 그러나 대승기신론에서는 지관쌍수(止觀雙修)를 이야기합니다. 따라서 지관쌍수를 하게 되면 이 두 문을 같이 동시에 관통하여 진여의 한 마음에 이르게 됩니다. 그래서 사마타와 위빠사나는 분리될 수 없는 하나의 모습을 가집니다.

사마타관과 위빠사나관은 정념으로 합니다. 정념에 의해 선정과 지혜가 일어나고 균등해지기 때문입니다. 정념(正念)은 첫째, 대상에 최초로 반연하고 둘째, 대상을 향하고 있는 겨냥의 성질이 있으며 셋째, 보고 알아차리는 통찰이며 넷째, 대상에 끌려가지 않고 굳게 주립(住立)하는 집중으로서 문의 기둥[門柱]과 같은 성격이며 다섯째, 대상으로부터 마음을 챙기는 마음챙김이며 여섯째, 앎(知) 일곱째, 억념(憶念)이고 여덟째, 깨어 있음의 특성이 있습니다. 무엇보다 몸과 마음이 변하는 것[無常]을 보고 알아차리는 것이 중요합니다. 이것은 머물지 않는 마음입니다. 관념으로 조작된 변하지 않는 것, 곧 이름 붙이고 생각으로 그리는 것은 알아차린다고 하지 않습니다. 왜냐하면 그것들은 이미 그렇게 보이도록 조작된 것이기 때문입니다. 변하는 것에는 이름 붙이고 생각을 개입시킬 수 없으므로 대상의 이미지가 마음에 머물지 못합니다.

따라서 고정관념이 형성되지 않을 뿐만 아니라 고정관념이 부서집니다. 즉 무상을 보고 알아차리고 있을 때는 무상한 대상에 매몰되지 않아 번뇌망상이 일어나지 않으며 대상으로부터 마음을 챙겨 보호할 수 있어서 평안하고 고요해집니다. 그것은 이름과 생각으로 그려진 대상이 마음 앞에 떠오르다가도 알아차리는 마음에 의해서 사라지면서 조작된 이미지가 계속되지 않기 때문에 보는 순간 번뇌망상이 사라지게 되는 것입니다. 즉, 염(念)이란 현재의 대상에 따라가지 않으면서 또한 과거사에 안주하여 매몰되지도 않고 미래의 불투명함에 불안하지 않아 늘 현재로 깨어 있는 것입니다.

여기서 억념(憶念)은 불망실(不忘失)을 의미하는데 대상의 흐름까지도 잊어버리지 않고 기억하는 것을 말합니다. 모든 존재는 전후찰나(前後刹那)로 변하기 때문에 전과 후의 찰나적 현상을 기억하지 못한다면 전후찰나의 흐름인 무상성(無常性)과 무상성의 다른 모습인 무자성(無自性) 공성(空性)을 알 수 없게 됩니다. 따라서 무상성과 공성을 잊어버리지 않고 아는 불망실(不忘失)의 작용은 현재 이 순간의 마음으로서, 과거를 기억하거나 미래를 추상하여 유(有), 무(無), 단(斷), 상(常) 등의 사견(邪見)이 일어날 틈이 없는 것을 뜻합니다. 이때의 마음은 거울이 오고 가는 대상을 비치되 거울 그 자체는 평정을 잃지 않는 것처럼 들뜨는 도거(掉擧)나 혼침(昏沈)에 떨어지지 않고 정(定)과 혜(慧)의 균등을 유지하면서 수행을 진척시켜 가는 힘이 되는 것입니다. 그래서 염(念)을 관(觀)하는 지혜라고 합니다.

염(念)에는 망념(妄念)과 정념(正念)이 있습니다. 망념은 진실하지 않고 대상의 변화에 끌려가 함께 허망하게 변하는 염을 말합니다. 그러기에 자기 스스로 보아도 보는 줄 모르고 들어도 듣는 줄 모릅니다. 그러나 정념은 마치 성문(城門)을 지키는 수문장이 오고가는 사람을 유심히 살피지만 따라가지 않듯이, 대상을 면밀히 살피면서 거리를 두고 따라가지 않는 염(念)을 말합니다.

즉 보이는 대상과 보는 주관이 분명히 다르게 구분되기 때문에, 볼 때 자기가 본다는 것을 스스로 알고 소리를 들을 때도 자기가 듣는 줄을 스스로 압니다. 이렇게 스스로 아는 이 앎이 정념이며, 이런 상태가 지속됨은 깨어있음이며, 일상생활에서 그대로 열린 삶을 실현할 수 있습니다.

사) 관찰현상 – 삼법인을 관찰하여 체험하기

나와 남, 나와 환경 등으로 경계선을 그음으로 인해 괴로움을 야기시키는 것은 대상을 고정화시키는 말과 생각이지만 그 이면에 도사리고 있는 '나'라는 생각이 그 근본원인입니다. 경계선을 없애는 방법은 지관(止觀)으로 바로 삼법인(三法印) 관찰입니다. 흔히 내 밖에 따로 실재로서 존재하는 것이 있다고 생각합니다. 그러나 존재하는 모든 것은 인(因)과 연(緣)의 관계로 있을 뿐 어떠한 것도 사실 없습니다. 외부 대상의 실재성은 곧 그와 상대하는, 내부의 자기가 실재한다는 것에 근거합니다.(정화 풀어씀, pp.225-226.) 그래서 경계선을 없애는 것이 무상·고·무아·공으로 가는 길입니다. 즉 삼법인을 관찰할 때 변화나 고(苦)를 주재하는 자아가 있는지 또 알갱이 같은 것이 있어서 변하지 않는 실체가 있는지를 확인하는 것이 매우 중요합니다.

특히 무상은 곧 고(苦)이며 무아입니다. 그렇다면 굳이 고(苦)와 무아를 관찰할 필요가 없는데 고(苦)와 무아를 왜 관찰해야 할까? 하는 의문이 들 것입니다. 그러나 무상을 통해서 고를 알 수 있고, 무상 가운데 주재하는 그 무엇이 있다는 고집을 타파하기 위해 무상 속에 무아를 설합니다. 『반야경』에는 '무상이 곧 공'이라고 하여 무상한 가운데 변하지 않고 항상하는 실체를 부정합니다.

(1) 무상(無常)

몸의 5대 현상은 감각(형색, 소리, 냄새, 맛, 촉감)으로 표현됩니다. 물론 마음 상태, 생각의 흐름도 관찰대상이지만, 특히 감각의 무상을 관찰하게 되면 감각을 통해 일어나는 이미지가 형성되지 않습니다. 즉 상(想)의 심리가 일어나지 않아도 끊임없이 변하는 것은 일정한 모양이 없기 때문입니다. 상이 일어나지 않으면 상을 새로운 형태로 재구성하고 그 상을 유지하려는 심리[思, 業]도 일어나지 않습니다. 마음은 고요해지고 빛과 같은 지혜가 계발되는 것입니다. 물론 감각의 무상을 놓치게 되면 형상과 생각이 계속해서 일어납니다.

이처럼 무상을 관찰하면 감각 이전의 촉(觸)의 연기하는 진실을 알아차리게 되며, 현재 이 순간으로 의식이 깨어나며 어떤 것에도 걸리지 않는 자유를 얻게 됩니다.

무상의 관찰은 형상의 매임에서 벗어나게 하고 매 순간 대상을 조작하는 업[思]을 짓지 않도록 합니다. 이렇게 몸과 마음의 무상을 잘 관찰하면 무상 속에 주재하는 자아가 없어 무아이며 머물 수 있는 실체가 없어 공임을 알게 됩니다. 그래서 무상만 잘 관찰하면 삼법인을 깨치게 됩니다. 무상은 깨달음의 출발이자 끝입니다.

과거의 현상은 이미 사라져 없으며, 미래 또한 아직 오지 않아서 없습니다. 따라서 현재 이 순간만이 존재함이 인식되면 의식이 현재 이 순간으로 깨어납니다. 현재 이 순간의 현상도 또한 변합니다. 먼저 같은 모양이 없음을 살펴보고, 다음으로 현상이 일어나면 일어남을 알아차리고, 일어나는 곳을 살펴보아야 합니다. 또 사라지면 사라지는 그 자리를 살펴서 인식해야 할 형상은 처음도 없고 끝도 없는[緣起] 과정만이 있음을 알게 됩니다. 따라서 자연히 현재 이 순간의 현상은 자아나 실체가 없음이 확인됩니다. 즉 연기 · 무아 · 공을 체득하게 되면 인식할 대상이 없어지므로 대상에 의지하여 과거나 미래로 왔다 갔다 하지 않으며, 가고 옴이 없는 현재 이 순간에 늘 깨어 있게 됩니다. 비유하자면, 관(觀)은 마치 등불과 같아서 사방으로 빛을 비추면서 동시에 등불 자체를 비추듯이 관찰하는 마음이 무상을 비추면 대상의 모습을 알 수 없으며 동시에 알 수 없는 무상의 마음이 됩니다. 즉 마음 자체가 무상의 앎이 됩니다. 이 무상의 앎이 마음에 가득 찬 갖가지 상을 타파합니다. 상(相)이 없는 마음이 되어 현재 이 순간에 깨어나면서 형상에 걸리지 않아 자유롭습니다. 이를 무상해탈(無相解脫)이라 합니다.

깨달음의 통로로서 삼법인 중에 무상이 첫 관문입니다. 무상에는 말과 생각을 붙일 수 없습니다. 왜냐하면 변화하는 것은 고정시킬 수 없기 때문입니다. 그러나 말과 생각은 대상을 고정시킵니다. 이처럼 무상에 생각과 말을 붙일 수 없으니 무상을 보고 있는 마음은 말과 생각을 떠나게 되면서 마음은 비워지고 청정하게 됩니다. 그러므로 무상이 곧 마음이요, 마음이 곧 무상입니다. 따라서 무상의 마음으로 모든 것을 보게 됩니다. 고와 무아도 역시 마찬가지입니다.

(2) 고(苦)

괴로움이 생기는 것은 구하는 마음이 있을 때 일어납니다. 구하는 마음에 의해서 나타나는 현상은 마치 가슴에 응어리가 걸려 있는 것과 같습니다. 특히 구하는 마음은 무상을 보게 되면, 구할 수 있는 어떤 것도 없음을 보게 되면서 불만족의 심적 고통이 일어납니다. 이 심적 고통에 의해 육체적 고통도 일어납니다. 육체적인 통증 등의 고통에는 몸이 '나' 또는 '내 것'이라는 소유관념이 들어가 있습니다.

그래서 알아차림을 통해 무상의 진실을 받아들이게 되면 고(苦)는 무상 속에서 나타나지 않습니다. 이 무상의 체험이 구하는 마음[業]의 속박으로부터 우리를 해방시켜 주는 변함없는 진리입니다. 그래서 몸에 통증이 생기면 이는 모두 업장에 의한 것임을 이해하여야 하고 체험해야 합니다. 무엇보다 고의 성품에 대한 바른 이해를 통해서 고를 관찰해야 구하고자 하는 고(苦)에서 벗어나는 길이 보이고 마침내 해탈하게 됩니다.

「상응부경전(相應部經典)」에 보면 잔부카다카(閻浮車)라는 외도사상가(外道思想家)가 사리풋타를 찾아 와서,

> 벗 사리풋타여! '고(苦)다, 고(苦)다' 하지만 벗이여, 어떤 것이 고(苦)입니까? 벗이여! 이런 세 가지가 고(苦)입니다. 그것은 고고성(苦苦性) · 괴고성(壞苦性) · 행고성(行苦性)입니다. 이 세 가지가 고(苦)입니다.(李元燮 역, pp.109-110.)

라고 했습니다. '괴로움'이라는 고(苦)의 성질[苦苦性(dukkha-dukkha)]에 대하여 물질적 · 정신적 모든 일반적인 괴로움을 「대구치라경」 제9에서는 생노병사(生老病死) · 원증회고(怨憎會苦) · 애별리고(愛別離苦) · 구부득고(求不得苦) · 오음성고(五陰盛苦)의 팔고(八苦)로써 설하고 있습니다.

그러나 '괴로움'이라는 고(苦)의 성질[苦苦性]을 깊게 살펴보면, 모두 형상이 무너지는 데서 오는 것임을 알 수 있습니다. 즉 서로 떨어지고 부서지는 데서 소유할 수 없는 괴로움을 느끼는 것임을 알아야 합니다. 그래서 고고성의 속성이 괴고성(壞苦性)입니다.

'괴(壞)'라는 고(苦)의 성질[壞苦性(viparinama-dukkha)]은 현상의 무너지고 부서지는 변화에 의한 괴로움으로 삶의 행복한 느낌, 행복한 조건 등은 영원히 지속되는 것이 아니라는 뜻입니다. 이것들은 언젠가는 변하기 마련이며, 이것이 변할 때 육체적 고통·정신적 괴로움을 낳습니다. 수행 중의 몸의 변화(무상)도 마찬가지입니다. 이처럼 수많은 변화가 고의 괴고성입니다. 이 괴고성은 불고불락(不苦不樂)의 색계 제 4 선정의 이상에서는 사라집니다.

그런데 형상의 무너짐으로 인하여 생기는 괴로움을 다시 자세히 살펴보면, 모두 형상을 유지하려는 마음[業]에 의해 형성된 것들이 무너짐에 의해 일어남을 알 수 있습니다. 모든 존재는 본래 공(空)하기 때문에 무너지고 부서짐이 있더라도 하등 괴로워할 것이 없습니다. 그런데도 존재의 무너지고 부서진다는 것에 괴로움을 느끼는 것은 공을 모르기 때문이며, 이로 인해 현상이 변함없고 영원한 것으로 착각하기 때문입니다. 업(業)은 곧 생각입니다.

즉 생각[思]에 의해 존재가 형상으로 조작되어 있는 것입니다. 조작하는 것은 소유하고자 하는 마음이 작용하기 때문입니다. 사실은 조작되어 있는 것은 그 본질이 공이면서 현상으로는 인(因)과 연(緣)으로 조건 지어진 것입니다. 그러므로 이를 모르는 무지의 속성을 가진 업에 의해 있게 된 모든 것은 허상이며 환(幻)입니다. 무너지고 부서지면 괴로움이 생기는 것은 당연합니다. 이 업(業)이 바로 오온 가운데 행온(行蘊)입니다.

'행(行)'이라는 고의 성질[行苦性(samkhara-dukkha)]은 조건 지어진 것에는 반드시 괴로움이 야기되는 것을 말합니다. 고고성(苦苦性)과 괴고성(壞苦性)은 일상생활에서 흔히 경험되는 사실인 반면, 고의 세 번째 형태인 행고성은 고성제의 가장 심오한 측면으로, 진리가 하나일 줄 모르는 무지에서 오는 괴로움입니다. 그것을 알기 위해서는 '나'로 여겨지는 '몸'에 대해 정념 관찰을 해보아야 합니다. 몸은 바로 업(業)의 모습이기 때문입니다.

행고성의 행은 형성력(形成力)이라는 뜻으로 형상을 조작함을 말합니다. 이는 곧 사(思)를 말하는데, 사(思)는 바로 선과 악, 의도가 들어가 있는 생각이며 이 생각이 선과 악, 선도 악도 아닌 무기(無記)에 채색하는 바로 업입니다. 이 업을 사업(思業)이라고 하고, 사업에 의해 말하고 행동하기 때문에 말과 행위를 사이업(思已業)이라고 합니다. 생각이 말과 행위로 이행(已行)되어 나타나기 때문입니다.

사업(思業)은 형상을 조작하기 때문에 부서지는 고통을 일으킵니다. 마치 아끼는 물건이 망가지거나 부서질 때 고통을 느끼게 되는 것과 같이 우리 몸도 어떤 충격을 받거나 조건이 달라졌을 때는 고통이 일어납니다.

예를 들어, 모기에게 물렸을 때 가려움이나 통증이 일어나는 것과 같습니다. 만일 업에 의해 형성된 몸이 아니라면 통증이 일어나지 않습니다. 실제로 색계(色界) 초선정(初禪定)에 들어갔을 때에 욕망이 사라지고 육체의 고통도 사라지지만 모기에게 물릴 때에는 불편함을 느낍니다. 특히 고통을 일으키는 업에는 반드시 자아관념과 실체관념이 들어있어서 그 통증을 배가시킵니다.

그러나 만일 몸이 본래 감각과 생각으로 이루어진 마음의 현상임을 알아차리고, 본질이 공이며 현상은 인연으로 이루어짐을 깊이 체득했다면 몸은 더 이상 업의 모습이 아니라 진리의 모습인 법신(法身)인 것입니다. "환화공신(幻化空身)이 즉법신(卽法身)"이라는 증도가(證道歌)의 가르침 그대로입니다.

이제 고를 해결하기 위해 가는 길이 분명해졌습니다. 이를 정리해 보면, 업에 의해 형성[行苦性]된 몸과 마음은 무상을 만나 무너지면서[壞苦性] 고가 나타나는 것[苦苦性]입니다. 불쾌감이나 통증은 모두 '나'이고 '내 것'이라는 번뇌에 속박되어 있는 감각입니다.(감각에는 고(苦)·락(樂)·불고불락(不苦不樂)의 세 종류가 있습니다.) 우선 형상이 무너질 때(무상) 고(苦)의 느낌이 일어남을 알아차립니다. 그 관찰방법은 고의 감각이 몸 안과 바깥 그리고 중간 어디에 머무는지 또는 처음·중간·끝 어디에 머무는지 살펴보는 것입니다. 그리하여 안·밖·중간 어디에도 머물지 않음을 관하는 것입니다. 그 결과 괴로움을 관장하고 조종하는 자아와 변하지 않고 고정된 실체가 없음을 확인하게 됩니다.

또 다른 방법은 무상을 관찰하는 방법과 같이 통증이 일어나면 통증을 일으키는 주체가 있는지 살펴봅니다. 없다면 무아이며 통증이 사라지면 사라지는 통증이라는 실체가 머무는지 살핍니다. 머물지 않고 바뀌어 가거나 사라지면 통증은 실체가 없는 공입니다. 이렇게 순간순간 관찰해 갈 때 형상을 형성하고 조작해 가는 업이 힘을 잃어갑니다. 매 순간 조작하는 마음이 일어나지 않으면 형상이 형성되지 않고 도리어 형성된 형상이 사라져 갑니다.

형상이 형성되지 않거나 형성된 형상이 사라져 가면 무너지고 부서지는 고통이 없으며, 무너지고 부서지는 고통이 없으면 삶과 죽음의 모든 고통에서 해방됩니다. 그리고 몸의 통증 등은 곧 마음이며, 몸은 마음의 그림자임을 알게 됩니다. 조작하는 마음이 사라지면 어떤 것에 대해서도 과거나 미래로 달려가지 않습니다. 구하고 원하는 마음이 없어졌기 때문입니다[無願解脫].

덧붙이자면, 첫째의 제행무상(諸行無常)과 둘째의 일체개고(一切皆苦)를 잘 관찰하면 무아(無我)를 체득하게 됩니다. 둘째의 고(苦)도 무상이기 때문입니다. 이를 위해 무상한 현상을 과거·현재·미래로 나누어서 관찰할 때나, 고의 현상을 안·밖·중간 또는 처음·중간·끝을 관찰할 때 이렇게 반문합니다.

'마음대로 무상과 고를 조절할 수 있는 자아가 어디에 있는가?' '무상 또는 고에서 변하지 않는 알갱이 같은 실체가 어디에 있는가?'라고 반문합니다. 이렇게 탐구하다 보면 무아와 공을 저절로 체득하는 것입니다.

(3) 무아(無我)

무아는 '주재하는 자아 없음의 무아'와 '실체 없음의 무아'로 나누어 집니다. 전자는 무아(無我)이며, 후자는 공(空)입니다. 이는 무상과 고를 관찰한 결과인데, 다시 한걸음 더 나아가서 더 깊게 관찰하는 것입니다. 무아는 무상과 고를 주재하는 그 어떤 무엇도 없음을 확인하는 것입니다.

그 방법은 '자아는 어디에 있는가?'라고 반문하는 것입니다. 만일 '나는 누구인가?'라고 반문하면 그 결과는 힌두교의 진아(眞我)가 나옵니다. '나'를 전제하여 찾기 때문에 현상을 주재하는 자아와 실체가 있는 그 무엇이 상정되고, 그 무엇이 생길 수밖에 없습니다. 그 결과의 끝은 불멸의 자아를 설정하게 되고 '나는 누구인가'는 객관성을 잃어버리게 됩니다. 그래서 '나는 누구인가?'가 아니라 '나는 어디에 있는가?'라고 반문하는 것이 옳습니다. 그러므로 철저하게 자아 없음을 알면 아는 그 마음은 빈 마음이 되며 빈 마음 그대로 번뇌에 걸림 없는 해탈이니 이를 공(空)해탈이라고 합니다.

지금까지 누누이 설명한 바와 같이 무상한 것은 고통이며, 고통인 것은 고통의 주체가 없는 무아이니, 이는 바뀌지 않는 여실(如實)함이며 진리[諦]입니다. 무상·고·무아로 연결된 하나 됨의 지혜가 이 고·집·멸·도를 차례차례 거쳐 온 것이므로 사성제의 수행체계를 무아 하나로 꿰뚫는 것이라고 한 것입니다.

[사념처]　　[사성제]　　[정념의 무아 알아차림]

몸[身] — 고성제 — 범부는 5대로 이루어진 몸[有根身]을 자아(自我)의 의지처라고 생각하며 무의식적으로 몸은 영원하다고 생각합니다. 이 자아관념에 의해 5대의 화합으로 형성된 몸은 언제나 부서지고 무너질 조건을 가지고 있습니다. 그래서 몸은 모두 행고(行苦)의 모습을 가지고 있습니다. 그러나 이러한 5대 화합의 조건[行]에서 오는 거칠고 무거운 번뇌인 고통[苦](행고의 성질은 늘 일어납니다)은 몸의 정념 관찰을 통하여 몸이 새털같이 가벼워지는 편안한 깨달음의 고리[輕安覺支]가 일어나게 되면 벗어날 수 있습니다. 그래서 몸을 관찰해서 고성제의 이치에 들어가는 것입니다.

감각[受] — 집성제 — 자아가 받아들이는 대상은 즐거움과 괴로움과 즐겁지도 괴롭지도 않는 무덤덤함의 감각[受]입니다. 이 감각에 감정과 생각을 덧붙이면 사랑과 증오가 일어납니다. 그래서 수(受)는 애욕과 증오의 원인이며 의지처입니다. 그래서 수를 관찰하여 집성제의 이치에 들어가는 것입니다.

마음[心] — 멸성제 — 자아 자체인 대상은 아집(我執)이 의지처로 삼는 마음입니다. 그래서 이 마음을 관찰하여 자아가 본래 없음을 관찰합니다. 그리하여 자아가 소멸할까 두려워하는 것이 없어집니다. 따라서 열반에 대한 공포가 생기는 것을 영원히 여의게 됩니다. 마음관찰[心念處]에 의지해서 멸성제의 이치에 들어갑니다.

마음의 현상[法] — 도성제 — 자아관념이 들어간 더러움과 깨끗함이 법(法)입니다. 즉 탐욕과 성냄 등에 의해 더러워지고 믿음, 부끄러워함 등에 의해 깨끗하게 됩니다. 이렇게 법을 관찰하다보면 잡다한 오염과 청정한 마음의 현상[법]을 알게 되어 관찰하는 마음이 어리석음에서 벗어나 오롯이 깨어있게 됨으로 도성제의 이치에 들어갑니다.

이렇게 사성제의 이치에 들어가기 위해 사념처의 관(觀)으로 수행한 그 결과는 몸의 무아 깨침과 마음청정입니다. 몸 깨침은 곧 무아이기에 무상한 것은 실체 없는 무아요, 고통은 고통의 주체가 없는 무아입니다. 그래서 무아를 체득한 마음에서는 곧,

① 몸에 의지처로 삼을 만한 실체로서의 자아(自我)는 없으니 괴로움의 주체가 당연히 없어 괴로움의 진리[苦諦]가 무아이고,

② 괴로움의 원인인 수(受)와 수(受)를 통해 나타나는 5대의 현상과 갖가지 번뇌가 일어납니다. 그러나 일어남은 반드시 사라지니 수(受)와 번뇌도 조건에 의한 것이라 괴로움의 원인인 집제(集諦)도 무아이고,

③ 괴로움과 고통을 일으키는 번뇌의 소멸은 소멸되는 주체가 없으므로 번뇌가 소멸한 청정한 마음인 멸제(滅諦)도 무아이며,

④ 정념으로 깨침의 길을 가는 수행자 본인도 무아입니다.

이 내용은 몸 관찰만 한정해서 하는 이야기는 아닙니다. 수행과정을 통해 관찰된 몸[身]·감각[受]·마음[心]·마음의 현상[法]을 꿰뚫은 결과입니다. 그것이 사성제를 관통하는 무아의 지혜입니다.

아) 체득[修證]하는 단계

수증(修證)단계에 대해서 유식학파에서는 자량위(資糧位)·가행위(加行位)·통달위(通達位)·수습위(修習位)·구경위(究竟位)의 5단계를 이야기 합니다. 또 화엄경 등의 대승경전에는 보편적으로 십신(十信)·십주(十住)·십행(十行)·십회향(十廻向)·십지(十地)·등각(等覺)·묘각(妙覺)의 52단계를 설합니다. 이를 『대승기신론』에서는 범부각(凡夫覺)·상사각(相似覺)·수분각(隨分覺)·구경각(究竟覺)의 4단계로 함축하여 설합니다. 그리고 『대승기신론』의 범부각은 유식학파의 자량위와 가행위에 해당합니다. 여기서는 대승기신론』의 수증단계를 기준으로 이야기하겠습니다.

마음에는 네 가지 층이 있으니, 시각·청각·미각·후각·촉각 등의 감각층과 의식(意識) 그리고 자아의식인 말나식(末那識), 비롯함이 없는 때로부터 보고 듣는 등 모든 경험을 유실하지 않고 함장하고 방출하는 아리야식(識)(유식에서는 아뢰야식(阿賴耶識)이라고 합니다)입니다. 식(識)은 마음을 말합니다.

심층을 정념(正念)으로 차례로 살펴 들어가면 번뇌도 거친 번뇌에서 점차 미세한 번뇌까지 포착하게 됩니다. 생각은 生·住·異·滅의 네

가지 모습[四相]을 지니고 있기 때문에 잘 살피면 생각이 본디 허망하다는 것을 알게 되면서 깨달음으로 나아갈 수 있습니다.

원효스님의 『대승기신론소(大乘起信論疏)』에서는 사상(四相)을 꿈속의 생각[夢念]으로 비유합니다. 그래서 사상(四相)을 차례로 깨쳐 소멸해 나가는 과정을 꿈을 꾸다가 꿈에서 깨어나는 것으로 설명하고 있습니다.

무명(無明)으로 인하여 삼계의 긴 꿈에 빠져서 육도(六道)를 유전(流轉)하지만, 수행을 통해서 본래 고요한 본각(本覺)의 자리에 있었음을 깨닫게 된다는 것입니다.(본각(本覺)의 부사의(不思議)한 훈습력에 의하여 즐거워하던 마음이 싫증을 내고 점점 본원으로 향하니, 비로소 멸상(滅相)에서 생상(生相)까지를 쉬고 환히 크게 깨친다. 자기 마음에 본래 움직인 것이 없고 지금 고요한 것도 없이, 본래 평등함을 분명히 깨쳐 한결같은 자리에 머문다.) 여기에서 꿈이란 번뇌로 인한 죄업에 둘러싸인 현실세계이고, 꿈에서 깨어나려는 노력은 수행입니다. 깨달아 가는 과정을 긴 꿈에서 깨어나는 과정으로 비유하고 있습니다. 본래 꿈이란 깨고 나면 실체가 없듯, 생각이란 실체를 깨치면 본각(本覺)인 일심(一心)으로 돌아간다는 것입니다. 중생의 세계는 진여의 세계를 망각한 '긴 꿈의 세계'입니다. 그래서 망념을 제거해 본래의 일심(一心)으로 돌아가는 수행이 필요합니다.

원효스님의 『대승육정참회(大乘六情懺悔)』에서는 이와 같이 꿈에서 깨어나는 비유를 통하여, 인생이라는 긴 꿈에서 벗어나는 방법을 몽관(夢觀)이라 하고, 꿈에서 깨어나 깨달음에 이르는 꿈의 네 단계는 시각(始覺)에 비유하고 있습니다.

[滅] 먼저 생각은 머물러 있지 않고 지나갑니다. 그래서 멸(滅)입니다. 그러나 생각[意業, 思業]은 몸과 입에 영향을 주어서 행동하게 합니다. 즉 몸으로 짓는 살생·도둑질·사음(邪淫, 출가자는 음행)과 입으로 짓는 거짓말·이간질·악담·현혹시키는 말 등 일곱 가지 악한 죄를 짓게 합니다.

비록 악한 생각에 의해 몸과 입으로 일곱 가지 악한 행을 짓더라도 그것이 선하지 않다는 것을 알고 두려워하여 뉘우치면, 그러한 자각을 보통 일상생활에서 범부가 깨닫는 각[凡夫覺]이라고 합니다. 두렵다는 괴로움의 자각으로 인하여 계율을 지켜 눈·귀·코·혀·몸 등의 다섯 감각기관을 제어하는 것이 바로 수행입니다. 비유하자면, 꿈속에서 자기 몸이 큰물에 떠내려가는 것을 보고, 단지 그것이 꿈속 마음의 짓인 줄을 알지 못하고 실지로 물에 빠져 떠내려가는 줄 알고 크게 두려워하는 것과도 같습니다.

이것을 『대승기신론』에서는 앞의 일곱 가지 악한 업을 자각하고 두려워하는 단계를 말합니다. 악업을 자각한다는 것은 이를 벗어나고자 하는 노력을 동반합니다. 이 노력이 깨달으려는 마음[菩提心]을 발하여 수행의 길로 들어서게 되는 것입니다.

[異] 선(善)하지 않는 행위로 인해 두렵고 괴롭다는 자각으로부터 그 행위를 일으키게 한 내면의 의식으로 관찰해 들어가는 과정입니다. 이(異)의 경계는 감각이 사라져 몸이 허공과 같습니다. 물론 눈으로 보면 몸의 형태는 있지만 무게도 없고 걸어갈 때 움직임만이 있는 상태입니다. 그래서 몸을 관찰해 보면 허공같이 비어 있지만 아직 의식이 남아 있어서 주객의 앎이 남아 있습니다. 이 의식이 밖으로 향해 대상을 인식하면서 탐욕·성냄·어리석음·교만·의심·견해 등 여섯 종류의 생각이 순간순간 대상에 따라 달라지면서 일어나는 것입니다.

이를 정념하여 변화하는 생각, 즉 '주객이 상대하여 발생하는 앎'이 사라지면 이것을 바른 깨달음과 비슷하다고 하여 상사각(相似覺)이라고 합니다. 이는 꿈속에서 다시 꿈을 꾸다가 깨어난 것일 뿐이므로, 아직 완전히 깨어난 것은 아닙니다. 이때부터 번뇌망상이 미세해지기 시작합니다. 이를 비유하자면 꿈에서 깨지 않은 채로 다시 다른 꿈을 꾸면서 '내가 본 것은 꿈이며 사실이 아님'을 아는 것이니, 마음 성품이 총명해서 꿈속에서 꿈인 줄 알고 두려워하지 않는 것과 같습니다.

이렇게 아는 마음성품은 우리 안에 내재되어 있는 불성(佛性)입니다. 즉 꿈속에서 꿈을 꾸고 그것이 꿈인 줄 아는 것은, 다름 아닌 무명번뇌에 싸여 있던 모든 부처님의 부사의(不思議)한 법력(法力)[佛性作用]이, 삶에서 핍박하는 괴로움 때문에 작용하는 것입니다. 즉, 괴로움에서 벗어나고자 삶과 죽음에 대한 의문을 가지게 하는 마음을 일으키도록 내적으로 영향[熏習]을 주는 것입니다. 한편 외적으로는 중생을 구제하고자 하는 믿음과 진리를 깨치고자 하는 원(願)인 대비원력에 의지하여 신해심(信解心)을 내게 합니다. 그리하여 다음과 같이 자각합니다.

"나와 중생이 오직 잠 속에서 긴 꿈을 꾸면서 실재라고 그릇되게 알아, 육진(六塵)의 남녀 이상(二相)을 거스르거나 따른다. 이 모두 나의 꿈이며 실제로는 자아(自我)가 영영 없으니, 어디에 근심과 기쁨이 있고 탐욕과 성냄이 있겠는가" 라고.

이 깨침의 경지는 성문(聲聞), 연각(緣覺)과 초발의(初發意) 보살의 인아집(人我執)이 타파되어, 내 것이라 할 수 있는 몸이 공(空)하고 자아(自我)라고 생각되는 의식마저 사라져 공(空)한 경지입니다.

[住] 앞서 소개한 달라지는 모습[異相]의 여섯 종류 거친 생각은 밖의 대상을 인식하여 일어난 것입니다. 의식의 거친 번뇌가 다 사라져 안팎이 공(空)한 이상(異相)의 경지에서 더욱 미세한 심층으로 정념관찰해 들어가면, 대상도 대상 따라 일어나는 생각도 없는 경지가 나타납니다. 여기서부터 의식의 차원이 아닌 잠재의식 곧 무의식의 세계로 들어섭니다.

아리야식(아뢰야식을 무의식(無意識)이라고들 하지만 이는 아뢰야식의 한 부분일 뿐입니다)에는 세 가지 모습이 있습니다. 주객이 나누어지지 않는 업(業)의 모습과 주관인 능견(能見)의 모습과 객관인 경계의 모습이 그것입니다. 또한 주객미분의 모습은 업식(業識)이며 주관의 모습은 전식(轉識)이며 경계의 모습은 현식(現識)인데, 자아의식은 주객미분의 업의 모습과 주관의 모습이 이미지가 없기 때문에 자아(自我)로 인식하지 못합니다. 그러나 객관인 경계의 모습은 현식에 의해 나타난 것으로 마치 영상(影像)이 밝은 거울의 면에 의해 나타나는 것과 같습니다.

그 역으로 영상에 의해 거울 면이 인식되듯이 자아의식인 말나식(末那識)은 경계를 나타내는 전식(轉識)을 자아로 삼고, 경계인 객관의 모습을 내 것[我所]이라고 인식하여 머물러 있는 상태이니, 아치(我癡)·아견(我見)·아애(我愛)·아만(我慢)의 심리를 일으키기 때문에 '住'라고 하는 것입니다. 이 같은 자아관념을 정념수행에 의하여 깨뜨리면 부분적이나마 자신이 무아(無我)의 법신(法身)임을 깨닫는 수분각(隨分覺)을 이룹니다.

이러한 수분각은 자아관념인 나와 내 것이란 본래부터 있지 않음을 깨닫는 것으로, 나 이외의 불멸의 실체를 믿는 법아집(法我執)까지 사라진 경지입니다. 그러나 아직 법계가 하나라는 진리를 모르는 데서 일어나는 '최초 한 생각'은 남아 있는 상태입니다.

비유컨대 꿈인 줄은 알았지만 그래도 아직 자기 몸이 침상 위에 누워 있는 줄 모르고서, 머리를 움직이고 손을 흔들어 애써 잠에서 완전히 깨어나려고 하는 것과 같습니다.

[生] 한 생각이 일어나는 모습은 앞의 주상(住相)의 생각보다 더욱 미세합니다. 주관과 객관이 나누어지기 이전(以前)의 업식(業識)이 생기는 최초의 한 생각이 일어나므로 '생(生)'이라고 합니다. 이 생상(生相)은 꿈입니다. 생상(生相)이 꿈이므로 주·이·멸이 꿈인 것은 당연합니다.

이러한 미세한 생각을 깨뜨려서 최초의 한 생각이 영원히 사라지면, 삶의 근거이자 상주(常住)하는 마음의 본성이 꿈에서 벗어나 현현하는데 이를 구경각(究竟覺)이라고 합니다.

이는 근본무명인 한 생각이 사라진 무념(無念)이자 돈오(頓悟)를 말합니다. 곧 돈오란 홀연히 일어나는 생각이 다 사라진 경지입니다. 비유컨대 완전히 잠에서 깨어나 꿈에서의 인연(因緣)을 돌이켜 보면, 물이나 떠내려간 몸이나 모두 존재하지 아니하여 오직 본래대로 잠자리에 고요히 누워 있음을 보는 것과 같습니다.

대승육정참회에서는 "긴 꿈을 몽관(夢觀)하면 여몽삼매(如夢三昧)를 얻는다"라고 합니다. 무생(無生)의 지혜를 얻어 이 꿈에서 깨어나면 본래 유전(流轉)된 바 없이 일심(一心)이 일여(一如)의 잠자리에 누워 있을 뿐임을 안다고 했습니다.

이처럼 꿈에서 깨어보니 본래부터 고요한 잠자리에 누워 있었음을 아는 것을 구경각(究竟覺), 즉 부처님의 지위라 합니다.

깨침의 과정과 결과

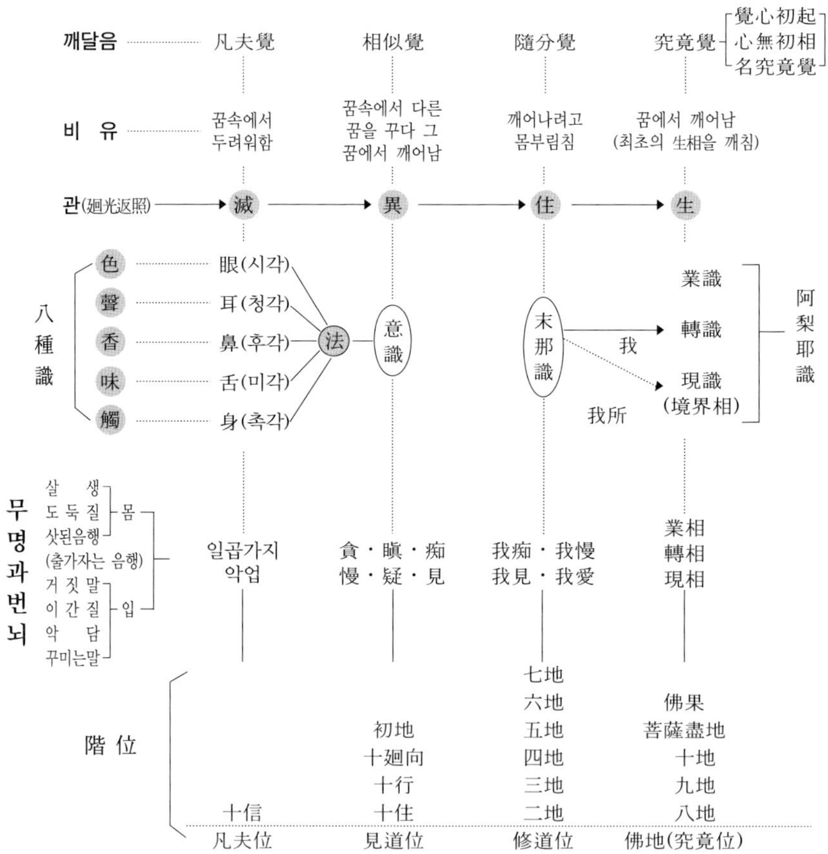

4. 맺는말

진리와 수행은 분리되어 있지 않습니다. 청정한 마음이 고(苦)를 만나면 인지법행이요 법력훈습의 모습으로 진리가 작용하나니 진리가 곧 수행입니다. 그리하여 매순간 진리를 구현하는 것이 수행입니다. 그러니 진리를 통해서 수행의 길이 열리고 수행을 통해서 진리가 증명됩니다. 진리와 수행은 먼저와 나중이 없고 연기이기에 동시적이며 그대로 전체입니다. 가출한 자식이 온갖 고초 겪으면서 아버지가 사는 안락한 제 나라 제 집으로 돌아오고 제 집 문안으로 아버지를 보고 들어와 다시 아버지가 되는 이치와 같습니다.

진리는 공이기에 수행을 통해 공을 체득하기 시작하면 괴로움을 통해 수행하고자하는 욕구가 일어나니 그것이 발보리심이며 이는 인연발생입니다. 진리 또한 인연입니다. 왜냐하면 괴로움이 원인이 되어 보리심이 일어나니 인연이며 보리심에 의지하여 내적 관찰하게 됨도 인연이 아닐 수 없기 때문입니다.

내적 관찰을 통해 나타나는 공이 번뇌를 만나면 지혜로 바뀌고 공을 만나는 무명번뇌는 마치 허공에서 꽃이 피고 지지만 허공에는 꽃이 없는 것과 같이 실체와 자아가 본래 없어, 허공처럼 소멸되어 불생불멸, 공 이루니 바로 열반입니다. 지혜가 바로 연기의 진리이기 때문입니다. 꿈속에서 여러 나라 헤매면서 온갖 어려움 겪다가[生死輪廻] 이 인생 꿈인 줄 알고[智慧] 몸부림치다가[修證段階] 깨고 나니[깨달음] 침대에서 한 발자국도 벗어난 적이 없음[眞理]과 같습니다.

지혜가 끝인가 하면 처처 중생 만나 문득 자비로 변하여 중생을 부처로 이끄니[중생구제] 인연-인과가 진리 아님이 없습니다.

'무명번뇌 어디서 왔는가?' 의심 생기지만 무명 또한 진리의 모습이니 무명에 물든 중생도 진리이며 고통 받는 중생도 진리의 모습인데 생사(生死)의 고통은 참을 수 없어 진여가 괴로움의 원인인 무명이 되는 것입니다.

허공에 꽃이 피고 져도 본래 허공에는 꽃이 핀 적이 없듯이 무명 또한 그와 같고 석녀(石女)가 아이 낳는 것과 같으니 무명 또한 진리 아닐 수 없습니다.

진리는 곧 연기이면서 우리들의 마음을 이야기합니다. 그런데 물질세계는 진리에 포함되지 않는가라고 의문을 가질 수 있습니다. 그러나 5대의 원소에 의해 이루어지는 "물질[色]은 그 성품이 지혜인 까닭에 물질의 체는 무형으로 지혜의 몸이라 하며 지혜의 성품이 색이므로 법신이 일체 모든 곳에 두루 하다고 설하는 것이다." 라고 『대승기신론』은 설합니다. 『화엄경』에서는 전 우주를 마음이 만들었고 특히 만들어진 우주의 체성이 그대로 비로자나부처님의 음성으로 이루어졌다고 설합니다. 그래서 비유하면,

> 그림 그리는 화가가 자기의 마음을 알지 못하되 마음을 말미암아 그림 그리는 것처럼 모든 존재의 성품 이와 같음이로다.
>
> 마음이 마치 화가와 같아서 능히 모든 세간을 그려내나니 오온(五蘊)이 모두 마음 따라 생김이라 어떤 법(法)인들 만들지 않음이 없네.
>
> 만일 마음이 움직여 모든 세간(世間) 만든 줄을 아는 이가 있다면 이 사람은 부처를 보아 부처의 진실한 성품을 알게 되리라.
>
> 만일 어떤 사람이 삼세 모든 부처님을 알고자 하면 응당 법계(法界)의 성품 위에 모든 것이 마음으로 만든 것인 줄 관찰할지니라.(이상, 『80화엄경』)

라고 합니다. 특히 마음이 만든 세계는 법계연기라는 사실입니다. 이렇듯 물질세계도 연기의 법칙을 벗어날 수 없으니 진리의 세계인 것을 알아야 할 것입니다.

참고문헌

『중아함경』
『雜阿含經』
『80華嚴經』
『원각경』
『大乘六情懺悔』
『종경록』
『대승기신론소』

元曉, 『中邊分別論疏(券三)』
普照, 『眞心直說』

대림스님 옮김, 『청정도론 1』, 초기불교연구원, 2004.
法頂 역, 西山 지음, 『깨달음의 거울』, 불일출판사, 1992.
雪岑 撰. 『大華嚴一乘法界圖註幷序』, 화엄경론소집, 동화사강원.
원순 역해, 『큰 믿음을 일으키는 글』, 법공양출판사, 2003.
월암 지음, 『간화정로』, 현대북스, 2006.
이원섭 역, 增谷文雄 저, 『佛敎槪論』, 玄岩社.
임승택 역저, 『빠띠삼비다막가 역주』, 가산불교문화연구원.
정화 풀어씀, 『삶의 모습을 있는 그대로』, 생활 속의 유식 30송, 밥공양, 2004.
주민황 역, 달라이라마 지음, 『반야심경』, 무우수, 2005.
『함석헌 전집』 3, 마당. 1983.
함허 득통 주해, 원순풀이, 『한글 원각경』, 법공양, 2000.

원불교 마음공부

이 경 열
원불교대학원대학교 교수

목차

1. 들어가는 말

종교란 신이나 절대자를 인정하여 일정한 양식 아래 그것을 믿고 숭배하고 받듦으로써 마음의 평안과 행복을 얻고자 하는 정신문화의 한 체계이다. 그래서 종교를 믿는 사람들은 각자 신앙의 대상은 다를지라도 마음의 평안과 행복을 얻고자 한다. 그러나 종교의 수와 종교인들이 늘어나는 현상에 비하여, 지금 세상은 물질이 개벽됨에 따라 인간의 생활은 편리해지고 외적으로는 화려해졌으나 물질이 개벽된 만큼 내면세계의 평안과 행복은 과거에 비해 그리 많이 향상되었다고 볼 수 없다. 그러므로 물질이 발전되는 이 시기에 종교에서 사람들에게 마음의 평안과 행복의 길을 안내하는 일은 참으로 중요한 과제이다.

원불교에서는 물질이 개벽되니 정신을 개벽하자는 개교표어를 내걸고 고해에 헤매는 많은 사람들을 위해 정신의 세력을 확장하고자 진리적 종교의 신앙과 사실적 도덕의 훈련을 하고 있다. 여기에서 진리적 종교의 신앙과 사실적 도덕의 훈련은 원불교가 추구하는 낙원세계 건설의 길로 안내하는 구체적인 신앙 수행의 방향로라고 볼 수 있다.

원불교에서는 신앙과 수행의 총체적 개념으로 마음공부를 통해 지혜롭고 행복하게 살아가는 길을 밝히고 있다. 원불교 마음공부란 마음을 잘 사용하는 방법을 학습하는 것이다. 살아 있는 사람이라면 마음이 없는 사람은 없다. 마음은 삶의 방향과 지향점을 결정할 뿐 아니라 변화의 중심축으로서도 중요한 기능을 담당한다. 마음공부란 바로 자신의 마음을 알아서 잘 사용하여 진정으로 자기 자신이 원하는 삶, 자기 마음의 주인이 되어서 올바르게 판단하고 행동하도록 하는 것이다. 나아가 마음의 운용을 바르게, 진리에 맞게, 절도에 맞게 할 수 있는 힘과 능력을 키워 마음의 자유와 행복을 얻게 하는 것이 마음공부의 목적이다.(황명숙, p.48)

이에 논자는 많은 사람들에게 평안과 행복을 가져다주는 하나의 방법론으로 원불교 마음공부를 제시하고자 한다. 원불교 마음공부를 하기 위해서는 먼저 원불교의 개교동기와 원불교 교법을 알아야 할 것이다. 왜냐하면 원불교가 추구하는 비젼을 알게 될 때 마음공부의 목표도 분명해질 수 있을 것이며, 원불교 교법을 알게 될 때 마음공부의 방향로를 알 수 있기 때문이다. 그래서 원불교 개교동기와 원불교 교법에 대해 개괄적으로 살펴보고자 한다. 그리고 원불교 마음공부를 시작하기 위해서는 마음에 대한 개념이 분명해야 하기 때문에 마음과 정신과 성품의 개념을 자세히 밝혀봄으로서 마음이 나오는 근원처를 파악하고자 한다. 그 후, 마음공부의 원리와 마음공부의 방법을 살펴보고, 이에 근거하여 일상수행의 요법을 통한 마음공부, 마음일기(정기일기)를 통한 마음공부, 유무념을 통한 마음공부 프로그램을 소개하고, 실지 마음공부 프로그램의 사례를 밝히고자 한다.

2. 원불교

원불교는 1916년 4월 28일 전남 영광에서 소태산(號) 박중빈(字) 대종사(尊稱)의 대각(大覺)에 의해서 창건되었다. 당시 한국은 일제의 식민통지 하에서 민족의 수난이 극에 달했고 세계는 일찍이 인류역사상 없었던 격동의 시대요, 일대전환의 시대였다. 밖으로는 열강국들의 침략주의가 기세를 올리는 한편 안으로는 물질문명의 개화가 정신문명의 타락 내지 사회의 혼란을 가중시켜 말세의 위기를 실감하게 할 때 각 종교마다 새로운 메시아를 갈망하는 상황에서 소태산 대종사(少太山 大宗師)는 원불교를 창건했다.(법무실 편저, p.48)

소태산 박중빈은 자신이 깨달은 우주와 인생의 진리를 "일원의 진리"라고 이르고, 이 일원의 진리 모습을 '○'으로 표현하였는데, '○'을 "일원상(一圓相)" 또는 "법신불(法身佛) 일원상"이라고 한다. 일원상은 진리를 상징적으로 표현한 것으로 불교의 부처님, 기독교의 하나님, 태극, 도, 마음 등과 같은 뜻이다. 원불교는 진리에 바탕하여 신앙 수행의 강령을 형성하였고 물 샐 틈 없는 마음공부를 제시하고 있다.

이에 논자는 원불교 마음공부에 대해 구체적으로 알아보기 위해 먼저 원불교가 종교로 문을 열게 된 동기와 원불교의 근간을 이루는 원불교 교법에 대해 개괄적으로 살펴보고자 한다.

가) 원불교의 개교동기

원불교 개교의 시기는 한국사에 있어서 격동의 시기였으며 세계사에 있어서도 인류가 일찍이 경험하지 못하였던 두 차례의 참혹한 세계대전을 겪었던 혼동과 혼란의 시기였음에 틀림없다. 이러한 전환기에 처한 소태산은 현실을 극복하고자 하는 문제의식과 또한 무지와 고통에 신음하는 민중을 구원하고자 하는 열정과 소명의식으로 원불교를 창립하였다. 이러한 소태산의 시대인식과 민중 구원의 의지와 방법을 집약적으로 표현한 것이 개교의 동기이다.(신순철, pp. 12-13)

시대를 따라 성자들이 출현하는데 불교 역시 불타는 그 당시 현실파악을 사제법문으로 고(苦)와 집(集)으로 보았고 대종사는 현실파악을 파란고해로 보았다. 불타는 그 이상향을 멸(滅)이라는 것으로 보았으며 대종사는 이상향을 광대무량한 낙원으로 보았다. 불타는 구제방법으로 8정도(八正道)를 제시했고 소태산은 진리적 종교의 신앙과 사실적 도덕 훈련으로 구제방법을 제시한 점이 서로 다르다.(서경전, p.126)

송천은 교수는 대종사가 원불교를 개교한 동기를 다음과 같이 구분하였다.

1) 새 세계의 도래와 종교 제정비의 필요성
2) 정신의 위치 정상화
3) 진리적 종교의 신앙
4) 사실적 도덕의 훈련
5) 광대무량한 낙원건설이다.(송천은, pp.326-379)

또한 신순철 교수는 개교의 동기를 다음과 같이 요약하여 설명하였다.

1) 현실은 파란고해이다.
2) 파란고해의 원인은 물질문명의 발달로 인한 정신과 물질의 주종전도에 있다.
3) 이를 진리적 종교의 신앙과 사실적 도덕의 훈련으로 극복해야 한다.
4) 이를 극복한 사회가 곧 광대무량한 낙원이다.(신순철, pp.12-13)

이상에서 밝힌 바와 같이 원불교 개교의 동기는 물질발달로 인해 정신이 쇠약해진 현실을 진단하고 이에 진리적 종교의 신앙과 사실적 도덕의 훈련으로 광대무량한 낙원을 이루자는 내용으로 집약할 수 있다.

여기서 '진리적 종교의 신앙'이란 종교를 신앙하는 것이 아니라 진리적 종교를 신앙하는 것을 말한다. 진리신앙은 맹신맹종이 아니라 진리적 원리를 따라 신앙하는 것으로 죄복의 근원과 당처를 찾아하는 신앙이다.(법무실 편저, p.24) 또한 진리적 종교의 신앙은 진리를 신앙하는 것으로 누구든지 어느 때 어느 곳에서나 안심입명을 얻고 영원한 혜복의 문로가 열릴 수 있으며 사회 국가 세계에 실다운 평화를 가져올 수 있는 신앙을 말한다.(신도형, p.39)

'사실적 도덕의 훈련'이란 도덕적 훈련이 아니라 사실적 도덕의 훈련을 말한다. 사실훈련이란 관념적 조명만이 아니라 반복된 훈습을 통해 체질화시키라는 뜻이다.(법무실 편저, p.24) 사실적 도덕의 훈련은 일원의 진리에 근거하여 심신작용과 모든 생활을 그 진리에 어긋남이 없이 훈련하는 것으로 누구든지 어느 때 어느 곳에서나 바로 인도정의를 실천할 수 있고 영원한 혜복의 길이 열리며 사회 국가 세계에 실다운 복지가 향상될 수 있는 사실적 도덕의 훈련을 말하며 본교의 교리와 제도가 다 훈련법이요, 정기훈련과 상시훈련이 그 강령적 방법이 된다.(신도형, p.39)

'낙원건설'이란 도학과 과학을 병진하되 본말을 바루어 일생의 신낙원(身樂園)과 영생의 심낙원(心樂園)을 건설하여 일체생령이 다같이 잘 살게 하는 것이다.(신도형, p.41) 또한 낙원건설이란 심낙원과 사회낙원을 말할 수 있으며, 심낙원은 사실적 도덕의 훈련인 삼대력 공부로 이루고, 사회낙원은 신앙으로 사은보은과 사요실천으로 이룰 수 있음을 제시하고 있다.

종합하면 원불교 개교의 동기는 진리적 종교의 신앙과 사실적 도덕의 훈련으로 정신의 세력을 확장하고 일체생령을 광대무량한 낙원으로 인도하는 데에 그 목적이 있다.

나) 원불교 교법의 총설

일체생령을 광대무량한 낙원으로 인도하기 위해 소태산 대종사는 교법을 제정하시고 교법의 총설에 다음과 같이 밝혔다.

"우리는 우주 만유의 본원이요, 제불제성의 심인(心印)인 법신불 일원상을 신앙의 대상과 수행의 표본으로 모시고, 천지 부모 동포 법률의 사은(四恩)과 수양 연구 취사의 삼학(三學)으로써 신앙과 수행의 강령을 정하였으며, 모든 종교의 교지(敎旨)도 이를 통합 활용하여 광대하고 원만한 종교의 신자가 되자는 것이니라." (『원불교 전서』, p.22)

이처럼 원불교 교법은 일원상 진리에 근거하여 신앙 수행의 두 길을 밝혔다. 여기서 일원상 진리를 살펴보면, '일원은 우주 만유의 본원이며, 제불 제성의 심인이며, 일체 중생의 본성이며, (…)' 라고 하였다. 일원은 각자 자신의 본래 마음이라는 것이며 모든 것의 본원이라는 것이다. 그러기에 우리는 진공묘유의 수행문으로 삼학수행을 통해 본래 마음을 사용하고, 인과보응의 신앙문으로 사은신앙을 통해 복락을 얻자는 것이며, 신앙 수행을 구체적으로 생활 속에서 실천하기 위해서 일상수행의 요법, 정기훈련법, 상시훈련법, 불공하는 법 등을 제시하고 있다.

교법의 거룩함에 대해 4대 종법사인 좌산종법사는 모든 교법이 무상묘의의 원리에 근거하나 사사물물의 지류까지 통하여 사통오달이 되게 하신 점, 신앙성만 강조하거나 도덕성만 주장하지 아니하고 신앙성과 도덕성을 함께 추구하여 교리로 정립하여 주신 점, 도덕가들이 그 원리만 밝히고 주장만 무성할 뿐 구체적 대안이 없는데 원불교는 사실에 입각한 구체적 수련법을 계발하여 실시하신 점, 수련법도 정기훈련법과 상시훈련법을 모두 갖추고 이를 다시 점검하기 위한 일기법까지 계발하여 물샐 틈 없이 짜 주신 점, 자신의 수준을 스스로 점검 확인하기 위해 신분검사법을 마련해 실시하고 입문 이후 신앙 수행을 해 가는 과정에서 누구나 자신공부의 현주소를 파악하기 위해 법위등급법을 두어 공부의 진리로 스스로 찾아가도록 하신 점이다. 그리고 신앙만 주장하는 곳에서는 자력만 강조하는데 우리는 자력 타력의 관계와 원리까지 모두

밝혀 자력 타력을 경우에 따라 적절히 활용하게 하신 점이라고 밝혀 주었다.(법무실 편저, pp.42-43)

종합하면 원불교 교법은 원불교 개교의 동기에 진리적 종교의 신앙과 사실적 도덕의 훈련 즉, 신앙과 훈련을 통해 낙원건설 하는 구체적인 방법임을 알 수 있다.

3. 원불교의 마음공부

위에서 원불교 개교의 동기와 교법의 총설에 대해 살펴보았다. 원불교 개교의 동기는 현하 과학의 문명이 발달됨에 따라 물질을 사용해야 할 사람의 정신은 점점 쇠약하여 일체생령이 파란고해의 생활을 하고 있음을 진단하고 진리적 종교의 신앙과 사실적 도덕의 훈련으로써 정신의 세력을 확장하여 광대무량한 낙원으로 인도하고자 함을 밝혔다. 여기서 정신세력의 확장은 바로 원불교 마음공부를 함축적으로 표현하고 있다고 보아도 무방할 것이며, 원불교가 추구하는 낙원세계 내지는 참 문명세계의 비롯은 바로 마음공부 즉 용심법임을 확연히 알 수 있다.(백준흠, p.111)

그리고 교법의 총설은 법신불 일원상을 신앙의 대상과 수행의 표본으로 모시고, 사은과 삼학으로써 신앙, 수행의 강령을 정하고, 일상수행의 요법, 정기훈련법, 상시훈련법, 불공하는 법 등으로 구체적으로 교법을 생활에 활용하도록 밝혔다. 여기서 법신불 일원상은 자신뿐 아니라 일체중생의 본래마음을 나타내며, 이 본래마음을 잘 회복하고 사용하기 위해서 사실적 도덕 훈련인 삼학수행을 행하고, 모두가 죄복의 권능이 있는 부처임을 믿고 은혜에 보은하는 사은신앙을 하자는 것이 바로 마음공부 하는 길을 신앙문과 수행문으로 제시해 주고 있는 것이다. 일상수행의 요법, 정기훈련법, 상시훈련법, 불공하는 법은 구체적으로 마음공부를 할 수 있는 방법론으로 볼 수 있다.

즉, 원불교의 원경(元經)이요, 본경(本經)인 '정전(正典)'은 마음공부의 원리, 방법, 공덕 등 마음공부의 총 영역이 집약된 마음공부의 교과서라 할 수 있으며, 원불교 교법은 마음공부가 그 핵심이다.(김복환, p.270)

또한 대종사 선원 대중에서 물으시기를 "그대들은 원불교에서 무엇을 배우느냐고 묻는 이가 있다면 어떻게 대답하겠는가" 하시니, 한 선원은 "삼대력 공부를 한다 하겠나이다" 하고, 또 한 선원은 "인생의 요도를 배운다 하겠나이다" 하며, 그 밖에도 여러 사람의 대답이 한결같지 아니한지라, 대종사 들으시고 말씀하시기를 "(…) 나는 모든 사람들의 마음 작용하는 법을 가르친다고 할 것이니 (…)"라고 하셨다.(「대종경」, 교의품 29장) 이 법문에 근거하면 원불교는 사람들의 마음 작용하는 법을 가르치고 배우는 곳이라고 말할 수 있다.

이상에서 살펴본 바와 같이 원불교의 교법은 마음공부의 교과서이며, 원불교는 모든 사람의 마음 작용하는 법을 가르치고 배우는 곳이다. 그럼 원불교의 마음공부의 개념과 마음공부의 원리와 마음공부의 방법에 대해서 살펴보자.

가) 마음공부의 개념

(1) 마음의 개념

마음을 정의하기 위해서 마음이 나오는 근원처를 알아보고자 한다. 정산종사 법문에 "성품은 본연의 체요, 성품에서 정신이 나타나나니, 정신은 성품과 대동하나 영령한 감이 있는 것이며, 정신에서 분별이 나타날 때가 마음이요"(「정산종사법어」, 원리편 12장)라고 견해를 밝혔다.

① 성품

정전 무시선법에 "(…) 원래에 분별 주착이 없는 각자의 성품 (…)"(「정전」, 제3편 제7장 무시선법) 대종경 수행품 59장에 "본래에 분별과 주착이 없는 우리의 성품 (…)"(「대종경」, 수행품 59장) 대종경 천도품

5장에 "부처님이나 영가나 성품자리는 다 같은 본연 청정한 성품이며 원만구족한 성품이다."(「대종경」, 천도품 5장)라고 정의하고 있다. 또한 김성장 교수는 성품은 본연의 체(體)로서, 이는 자성불(自性佛)이며, 교학적으로는 일원(一圓)이다(김성장, p.124)라고 말했다.

② 정신

정신에 대해서는 정전 제2 교의편 정신 수양의 요지에 "정신이라 함은 마음이 두렷하고 고요하여 분별성(分別性)과 주착심(住着心)이 없는 경지를 이름이요"(「정전」, 제2 교의편 정신 수양)라 하여 정신을 마음의 상태로 명확히 정의되어 있고, 성품에 대해서는 정전 무시선법에 '원래에 분별 주착이 없는 각자의 성품 (…)'으로 정의하고 있다. 따라서 분별성 주착심과 분별 주착이 어떻게 구별되는가를 밝히면 정신과 성품의 개념이 구별될 수 있다. 분별성과 주착심을 분별하는 습성, 주착하는 마음으로 해석하고, 분별과 주착을 사상(四相)과 국한(局限)을 벗어나지 못하여 우주의 대진리와 합일하지 못한 상태로 해석하면 정신과 성품이 구별된다. 대산종사는 성품을 우주의 대진리에 합일한 무한동력(無限動力)이라(대산종사 법문 수필집) 표현했다.

③ 마음

마음에 대하여 교서와 법문집 상에 나타난 정의를 찾아보면, 정전 일원상의 수행에 "원만 구족(圓滿具足)하고 지공무사(至公無私)한 각자의 마음"(「정전」, 제2 교의편 일원상 수행)이라 하였고, 성리품 2장에 "사람의 성품이 정한즉 선도 없고 악도 없으며, 동한즉 능히 선하나니라"(「대종경」, 성리품 2장)하여 마음 작용은 능히 선할 수도 악할 수도 있음을 나타내주고 있다. 일원상 서원문에서는 "심신 작용을 따라 육도로 변화를 시켜 (…)"(「정전」, 제2 교의편 일원상 서원문)라 하여, 마음 작용이 각자의 운명을 결정짓는 근본임을 밝혀주고 있다.

최희공 교수는 마음을 다음과 같이 정의하고 있다.

1. 마음은 공적 영지의 작용이라는 것

2. 우리의 마음은 원래 일원상과 같이 원만 구족하고 지공 무사하다는 것
3. 마음 작용은 능히 선하고 능히 악하다는 것
4. 심신 작용을 따라 육도로 변화를 시켜 진급과 강급이 되니 마음 작용이 각자의 운명을 결정짓는 근본이라는 것
5. 그러므로 우리가 이 세상을 잘 살아가기 위해서 또는 영원한 생명을 얻고 영원한 혜복(慧福)을 얻기 위해서 마음 공부하지 않을 수 없다는 것(최희공, p.3)

이상에서 살펴본 바와 같이 마음은 정신에서 분별이 나타날 때임을 알 수 있다. 그러므로 마음은 능히 선할 수도 악할 수도 있다는 것이다. 그러므로 우리는 마음을 공부하여 능히 선하게 사용하고 진급할 수 있도록 하는 것이 공부인 것이다.

④ 성품, 정신, 마음의 관계

신도형 교무는 "성품과 정신과 마음은 같은 의미로 쓰이는 경우도 많이 있으나 굳이 구분해서 생각해보면 성품은 전체요 정신은 광명이요 마음은 작용이라 할 수 있다"(신도형, p.180)로 설명한다. 김성관 교수는 마음을 성품과 정신과는 달리 분별하는 작용과 주착하는 작용을 하는 것이기에 전통불교에서의 제 8식인 아뢰야식의 마음을 말하는 것이 아니고, 분별주착의 작용을 한다는 점에서 말나식이나 의식으로 보고 있다.(김성관, p.167) 그리고 박은주는 마음은 협의의 개념으로 성품이나 정신과는 달리 분별하는 작용과 주착하는 작용을 일으키며 감각 작용을 모두 포함하는 개념으로 보고 있다.(박은주, p.199)

최희공 교수는 원불교 교서와 법문집에 나타난 성품, 정신, 마음에 대한 설명과 왕양명의 사구교(四句教)에서의 마음에 대한 설명을 다음과 같이 비교하여 마음의 의미를 명확하게 했다. 왕양명은 사구교에서 선도 없고 악도 없는 것은 마음의 본체이고(無善無惡是心之體), 선도 있고 악도 있는 것은 의념의 발동이며(有善有惡是意之動), 선을 알고 악

을 아는 것은 양지이고(知善知惡是良知), 선을 행하고 악을 제거하는 것은 격물이다(爲善去惡是格物)라 했는데 이를 원불교 교법에 비추어 재해석해 보면 무선 무악한 것은 심지체(心地體) 곧 성품이요, 유선 유악한 것은 의지동(意志動) 곧 마음 작용이요, 지선 지악은 양지(良知) 곧 공적 영지 혹은 정신이요, 위선 거악은 격물(格物) 곧 마음 공부라 해석된다.(최희공, p.4)

종합하면 성품과 정신과 마음은 같은 의미로 쓰이는 경우도 많이 있으나 굳이 구분해서 생각해보면 성품에서 정신이 나오고 정신에서 마음이 나온다고 볼 수 있으며, 마음은 정신에서 분별이 나타날 때이므로 정신을 수양하여 마음 작용할 때 공부를 하면 진급하고 행복할 수 있으며 모두가 낙원에서 생활할 수 있을 것이다.

(2) 공부의 개념

공부는 국어사전에 '학문과 기술들을 배우고 익힘'으로 되어 있어서 학생들이 학교에서 학습하는 것을 나타내고 있다. 그러나 원불교 교법에서의 공부는 이보다 더 포괄적 의미를 가지고 있다. 정전 대종경에 공부와 비슷한 의미를 갖은 단어를 찾아보면 수행(修行), 처리(處理), 연마(研磨), 실습(實習) 등이다. 국어사전에 수행은 '행실을 닦음', 처리는 '일을 다스려 치러감', 연마는 '모르는 것을 힘써 알아감', 실습은 '실지로 해보아 익힘', 닦다는 '다스려서 바르게 기르다'로 나와 있다. 원불교 교법에서의 공부의 의미는 행실을 다스려 바르게 기르는 수행적 의미와 온전한 생각으로 몸과 마음의 작용을 진리에 부합되게 다스려 치러가는 처리의 의미와 진리와 교법을 배우고 연마하는 학습의 의미와 실지로 해보아 익히는 실습의 의미를 함께 포함하는 가장 포괄적 의미로 생각할 수 있다. 정전 영역에서는 공부, 수행, 실습을 모두 practice로 번역하였다. 그것은 영어에서는 공부와 수행과 실습을 구분할 마땅한 단어를 찾기 어렵기 때문이다.(최희공, p.4)

(3) 마음공부의 개념

정신에서 분별이 나타날 때가 마음이므로, 분별이 나타날 때 마음을 공부하자는 것이다. 즉, 마음을 배워 익히는 것이 마음을 공부하는 것이다. 마음이 모든 죄복과 선악의 분기점이기 때문에 정신에서 분별이 나타날 때 마음공부를 해야 복과 선을 행할 수 있는 것이다. 정산종사 말씀하시기를 “본래 선악 염정이 없는 우리 본성에서 범성과 선악의 분별이 나타나는 것은 우리 본성에 소소영령한 영지가 있기 때문이니, 중생은 그 영지가 경계를 대하매 습관과 업력에 끌리어 종종의 망상이 나고, 부처는 영지로 경계를 비추되 항상 자성을 회광반조하는지라 그 영지가 외경에 쏠리지 아니하고 오직 청정한 혜광이 앞에 나타나나니, 이것이 부처와 중생의 다른 점이니라.”(「정산종사법어」, 원리편 11장)라고 밝히고 있다. 바로 부처와 중생의 차이점은 경계를 대하매 습관과 업력에 끌리는가 아니면 자성을 회광반조하여 청정한 혜광이 나타나는가에 달려 있다는 것이다. 여기에 마음공부의 깃점이 있다. 경계를 당하여 마음을 어떻게 공부하느냐에 따라 요란할 수도 어두울 수도 그를 수도 있다는 것이다.

한내창 교수는 원불교 마음공부를 이렇게 정의하고 있다. 마음공부란 (i) 경계를 접하여, (ii) 이 경계에 즉각적으로 반응하는 마음(객체적 자아)을 (iii) 또 다른 마음(주체적 자아)이 지켜보면서, (iv) 성품에 비추어, (v) 반응하는 마음이 적절한지 대조하는 과정을 말한다. 이 정의의 요소를 분해해 보면 다음과 같다.

첫째, 경계는 가치중립적이다. 경계는 마음공부에 자극으로 다가선다. 경계가 공부인에게 갖는 가치와 의미는 공부인의 공부 정도에 따라 다를 수 있다.

둘째, 마음공부는 경계와 마음의 상호작용이다. 경계 없는 마음공부는 원자재가 투입되지 않은 공장 가동과 같다. 경계를 당하여 마음을 적절하게 사용할 수 있는 방법을 모색하는 마음작용 과정이 마음공부이다.

셋째, 경계에 반응하는 마음을 지켜보는 주체적 자아가 작용할 때 마음공부가 시작된다.

넷째, 마음공부는 경계에 반응하여 일어나는 마음을 성품에 반조하여 판단하는 과정이다. 분별심과 주착심이 없는 경지에 비추어 현재 경계에 반응하여 일어난 마음을 대조하는 것이다.

다섯째, 마음작용을 살피고 그 작용을 관찰하여 정신(낙원세계건설, 도덕성회복, 집합적 이념가치)을 회복하고 실천하자는 것이다.(한내창, pp.160-161)

또한 백준흠 교수는 마음공부의 의미를 일원상의 진리를 신앙의 대상으로 함과 동시에 수행의 표본으로 하여 그 진리에 합일하여 그대로 살아가도록 하는 것이며, 공부의 요도인 삼학 팔조로 원만한 인격 내지는 불보살의 위에 오르도록 하는 것이며, 인생의 요도인 사은사요로 상생과 평등의 사회를 이루게 하여 궁극적으로 지상 낙원세계를 건설하는 데에서 있다고 하였다.(백준흠, p.117) 최희공 교수는 원불교의 마음공부는 단순한 마음공부가 아니요 일원상의 진리를 신앙하는 동시에 수행의 표본을 삼아서 하는 마음공부요 법신불 일원상을 체 받아서 하는 마음공부라 할 수 있다고 하면서, 마음 작용하는 공부는 삼학 공부의 단순 합이 아니요 삼학을 종합 운용하여 교법을 실현하는 공부이며 제생의세의 개교의 정신을 실현하는 마음공부라고 밝히고 있다.(최희공, p.5)

그러므로, 원불교 마음공부의 의미는 일원상의 진리를 신앙의 대상과 수행의 표본으로 하여, 사은신앙(진리적 종교의 신앙)과 삼학수행(사실적 도덕의 훈련)으로 정신의 세력을 확장하여 낙원세계를 이루는 데 있으며, 마음공부의 정의는 경계를 접하여 성품(진공)에 대조하여 바르게 판단하고 실행하여 모두 은혜롭게 생활하자는 것으로 파악할 수 있다.

나) 마음공부의 원리

정산종사 말씀하시기를 "일원상의 원리는 모든 상대가 끊어져서 말로써 가히 이르지 못하며 사량으로써 가히 계교하지 못하며 명상으로써 가히 형용하지 못할지라 이는 곧 일원의 진공체(眞空體)요, 그 진공한 중에 또한 영지 불매하여 광명이 시방을 포함하고 조화가 만상을 통하여 자재하나니, 이는 곧 일원의 묘유요, 진공과 묘유 그 가운데 또한 만법이 운행하여 생멸 거래와 선악 과보가 달라져서 드디어 육도 사생으로 승급 강급하나니 이는 곧 일원의 인과인 바, 진공과 묘유와 인과가 서로 떠나지 아니하여 한 가지 일원의 진리가 되나니라."(「정산종사법어」, 원리편 2장)다. 즉, 일원상의 원리는 마음의 원리라고 할 수 있으므로, 마음의 원리를 진공과 묘유와 인과로 정리해 볼 수 있다.

정전 무시선법에 보면 "(…) 진공으로 체를 삼고 묘유로 용을 삼아 육근작용 하는 바가 다 공적영지의 자성에 부합이 되게 하는 것 (…)"(「정전」, 제3 수행편 무시선법)이라 밝히고 있는데, 진공으로 체를 삼고 묘유로 용을 삼는 이 원리가 바로 마음공부의 원리라고 말할 수 있다.

또한 논자는 앞에서 성품 정신 마음과의 관계를 밝혔는데, 이 관계는 마음이 나오는 원리라 할 수 있다. 마음은 정신에 근거했고 정신은 성품에 근원했다고 볼 수 있다. 그러므로 마음의 원리는 성품(정신)을 여의지 않고 그 마음 그대로 작용하는 것이다. 즉, 모든 사람의 마음은 원래 진공에 바탕하여 있으므로, 마음을 작용할 때에 습관과 업력에 따라 마음 작용을 할 것이 아니라 진공에 바탕하여 묘유로 나타나는 진공묘유의 원리에 근거하고 있다. 요컨대 마음공부의 원리는 진공으로 체를 삼고 묘유로 용을 삼는 진공묘유의 원리라고 말할 수 있을 것이다.

다) 마음공부의 방법

일원상 진리에 바탕하여 신앙(진리적 종교의 신앙)과 수행(사실적 도덕의 훈련)이 마음공부의 방법이다. 이 신앙과 수행을 구체적으로 실천하기 위한 구체적인 마음공부의 방법은 정전 수행편에 잘 밝히고 있다.

정전 수행편에 중요하게 밝혀준 마음공부의 방법을 열거해 보면

수행편 1장에 일상수행의 요법은 교법전체를 일상생활 속에서 닦아 제생의세의 서원을 이루어 가는 요긴한 공부

수행편 2장에 정기훈련과 상시훈련은 공부인에게 정기로 법의 훈련을 받게하고 상시로 수행을 훈련시키는 공부

수행편 3장에 염불법은 천념만념을 일념으로 만들고 순역경계에 흔들리는 마음을 안정시키는 정신수양 공부

수행편 4장에 좌선법은 식망현진(息妄顯眞), 수승하강 하는 정신수양 공부

수행편 6장에 일기법은 상시일기법과 정기일기법에 의해 공부인이 당일에 모든 사항을 조사 기재하여 스스로 공부를 감정하고 지도인에게 감정받는 공부

수행편 7장에 무시선법은 진공으로 체를 삼고 묘유로 용을 삼아 동정간에 육근동작이 공적영지의 자성에 부합이 되게 하는 공부

수행편 10장에 불공하는 법은 죄복을 사은 당처에 비는 실지 불공으로 원하는 바를 반드시 이루는 사실적인 불공공부

수행편 15장에 병든 사회와 그 치료법은 지도자가 자신의 잘못을 조사하고 개선하는 공부로 건전하고 평화한 사회를 만드는 공부

수행편 17장에 법위등급은 각자의 근기에 맞게 공부하여 대각여래위까지 승급해가며 천여래 만보살을 배출시키는 조불(造佛)공부(김복환, pp.273-274) 이다.

이상에서 살펴본 수행편 1장에서 17장까지는 마음공부의 구체적인 프로그램이다. 지면상 원불교 마음공부 프로그램을 일상수행의 요법, 정기일기(마음일기), 상시일기(유무념)을 중심으로 살펴보고자 한다.

4. 원불교 마음공부 프로그램

가) 일상수행의 요법을 통한 마음공부

일상수행의 요법은 누구나 일상생활 하는 가운데 날로 대조하고 경계마다 대조하여 중생의 탈을 벗고 곧 불보살의 생활이 될 수 있도록 공

부의 요도와 인생의 요도를 바로 실행하게 한 수행표준이요 생활의 좌우명이다.(신도형, p.222) 그리고 교리 전체가 마음공부이지만 마음의 성질과 사용법이 나와 있는 일상수행의 요법은 경계마다 바로 쓸 수 있게 만들어 놓은 행복의 공식이다. 일원상의 진리는 어렵거나 삶과 멀리 떨어져 있는 것이 아니다. 일상수행의 요법에는 진공 묘유의 조화가 다 들어 있으며 대체로는 날로 한번씩 대조하고 세밀히는 경계를 대할 때마다 잘 살피는 공부이다.(박선태, 「정전 마음공부」, 김복환, pp.55-57)

일상수행의 요법은 9조목으로 다음과 같다.

1. 심지(心地)는 원래 요란함이 없건마는 경계를 따라 있어지나니, 그 요란함을 없게 하는 것으로써 자성(自性)의 정(定)을 세우자.
2. 심지는 원래 어리석음이 없건마는 경계를 따라 있어지나니, 그 어리석음을 없게 하는 것으로써 자성의 혜(慧)를 세우자.
3. 심지는 원래 그름이 없건마는 경계를 따라 있어지나니, 그 그름을 없게 하는 것으로써 자성의 계(戒)를 세우자.
4. 신과 분과 의성 성으로써 불신과 탐욕과 나와 우를 제거하자.
5. 원망 생활을 감사 생활로 돌리자.
6. 타력 생활을 자력 생활로 돌리자.
7. 배울 줄 모르는 사람을 잘 배우는 사람으로 돌리자.
8. 가르칠 줄 모르는 사람을 잘 가르치는 사람으로 돌리자.
9. 공익심 없는 사람을 공익심 있는 사람으로 돌리자.(「정전」, 제3 수행편 일상수행의 요법.)

경계를 대하여서 심지가 요란하고 어리석고 그를 때는 1조, 2조, 3조를, 불신과 탐욕과 나와 우가 일어날 때는 4조를 대조하고, 원망 생활을 하고 있을 때는 5조를, 타력 생활을 하고 있을 때는 6조를, 배울 줄 모를 때는 7조를, 가르칠 줄 모를 때는 8조를, 공익심이 없을 때는 9조를 대조하는 마음공부이다.

박선태는 일상수행의 요법 중에서도 마음의 원리가 잘 드러나는 1, 2, 3조를 중심으로 마음공부 프로그램을 제시했는데 그 내용은 다음과 같다.

(i) 심지는 : 심지란 마음의 땅을 뜻이다.

(ii) 원래 요란함이 없건마는 : 요란하다 요란하지 않다는 생각조차 없는 고요하고 두렷한 마음이 바로 우리의 원래 마음이다.

(iii) 경계를 따라 있어지나니 : 심지는 원래 요란함이 없건마는 경계를 따라 갖가지 마음들이 있어지게 된다. 이것이 마음의 원리이다.

(iv) 그 요란함을 : 지금! 여기서! 경계를 따라 있어지는 그 요란한 마음을 공부하라는 것이다.

(v) 없게 하는 것으로써 : 부정하고 없애버리려고 하면 없애려는 그 마음 때문에 더 요란해진다. 심지는 원래 요란함이 없건마는 경계 따라 있어지는 것이 마음의 원리이다.

(vi) 자성의 정을 : 원래 경계를 대하기 전의 고요하고 두렷한 마음과 경계를 따라 있어지는 마음은 둘이 아니다. 이를 그대로 신앙할 때 자성의 정이 세워진다.

(vii) 세우자 : 자성의 정혜계는 원래 나에게 있는 것이니, 경계를 따라 잠깐 넘어진 것을 바로 세우기만 하면 된다. (박선태, 위의 글, 김복환, pp.59-63)

권도갑 교무도 자성을 세우는 마음공부 프로그램을 일상수행의 요법 1, 2, 3조를 바탕으로 3가지를 제시하였다.

첫째, 자성의 정을 세우는 법이다. 일어나는 마음(요란함, 어리석음, 불안 등)을 조용히 바라보며, 마음공부의 초점을 경계에 두는 것이 아니라 자신의 마음을 지켜보는 것이다. 그러는 사이에 요란함이 사라지고 마음이 고요하고 평안해져서, 모든 경계로부터 자유하는 힘을 얻게 된다는 것이다.

둘째, 자성의 혜를 세우는 법이다. 마음이 일어남은 경계와 전혀 무관한 것이며 단지 나의 마음을 반영한 것임을 아는 순간 나의 의식이 깨어난다는 것이다. 그래서 마음이 일어나는 그 순간 또는 그 후에라도 그 원인이 나의 생각으로 인해 일어남을 알아차리라는 것이다. 그렇게 되면 나의 생각은 크고 밝은 온전한 생각으로 바뀌게 되어 변함없이 지고하게 된다는 것이다.

셋째, 자성의 계를 세우는 법이다. 자성은 그 자체만으로도 놀라운 사랑이며, 은혜며, 자비하는 것이다. 그래서 나 자신과 경계가 자성의 깊은 사랑과 자비의 품에 있음을 느끼라는 것이다. 그리하여 무한한 사랑과 대자대비와 충만한 은혜로 나와 일체가 창조되어 장양되고 있음을 기쁘게 지켜보는 그때에 바로 자성의 계가 세워진다는 것이다. 그렇게 되면 차츰 그름은 사라지고 사랑과 자비로 충만하게 된다는 것이다.(권도갑, 「일상수행의 요법과 마음공부」, 김복환(상), pp.175-176)

위에서 밝힌 박선태와 권도갑의 일상수행의 요법을 통해 본 마음공부의 같은 점과 다른 점을 살펴보면 다음과 같다.

일상수행의 요법에 근거를 두고 있는 점과, 평온과 안정, 자유와 온전한 취사 등의 공부 목적은 같으나, 그 공부의 접근 방식에는 차이가 있어 보인다. 즉 박선태는 경계에 따라 일어나는 마음을 원래 마음에 대조하여 문제를 해결하는 공부방법인데 비해 권도갑은 경계에 대한 자신의 어두운 생각을 잘 발견하여 자성의 정혜계를 세우자는 것이다.

요컨대 일상수행의 요법 1-3조는 마음원리를 잘 밝혀놓은 것이기에 이 조목에 마음대조를 잘하면 마음원리에 따라 마음대조공부를 잘 할 수 있는 것이다. 그러므로 우리는 진공(심지는 원래 요란함, 어리석음, 그름이 없건마는)에 체를 삼고 묘유(경계를 따라 있어지나니, 그 요란함을 없게 하는 것으로써 자성의 정혜계를 세우자)로 용을 삼는 마음대조공부가 바로 일상생활하면서 경계마다 대조할 수 있는 일상수행의 요법임을 확인할 수 있다.

나) 마음일기(정기일기)를 통한 마음공부

원불교 수행의 특징은 훈련법에 있다. 공부인에게 정기로 법의 훈련을 받게 하기 위하여 정기훈련 11과목을 정하고 있다. 이 정기훈련 11과목 중 정기일기는 사리연구 훈련과목에 속한다. 일기법의 대요는 학원이나 선원에서 훈련받는 공부인에게 당일 내 작업시간 수와 수입 지출과 심신작용의 처리건과 감각 감상을 기재시키기 위함이다. 심신작용의 처리건을 기재시키는 뜻은 당일의 시비를 감정하여 죄복의 결산을 알게 하며 시비 이해를 밝혀 모든 일을 작용할 때 취사의 능력을 얻게 함이요.(「정전」, 제3 수행편 정기일기법) 라고 정전에 밝히고 있다.

일반적인 일기는 하루 일과를 나열식이나 사건 중심으로 기록하는데, 마음일기(정기일기)는 생활하면서 겪게 되는 많은 사람, 상황, 일을 따라 일어나는 마음의 상태와 작용을 면면히 관찰하고 공부한 것 중에서 가장 마음에 남는 것을 일기로 기재하는 것이다. 여기서 기재하는 것은 일어난 일을 첨삭 없이 그대로 적어간다는 의미이다. 즉 긍정하거나 부정하는 평가나 판단 없이 자신의 마음을 그대로 바라보며 지금 일어난 마음을 기록하는 것이다.

마음일기를 기록할 때, 첫째는 일어난 환경과 심리적, 신체적 반응 작용과 변화 추이를 '있는 그대로' 기록하여야 한다. 둘째는 그 날 그 날 당일에 기록해야 한다.(황명숙, pp.53-54)

마음대조 공부는 꾸준히 경계마다 순발력 있게 할 수 있는 것이 바로 그 사람의 마음의 힘이고 그 사람의 정도이다. 일기 기재를 통해 마음을 보고, 마음의 원리를 알아 마음을 잘 사용하자는 것이다. 즉 스스로 마음의 묘함을 느끼고 나아가 다른 사람들의 묘한 마음을 보게 하여 은혜로운 생활을 열어주기 위한 마음공부를 위한 일기이다.(박선태, 위의 글, 김복환(상), p.65)

논자는 정기일기 중 심신작용의 처리건을 통한 마음공부를 다음과 같이 정리한다.

첫째, 심신작용 처리건의 기본구도를 "경계(A)－마음(B)－심신작용(C)"으로 밝힌다. 경계를 만나면 그에 따라 심신작용을 한다. 그런데 이때 어떤 마음을 내느냐에 따라 심신작용이 달라진다. 예를 들어 어떤 사람이 자신에게 욕을 한다면 어떤 때는 일단 멈추어서 화가 나는 그 마음을 그대로 바라보면서 그 마음에 끌리지 않는 심신작용을 할 때가 있으며, 어떤 때는 경계에 끌리는 심신작용을 할 때가 있다. 이처럼 경계는 우리에게 그냥 다가서는 것이며, 다만 그 경계를 받아들이는 각자의 마음에 따라 심신작용의 결과가 달라지는 것이다. 그래서 결국 경계는 우리가 사는 동안 무수히 다가서는 것이고 심신작용 또한 순간순간 행해져야 하는 것이므로 우리가 해야 할 몫은 경계를 탓함이 아니요, 심신작용을 탓함이 아니요, 오직 마음대조 잘하여 마음과 몸을 잘 사용하자는 것이다.

둘째, 심신작용의 처리과정이다. 이 과정은 공부를 하는 사람들에게 심신 작용의 흐름을 매우 효과적으로 알 수 있는 처리과정이다. 그 내용을 정리하면 경계를 당해 어떠한 마음이 일어날 수 있는데, 그 때 어떻게 처리하느냐가 가장 중요한 순간이라는 것이다. 이 때 마음을 ① 일어난 마음을 본래마음으로 대조하는 방법과 ② 분별성과 주착심으로 처리하는 2가지 방향으로 구분한다.

그에 따라 그 경과는 달라진다. ① 일어난 마음을 본래마음으로 대조하게 되면 바른 판단과 바른 취사의 결과를 가져올 수가 있으나, ② 분별성과 주착심으로 처리하게 되면 그른 판단과 그른 취사의 결과를 가져올 수가 있다는 것이다.(이경열, 「정기일기」, 김복환(하), pp.119-124)

따라서 마음일기를 기재하는 뜻은 마음원리에서 진공으로 체를 삼고 묘유로 용을 삼는 공부를 밝힌 것처럼, 하루하루 심신작용 한 바를 그대로 기록하면서 오늘 하루도 진공(원래마음대조)으로 체를 삼고 묘유로 용(시비 감정, 바른 취사)을 삼았는지 스스로 감정하고 스승에게 문답 감정하여, 시비이해도 밝혀보고 취사의 능력도 얻을 수 있도록 하는데 그 의미가 있다고 볼 수 있다.

다) 유무념을 통한 마음공부

유념 무념은 모든 일을 당하여 유념으로 처리한 것과 무념으로 처리한 번수를 조사 기재하되, 하자는 조목과 말자는 조목에 취사하는 주의심을 가지고 한 것은 유념이라 하고, 취사하는 주의심이 없이 한 것은 무념이라 하나니, 처음에는 일이 잘 되었든지 못 되었든지 취사하는 주의심을 놓고 안 놓은 것으로 번수를 계산하나, 공부가 깊어 가면 일이 잘 되고 못 된 것으로 번수를 계산하는 것이다.(「정전」, 제3 수행편 일기법) 여기서 주의심이란 경계를 대해서 하기로 한 일과 안 하기로 한 일을 경우에 따라 잊어버리지 아니하고 실행하는 마음이다.(「정전」, 제3 수행편 정기훈련법)

예를 들면, 유념조목으로 아침 5시에 일어나기, 먼저 인사하기로 정했다면 실지 아침에 일어날 때 5시에 취사하는 주의심으로 일어났으면 유념이고, 주의심이 없이 한 것은 무념이며, 먼저 인사를 했으면 유념이고, 주의심이 없이 먼저 인사를 하지 안했으면 무념이다.

요즘 원불교 유무념 계수기가 보급되어 마음공부 하는데 도움이 많이 된다. 원불교 유무념 계수기는 원불교 수행법의 하나인 유무념 대조공부를 하기 위해 만들어졌다. 사용법은 유념버튼 혹은 무념버튼을 1회 누를 때 마다 유념과 무념의 번수가 1씩 증가된다. 계수기는 휴대폰 악세사리, 열쇠고리, 염주고리, 목걸이 등으로도 활용 가능하다. 일과를 마친 후 일기장에 유무념 번수를 기재하면 자신관리, 생활관리에 도움이 된다.

따라서 유무념을 통한 마음공부란 온전한 생각으로 취사하는 주의심을 챙기는 공부이므로, 진공으로 체를 삼고 묘유로 용을 삼는 공부를 실지 생활에서 구체적으로 할 수 있는 동적인 현대인에 맞는 마음공부라 할 수 있다.

원불교 마음공부 프로그램은 신앙과 수행뿐 아니라 정전 수행품 전체이지만 지면상 그 대표적인 일상수행의 요법과 마음일기(정기일기)와 유무념 공부를 마음의 원리(진공으로 체를 삼고 묘유로 용을 삼는다)에 근거하여 살펴보았다.

5. 마음공부 프로그램 사례

현재 마음공부의 프로그램이 실시되고 있는 몇 가지 사례를 제시하고자 한다. 서울 봉천초등학교 교사인 장정혜는 초등학교에서 인성교육을 위해 마음대조 일기 기재, 마음대조 일기 감정, 단전호흡으로 원래마음 찾기, 마음을 나누는 시간 갖기 등을 통해 마음공부를 실시하고 있다.(장정혜, pp.2-3)

신선화는 원광여자고등학교에서 고등학생을 대상으로 즐거운 학교생활을 위해 마음바라보기, 모듬일기(마음대조 일기기재), 유무념 대조 등을 가르치고 관리하는 방법을 통해 마음공부를 하고 있다.(신선화, 김복환(상), pp.237-269)

김인소는 원광대 대학생을 대상으로 다음과 같이 덕성훈련 마음공부를 실시하고 있다.(김인소, pp.19-26)

구 분	내 용
1. 선 체험	1) 좌선의 개념을 학습한 후에 실제 상황에서 해보도록 한다. 2) 실제 상황의 그 내용을 체험담으로 기재한다.
2. 경계 찾기	1) 순간마다 공부찬스 경계마다 공부거리임을 설명한다. 2) 나를 중심으로 어떤 경계가 있는지 찾아보게 한다. 3) 경계를 통해 변화되는 마음을 기재(마음대조 일기)한다.
3. 은혜발견	1) 정전의 사은장과 지은보은에 대해서 설명한다. 2) 주변을 통해 없어서는 살 수 없는 관계를 찾아보게 한다.
4. 유무념	1) 하자는 조목과 말자는 조목을 스스로 정하게 한다. 2) 공부한 그 내용의 감상을 적어보게 한다.
5. 마음나누기	1) 그 날 배운 것을 일주일 동안 생활에서 활용하게 한다. 2) 실제 해 본 체험을 과제로 제출하여 발표한다. 3) 듣고 느낀 점을 서로주고 받으며 의식을 공유한다.

최희공은 원불교 수요선방에서 청년들을 대상으로 다음과 같이 마음공부를 실시한다.(최희공, p.11)

구 분	내 용
수요선방 마음공부	1. 매주 수요일 저녁 7시-10시 1) 불전사배 2) 선서문 3) 염불 10분 4) 좌선 20분 5) 의두연마 5분 6) 일원상 서원문 7) 무시선법 8) 성가 9) 요가 10) 강연 10분 11) 정전 강의 40분 12) 회화 1시간 13) 저녁심고
마음공부의 단계	1. 마음대조공부 단계-자성의 원리를 알아 마음대조공부 2. 신맥·법맥 확립의 단계-스승님 3. 제생의세의 서원을 세우는 단계-하나의 세계를 개척 4. 전문 공부의 단계-정기훈련법으로 공부 5. 일과 득력의 단계-상시훈련법으로 공부 6. 교법 실현의 단계-새가정 새나라 새세계 새회상 개척

이상에서 살펴본 내용에 근거하여 마음공부프로그램의 공통점을 정리하면 일상수행의 요법, 마음일기, 유무념대조, 은혜발견, 문답감정공부 등을 통해 이루어지고 있으며, 정할 때 뿐 아니라 생활 속에서 마음공부 할 수 있도록 밝히고 있음을 알 수 있다.

6. 나오는 말

우리는 지금 그 어느 때보다도 급속한 변화의 시대에 살고 있다. 과학문명이 발달되어 어제의 첨단 정보와 기술이 오늘의 보다 진보된 신기술 위력에 의해 무기력하게 밀려나고 있는 실정이다. 이처럼 과학문명의 발달로 인해 변화하는 이 시대에 우리들은 과학의 도움으로 편리한 것도 많이 있지만, 가장 소중한 마음의 세계에 소원하고 있다는 것이다. 그래서 지금 이 시대에 절실히 필요한 것이 많이 있지만 그 중에서도 모든 것의 근원이 되는 이 마음공부에 대한 관심이야말로 정말 필요하다는 것이다.

이에 논자는 원불교에서 실시하고 있는 마음공부에 대해서 살펴보았다. 원불교는 정신이 쇠약하고 있는 이 시대에 진리적 종교의 신앙과 사실적 도덕의 훈련으로 정신의 세력을 확장하고 일체중생을 낙원세계로 인도하기 위해서 교문을 열었으며, 원불교 교법은 일원상을 신앙의 대상과 수행의 표본으로 모시고 천지·부모·동포·법률의 사은과 수양·연구·취사의 삼학으로써 신앙과 수행의 강령으로 정하고 일상수행의 요법·정기훈련·상시훈련·무시선법·불공법 등을 통해 구체적인 마음공부법을 제시하고 있다. 즉, 원불교 개교동기와 원불교 교법 전체는 마음공부를 하는 목적과 방법을 밝혀주고 있다고 볼 수 있다.

원불교 마음공부를 알아보기 위해 마음의 개념을 자세히 밝혀 보았다. 정산종사는 성품은 본연의 체요, 성품에서 정신이 나타나나니, 정신은 성품과 대동하나 영령한 감이 있는 것이며, 정신에서 분별이 나타날 때가 마음이라고 하였다. 이에 근거하면 마음은 정신에, 정신은 성품에 근원해 있다고 볼 수 있다. 그러므로 성품에 근원해서 정신을 수양하고, 정신에 근원해서 마음공부를 하면 된다고 정리할 수 있으며, 마음은 정신(두렷하고 고요하고 분별성과 주착심이 없는 경지)에 바탕하고 있으므로 마음의 원리를 진공묘유로 표현할 수 있다.

따라서 마음공부 방법(일상수행의 요법, 염불, 좌선, 강연, 회화, 의두,

성리, 정기일기, 상시일기, 주의, 조행, 불공법 등)은 진공으로 체를 삼고 묘유로 용을 삼는 공부를 꾸준히 하면 될 것이다. 그래서 원불교 마음공부 프로그램은 정전 수행편 17장 전체라고 할 수 있으나 본 논문에서는 일상생활에서 마음공부 할 수 있는 구체적인 프로그램 중심으로 일상수행의 요법과 마음일기, 유무념 대조공부를 살펴보았고 실지 교육현장과 선방에서 실시하고 있는 마음공부 사례를 제시하였다.

마음공부는 마음만 있으면 남녀노소 누구나 할 수 있다. 마음에 자유와 행복을 선사하는 마음공부로 많은 사람이 낙원세계로 인도되길 기대한다.

참고문헌

Ⅰ. 경전 및 단행본

원불교 정화사 편, 『원불교 전서』, 이리 : 원불교 출판사, 2000.

김복환, 『마음공부 잘 하여 새 세상의 주인 되라』 상·하, 영산선학대학교출판국, 2000.

법무실 편저, 『원불교란』, 원광사, 2005.

서경전, 『교전개론』, 원광대학교출판국, 1991.

송천은, 『종교와 원불교』, 원광대학교출판국, 1979.

신도형, 『교전공부』, 원불교출판사, 1992.

황명숙, 『원광대학교의 사실적 도덕론』, 금성출판사, 2002.

Ⅱ. 논문류

김성관, 「정산종사의 심성 영기론」, 『한국 원불교학회』 5집, 2000.

김성장, 「원불교 마음 공부 개념에 대한 연구」, 『원불교사상과 종교문화』 29집, 원불교사상연구원, 2005.

김인소, 「원불교 마음공부 방법론 연구」, 원기 90년도 원불교 마음공부 세미나, 원불교교화연구소·원불교 사상연구원, 2005.

박은주, 『정산종사 영기질론 연구』, 원광대 박사학위논문, 2001.

백준흠, 「원불교 마음공부에 관한 연구」, 『원불교사상과 종교문화』 제28집, 원불교사상연구원, 2004.

신순철, 「원불교 개교의 역사적 성격」, 『원불교사상』 제14집, 원광대학교 원불교사상연구원, 1991.

장정혜, 「행복한 삶을 열어가는 마음공부」, 원광대학교 도덕교육원, 2001.

최희공, 「원불교 마음공부의 정론」, 원기 89년도 원불교 마음공부 세미나, 원불교 교화연구소·원불교사상연구원, 2004.

한내창, 「원불교 마음공부 정의의 한 시도」, 『원불교사상과 종교문화』 29집, 원불교사상연구원, 2005.

도교(道敎)의 외단(外丹)과 내단(內丹)

윤 찬 원
인천대학교 교수

목차

1. 서론 : 도교란 무엇인가?

중국이나 한국과 같은 동아시아에서 전통사상의 세 가지 큰 흐름은 유교(儒敎), 불교(佛敎), 도교(道敎)임은 누구나 잘 알고 있는 사실이다. 중국 고유의 사상은 곧 유교와 도교라는 양대 흐름일 것이다. 그중 도교는 일반적으로 도가의 철학과 중국인의 민간신앙이 결합된 형태의 중국적 민족종교를 의미하는 것으로 간주된다.

이른바 도가가 주로 춘추전국(春秋戰國)시대에 씌어진 『노자(老子)』

및 『장자(莊子)』 서를 기초로 하는 하나의 철학사상을 지칭하는 것이라면, 도교는 노장(老莊) 또는 도가(道家)의 철학에 여러 가지 민간신앙의 요소들을 혼합한 종교적 의례의 형식까지를 포괄하는 종교복합체를 가리키는 것으로 이해되고 있다. 이러한 관점에서, 도가는 philosophical Taoism으로, 도교는 religious Taoism으로 번역되고 있다. 그러나 이러한 상식적인 도가와 도교의 개념구분은 그 의미나 사상형태 등 실제상에 있어서 그다지 정확한 것은 아니다. 「도교」라는 개념 그 자체는 내용상으로는 philosophical taoism과 religious taoism을 포괄한다. 역사적으로건 지금의 중국적 현실속에서건, 도교는 중국민족의 현세주의적(現世主義的) 신앙의 여러 요소들을 동시에 포함한다. 이러한 신앙들의 대표적 사례를 든다면, 그것은 신선술(神仙術), 장생술(長生術), 연단술(鍊丹術), 방중술(房中術) 등의 방기(方伎)이다. 이러한 요소들은 현세에서의 행복을 강렬하게 추구하는 성향에서 비롯된 것이다.

도교에 대한 정확한 정의가 얼마나 어려운 것인가 하는 사실은 도교에 어떤 요소들이 얼마만큼 혼입되었는가를 살펴보아도 알 수 있다. 이와 관련하여 도교가 성립되기 이전까지 어떤 요소들이 거기에 포함되었는지를 보여주는 적절한 자료가 있다. 허지산(許地山)이 작성한 도표는 그러한 사실의 실증일 것이다.(이것은 원시신앙(原始信仰)에서 도교(道敎)에로 전화하는 과정을 허지산(許地山)이 그려 놓은 것이다.)

여기에서 중국인들이 생각하는 현세에서의 행복이란 곧 수(壽), 부(富), 강녕(康寧), 호덕(好德), 고종명(考終命) 등과 같은 오복(五福)으로 표현되는 것들이다.(이것은 중국의 고전인 『상서(尙書)』 「홍범(洪範)」편에 나타나고 있는 것이긴 하나 중국인들이 생각하는 현세에서의 행복관을 보여주는 단적인 표현이라 하겠다.) 폭넓게 말한다면, 도가 또는 도교는 궁극적으로 '생명중시'를 목표로 삼아 발생한 것이라 하여도 지나친 말은 아니다. 특히 도교 교단의 성립과정에서 형성된 초기 교단의 형태인 태평도(太平道)나 오두미도(五斗米道)는 인간만이 아니라 살아 있는 생명체들의 생명력을 이 세계의 근원이자 보존되어야만할 가치를 지닌 존재로 보는 데서 출발한다.

물론 도교 아닌 다른 종교들이 생명을 중시하지 않는다는 것은 결코 아니다. 그러면 도교의 어떤 면이 생명을 중시하는 것으로 나타나고 있는가 하는 점이 중요하다. 보다 원초적으로 도교란 무엇인가? 그것은 종교인가? 아닌가? 라는 물음들이 생길 수 있지만, 여기에서는 문제의 복잡성을 탈피하기 위하여 도교 또한 넓은 의미에서의 종교라고 단정하고 논의를 시작하고자 한다.

도교가 21세기라는 이 시점에서 살아 있는가? 아닌가? 하는 물음 또한 도교의 출발점에서 커다란 문제로 부각되기도 한다. 외면적으로만 본다면 우리 한국에서 도교는 과거에 존재했으나, 지금은 사라져 버린, 죽어 버린 종교처럼 보인다. 그런 측면에서 본다면, 도교는 중국에서는 분명 살아 있다고 단언할 수 있다. 이러한 의식에서 필자는 1998년 거의 1년여에 걸쳐 중국 이곳저곳을 돌아다니며 도교의 실상을 살피고자 하였다. 「후한시대(後漢時代) 초기도교철학사상(初期道教哲學思想)에 관한 연구-사천성(四川省) 오두미도(五斗米道)를 중심으로-」란 논문은 그 결과물이다. 아울러 이곳저곳의 도관을 탐사하면서 찍은 동영상도 있다. 그러나 실상 도관 답사는 거의 외면적이었을 뿐, 도관의 신앙형태와 수행방식 등에 관해서는 거의 무지한 형편이다.

중국인이 쓴 도관에 대한 사정은 이양정(李養正)의 『당대도교(當代道教)』란 책에 비교적 상세하게 묘사되고 있다. 아울러 중국 도교의 여러 가지 측면에 관한 내용은 野口鐵郎 編, 『강좌 도교(講座道教)』 시리즈에 잘 밝혀져 있다. 그 중에서 제3권은 곧 내단과 외단을 집중적으로 조명한 것이며, 제1권은 도교의 교단이나 도관의 현황을 설명한 것이다.

분명 도교는 중국에서는 지금 살아 있다고 할 수 있다. 그러나 우리 한국에서는 완전히 소멸되었다고 말할 수 있을까? 아니다! 우리에게는 그것이 도교(道教)이건, 아니면 선교(仙教)이건, 고려 때에는 왕실을 중심으로 하여 비교적 성행하였으며, 조선시대에도 왕실을 중심으로 하여 초기에는 도교적인 재초(齋醮) 행사 등이 이름있는 유자들에 의하여 거행되기도 하였다. 적어도 그것은 조광조 이전까지 거행되었던 기록이 존재한다. 그리고 그러한 도교의 흔적은 도교라는 형식에서 벗어나 절이나 유교적 의식 속에 부분부분 살아 있다.

그러나 이 글은 도교의 모든 것을 밝히지는 않는다. 그것은 능력 밖의 일일뿐 아니라 이 자리의 관심사도 아니기 때문이다. 이 글은 도교라는 종교가 역사적으로 어떻게 전개·발전되어 왔고, 그러는 사이 종교적 수행이라는 관념은 어떻게 형성되어 발전되었는가를 밝혀보고자 한다. 그러기 위하여 초기 도교가 어떻게 왜 발생하였으며, 그것이 후대 역사에서 어떤 방식으로 전개되었는가를 간략하게 살피고자 한다. 도교에서 수행의 의미는 이른바 외단이나 내단을 포섭하는 단(丹)이라고 필자는 생각한다. 단에는 외단과 내단이라는 두 가지 형식이 존재하였다. 역사상 초기에는 주로 외단적 경향이, 시대가 흐르면서 주로 내단적 경향이 정착하게 된다. 물론 양자의 시대적 선후가 필연적으로 구분되는 것은 아니다.

그러한 수행의 두 가지 형식중 종교적인 의미 또는 윤리적인 의미에서의 수행은 내단으로 표현된다. 다시 말하면, 도교의 본질적인 수행은 내단이며, 그것은 최초의 도교경전인 『태평경(太平經)』에서부터 나타나고 있다. 이 글의 후반부에서는 그러한 내단적 경향이 무엇을 뜻하는 것인지를 밝히고자 한다.

2. 내단(內丹)과 외단(外丹)의 변천사

가) 외단적 경향

중국 고대인들은 사람이 죽으면 그 영(靈)은 하늘로 올라가고(昇天), 백(魄)은 땅에 남는다고 하는 인간의 불사관(不死觀)을 믿었다. 춘추전국시대에는 현세주의적 사고방식에서 육체의 불멸, 영속을 신앙하는 사상을 보여준다. 전국(戰國) 후기의 "불사약(不死藥)", "불사도(不死道)"

(『한비자(韓非子)』), “연년불사(延年不死)”(『초사(楚辭)』「천문편(天問篇)」) 및 “무사(無死)”(『좌전(左傳)』 昭公 二十年) 등과 같은 표현은 바로 그러한 사상(思想)을 표현하고 있는 것이다. 이러한 불사의 사상은 그것의 이상적 상태인 신선에 직결된다.

중국고대에서 종교사상의 특징은 정령신앙(animism)을 토대로 한 자연신들에 대한 무축신앙(巫祝信仰) 또는 음양오행설(陰陽五行說)에 입각한 자연관 및 조상신과 천(天)에 대한 숭배 등이다. 이러한 사정을 살펴 볼 수 있는 중요한 자료들로는 은허(殷墟)의 갑골문(甲骨文), 『서경(書經)』, 『시경(詩經)』 및 제자백가서(諸子百家書)들과 반고(班固)의 『한서(漢書)』「예문지(藝文志)」 등이다.

은허의 갑골문[龜甲獸骨]은 천[天. 天神]관념의 원초적 형태를 보여주는 것으로, 원래 인간의 길흉(吉凶), 화복(禍福), 수렵(狩獵), 제사(祭祀), 전쟁 등의 중요한 일을 복서(卜筮)를 통하여 은족(殷族)의 조선신(祖先神)인 ‘제(帝)’에게 신의(神意)의 계시를 구하는 것이다. 이와 같은 제(帝)의 관념은 주대(周代)에 이르러서는 인간만이 아니라 국가의 운명을 결정하는 존재로 간주되는 공평무사하고 보편적인 인격적 지상신(至上神)으로서의 ‘천(天)’의 관념으로 전환된다.(秋月觀榮, pp.33-35.) ‘천(天)’ 관념은 중국인에게 보편적인 ‘천명사상(天命思想)’으로 나타나는 것이다. 『서경』에 처음으로 나타나는 천(天) 관념은 춘추전국시대의 각각의 철학사상 속에서 종교적인 신앙의 대상으로부터 철학적 사유의 대상으로 전환되어진다.

『한서』「예문지」에 의하면, 선진시대(先秦時代)의 서적들은 육예(六藝), 제자(諸子), 시부(詩賦), 병(兵), 술수(術數), 방기(方伎)의 육과(六科)로 크게 분류된다. 이 중 방기는 도교와 가장 밀접한 것으로서, 의경(醫經), 경방(經方), 방중(房中), 신선(神仙)의 사과(四科)로 구별된다. 의경(醫經)은 『소문영추(素問靈樞)』 등을 기본으로 하는 병리학 내지 기초의학이며, 경방(經方)은 치료 및 제약으로서 장기의 『상한론(傷寒論)』, 『본초학(本草學)』이 그 근간을 이룬다. 방중(房中)은 생리학에 관한 것이며, 신선(神仙. 神仙家)은 도교의 궁극목적과 밀접한 관계를 가지고 있는 방술(方術)의 핵심이다. 『한서』「예문지」에 의하면, 신선가는 십가(十家) 이백오권(二百五卷)으로 구성되어 있는데, 그 내용은 황제(皇帝) 등의 가공인물에 가탁하여 안마(按摩), 도인(導引)(雜子), 오지(五芝)를 복약하는 법(芝菌), 황치(黃治), 황백(黃白)의 술(術)(즉 練丹術)로 이루어져 있다.(小柳司其太, pp.268-270.)

후대 도교에서는 방기를 이용하여 불로장생술(不老長生術)의 원리로 삼는다. 이것은 『도장(道藏)』에 『소문(素問)』 이십사권(二十四卷) 및 『영추(靈樞)』 십이권(十二卷)으로 편집되어 있으며, 그 근본원리는 '기(氣)'를 생명의 근원으로 인식하는 것으로부터 출발한다. 이 두 권의 책은 합하여 『황제내경(皇帝內徑)』 십팔권(十八卷)으로 되었는데, 그 내용은 후한(後漢) 장기(張機)의 『상한론(傷寒論)』, 서진(西晉) 왕숙화(王叔和)의 『맥경(脈經)』, 동진(東進) 황보밀(皇甫謐). 215-282년)의 『갑을경(甲乙經)』에 밝혀져 있다.

중국인들의 신선에 대한 동경은 독특한 신선의 관념 즉 신선술(神仙術)을 보여준다. 원초적인 신선설은 늙지도 않고 죽지도 않는(不老不死) 신선이 되기 위한 방술(方術)을 행하는 것이다. 『사기(史記)』「봉선서」에 의하면, 전국말(戰國末. 기원전 3-4세기 경) 발해만 연안의 제(齊)와 연(燕) 지방의 삼신산설(三神山說. 봉래(逢萊), 방장(方丈), 영주(瀛洲))을 토대로 삼아 연의 제후 왕달(王達)이 삼신산에 사람을 보내어 선약(仙藥)을 구하였다고 한다. 이러한 사실은 「봉선서(封禪書)」 만이 아니라 『천관서(天官書)』, 『한서(漢書)』「교사지(郊祀志)」 및 『열자(列子)』의 「천단편(天端篇)」 등에서도 언급되고 있는 사실이다. 후일 진(秦)의 시황제(始皇帝)는 서시(徐市)(또는 서복(徐福)), 노생(盧生) 등을 보내어 불사약(不死藥)을 구하려 하기도 하였다.

한편, 『회남자(淮南子)』 「추형훈(墜形訓)」에는 동해의 삼신산설과는 다른 곤륜산(崑崙山)의 불사전설(不死傳說)이 기록되어 있다. 『한서』에 의하면, 『회남자』의 편자인 회남왕(淮南王) 유안(劉安. 기원 전 179-122

년)의 산하에 방술지사(方術之士) 수 천인이 운집하여 신선황백(神仙黃白)의 술(術)을 행하였다고 전한다.

앞에서 언급한 삼신산설은 여기에서 단약(丹藥)과 같은 약을 복용함으로써 신선이 될 수 있다는 관념으로 전환되고 있다. 이와 같은 연단술적인 경향은 후한시대에도 나타난다. 『후한서(後漢書)』「방술전(方術傳)」에 의하면, 좌자(左慈)라는 인물은 조조(曹操)와 기행(奇行)을 겨루어 조조를 경악케 하였다고 한다. 또 갈홍(葛洪)의 『신선전(神仙傳)』에 의하면, 그는 별점[星占]에 능하고, 육갑(六甲)의 술(術)에 통하여, 천주산(天柱山)에서 『구단금액경(九丹金液經)』을 얻었다고 한다. 구단금액이란 연금, 연단에 관한 것이다. 좌자는 곧 갈홍에게 커다란 영향력을 미친 도사(道士)이다.

이와 아울러 『노자』를 신선설의 관점에서 해석하려는 경향도 생겨났다. 마왕퇴한묘(馬王堆漢墓)가 발굴되기 이전 까지는 현존하는 『노자』 해석본으로서 가장 오래된 것으로 간주되어 왔던 『노자하상공본(老子河上公本)』이 그것이다. 『노자』「하상공장구(河上公章句)」 4권은 신선가의 장생술인 태식법(胎息法)에 의하여 노자의 사상을 해석한다.

몇 가지 예를 들면, 「체도(體道)」 제일(第一)의 "비상도(非常道)"를 "비자연장생지도야(非自然長生之道也)"로, 「성상(成象)」 제육(第六)의 곡신(谷神)의 "신(神)"을 "오장(五臟)의 신(神)"으로, 현빈(玄牝)을 코[鼻]와 입[口]으로 해석하는 것이 그것이다. 현빈을 코와 입으로 해석하면서, "사람은 코와 입으로써 천지의 기(氣)를 호흡한다. 그러므로 면면약존(綿綿若存)한다"라고 덧붙인다. 이것이 바로 태식법이며, 후대 복식호흡(復式呼吸), 정좌법(靜坐法)의 근거가 되는 것이다. 이러한 관념은 곧 "사람은 천지충화(天地沖和)의 기(氣)를 향유하며 산다. 그러므로 사람의 생명은 호흡이 있고 없음에 의존하는 것이다. 호흡 즉 기식(氣息)은 생명의 근본으로서 천지의 활동력이다. 따라서 이러한 기의 마땅함(宜)을 얻는 것이 곧 천지와 동체(同體)가 되는 것"이라는 관념으로서, 중국의 전통적인 천인합일(天人合一) 또는 천인일관(天人一貫)의 사상에 이론적 근거를 두고 있는 것이다.

『노자』 뿐 아니라 『장자(莊子)』에서도 이와 같은 관념이 드러나고 있다. 『장자』 「각의(刻意)」 제십오(第十五)에 "吹呴呼吸 吐故納新 熊經鳥申 爲壽而已 此導引養形之人也"의 도(道)를 호흡의 도(즉, 신체의 조절)로, 인은 몸을 인신(引伸)하는 것이라 본다면, 이것 또한 태식법을 표현하는 것이라 할 수 있다. 다시 말하면, 『노자』서(書)에 태식법의 요소가 내포되어 있는데, 그것은 곧 불노장수를 염원하는 신선술과 깊은 연관성을 갖는 것이라 하겠다. 이와 같은 신선술의 경향은 장도릉(張道陵)에 의해 이용되었으며, 나아가 후대 도교 뿐 아니라 불교의 선종좌선법(禪宗坐禪法)의 기초를 이루었다고 하여도 지나친 말은 아니다.

이러한 외단적 경향을 정립한 것은 갈홍의 『포박자(抱朴子)』이다. 갈홍은 자(字)가 치천(稚川)이며 단양(丹陽) 포용(句容. 지금의 남경(南京) 부근) 사람으로 283-343년 동안 생존하였던 사람이다. 그의 경력은 『포박자』의 자서 및 『진서(晋書)』 권72 갈홍전(葛洪傳)으로 전해지고 있다. 그는 서진말(西晋末) 전란 중에 경(經), 사(史), 제자백가(諸子百家)에 통하고, 석빙(石氷)의 난(亂)에 의군(義軍)으로 참전하기도 하였으며, 팔왕(八王)의 난 중 귀향길에 광주자사(廣州刺史) 혜함(嵇含)의 참모를 지내기도 하였다. 혜함은 『남방초목장(南方草木狀)』의 저자인데, 갈홍은 그에게서 본초학(本草學)을 배웠다고 한다. 동진(東晋) 재상(宰相)인 왕도(王導)의 휘하에 있었던 적도 있으나, 만년 연단에 전념하여 나부산(羅浮山)에 은거하였다.

갈홍은 위백양(魏伯陽)과 함께 도교 이론인 연단술(煉丹術)의 대표적인 이론적 기초자라 할 수 있다. 그의 연단술의 학통은 후한말경(後漢末頃)의 선인(仙人)으로 알려져 있는 좌자(左慈)에게서 비롯된다. 좌자는 갈홍의 종조(從祖)인 갈현(葛玄, 갈선공(葛仙公))에게 전해지고, 그것이 다시 정사은(鄭思恩)에게 전해져 갈홍에게 전수되었다고 한다. (『고금도서집성(古今圖書集成)』 「신이전(神異傳)」 신선부외전(神仙部外傳) 卷二十) 갈홍은 단약의 복용을 인정하나, 기도, 제사, 경전통독(經典通讀)을 중시하는 오두미도(五斗米道)를 배격하는 합리주의자로 평가되기도 한다.(尾崎正治, p.78.)

『포박자』 내편은 동진(東晋. 317-420년) 건무원년(建武元年, 317년)에 저술된 것으로 도교의 연단술 즉 신선술을 집대성한 것이다. 이에 반해, 외편은 정치의 득실(得失) 및 도덕(道德)의 융오(隆汚)에 관한 것으로 유가서(儒家書)라 할 수 있는 것이다. 『신선전(神仙傳)』은 전해지고 있는 선도(仙道)의 달인(達人)들에 관한 전기이다. 『포박자』 내편은 도교 성립에 결정적인 영향을 끼친 것으로 신선사상을 집대성한 것이다. 이것은 신선이 실재한다는 것을 역설하고, 선약(仙藥)의 제조법과 복용법 그리고 보조적 선술에 관하여 상술한다. 갈홍은 그의 스승인 정사은에게서 선술의 내용을 구결(口訣)로 전수받았다고 한다.

이러한 『포박자』 내편의 내용 중 무엇보다도 중요한 것은 연단에 관한 설명이다. 갈홍은 금단의 술에 관하여 분명하게 밝히고 있다. 금단의 술은 환단(還丹), 금액(金液)의 약법(藥法)에 의거하는 것이다. 환단이란 주색(朱色)의 유화수은 즉 단사(丹砂)에 열을 가하면 은색(銀色)의 수은(水銀)이 되는데, 이 은색의 수은이 다시 유화수은으로 환원되는 성질을 이용하는 것이다. 금액이란 금(金)에 고열을 가하면 액화하고 이 액화된 금이 응고하면 광택을 갖게 되는데, 이것이 변하지 않는 성질을 이용하는 것이다. 여기에서 수은의 환원되는 성질과 금의 불변의 성질이 인체에 작용하면 육체의 노화(老化)를 방지하여 불노불사하게 된다는 것이다. 이상이 단약의 복용이 신선술에서 중시되는 이유이다.

『포박자』에 나타나는 연단술의 내용은 i) 금단(金丹), 중약(中藥. 양성(養性)), 하약(下藥. 제병(除病))의 조제법과 그 효능, ii) 무위자연(無爲自然)의 실천에 의한 정신적 수양법, iii) 육체적 양생법, iv) 장(腸)을 청결하기 위하여 곡물섭취를 금하는 생리적 양생법, v) 선약(仙藥)의 제조를 위한 신비적인 금기, 의례 등이다.

갈현 등의 신선술을 전수받고 있는 갈홍은 신선도의 정통파로 자처한다. 따라서, 갈홍은 금단의 선술과 다른 불로장생법을 말하는 민간신앙을 비판한다. 장생(長生)의 도(道)는 제사로써 귀신을 섬기는 것이 아니라 신단(神丹)에 있다고 한다. 그는 장각(張角)을 비판하여 '소술(小術)에 가탁하고 민중을 규합하여 역란(逆亂)을 기도하였다. 나아가서는 연년수익(延年壽益)에 힘쓰지 않고 물러서서는 소재치병(消災治病)을 행하지 못하였다'고 하였다. 장각은 불노불사가 아닌 정치적인 목적에 선술을 이용한 것이라고 비판받는다. 도교 교학(敎學)의 정통으로 자처하는 갈홍의 업적은 난해한 신선술과 번쇄한 금단의 제조법을 보다 간명하게 설명하고 학문적 노력[學修]에 의하여 신선에 도달할 수 있다고 주장한 점에 있다.

나) 내단적 경향

외단이 고대적인 신선에의 동경이 외적인 선약(仙藥) 즉 단약(丹藥)을 복용함으로써 선인이 될 수 있다는 관념임을 보여주는 것이지만, 다른 한편으로 신선에의 추구를 동일한 목적으로 삼으면서도 방법상으로 다른 경향을 보여주는 사상이 존재하였다. 전자가 외단적인 방법이라면, (갈홍(葛洪)의 표현에 따르면) 후자는 내단적인 것이다. 이러한 내단적인 경향은 『회남자(淮南子)』 및 『노자하상공장구(老子河上公章句)』에서 뚜렷하게 나타나는 것이다.

『회남자』는 유안(劉安)이 많은 식객(食客)들과 함께 편집한 것으로서, 전체내용으로 보면 잡가적인 것이나, 도가적 도에 의한 통일이 그 기조를 이루고 있다. 『회남자』「제속편(齊俗篇)」 왕교(王喬), 적송자(赤松子)를 중심으로 하는 토납(吐納), 행기(行氣)에 의하여 선을 추구하는 방법 즉 일종의 신선술(神仙術)을 언급한다. 이 방법은 "기를 기르고 정신을 집중하는" 것으로서 도가적 양생법(養生法)을 기반으로 하는 것이다. 이것은 노자와 장자를 중시하는 남방 방사(方士)들에 의한 것이며, 후대 내관법의 맹아라 하겠다. 이것은 제나라나 연나라와 같은 북방에서 추구되었던 것과는 현저하게 다른 것이다. 이상과 같은 점에서 『회남자』의 신선설은 당시 (북방적인) 황제(皇帝)와 노자를 중시하는 황노술(黃老

術)과는 상당히 다른 것이라 하겠다. 실제로 『회남자』에는 황제에 관한 언급이 없다.

후대에 내단적 경향을 정립하고 있는 것은 대체로 위백양의 『주역참동계(周易參同契)』로 알려져 있다. 위백양은 후한 환제(桓帝. 147-167년 재위) 때의 사람으로만 알려져 있을 뿐 구체적 경력은 분명하지 않다. 갈홍의 『신선전』에도 그 경력이 분명치 않은 것으로 되어 있으나, 『포박자』 권19 「하람편(遐覽篇)」에서는 동한말(東漢末)의 사람으로 되어 있고 『위백양내경(魏伯陽內經)』의 서목(書目)만을 밝히고 있을 뿐이다. 한편 정사(正史)로도 전해지고 있지 않다. 『수서(隋書)』 「경적지(經籍志)」에는 기술되고 있는 것이 없고, 다만 『구당서(舊唐書)』 「경적지(經籍志)」에 오행가(五行家)에 편입되어 있을 뿐이다.

그가 저술하였다고 하는 『참동계』는 오대(五代. 10세기 경) 팽효(彭曉)의 『주역참동계』 3권으로 그 윤곽이 알려지고 있다. 또 주자(朱子)의 『주역참동계고이(周易參同契考異)』 1권 역시 세상에 널리 알려진 것이다. 『참동계』의 특징은 연단의 원리를 역(易)의 효상(爻象)을 사용하여 설명하고 내단(內丹)과 외단(外丹)을 논한다는 점이다. 『주역참동계』라는 말이 의미하는 바는 '그 설(說)이 주역(周易)과 이잡(理雜)하고 의통(意通)하여 회합(會合)한다'(參 = 雜, 同 = 通, 契 = 合)는 것이다. 이와 같은 전적들 중 어떤 것이 진본인지는 알 수 없으나, 대체로 오대(五代)와 송(宋) 사이에 개정된 것이 현재의 『참동계』일 것이라는 설이 타당한 것으로 보인다.

『참동계』는 내단과 외단을 본격적으로 구별하여, 각각의 원리를 역의 원리에 입각하여 해설하는 것을 특징으로 한다. 외단설이란 장수(長壽)를 위한 신단(神丹)을 연(煉)하는 방법을 설명하는 것이고, 내단설이란 체내의 조화를 음양과 오행에 입각하여 설명하는 것이다. 이것은 연단(鍊丹)의 목적인 장수의 이론적 근거를 인체 외적인 측면과 인체 내적인 측면에서 제공하고자 한 것이라 하겠다.

내단설(內丹說)은 한대(漢代) 역학(易學)에서 납갑설(納甲說)을 근간으로 하여 그것을 인체에 적용한 것이다. 납갑설이란 건상(乾象)이 곤상(坤象)과 합하여 중앙의 무기(戊己. 즉 土)와 회(會)하고, 감(坎. 水와 陰)과 이(離. 火와 陽)의 일체(一體) 즉 천(天)의 일원(一元) 곧 일양(一陽)의 기(氣)로 되는 것을 나타낸 것이다. 이것을 인체에 적용하면, 인체는 천지혼돈진일(天地混沌眞一)의 일원기(一元氣)를 부여받은 음양의 기와 같은 것으로 음양 2기의 소장영축(消長盈縮)과 착종변화(錯綜變化)에 의해서 인체의 생명이 유지될 수 있다고 한다. 이것은 우주 안의 감(坎), 이(離)와 마찬가지로 인체 내의 중심인 감리(坎離)의 조화에 의하여 인간의 생명을 보존할 수 있다는 것을 의미하는 것이다. 외단설(外丹說) 역시 금단(金丹)의 술을 구체적으로 역리(易理)에 의거하여 해석한 것으로 황치(黃治)의 술이라고도 한다. 여기에서는 주염계(周濂溪)의 『태극도설(太極圖說)』과 흡사한 연단도(鍊丹圖)를 이용하여 음양오행의 관점에서 연단술을 설명하고 있다.

다) 외단에서 내단으로

618년에 수립된 당(唐) 왕조는 사상 그 유례를 찾아 볼 수 없을 만큼 도교 교단과 밀접한 관계를 유지하였다. 고조(高朝) 이연(李淵)은 노자의 성(姓)이 이씨였기 때문에 자신의 조상으로 간주하여, 나아가서, 노자를 신봉하는 도교를 받들었다. 이것은 도사 왕원지(王遠之)의 헌책으로 이루어진 것으로, 이연의 근거지가 산서(山西) 서북쪽으로서 태상노군(太上老君. 즉 老子)을 신봉하는 천사도(天師道) 교단의 유력한 기반이기도 하였다는 사실과 일치한다는 점에서 성립된 것으로 보인다. 왕원지는 상청파의 총수로서 모산에 태평관(太平觀)을 설립한 당시의 남북 도교를 통합한 당대(唐代) 최초의 지도자이다. 이후 태종(太宗. 626-649년), 헌종(憲宗. 805-820년), 목종(穆宗. 820-824년), 경종(敬宗. 824-826년), 무종(武宗. 840-846년) 등의 황제들은 도교를 신봉하여 단약을 복용하였다. 헌종은 단약에 대한 믿음이 지나쳐 금단을 복용하였는데, 수은 중독으로 조갈(躁渴)을 일으켜 중독사할 정도까지 되었다고 한다. 12대 목종 역시 중독사하였다. 현종은 『노자도덕경(老子道德經)』에 주(注)를 할 정도로 노자를 중시하였다. 15대 무종은 극렬한 도교 신봉자로서 회창(會昌) 5년(845년) 유명한 「회창의 폐불(廢佛)」을 단행하여 불교를 탄압하였다.

한편, 도교 교단은 불교와 함께 당의 행정조직에 예속되어 왕조의 통제 아래 예속되었다. 불도 양과는 율령형식(律令形式) 안의 사격부(祠格部) 도승격(道僧格)으로 규정되었고, 승니(僧尼), 도사(道士), 여관(女冠)에 대한 출가(出家)의 허가, 고첩(告牒)의 발급, 사관(寺觀)의 급전(給田) 및 종교행사 등은 상서부(尙書部) 사부(祠部)의 관할이었다. 종래, 교단 내부의 계율도 일반 형법인 당률(唐律)에 포함되었다. 또한 국립도학연구소라고 할 「숭현관(崇玄館)」이 장안(長安)에 세워져 도교 연구도 활발하였다. 또 하나 독특한 사실은 과거시험에 『노자도덕경』이 포함되었으며, 각 가구 마다 그것을 의무적으로 비치할 것을 규정하였다는 점이다. 노자가 탄생한 해를 기원 전 1301년으로 정하여 도력(道曆)을 제작하기도 하였으며, 노자 탄신일을 국가의 경축일로 정하기도 하였다.

당대(唐代)와 송대(宋代)의 도교는 그 시대적 기운을 반영하여 각각 특징을 달리 한다. 미적 차원에서는, 당대가 인공적인 미를 중시하였다면, 송대는 자연적이고 서민적인 미를 중시하였다고 할 수 있다. 도교에 있어서 당과 송의 차이는 각각 외단 중시와 내단 중시라는 커다란 차이를 보여 준다. 당대에는 선술에 있어서 외부의 약을 인체 내에 복용함으로써 신선에 도달할 수 있다는 사고방식에서 천자(天子)의 중독사 심지어는 유학자인 한퇴지(韓退之)도 중독사할 정도로 극심한 경향을 보였었다. 그러나, 송대에는 이러한 외단이 경시되고 오히려 내단 즉 내부의 양생술을 중시하는 경향을 보여준다. 이것은 일종의 체조에 의한 안마법으로 나타난다. 양생에 관한 책 역시 외단이 아닌 내단적 관점에서 해석하는 경향을 보여준다. 이는 송대의 시대사조가 이지(理智. 理性主義)의 정신이었음을 입증하는 것이라 하겠다.(이러한 정신을 반영하는 대표적인 것은 송대의 성리학이다.) 이러한 외단에서 내단에로의 전환이 송대 도교의 특징이다.

이러한 내단은 도교의 초기부터 외단적 경향과 더불어 병존하였던 것이나, 후한 말기 태평도나 오두미도와 같은 이른바 교단도교(教團道教)가 성립되면서부터 현저하게 드러나게 된다. 특히 『태평경』을 사용한 것으로 알려진 태평도는 내단과 외단적 경향을 중시하였는데, 이 경전에는 뒷날 내단이라 불리는 특징을 지니는 도교적 철학체계가 마련되어 있었다. 여기에는 이른바 내단의 철학이 무엇인지를 알려주는 특징이 존재하고 있다. 따라서 내단의 특징을 이해하기 위해서는 초기 도교의 근본 경전인 이 경전에 나타나는 그 철학적 기초를 확인할 필요가 있다.

3. 내단의 철학적 기초 : 『太平經』

가) 『태평경』의 승부(承負) 관념

이른바 도교는 일면적으로는 교단화된 도교를 가리키는데, 태평도는 후한말(後漢末) 화북지방(華北地方)에서 일어나 184년부터 20여년 간 장각(張角)을 수령으로 하는 황건(黃巾)의 난(亂)으로 연상된다. 『후한서』에 의하면, 장각은 대현량사(大賢良師)라 자칭하고 '황노(黃老)의 도(道)'를 받들어 제자를 양성하고 교단을 조직하였다. 그의 설법에 의하면, 인간병고(人間病苦)의 원인은 자신의 죄과(罪過)에 있기 때문에 참회고백하고 부수(符水), 부술(符術)을 이용하여 치료할 수 있는 것이라 하였다. 이와 같은 설법으로 10여 년간 수십 만의 신자를 모아 "창천(蒼天. 즉 漢)은 사(死)하고 황천(黃天)이 갑자년(甲子年. 184년)에 수립된다"고 말하며, 난을 일으켰다.

『태평경』에서 인간에 대한 파악은 원기(元氣)에 입각한 해명만으로는 충분치 않고, 동시에 종교철학적 인간해명이 요청된다. 종교철학적 관점에서의 인간해명은 『태평경』의 인간관을 살펴 보는 데 본질적이다. 종교철학적 인간해명에 있어서 우선적으로 문제삼는 것은 삶과 죽음이다.

삶과 죽음은 현실적 인간에게 가장 본질적이다. 특히, 철저한 현실인식으로부터 출발하고, 또한 인간의 생명을 철저히 중시하는 경향을 보여주는 『태평경』은 태어남과 죽음의 문제를 살아 있는 인간에게 있어서 가장 급박하게 해결해야 할 궁극적인 것으로 간주한다.

특히 여기에서 삶과 죽음의 문제는 단순한 개인만의 것이 아니라 일종의 사회적 삶을 적시하는 것이다. 후한말에는 거대한 국가조직의 부패와 더불어 온갖 관료들의 탐학과 그로 인한 민초들의 죽음에 직면한 고통을 수반하는 가혹한 사회였다. 사회적 혼란과 가치관의 부재는 인간에게 극도의 불안을 야기한다. 인간의 생존 자체가 보장받지 못하는 사회에서 절박하게 되는 물음은 '인간이 왜 태어나고, 왜 죽는가'이다. 『태평경』은 사물의 태어남과 죽음을 '천지의 바른 법'(天地之格法)으로 인정한다. 그러나 인간은 이러한 죽음을 두려워하고 원망한다. 이것이 인간의 본질적인 불안과 공포이다. 여기에서 죽음에 대한 불안과 공포는 실존적 의미를 지닌다. "사물이 태어남은 모두 끝마침, 다함이 있다. 또한 사람의 태어남에 죽음이 있음은 천지의 바른 법이다. 하늘이 그 안이 되어 때로 또 스스로 죽음을 원망하는 자가 있고, 또는 어린 나이로 오래 살지 못하는 자가 있다. 천지는 만물의 부모가 되어, 그 안에서 스스로 원망하고, 하늘을 우러러 곡하고 눈물을 흘리며, 땅을 굽어보아 스스로 슬퍼하고 원망하며, 조금 밖에 살지 못할까 두려워 한다."(권90, 「원류재구기방결(冤流災求奇方訣)」(p.341). 한 가지 흥미로운 사실은 인간의 수명에 관하여 권102 「경문부수소응결(經文部數所應訣)」(p.464)에서 최상의 수명은 120 살, 땅의 수명은 100 살, 사람의 수명은 80 살, 패(覇)의 수명은 60 살, 필적할 수명은 50 살로 간주하는 데서 알 수 있는 바처럼, 인간에게 주어진 자연적인 수명[天年]을 120 년으로 본다는 점이다.) 사람이 태어나고 죽는다는 것은 자연의 필연적 이법이지만, 죽음은 세상에서 가장 흉한 일이다. 인간이 죽게 되면 그 신체는 진흙이 된다. 죽음의 운명이란 인간에게 한번 밖에 주어지지 않는 것이다. 사람은 한번 태어나면 한번 죽을 뿐 다시 태어날 수는 없다. 그러나 자신의 노력으로 시해(尸解)하는 경우만은 예외적이다. "죽어 없어진다는 것은 천하의 커다란 흉사이다. (…) 대저 세상 사람이 죽어 없어지는 것은 사소한 일이 아니며, 한번 죽게 되면 끝내 하늘과 땅, 그리고 해와 달을 다시 볼 수 없게 되고, 맥과 뼈가 진흙으로 된다. 죽음의 운명[死命]은 중대한 일이다. 사람이 천지 사이에 거처하고, 사람마다 한 번 태어나고 다시 태어날 수 없다. 다시 태어남(重生)은 도를 얻은 자만이 가능하고, 죽어서 다시 태어날 수 있는 사람은 시해한 사람 뿐이다."(Ying-shih, Yü, pp.80-122 등을 참조.)

사람이 자기에게 주어진 정, 기[形], 신을 보존하지 못함은 원기의 참된 상태를 유지하지 못하는 것을 의미하며, 그렇게 되면 병들거나 주어진 수명을 다하지 못한다. 이것은 사람에게만 국한되는 것은 아니다. 인간이 올바로 살고 제대로 주어진 수명을 다하지 못하는 근본적 원인은 황천의 가르침과 명령을 따르지 않는 데 있다. 『태평경』은 병들거나 주어진 수명을 다하지 못하는 원인을 한 개인의 행위에 국한시키지 않고, 그 행위가 미칠 수 있는 모든 사람들에게 행위의 책임을 부여한다. 한 개인의 행위는 당사자만이 아니라 관련되는 모든 사람들에게 결과를 초래한다. 여기에서 『태평경』적 인과응보의 개념인 '승부'라는 독특한 개념이 제시된다.

> 승은 앞이 되고, 부는 뒤가 된다. 승이란 앞 사람이 본래 천심을 이어받아 행위해야 하는 데도, 조금씩 조금씩 그것을 상실하고 스스로 알지 못한 채 날로 쌓임이 오래되고 서로 모이는 바가 많아지면, 지금 뒤에 태어나는 사람(後生人)이 오히려 무고하게도 그 허물을 입어 그 재앙을 이어받는 것을 일컫는다. 그러므로 앞의 것이 승(承)이 되고, 뒤의 것이 부(負)가 된다. 부는 또한 재앙의 미침이 한 사람의 다스림으로 말미암아 나오는 것이 아니라, 앞과 뒤가 다시 서로 짐지우게 하는 것이므로 부라 이름한다. 부란 앞 사람이 뒤에 태어나는 자에게 부담지우는 것이다.(卷39, 「解事策書訣」, p.70.)

직역하면, 승부는 "이어 받아서 짐지우게 되는 것"이다. 인과관계로 표현하면, 승은 원인(因)이고, 부는 결과(果)이다. 여기에서 원인으로서의 승은 주로 앞 사람(先人)이 저지른 잘못된 행위를 가리킨다. 앞 사람이 저지른 잘못된 행위는 바로 천심 즉, 도의 뜻에 거역하는 앞선 자들의 행위를 가리킨다. 승부가 초래되는 원인은 선을 행하지 않고 악을 행하는 데 있다. 승부응보의 기본전제는 '선한 행위는 좋은 응보를 받고, 악한 행위는 나쁜 응보를 받는다'(善有善報, 惡有惡報)는 것이다. 선을 행하지 않고 악을 행하면 근본을 상실하게 된다. "무릇 사람이 허물로 책망받는 것은 모두 선으로써 스스로를 잘 기르지 못하고, 모두 그 근본을 잃기 때문이다. 그렇기 때문에 승부의 책임이 있게 된다." 근본을 상실한다는 것은 올바른 기의 상태를 보존하지 못하는 것이다. 승부는 악행을 한 당사자 뿐 아니라, 그의 친족과 뒤에 태어나는 자(後生人)에까지 미친다.

『태평경』은 내생을 인정하지 않는다. 선인은 장수하거나 죽지 않고 선이 될 수 있지만, 악인은 일찍 죽어 지하에서 귀(鬼)가 되어 벌을 받게 되며, 그렇게 하여 만들어진 업보는 자손대대에 미친다는 것이다. 인간은 도덕적 삶을 영위함으로써 자신에게 주어진 수명을 다할 수 있다. 승부관념은 중국 고유의 전통적 관념을 정착시킨 『태평경』 특유의 관념이라 하겠다.

『태평경』의 종교철학적 인간해명에서 승부관념과 더불어 파악되어야만 하는 것은 '왜 개인 또는 인간사회에 질병이나 재앙과 같은 흉사가 일어나는가' 라는 문제이다. 이러한 물음에 대한 『태평경』의 답변은 천인감응에 입각한 한대 재이설의 영향을 받고 있다. 승부에 의하여 초래되는 재앙은 재이로 표현되는 것이지만, 그것을 내리는 주체는 황천(皇天)이라는 지고존재이다.

황천은 인간의 악행에 대해 악한 응보를 주고, 선행에 대해 선한 응보를 주는 존재이다. "사람은 천지라는 우주의 양친에 대한 것과 유사한 의무를 갖는다. 하늘은 아버지이고, 땅은 어머니이며, 사람은 그 아이들이다. 하늘은 불만족한 아버지가 탈선한 아들을 처벌하는 것과 똑같은 방식으로 재앙과 질병을 보낸다."(Max Kaltenmark, p.37.) 하늘은 인간의 선한 행위에 대해서는 길한 조짐을 보여주며, 악한 행위에 대해서는 흉한 조짐을 보여준다. "하늘이 향하는 바는 그것을 흥하게 하고, 하늘이 등지는 바는 그것을 폐하는 것이니, 이것은 때의 기운을 아는 것이며, 길과 흉, 평안함과 위태로움을 [익히] 알 수 있다."

인간의 행위 특히 인간들을 다스리는 자의 행위가 하늘의 법도를 어지럽히게 되면, 그것은 악한 것이다. 그리고 그러한 악한 행위가 쌓여서 사람들의 근심과 원망의 대상이 되면, 곧 그에 대한 응보가 하늘의 해로운 기를 통하여 인간에게 주어진다. 곧, 재이란 인간의 악한 행위에 대하여 하늘이 인간에게 부과하는 책임이다. 인간의 잘못된 행위 또는 악행에 대하여 주어지는 책임의식은 재이를 매개로 하여 주어진다. 인간에게 흉년이 드는 것은 재이의 대표적인 증거이다.

인간의 악행에 대하여 부과되는 책임의식은 두 방면에서 이루어진다. 재이는 인간의 잘못된 행위에 대하여 행위 당사자의 시대에 하늘로부터 주어지는 공간적인 책임의 부과이다. 승부는 인간의 악행에 대한 시간적인 책임의 부과이다. 재이가 주로 행위당사자에게 주어지는 것이라면, 승부는 주로 행위당사자가 아닌 뒤에 태어나는 자(後生人)에게 부과되는 것이다. 따라서 전체건 개인이건, 다스리는 자건 다스림을 받는 자건, 사람은 각자 스스로 행위함에 있어서 죄를 범하지 않도록 신중을 기하여만 한다.

이상과 같은 재이의 관념은 천지가 부모라는 관념과 결합되어 땅을 파지 말라는 도덕적 규정을 보여준다. 땅을 파지 말라는 규정은 인간생활에서 식수를 얻기 위하여 필요한 우물까지도 파지 말라는 도덕적 규정을 낳는다. 그 이유는 다음과 같다. 하늘은 어버이이고, 땅은 어미이다. 어떤 사람이 땅을 꿰뚫는 죄를 범하면, 땅은 하늘에 하소연하며, 하늘은 화를 내며, 한편 땅 쪽에서는 더 이상 아무 것도 생산하지 않는다. 실제로 땅을 파는 것은 자기 어머니에게 상처내는 것과 똑같이 커다란 죄를 범하는 것이다. 땅에 구멍을 내어 우물을 파는 것은 어머니 땅의 혈관을 접촉하여 출혈을 야기함을 의미한다. 이것은 윤리적인 측면에서는 효라는 덕목과 관련된다. 이와 같은 사고방식은 인간세계를 자연계에 투사하는 강한 의인관적 사고를 보여주며, 자연이건, 사회건 모두가 하나의 우주적 가족을 이루고 있다는 사유를 특징으로 한다. 이러한 사실은 또한 『태평경』이 노자를 받아들이면서도 자기류로 각색하고 있음을 보여준다.

나) 윤리적 행위와 도교적 수행론

(1) 인륜성 실현의 전제 : 효와 장수

『태평경』은 도덕적 타락을 전통적 가치관의 전도로 특징지운다. 전통적 가치관을 상실하는 행위는 참됨을 지향하지 않고 '겉은 화려하나 실속이 없는'(浮華) 행위이다. 그러한 행위는 '사람을 속이고, 자식이 되어서는 부모를 속이고, 신하가 되어서는 그 군주를 속이는' 그러한 행위들로서, 결국 '하늘을 속이는'(欺天) 행위로 귀결된다. 이런 행위를 하는 자들은 부모를 죽이고 군주를 시해하게 되며, 마침내는 도적이 되는 그러한 자들이다. 따라서 "부도덕한 자는 명이 천지에 있지 않으며, 금수와 더불어 인연을 같이 하고 운명을 같이 한다." 도덕을 상실한 자는 짐승과 같은 존재이다. 그러한 자는 더 이상 인간일 수 없고, 인간이기를 포기한 자이다. 따라서 그러한 자들은 도와 덕, 인을 상실한 살아 있을 가치가 없는 짐승과 같은 존재로 규정된다. "사람들이 지금 도를 힘써 배우지 않고, 번번히 도를 알 수 없게 되니, 이름하여 무도한 사람이라고 한다. 대저 무도한 사람들은 가장 악하고 흉한 자가 된다. (…) 지금 인을 힘써 배우지 않으니, 이미 불인하게 되었다. 대저 불인한 자는 금수와 같은 길을 가며, 그런 사람과 금수는 같은 마음을 갖게 되는 것이니, [그런 자는] 오히려 일찍 죽어버리는 것이 낳다."

『태평경』에서 윤리적 차원의 최고덕목은 도와 덕, 그리고 인(仁)이다. 최고의 덕목을 도와 덕, 인으로 간주하는 것은 천지인 삼통의 관점에서 비롯된다. 자연계의 구성요소를 하늘과 땅, 사람의 셋으로 분류하는 삼분법적 사고방식은 도덕적 덕목을 선택함에 있어서도 채택된다. 하늘과 땅과 사람이 태어나는 바가 다르고, 그 기능이 다르다면, 그 역할 또한 다르다. 하늘과 도, 땅과 덕, 사람(中和)과 인은 각각 대응되는 쌍이다. 자연과 인간은 구조상으로 동일하다. 자연에 하늘과 땅, 사람이 있는 것과 마찬가지로, 사람에게는 머리와 배, 그리고 발이 있다. 하늘, 땅, 사람이 각각 도, 덕, 인에 대응한다면 인간 또한 머리, 배, 발이 각각 그것들에 대응한다. "도는 머리가 되고, 덕은 배가 되고, 인은 발이 되어 행한다. (…) 하늘의 힘을 얻고자 하는 자는 도를 행하고, 땅의 힘을 얻고자 하는 자는 덕을 행하며, 사람의 힘을 얻고자 하는 자는 사람됨(人)을 행한다. 사람됨 즉 인은 곧 인(仁)이다. 이 세 가지는 막힘이 없는 길이다. 이 셋을 잃는 것은 혼란의 뿌리이다. 이 셋을 따르지 않는 것을 하늘에 거역한다(逆天)고 한다."

하늘과 땅, 그리고 중화의 세 기가 자연을 지배하는 것이라면, 그것은 인간사회를 구성하는 기초단위인 가족과 구조상 동일하다. 천, 지, 중화는 가족 안의 어버이(父), 어머니(母), 자식(子)에 각각 대응한다. 하늘과 땅과 중화가 각각 기능과 역할을 달리하는 것과 마찬가지로, 가족의 구성원인 아버지와 어머니, 그리고 자식은 그 기능과 역할을 달리한다. 이것은 가족의 구조에 비추어 자연계를 파악하는 사고방식이다. 그러나 『태평경』은 형이상학적 관점에서 자연의 구조에 비추어 인간세계를 해명한다. 상식적 관점은 인간을 자연에 투사하는 것(人心卽天心)이지만, 형이상학적 관점은 자연을 인간에 투사한다(天心卽人心). 이것은 자연과 인간을 유추(analogy)적 관점에서 파악하는 의인관적 세계관이라 할 수 있다. "대저 하늘과 땅, 중화라는 무릇 세 기는 안으로는 서로 함께 하나의 가족을 이루어 도리어 함께 삶을 다스리며, 함께 만물을 부양한다. 하늘은 삶을 맡아 어버이라 칭한다. 땅은 기르기를 맡아 어미라 칭한다. 사람은 그것을 다스리는 일을 맡아 자식이라 칭한다. 어버이는 때에 맞추어 교화를 맡고, 어미는 어버이를 따라 기르는 일을 맡으며, 자식은 어버이로부터 생명을 받아 어미로부터 길러지니, 자식된 자는 마땅히 어버이를 공경하고 어미를 사랑해야 한다."

바로 여기에서 『태평경』은 가정 안에서의 효라는 덕목의 형이상학적 당위성을 도출한다. 윤리적 덕목은 유가윤리의 덕목과 거의 일치하는 것으로 나타난다. "세상일 중에서 효가 위로 제일의 것이며, 사람이 [쉽사리] 미치지 못하는 바이다. 공을 쌓고 행동을 반복하면, 앞과 뒤가 서로 이어받아 잃는 바가 없다. 이름하여 다시 태어나는 사람이라 하니, [그는] 부모의 은혜를 이어받게 되며, 다시 효, 순의 글을 볼 수 있다. 하늘이 그 기록과 장부를 정하여 불사자의 항에 있게 하니, 이것이 효를 이룬 집안이다."

『태평경』은 전통적인 신선의 이념에서 나타나는 개인주의적이고 은둔적인, 따라서 세상을 도피하는 경향을 배제하고, 가족의 일원으로서, 그리고 사회 구성원으로서 개인의 역할을 중시하는 현실에로의 지향성을 강하게 표출한다. 여영시(余英市)는 이 점은 "세속적 성격의 선이 갖는 중요한 마지막 점은 가족적 결합력을 강조하는 것처럼 보인다는 점이다. 『태평경』에 의하면, 단지 개인적 구제를 위하여 도를 배우는 자는 하층의 사람이다. (…) 이것은 분명히 전통적, 은둔적이고 개인주의적인 신선관념을 강하게 거부한다. 이 저작에서 도를 찾기 위하여 자기 양친, 아내와 아이들을 등지는 자는 참된 도에 반하는 자로 격렬하게 공격받는다."(Yü, Ying-shih, p.119.)고 설명한다. 전통적으로 선의 관념은 불사의 관념과 결합되어 있다. 불사를 성취한 자는 선(仙)이다.

『태평경』은 유가적 관념인 효를 중시함으로써 유가와 다름이 없는 사상을 보여주는 것처럼 보이나, 효의 실천이유를 장수에 둠으로써 유가와 다른 길을 걷는다. 효는 우선 부모의 장수를 염려하는 것으로 정의된다. 효란 항상 부모가 늙어 죽을지를 생각하고 부모의 장수를 위하여 실천하는 것이다. "제일 훌륭한 효자는 부모가 늙어 죽을지를 염두에 두어, 홀로 한가한 곳에 거처하여 [부모가 늙어 죽는 것을] 항상 걱정하며, 어디에서 불사의 기술을 얻을 것인가를 생각하며, 거기에 몸소 가서 거처할 수 있게 된다." 부모의 장수를 염려하는 것이 효의 일차적 의미이지만, 그러한 효의 실천을 통하여 자신의 장수를 얻을 수 있다는 효의 이차적 의미가 주어진다. 이러한 효의 의미를 통하여 효라는 인륜적 행위를 해야 한다는 당위가 성립된다. 효를 충실하게 행하는 사람은 장수를 얻을 수 있다. 효는 장생을 기약해주는 것이며, 효의 결과는 장생이다. 효라는 도덕적 행위를 통하여 장수 또는 불사할 수 있다는 사고방식을 보여줌으로써, 인륜적 도덕과 전통적 선(仙)의 이념을 결합한다. 이것은 피세적 선의 관념이 현실화된 것이다. 선 즉, 불사자의 관념은 『태평경』의 시대에, 특히 『태평경』에서 사회적 존재, 현실적 존재로 전환되었다. 『태평경』에 의하면, 장수, 장생은 원기의 보존을 위한 수일을 통하여 이루어진다. 그리고 수일의 목적은 '승부의 해소'(解承負)에 있다. 승부의 해소는 국가사회적 차원에서는 통치자의 죄악에 따르는 응보의 제거이고, 개인의 차원에서는 개인의 죄악에 따르는 응보의 제거이다. 따라서 승부는 국가 및 개인을 포괄하는 종교적 차원의 것이다.

이처럼 효와 장수를 결합시킴으로써, 현실적 인간의 윤리적 덕목과 도교적 인간의 이상을 결합한다. 이것은 황천의 뜻에 따라 원기로부터 주어진 인간의 생명력을 보장하는 유일한 길은 곧 인륜성의 실현임을 부각시킨다. 효나 인과 같은 인륜성의 실현은 현실에 사는 인간존재의 도덕적 행위이다. 그러한 도덕적 행위와 인간의 수명은 밀접한 관계에 있다. 도덕적 행위, 인륜성의 실현은 그 자체가 목적이 아니라 인간의 생명력을 보존하기 위한 수단이다. 나아가 인간의 생명을 유지하는 것은 기로 충만되어 있는 우주적 생명력을 보존하는 길이다. 여기에서 『태평경』이 도교적 윤리관념을 적극적으로 정립하고 있음을 알 수 있다. 현실에서의 윤리적 행위가 장수를 보장한다는 이같은 도교적 윤리 관념은 후대 「공과격(功過格)」이나 『권선서(勸善書)』 사상의 선구가 된다.

(2) 내단적 양생론(養生論) : 수일(守一)

『태평경』에서 선악상응의 관념은 인간의 선악에 대하여 하늘이 보상한다는 응보의 관념으로 전환된다. 선한 행위에 대해서는 선한 응보, 악한 행위에 대해서는 악한 응보가 주어진다. 인간의 악행이 극심하면, 악행의 주체인 인간의 존재까지도 말살되게 된다. 자연과 인간이 선과 악으로 상응한다는 사고는 인간의 세계가 자연계의 구조를 반영한다는 사상으로부터 나오는 것이지만, 바로 이 점에서 『태평경』은 철저히 종교적인 색조를 보여준다. "하늘과 땅, 사람, 만물은 본래 같은 일을 다스리며, 선하면 다같이 즐거워하고, 흉하면 다같이 고통받는다. 그러므로 같이 우려한다." 따라서, 사람은 서로 원망하거나 허물하지 않아야 하며, 행동을 신중하게 해야 한다.

여기에서 「수일(守一)」의 중요성이 강조된다. 수일에서 하나 곧 一은 자연 안에서 만물이 생성되는 근원임을 가리킨다. 하나는 곧 세계의 근본이다. "하나는 수의 처음이다. 하나는 삶의 도이다. 하나는 원기가 일어나는 바이다. 하나는 하늘의 벼리이다." 둘째 의미는 인간의 마음(心), 정신(神)이다. "하나란 마음이고, 뜻이며, 의지이니, 이 한 몸 안에 있는 신을 염두에 둔다." 사람의 마음이나 정신은 도에 따라서 주어지므로 하나라 불린다. 일은 세계의 본질인 동시에 인간의 본질이다. 따라서 수일은 인간의 본질을 찾는 것이며, 동시에 세계의 본질을 획득하는 것이다.

수일은 '근본을 지키는 것'(守本)으로 표현된다. "근본을 지키는 것은 다스림이 신과 같다. 중을 지키는 것은 조금 혼란하여 번거롭다. 말단을 지키는 것은 혼미하다. 그러므로 현자는 근본을 지키고 중(中)을 경계하며, 감히 말단을 따르지 않는다." 수일은 자신이 범한 허물이나 잘못을 생각하여 고치는 것이며, 그렇게 함으로써 사람은 삶의 길이를 늘일 수 있다. "한 몸을 지켜 주어진 수명을 다하고, '하나를 지키고 허물을 생각하여'(守一思過) 다시 주어진 기간을 늘린다."

수일의 핵심은 무극(無極)의 도(道)를 따르고, 정(精)과 신(神)을 지키는 데 있다. 무극의 도란 황천(皇天)의 이법을 의미한다. 인간은 그러한 도를 충실히 따라야 하는데, 도를 따른다고 하는 것은 정과 신을 지켜 주어진 본질을 잃지 않는 것이다. "[주어진] 수명을 다하고자 하는 자는 기를 지켜 신과 합하고, 정이 그 형체를 떠나지 않게 하여야 한다. 이와 같이 셋이 합하여 하나로 되는 것을 마음에 품어, 오래 되면 함께 갖추어 저절로 나타남이 있게 되며, 몸 안에서 형체가 점차 가벼워지고 정은 더욱 밝아지며, 빛이 더욱 정미하게 되고, 마음 속이 매우 안락하게 되며, 흔쾌히 기뻐하게 되면, 태평기(太平氣)가 응하게 된다." 정과 신을 지켜야만 하는 이유는 인간이 도라는 이법을 따라 원기로부터 생겨났고, 또한 그것으로부터 인간의 본질인 정과 신을 부여받았다는 데 있다.

나아가 일(一)은 원기를 의미하므로, 수일은 곧 수원기(守元氣)이다. "수일은 '수일신지원기'(守一身之元氣) 또는 '수일신지정기신'(守一身之精氣神)이다."(丁貽庄・劉冬梅, p.69.) 사람에게 있어서 하나는 신을 가리킨다. 또한 신은 앎(知)의 주체이다. 아울러 신은 잘못된 것을 바로잡는(規正) 주체이다. 따라서 정, 기, 신중에서 가장 중요하다. 인간의 본질은 곧 신이다. 이러한 의미에서 수일은 수신(守神)이다.

수일은 두 가지 의미를 지닌다. 첫째 의미는 도의 원칙에 따라 나라를 다스리는 것(治國), 둘째로는 인간 개인의 수양을 의미한다. 자연의 형이상학적 구조와 인간의 구조가 동일한 것과 마찬가지로, 개인의 구조와 국가의 구조는 동일하다. 이처럼 수일은 이중적 의미를 지니고 있기 때문에, 그것을 단순히 개인적인 수양을 가르치는 경전으로 간주할 수는 없다. 오히려 개인수양의 측면보다는 수일을 통하여 치국의 요체를 밝히고자 하는 면이 보다 강하다. 이러한 현상은 『태평경』과 태평도와의 깊은 관련성을 시사한다.

수일의 방법은 인간의 본성을 기를 수 있어야 하는 것이다. 본성을 기른다고 함은 인간의 원초적 선의 상태를 보존하고, 인간의 본질을 회복하는 것이다. 인간이 자신의 근본 즉, 본질을 회복한다는 것은 곧 세계의 근본 즉, 본질을 회복하는 것이다. 세계의 본질을 회복한다는 것은 곧 하늘과 땅, 그리고 사람(天地人) 삼통(三統)이 조화를 이루는 것이다. 하늘과 땅, 그리고 사람의 삼통이 조화를 이룬다는 것은 또한 음기와 양기가 조화를 이루어 운동하는 것이다.

수일을 통하여 인간의 본질 뿐 아니라 동시에 세계의 본질이 획득되는 것이라면, 그것은 곧 선을 추구하는 것이다. 세계건 인간이건, 그 본질은 선이다. 따라서 "수일 이후에 또한 선과 악 그리고 허물과 잃어버린 곳을 두루 알게 되고, 그런 뒤에 도를 지킬 수 있으며, (…) 정을 수양한 연후에 신을 지킬 수 있다." 선과 악을 판단하고, 정과 신을 지키기 위해서는 반드시 하나를 지켜야만 한다.

그리고 수일의 궁극적인 상태는 무위이다. "수일의 법은 마땅히 본래 무형임을 염두에 두는 것이고, 낮과 밤이 서로 합하고, 하나가 따라서 태어나며, 늙음을 없애고 어린애로 돌아가 오래 살 수 있다." 수일의 궁극적인 상태는 원기로부터 인간에게 부여된 기들을 잘 보존하는 것이다. 기의 보존이 수일의 요체이다. 세계안의 모든 것들은 기를 통하여 이루어지고, 또 기를 통하여 소통되며, 기로써 완성된다. "천지의 도가 길고 또 오래갈 수 있는 까닭은 그 기를 지켜서 끊임이 없기 때문이다. 그러므로, 하늘은 오로지 기로써 길흉을 삼으며, 만물이 그것을 본받으니, 기가 없으면 마침내 죽게 된다."

수일의 궁극적 목적은 승부의 책임(責)을 푸는 것이고, 승부의 책임을 푸는 목적은 장수이다. "승부의 책임을 풀고자 하면 수일(守一)만한 것이 없다. 수일이 오래되면, 하늘이 장차 동정할 것이다. 하나는 하늘의 벼리이고 만물의 근본이다. 그 근본을 생각하여 그 말단으로 흘러 미치게 한다." 따라서 수일은 이 세계 안의 모든 존재가 지향해야 하는 광명과 같다. "하나를 지켜 밝히는 법(守一明之法)은 장수의 근본이다. 만신이 조상으로 삼는 바이고, 광명으로 나아가는 문이다. 하나의 정을 지켜 밝힐 때에는 불이 처음으로 비춰질 때와 같이 급히 그것을 지켜 잃는 것이 없도록 한다."

따라서 『태평경』의 수일은 내단적 경향을 보여준다. 도교의 궁극목적은 신선이 되는 것이며, 신선이 되기 위하여 행하는 방법은 크게 두 가지로 나뉘는데, 곧 외단(外丹)과 내단(內丹)이다. 이러한 구분은 갈홍(葛洪)이 제시하였다. 외단은 인간신체 밖의 선약(仙藥) 즉, 단약(丹藥)을 복용함으로써 선인이 될 수 있다는 관념이다. 내단은 이와 달리 신선에

의 추구를 동일한 목적으로 삼으면서도 방법상으로 인간의 내적 조건의 변형을 통하여 가능하다고 보는 관점이다. 이것은 '기를 기르고 정신을 집중하는' 도가적 양생법을 기반으로 한다. 이러한 내단은 후대 내관법(內觀法)의 맹아가 된다.

『태평경』의 수일은 현실사회에서의 도덕적 삶을 영위함으로써 불사 또는 장수할 수 있다는 것이므로 근본적으로 내단적 경향을 보여준다. 안형(安形 즉, 調生), 호흡법(調息) 등의 방법이 언급되고 있지만, 그것은 근본적으로 수신(守神)을 토대로 한 수련법(卷71, 「眞道九首得失文訣」)이다. 수신은 곧 수일이다. 수신수련의 효과는 병을 제거하고 나이를 늘리는(却病延年) 데 있다.(정이장(丁貽庄)・유동매(劉冬梅)가 설명하고 있는 수일(守一)의 방법 몇 가지는 다음과 같다. 첫째 "先以安形, 始爲之"로 설명되는 단좌법(端坐法), 안와법(安臥法)으로서 수련할 때 몸을 쾌적하게 하고 자연스럽게 하여 정(靜)의 상태에 들어가도록 하는 안형법(安形法. 調生), 둘째 태식(胎息), 식기(食氣. 즉, '조기(調氣)')의 수단으로서 위진시대 『황정내경경(黃庭內景經)』의 '고분일월삼청(高奔日月三淸)'이라는 수련법의 선구로서 호흡법(呼吸法. 調息), 세째 "第一元氣無爲者, 念其身也."(腹之一者, (…) 骨之一者 등), "其二爲虛无自然者, 守形洞虛自然, 无有奇也., 身中照白", 묵념의 형태, 오장의 신(神)을 사념하는 방법과 작용, "縣象思存法"(즉, 存思法)을 중심으로 이루어지는 수련을 통하여 입정(入靜)한 후 내시형체(內視形體)의 상태를 강조하는 수신수련법(守神修煉法) 등이다.)

그러나 이러한 이념은 단순히 수명을 연장하는 데 그치지 않고 각박한 사회 속에서의 사회적 실천을 통해서만 이루어질 수 있다는 관념으로 전환되고 있다. 따라서 우리가 아는 단순히 장수만 이루는 신선과 같은 존재를 추구하는 것이 결코 아니라 사회적인 모든 존재를 신선과 같은 주어진 수명을 다하는 존재를 희구한다는 점에 특징이 있다.

4. 맺는 말 : 도교에서 윤리적 행위와 종교적 수행의 궁극목적

『태평경』에서 강조되는 덕목들은 효나 충으로서 그것은 일견 유가 내지 유교의 윤리적 덕목들과 일치하는 것으로 보이지만, 그러한 윤리적 덕목들이 설정되는 목적은 분명 다르다. 초기 도교경전의 자격을 갖는 『태평경』에는 본질적으로 도교적인 요소가 존재한다. 『태평경』을 도교적인 것으로 특징지을 수 있는 요소는 바로 효라는 도덕적 행위와 장수이다. 이 경전은 궁극적인 인간행위의 지향점을 장수 또는 장생으로 본다.

이러한 사고는 생명을 중시하는 『태평경』의 세계관으로부터 도출된다. 그러나 이와 같은 장수 또는 장생이라는 목적을 달성하기 위해서는 잘못된 행위로부터 말미암는 인간에게 주어지는 승부의 책임(또는 액(厄))이나 재앙을 제거해야 한다. 승부의 책임이나 재앙을 제거하는 것은 윤리적 행위를 통해서 가능하다. 그것은 일시적, 잠정적인 윤리행위를 통해서가 아니라, 끊임없는 철두철미 윤리적 행위를 통하여 이루어진다. 이런 의미에서 『태평경』은 역행(力行)의 중요성을 강조하였다.

승부의 재액을 풀고, 나아가 장생을 얻기 위해서는 황천의 명령과 가르침에 따를 것을 명령한다. 황천에 따른다는 것은 곧 '도를 얻게 됨'(得道)을 뜻한다. 장수를 강조하는 것은 모든 존재 특히 인간의 생명을 존중하는 정신의 발현이다. 모든 존재는 우주적 생명력을 의미하는 원기로부터 생성된다. 따라서 인간은 지고한 존재의 뜻에 따라 자신에게 주어진 생명력을 보존해야 한다. 그러나 그러한 생명력의 보존은 인륜성의 실현을 통해서만 가능하다.

득도의 목적은 장수 즉, 불사를 얻는 데 있다. 천도를 따른다는 것은 곧 한편으로는 윤리적인 삶을 영위하는 것이며, 다른 한편으로는 수일(守一) 곧 '하나를 지키는 것'이다. 천도를 따르지 않고 거역하는 것은 반윤리적이고 부도덕한 행위이다. 사람이 황천의 가르침을 따라야 하는 이유는 그것이 자연의 스승이고 어른이기 때문이다. 아울러 천도는 변화 즉, 음양의 근본이며, 천지의 핵심이다. 이렇게 장수를 얻기 위한 실천방법으로 도덕적인 삶을 사는 것과 수일을 본질적인 것으로 삼는다. 도덕적인 삶은 윤리적인 차원에서 말해진다. 수일은 종교적인 차원에서 언급되는 것이다. 그러나 양자는 편의상의 구분으로서 실제로는 포괄적으로 함께 파악되어야만 한다. 『태평경』은 이 두 측면을 나누어 설명하고 있지는 않다. 그것은 윤리적인 삶에 종교적인 의미가 포함되어 있고, 거꾸로 수일에도 또한 윤리적인 삶을 가리키는 측면이 두드러져 나타나기 때문이다. 도덕적인 삶을 사는 것, 그리고 승부를 벗어나기 위해 노력해야 함은 그 철학적 구조로부터 도출된다.

윤리적인 삶에 대한 규정과 수일이라는 종교적 실천규정은 긍정적으로 장생 즉, 장수라는 하나의 목적에 수렴된다. 수일은 일차적으로 원기의 보존을 의미하지만, 다른 한편으로 그것은 필연적으로 승부의 제거를 요청한다. 『태평경』은 현실적 실천과 종교적 수행이라는 양면을 동시에 포괄한다. 또한 그것은 인간이면 누구나 지향해야만 하는 궁극적인 목적이다. 종교이건 윤리이건, 그것들은 도교적 장수라는 목적을 실현하기 위한 것이다. 이 두 가지 실천방법은 동전의 양면과 같이 표리의 관계를 이룬다. 이 점에서 도덕과 종교는 다른 차원의 것이 아니라 동일한 연장선상에 있다. 『태평경』에서 도덕과 종교는 결코 분리되어 파악될 수 없다.

이러한 초기 도교의 측면이 후대 도교에 강력한 인상을 주었을 뿐 아니라, 특히 왕조 말기마다 나타났던 후한 시대와 같은 질곡에 즈음하여 도교의 이러한 사상은 도교의 민중성을 더욱 부각시켰었다는 사실은 도교가 단순히 수명연장만을 위하는 신선과 같은 존재를 그렸던 것이 아니라, 인간 자신의 생명조차 지탱하기 힘들었던 사회를 반영하였다는 점에 그 의미를 찾을 수 있을 것이다.

참고문헌

윤찬원, 『도교철학의 이해 – 태평경의 철학적 체계와 도교적 세계관』, 돌베개, 1998.

윤찬원, "後漢時代 初期道敎哲學思想에 관한 연구 – 四川省 五斗米道를 중심으로 –", 『道敎文化研究』 제14집, 韓國道敎文化學會, 2000.

이원국(김낙필 · 이석명 · 김용수 · 나우권 옮김), 『내단-심신수련의 역사1, 2』, 성균관대학교출판부, 2006.

尾崎正治, "道敎經典", 『道敎1』.

福永光司, 『道敎思想史研究』, 岩派書店, 1987.

小柳司其太, 『老莊の思想と道敎』, 東京, 1942.

(金洛必 譯, 『老莊思想과 道敎』, 서울: 시인사, 1988.)

野口鐵郎編, 『講座 道敎第一巻 道敎の敎團と儀禮』, 雄山閣出版(東京), 2000.

________編, 『講座 道敎第三巻 道敎の生命論と身體論』, 雄山閣出版(東京), 2001.

李養正, 『當代道敎』 – 增補版 –, 東方出版社(北京), 2000.

秋月觀榮, "道敎史", 道敎 1, 東京, 1983.

許抗生, 『老子與道敎』, 北京新華出版社, 1991.

(노승현 옮김, 『노자철학과 도교』, 서울: 예문서원, 1995.)

Holmes Welch, *Taoism : The Parting of the Way*, Boston, 1965.

(윤찬원 옮김, 『老子와 道敎 – 道의 分岐』, 서울: 서광사, 1988.)

Ed. by Holmes Welch and Anna Seidel, *Facets of Taoism - Essays in Chinese Taoism*, Princeton, 1979.

Ying-shih, Yü, "Life and Immortality in the Mind of Han China", *Harvard Journal of Asiatic Studies*, Vol. 25, 1965; "'O Soul, ComeBack!' A Study in the Changing Conceptions of the Soul and Afterlife in Pre-Buddhist China"(*Harvard Journal of Asiatic Studies*, Vol. 47, No. 2, 1987.

(윤찬원 옮김, 『도교의 세계 – 철학, 과학, 그리고 종교』, 사회평론, 2001.)

제2부

영성과 신비

그리스도교 영성 안에서 베네딕도의 영적 가르침

허 성 석
신부, 성 베네딕도회 · 미국 사막 수도원

목차

1. 머리말

발표를 시작하기에 앞서 먼저 한국종교간대화학회(현 한국종교문화학회. 이하 '이 학회'로 칭함 — 편집자 주) 창립을 진심으로 축하드린다. 그리고 이 뜻 깊은 자리에 본인을 가톨릭 대표로 초대해준 주최측에 감사드리며, 여러 종교 관계자들과 이렇게 한 자리에서 서로의 종교전통과 영적 유산을 함께 나눌 수 있게 되어 영광스럽게 생각한다.

본인은 영성에 대해 소개해 달라는 요청을 받을 때마다 주저하게 된다. 첫째는 영성이란 개념이 너무 광범위하고 막연하게 느껴지기 때문이고, 둘째는 본인 자신이 아직 영성이 무엇인지 제대로 모른다고 생각하기 때문이다. 그래서 이번에 이 학회의 춘계 학술대회에 '베네딕도 성인의 영성'에 대해 주제 발표를 부탁받았을 때 역시 많이 망설이지 않을 수 없었다. 게다가 가톨릭교회 안에서의 단순한 특강이 아니라 교회 밖의 학술대회라는 성격 자체가 또 다른 부담으로 다가왔다. 종교간 대화 경험이 전무하고 또 학문연구에 매진하는 학자가 아닌 평범한 수행자인 본인에게는 이런 종교간 대화를 위한 학술모임 자체가 매우 낯설고 부담스럽게 느껴졌던 것도 사실이다. 하지만 이 학회의 창립 취지와 방향 그리고 이번 학술대회의 성격과 목적에 대한 설명을 듣고서 다소 용기를 얻게 되었다.

그래도 어려움이 남았다. 왜냐하면 본인이 부탁받은 주제는 그리스도교나 그리스도교 수도생활에 대한 전이해가 별로 없는 타종교인들에게는 너무 전문적인 것이 아닐까 하는 우려 때문이었다. 사실 본인이 소개하는 내용은 일반 가톨릭신자에게도 그리 친숙하지 않은 내용이다. 베네딕도 영성은 그리스도교 수도승 영성의 한 갈래이며, 수도승 영성은 또 그리스도교 영성의 한 흐름이다. 따라서 베네딕도 영성을 이해하려면 그리스도교 영성과 수도승 영성에 대한 전이해가 필요하다. 이처럼 베네딕도 영성은 매우 세분화된 내용이다. 여기에 바로 본인의 어려움이 있었다.

그래서 '그리스도교 영성 안에서 베네딕도의 영적 가르침'이란 주제로 바꾸어 먼저 제1장에서 '영성'이란 말마디의 그리스도교적 개념을 살펴보고 나서 제2장과 제3장에서 전이해를 돕고자 그리스도교 영성과 수도승 영성의 핵심을 소개한 후, 제4장에서 본격적으로 베네딕도 성인의 영성에 대해 살펴볼 것이다. 그리고 마지막으로 베네딕도 영성이 우리 시대에 기여할 수 있는 몇 가지 가능성을 제시해 보고자 한다. 아울러 본인이 여기 소개하는 내용이 베네딕도 영성, 더 나아가 그리스도교 영성 전체를 대변하지 않는다는 점을 미리 밝혀둔다.

2. 영성의 개념

영성의 사전적 의미는 "한 사람 또는 어느 단체의 믿음이 지닌 살아있는 표현"(전달수, p.6257)이다. 영성은 그 본성상 불가시적이며, 삶의 모든 행위 안에서 드러난다. 영성이란 말은 비교적 최근의 개념이다. 이에 상응하는 말이 그리스어 안에는 존재하지 않는다. 영성에 대한 오늘날의 개념은 그리스도교 삶과 수도생활 역사 안에서 후대에 생겨났다. 고대에는 '영성'이란 말이 존재하지 않았다. 초기 그리스도교 교부 문학과 수도승 문학은 주로 '내적 생활의 진보'에 관심을 갖는다. 유감스럽게도 오늘날 사용되는 '영성'이란 말은 항상 '내적 생활'을 가리키지는 않는다. 하지만 고대의 문헌들에는 '영적 생활'과 '내적 생활'이라는 문구가 나타난다. 고대인들은 신에 대한 경외, 유혹에 대한 저항, 세상에서 물러남, 자기 영혼 구제, 마음을 돌봄, 자기 자신에게 주의를 기울임, 자기 뜻의 포기 등과 같은 보다 세부적 측면들을 강조했다. 이러한 요소들이 내적 생활이나 영적 생활을 구성하는 내용이었다. 이런 다양한 측면을 모두 포괄하는 종합적인 개념을 찾기란 쉽지 않다. '영성'이란 말과 개념 역시 이 측면들을 모두 담기에는 한계를 지니고 있다. 여기에 바로 이 말이 뜻하는 내용을 명확히 밝히는데 있어 어려움이 있

다.(G. Rocca, p.1, 참조)

어원적으로 보면, '영성'이란 용어는 사도 바울로가 사용한 영(靈), 즉 그리스어 프네우마(πνευμα)의 라틴어 번역 스피리투스(spiritus)에서 유래했다.(전달수, p.6257, 참조) 이는 현대 용어에서는 통상적으로 다음과 같은 의미로 사용된다. 즉 물질적, 육체적 영역에 속하는 것과는 달리 인간의 '비물질적인 부분'에 관계된 것을 뜻한다. 신학적인 용어로 '영성'은 단순히 '신앙심'과 동일시된다. 따라서 신앙심의 형태가 다양하듯이 그에 따른 다양한 영성에 대해서 말할 수 있다. 또한 그리스도교 밖, 세계의 대종교들 안에서 역시 다양한 영성에 대해서 이야기 한다. 결국 영성의 개념에 대한 이런 모호한 해석은 '영성생활'을 그리스도교적으로 이해하는 데 있어 매우 부정적인 영향을 준다. 왜냐하면 실제로 완전히 다른 영역에 속해 있는 많은 것이 '영적인 것'으로 간주되기 때문이다. 그러나 우리가 성경과 특별히 교부들을 되돌아볼 경우, 이 말이 뜻하는 바가 즉시 분명해진다. 사실 성경과 교부들에게 있어 형용사 프네우마티코스(πνυματικός, spiritualis)는 한결같이 성령의 위격(位格)에 관계된 것이다. 따라서 '영적' 혹은 '영성적'이란 말은 언제나 성령으로부터 야기된 '성령의 충만'을 의미한다. (Gabriel Bunge, pp.27-28) 결국 그리스도교 안에서 '영성'이란 용어의 어원적·고대적 의미는 '**성령으로 충만한 영적 혹은 내적 생활**'로 알아들을 수 있을 것이다.

3. 그리스도교 영성

그러면 영적 또는 내적 생활에 대한 그리스도교의 전통적 가르침은 무엇인가? 내적 생활에 대한 그리스도교의 가르침을 살펴보자.

그리스도교는 2천 년 전 역사 안에 실존했던 예수라는 인물에게서 비롯된 종교이다. 예수의 죽음과 부활을 체험하면서 인간 예수가 바로 메시아, 그리스말로 크리스토스(Christos)였다는 자각에서 비롯되었다. 그리스도교와 유대교의 근본 차이점은 여기에 있다. 유대교는 예수가 자신들이 기다려 온 메시아임을 받아들이지 않는다. 그들은 메시아가 아직 오지 않았다고 믿는다. 반면 그리스도인은 역사의 예수를 그리스도로 받아들이고 그의 길을 따른다. 다시 말해 예수 삶을 본받고 그의 가르침을 실천한다. 그럼으로써 구원, 즉 절대자(신, 하느님)와의 일치를 추구한다.

가) 하느님을 향한 영적 여정

그리스도교의 궁극 목표는 하느님과의 일치이다. 이것은 달리 말해서 우리 인간이 죄로 인해 멀어졌던 하느님께 다시 되돌아가는 것이다. 우리 본향인 낙원으로 다시 되돌아가는 것이다. 이것이 바로 그리스도교에서 말하는 구원이다. 그리스도교 가르침에 의하면, 인간은 창조주 하느님의 모상(imago)과 유사성(similitudo)으로 창조되었다. 원죄 이전의 인간, 낙원에서의 인간은 하느님의 본성에 참여하는 이런 참된 인간 본성을 지닌 내적 인간이었다. 그러나 죄로 인해 창조주가 부여한 이 고귀한 인간 본성을 상실하고 외적 인간으로 전락했다. 따라서 외적 인간에서 내적 인간으로 변화되는 것이 인간의 과제이다. 이 변화의 전 과정을 그리스도교에서는 흔히 영적 여정으로 표현한다. 따라서 그리스도교 삶이란 하느님을 찾는 삶, 하느님께 되돌아가는 삶 그리고 하느님을 향한 영적 여정 등으로 이해할 수 있다.

위대한 그리스도교 신학자 오리게네스(Origenes, 185-254)에 의하면 참된 인간 본성은 하느님의 본성에 참여하는 본성이다. 내적 생활은 인간이 타락한 본성에서 자신의 참된 본성으로 돌아가는 여정이며 진보이다. 오리게네스에게 있어 내적 생활의 시작은 우리 안에 있는 하느님의 형상을 재발견하고 다시 회복하는 것이다.

나) 그리스도 중심의 내적 생활

영적 여정은 인간이 이러한 상황을 이해하고 자신 안에 있는 신적 형상을 회복하고자 노력할 때 시작된다. 하느님은 당신 형상에 따라 인간을 창조하였는데, 그 형상은 바로 예수 그리스도이다. 인간 안에 있는 하느님의 형상은 죄로 인해서 불투명해졌다. 따라서 내적 인간으로 변화되기 위해서는 하느님의 형상인 그리스도를 바라보고 관상할 필요가 있다. 특별히 성경 안에서 하느님의 형상, 곧 그리스도를 바라보는 것은 중요하다. 이처럼 이 여정의 한 복판에 그리스도가 있다. 그분은 말씀하시기를, "나는 길이요 진리요 생명이다. 나를 통하지 않고서는 아무도 아버지께 갈 수 없다."(요한 14:6)고 하셨다. 그는 하느님께 나아가는 가장 완전한 모범을 남겨주었다. 여기서 그리스도 추종(Sequela Christi) 혹은 그리스도 따름이 나온다. 그리스도인을 뜻하는 그리스어 '크리스토노스'(Christonos)는 '그리스도 추종자'를 나타낸다. 이처럼 그리스도인은 스승 예수 그리스도를 따르는 제자이다. 그는 스승의 발자취를 따른다.

결국 그리스도교의 영적 여정이란 곧 그리스도를 통해서 하느님께 나아가는 여정이라 하겠다. 이 여정은 내적 생활 또는 영적 생활을 뜻한다. 그러므로 **그리스도교 영성은 그리스도 중심의 내적(영적) 생활**이라 정의할 수 있을 것이다.

다) 내적 생활의 단계

내적 인간으로의 변형을 통해 절대자와의 일치를 추구하는 그리스도교 내적 생활은 그리스 철학사상, 특별히 플로티노스(Plotinos, 205-270년)를 중심으로 한 신 플라톤 사상(Neoplatomismus)에서 많은 영향을 받았다. 신 플라톤 사상의 우주론은 점진적 유출설(Emanatismus)이다. 거기에 따르면, 모든 것은 그 자체로 충만한 '하나'에서 흘러나와 다시 '하나'에로 되돌아간다. 즉 하나(一者, Hen)에서 정신(Nous)이 흘러나오고, '정신'에서 혼(魂 Psyche)이 나온다. 그리고 이 '혼'에서 물질(Hyle)이 나온다는 것이다(하강운동). '혼'은 물질에 붙들려 있기 때문에 죄를 짓고 악을 저지르게 된다. 따라서 '혼'은 '물질'(육체)을 벗어나 다시

'하나'와 일치되어야 한다. 여기서 다시 상승운동이 전개되는데, '혼'은 세 단계의 여정을 통해서 '하나'에게 되돌아갈 수 있다. 즉 '물질'에서의 해방을 통한 정화(淨化 purificatio)의 단계, '정신'에서 '조명'을 받아 '정신'의 단계로 올라서는 조명(照明 illuminatio)의 단계, 끝으로 '정신'이 '하나'와 합일을 이루는 일치(一致 unio)의 단계이다. 이런 플로티노스 사상은 후대, 특히 중세 그리스도교 영성신학에 확고한 틀을 제시해 주었다.(정달용, pp.51-54, 참조)

5-6세기경 위(僞)디오니시우스(Pseudo-Dionisius)는 플로티누스의 신비사상을 그리스도교적 의미로 바꾸었다. 위 디오니시우스 신비신학 안에서 많은 부분을 차지하는 정화(kàtharsis), 조명(photismòs), 완전(teleiosis)이란 용어들은 그가 최초로 내적 생활을 이 연속적인 세 단계 혹은 세 가지 길로 구분했다는 생각을 낳게 되었다.(Piero Crespi e Gian Franco Poli, p.80 참조) 이후 그리스도교 안에서 내적 생활에 대한 세 단계의 구분, 즉 '정화의 단계', '조명의 단계' 그리고 '일치의 단계'는 고전적 가르침이 되었다.

라) 내적 생활의 두 차원

그리스도교 내적 생활은 두 차원을 지니고 있다. 달리 말하면 하느님과의 일치를 추구하는 인간의 상승운동, 영적 여정은 크게 금욕적 차원과 관상적(신비적) 차원이라는 두 차원을 갖는다. 전자는 하느님과의 일치에 방해되는 모든 것에서 자유로워지는 것이다. 이것은 일종의 전투이며, 자기 정화로 이끄는 일종의 투쟁이다. 이 싸움은 무엇보다 우리 내면에서 일어난다. 끊임없이 우리를 공격하는 욕정(phathos)들 혹은 악한 생각들(loghismoi)과의 내적 투쟁이다. 이것을 수행생활(bios praktikos)(이것은 수덕생활, 금욕생활, 활동생활과 같은 의미이다)이라 한다. 이 생활은 자신과의 부단한 내적 투쟁을 통해 순수한 마음(puritas cordis) 혹은 아파테이아(aphatheia)(그리스어 '아파테이아'(aphatheia)는 말 그대로는 '욕정의 不在'를 뜻한다. 이것은 우리를 괴롭히는 온갖 욕정(phathos)에서 해방되어 더 이상 동요됨이 없는 내적 평정 상태 혹은 평상심의 상태라 할 수 있다)에 도달하는 것을 목표로 한다. 후자는 순수한 기도를 통해 하느님과의 일치를 목표로 하는 관상생활(bios theoretikos)을 뜻한다. 순수한 기도는 영혼이 수행을 통해 정화되었을 때 비로소 가능하다.

에바그리우스 폰티쿠스(Evagrius Ponticus, 345-399)(4세기 이집트 켈리아(Kellia)의 수도승으로서 위대한 신비가이자 탁월한 신학자였던 에바그리우스는 그리스도교 수도승생활의 전성기였던 4세기에 동방 수도승 영성을 학문적으로 체계화시키고 심화시켰다. 영성생활에 관한 그의 가르침은 수도승 전통 안에 튼튼하고 비옥한 토대를 마련하였으며, 이후 그리스도교 영성 발전에도 지대한 공헌을 했다. 에바그리우스 저, 허성석 역주, 참조)는 내적 생활을 프락티케(praktiké, 수행)와 그노스티케(gnostiké, 관상, 영지)로 구분하고 있다. 에바그리우스에게 있어, '그노스티케'는 '프락티케'를 통해서 가능하다. 따라서 내적 생활은 '프락티케'를 통해서 '그노스티케'로 나아가는 과정이라고 할 수 있다. 달리 말하면, 수행을 통해 관상으로 나아가는 과정인 것이다. 이러한 견해는 수도승 전통 안에서 하나의 고전적인 가르침을 이루고 있다. 따라서 금욕과 관상은 내적 생활의 두 요소로 떼려야 뗄 수 없는 불가분의 관계에 있다.

결국 그리스도교 내적 생활은 자기 자신과의 내적 투쟁이라는 금욕적 수행을 통해 정화되어 순수하고 끊임없는 기도를 통해 절대자와의 관상적 일치로 나아가는 영적 여정이라 할 수 있다. 하느님을 향한 이 여정은 그리스도 안에서 성령의 인도로 이루어진다. 이것이 바로 그리스도교 영성의 핵심이라 할 수 있다. 이런 점에서 그리스도교 영성은 하나(一性)이다. 하지만 역사 안에는 내적 생활을 통해 절대자와의 일치로 나아갔던 많은 사람이 있다. 그들은 부르심(聖召)에 따라 각자 나름대로의 길을 걸어갔고 그 길들은 고유한 영성의 흐름을 형성했다. 그래서 그리스도교 영성은 유일하면서 동시에 다양하다(多性)고 할 수 있다. 실제 그리스도교 영성 안에는 수도승 영성, 사제 영성, 평신도 영성, 베네딕도 영성, 프란치스코 영성 등 다양한 영성이 존재한다. 이제 그 하나인 수도승 영성에 대해 살펴보자.

4. 수도승 영성

그리스도교 안에서 '수도승'(monachus)이라 할 때, 이 말은 '수도자'(religiosus)란 용어와는 약간 다른 전통과 내용을 담고 있다. '수도승'이란 초기 그리스도교 수도생활 전통, 더 정확히 말하면 4세기 사막의 은수자들이나 독수도자들의 수도 전통을 따르는 수도회들에 속한 수도자를 지칭하는 용어이다. 예컨대 베네딕도회 계통의 수도회들, 시토회, 트라피스트회 등에 속한 수도자들을 가리킨다. 반면 '수도자'(religiosus)란 말은 '수도승'까지 담고 있는 보다 포괄적이고 일반적인 개념이지만, '수도승'과 구분하여 주로 13세기 이후에 생겨난 새로운 형태의 수도회들에 속한 수도자를 총칭하는 용어이다.(허성석, pp.12-13, 참조)

가톨릭교회 안에서 수도승을 다른 수도자와 구별하는 것은 수도원 제도나 규율의 문제가 아니다. 이러한 것들은 일반적 형태의 수도생활 안에서도 발견되기 때문이다. 차이점은 오히려 수도승생활이 어떤 이차적인 목적을 가지고 있지 않는 수도생활의 한 형태라는 사실에 있다. 전통은 단지 고행과 기도의 생활을 통해서만 도달될 수 있는 이상인 '하느님 찾음'(Quaerere Deum) 외에 수도승생활에 다른 어떤 목적도 부여하지 않는다.

그리스도교 수도승들이 하느님과의 일치를 추구했던 내적 생활에서 공통적으로 부각되는 다음 세 가지 요소가 있다.

가) 세상에서 물러남

하느님만을 찾는 것을 목적으로 하는 수도승생활은 먼저 '세상에서 물러남'(fuga mundi) 혹은 '세상에서의 분리'를 통해 근본적이고 구체적으로 표현된다. 세상에서 물러날 때 비로소 하느님께 대한 전적인 투신이 가능하기 때문이다. 따라서 '세상에서 물러남'은 수도승 영성의 첫 번째 특징을 이룬다. 다양한 형태의 그리스도교 수도승생활은 자신을 다른 사람에게서 갈라놓고 세상에서 분리시키는 경향을 띠고 있다. 이 고립은 종종 울타리와 제한된 봉쇄로 표현되기도 하지만 흔히 마음의 봉쇄가 더 강조된다. 세상에서의 분리는 착복과 삭발을 통해 외적으로 드러나게 된다.

나) 기도의 우위성

수도승 영성의 두 번째 특징은 기도에 우선권이 주어진다는 점이다. 기도는 하느님과 일치하고 늘 그분의 현존 안에 머물기 위한 수단으로써 초기 수도승들의 전 삶은 기도에 중심이 놓였고, 그들이 생계를 위해 하던 노동도 기도의 연장(延長)이었다. 원래 수도승생활 안에서 공동기도는 영혼이 하느님께 나아가도록 도와주는 규율의 하나였다. 그러다 19세기 이래 수도승생활 안에서 보다 중요한 위치를 차지해 왔고, 그 결과 오늘날에는 수도승 영성의 두드러진 특징으로 간주된다.

다) 고행

수도승 영성의 세 번째 특징은 고행에 있다. 수도승들의 고행의 이유는 육신과 세상을 거부하는 그리스 이원론의 영향 때문이 아니라, 그것을 하느님과의 일치를 위해 필수불가결한 수단이라고 간주했기 때문이다. 육신의 무질서하고 헛된 욕망에 대한 자기 통제나 자기 절제 없이 하느님과 일치에 이르기는 힘들다. 수도승생활 안에서 고행은 그 자체에 목적이 있지 않고 하느님께 나아가기 위한 중요한 수단이었다.

결국 수도승생활은 하느님만을 찾고자 하는 갈망으로 세상을 떠나 기도와 고행의 생활을 통해 하느님과의 일치에 이르는 것을 목표로 하는 생활이다. 그래서 '세상에서 물러남', '기도의 우위성' 그리고 '고행'은 수도승 영성의 세 가지 중요한 요소가 된다.(같은 책, pp.74-75, 참조)

5. 베네딕도 영성

베네딕도 영성이란 영적 혹은 내적 생활에 대한 베네딕도의 이상과 거기에 도달하기 위한 구체적인 방법을 말하는 것이다. 다시 말해 베네딕도 성인의 영적 가르침을 뜻한다. 그러나 성 베네딕도 자신은 어떤 특별한 영성을 새로이 제시하지 않았다. 그는 단지 수도승 영성의 대변자였을 뿐이다. 따라서 베네딕도회 영성은 수도승 영성 전통에 깊이 뿌리를 두고 있다.(Placid Spearritt, p.156; J. Leclercq, p.285, 참조) 그럼에도 불구하고 베네딕도 자신이 제시하는 고유한 요소들이 있다. 이것들은 가히 베네딕도회 고유의 영성이라고 부를 만하다.

베네딕도의 영적 가르침을 알아보기 전에 먼저 베네딕도란 인물과 그가 저술한 규칙서를 간략히 살펴보자. 하지만 서방 수도승들의 사부 성 베네딕도와 그의 영적 가르침을 알기 위하여 우리가 접할 수 있는 원천은 극히 제한되어 있다. 자료라고 해봤자, 6세기경에 나온 교황 그레고리우스 1세가 저술한 『대화집』 제2권과 베네딕도 성인 자신이 저술한 『베네딕도 규칙서』(Regula Benedicti: 이후 RB)가 전부이다. 이 두 가지가 베네딕도 성인에 관한 직접적 원천이라 할 수 있다.

가) 베네딕도의 생애

『대화집』은 교황 그레고리우스 1세가 593~594년에 이탈리아 성인들에 관해 쓴 작품이다. 교황은 베네딕도 성인에게 『대화집』 제2권 전체를 할애하고 있다. 『대화집』 제2권은 성 베네딕도에 관한 최초의 증언이며, 오랫동안 유일한 증언이었다. 당시까지 베네딕도에 관해 언급한 사람은 아무도 없었다.

『대화집』에 따르면, 베네딕도는 480년경 이탈리아 노르치아(Norcia)의 한 부유한 가문에서 출생했다고 전해진다. 학업을 위해 유모와 함께 로마로 유학 보내졌던 베네딕도는 곧 환락과 퇴폐가 만연했던 로마생활에 염증을 느껴 로마를 떠난다. 그는 로마에서 멀지 않은 엔피데(Enfide)

라는 작은 산골 마을로 간다. 거기서 기적을 행한 후 사람들을 피해 보다 고독한 삶을 살려고 수비아코(Subiaco) 계곡의 천연 동굴 사크로 스페코(Sacro Speco, 거룩한 동굴)에 은거하여 철저한 고독 속에 3년간 은수생활을 하게 되고, 거기서 하느님과의 일치를 체험한다. 그러다 사람들에게 발견되고 인근의 비코바로(Vicovaro)라는 수도공동체의 원장이 되어 수도생활의 개혁을 시도한다. 그러자 수도승들의 반대에 부딪혀 다시 수비아코 계곡으로 돌아와 각각 12명으로 구성된 12개의 작은 수도공동체를 설립한다. 그 후 인근 성당의 본당신부의 시기심으로 인해 또 한 번 곤경에 처하게 된다. 심각한 반대와 불행을 극복한 베네딕도는 수비아코를 떠나 다시 몬테카시노(Montecassino, 카시노 산)로 간다. 이 산 위에 수도원을 세워 본격적으로 공동체를 지도한다. 여기서 생애 말기에 몬테카시노 수도공동체를 위해 규칙서를 하나 저술한다. 이것이 바로 『베네딕도 규칙서』이다. 베네딕도는 547년경 사망한다.

이상이 그레고리우스 교황의 『대화집』 제2권에서 간략히 발췌한 내용이다. 대화집의 문학적 장르는 성인전기이다. 여기서 베네딕도 성인은 비범한 인물로 묘사되고 있다. 『대화집』안에서 베네딕도는 처음부터 영적으로 성숙된 한 사람으로 제시된다. 성인의 그러한 성숙은 세 가지 유혹(교만, 음욕, 분노)의 극복에서 온다. 베네딕도는 규칙서와 더불어 역사 안으로 들어왔고, 『대화집』을 통해 경배의 대상이 되었다고 말할 수 있다. 만일 그레고리우스 1세 교황이 아니었더라면 베네딕도는 영원히 역사 속에 파묻혔을 것이다. 아마도 그 자신은 이것을 더 원하였을지 모르겠다. 왜냐하면 그는 철저하게 자신을 감추었기 때문이다.

나) 베네딕도 규칙

그레고리우스 1세는 『대화집』 제2권에서 베네딕도가 하나의 규칙서를 썼다고 말하고 있다. 그는 하느님의 사람 베네딕도가 "수도승들을 위한 규칙서를 탁월한 분별력(discretione praecipuam)과 명쾌한 문체(sermone luculentam)로 저술하였다."(『대화집』 II, 36, 이형우 역주

(1999), p.233)고 말하고 있다. 일반적으로 『베네딕도의 규칙서』에 부여되어 온 특성은 분별력과 중용이라 할 수 있다. 베네딕도는 분별력(discretio)을 "덕행의 어머니"(RB 64:19)라 부르는데, 이 분별력은 지나침이나 소홀함이 없는 중용을 뜻한다.

베네딕도는 이러한 분별력과 중용으로 단지 그에 앞선 동·서방 수도승생활 안에 이미 확립된 수행을 따랐을 뿐이다. "그는 다른 모든 초기 수도승 저술가들과 같이 자신의 규칙서를 보다 넓은 수도승 전통에 종속하는 하나의 문서로서, 그리고 그 전통으로 들어가는 하나의 수단으로 간주했다."(Placid Spearritt, p.151) 베네딕도는 초기 수도승 전통으로부터 다양한 영적 가르침을 받아들여 자신의 체험을 바탕으로 그것들을 나름대로 적용했다. 따라서 규칙서 안에는 동·서방의 다양한 원천들이 혼합되어 있다. 베네딕도는 이 원천들로부터 규칙서의 구조와 영성을 위한 어떤 중요한 요소들을 끌어내고 있다.

서방에서 『베네딕도 규칙서』의 확산은 매우 더디었다. 6세기에는 이미 다른 규칙서들이 존재했으며, 실제로 9세기까지 『베네딕도 규칙서』는 단지 다른 여러 규칙서 가운데 하나에 불과했다. "서방에서 『베네딕도 규칙서』가 다른 모든 수도승 규칙서를 능가하게 된 데는 어느 정도 그 고유한 탁월성에 기인함은 의심의 여지가 없다."(같은 책, p.156) 그러나 그 과정에서 『베네딕도 규칙서』 확산의 결정적인 계기가 된 것은 9세기 초, 아니아네의 베네딕도(Benedict of Aniane, +821)에 의해서이다. 그는 루드빅(Ludwig Pius)(샤를르 마뉴 대제의 아들로서 아니아네의 베네딕도의 수도승생활 개혁운동에 결정적인 역할을 하였다) 황제의 전폭적인 지원 하에 프랑크 제국 내의 모든 수도원에 『베네딕도 규칙서』를 채택하여 따를 것을 의무로 부과했다. 이렇게 하여 『베네딕도 규칙서』는 점차 서방 수도생활을 지배해 나갔다. 『베네딕도 규칙서』는 12세기 말까지 서방 그리스도교 문화를 형성하는 데 크게 기여했다. 19세기와 20세기 전반부에 『베네딕도 규칙서』는 가톨릭 전례부흥에 지대한 영향을 미쳤고, 오늘날에도 역시 교부적 형태를 띤 가톨릭 문화의 부흥에 공헌하고 있다.(J. Leclercq, pp.286-288, 참조) 이처럼 『베네딕도 규칙서』는 아주 오래된 특정한 공동체를 위해서 쓰여졌지만, 그것의 복음적 신앙과 인간적 지혜는 그렇듯 심오하여 세기를 통하여 수많은 그리스도인을 양육시켜왔다.(Terrence G. Kardong, pp.90-91 참조)

다) 수도승 생활의 이상

베네딕도가 제시하는 수도승생활의 이상은 무엇인가? 여기서 우리는 베네딕도가 수도승생활의 목적과 그것을 이루기 위한 방법을 어떻게 제시하고 있는지 살펴봄으로써 베네딕도 영성에 대한 대략적인 윤곽을 그려보고자 한다.

(1) 목적

베네딕도에게 있어 수도승생활은 일차적으로 '하느님을 찾는 삶', 혹은 '하느님께 되돌아가는 삶' 외에 그 무엇도 아니다. 따라서 그 근본목적은 '하느님 찾음'(Quaerere Deum)에 있다. 즉 하느님을 찾는 삶 자체를 목적으로 한다. 베네딕도는 규칙서 머리말은 이렇게 시작하고 있다.

> 들어라, 오 아들아. 네 마음의 귀를 기울여 스승의 계명을 경청하고 어진 아버지의 권고를 기꺼이 받아들여 그것을 충실히 실행하여라. 이는 불순종의 나태로 멀어졌던 그분께 순종의 노고로 되돌아가기 위함이다.(RB 머리말 1-2)

이 짧은 구절 안에 영적 여정의 기본 구조가 제시되고 있다. 인간이 하느님에게서 멀어진 것은 바로 불순종으로 인해서였다. 그래서 순종을 무기로 하여 하느님께 되돌아가야 한다. 순종(oboedientia)은 듣는 것(audire)으로 시작해서 들은 말씀을 실천하는 것으로 완성된다. 결국 무딘 마음을 열고 하느님 말씀을 경청하고 그 말씀을 실천함으로써 하느님께 되돌아가야 한다.

베네딕도에게 있어 '하느님을 찾는 일'은 특별히 강조된다. 그는 수련자가 참으로 하느님을 찾는지의 여부를 성소분별의 기준으로 삼았다. (참조: RB 58,7.) 이는 또한 수도승생활의 본질이기도 하다. 결국 베네딕도회 삶의 일차적 목적은 복음 성경의 인도 하에 그리스도의 길을 따르며 하느님을 찾는 것이라 할 수 있겠다. 그러면 어떻게 하느님을 찾는가? 이제 베네딕도가 제시하는 그 구체적인 방법을 살펴보자.

(2) 방법

베네딕도는 규칙서 제1장에서 수도승의 종류에 대해 언급하면서 회(會)수도승들을 다음과 같이 정의하고 있다:

> **이들은 <u>규칙</u>과 <u>아빠스</u> 아래 분투하며 <u>수도원 안에서</u> 생활한다.**(RB 1,2)

이 짧은 정의에서 성인이 제시하는 회수도승생활의 근본 요소들이 나타난다. 즉 공동체(monasteriale), 규칙(Regula), 아빠스(abbas)이다. 이 세 가지 외에 '순종'과 '수행' 등을 추가할 수 있을 것이다. 왜냐하면 '밑에서'(sub)라는 부사는 바로 '순종'을 뜻하고, 또 '분투하다'(militare)라는 라틴어 동사는 '수행'을 암시하기 때문이다.(허성석, p.71, 참조)

① 공동체

베네딕도회 생활은 세상을 떠나 홀로 하느님을 찾는 독수도생활(vita anachoretica)이나 은수생활(vita eremitica)이 아닌 한 수도원에서 규칙과 아빠스 아래 함께 하느님을 찾는 회수도생활(vita coenobitica)이다. 이런 의미에서 베네딕도 영성은 일차적으로 공동체 영성이라 할 수 있다.

수도원은 수도승들이 함께 하느님을 찾아나가는 구체적인 장소이자 동시에 형제들의 공동체이다. 따라서 수도원 안에서 산다는 것은 구체적인 한 장소에 정주하여 다른 형제들과 함께 공동체 생활을 한다는 것을 뜻한다. 『베네딕도 규칙서』는 공동체 생활을 규정하는 문서이다. 따라서 베네딕도는 규칙서의 여러 곳에서 공동체의 중요성을 강조하고 있다.(RB 3,1; 28,8; 33,6; 34,5; 58,23.25; 61,7; 62,6; 64,1; 65,11; 71,1; 72,4-8.12 참조) 특히 '수도승들이 가져야 할 좋은 열정에 대하여' 말하고 있는 규칙서 제72장에는 공동체 생활을 위한 주옥같은 가르침이 담겨져 있다. 이 장은 공동체 생활을 위한 하나의 지침과도 같으며, 베네딕도 영성의 절정이라 할 수 있다. 베네딕도회 삶 안에서 '공동체'는 '아빠스'와 '규칙'과 더불어 세 가지 핵심 요소 중 하나이다. 베네딕도회 수도자들이 하는 세 가지 서약 가운데 하나인 정주(定住, stabilitas)(RB 4,78; 58,9; 58,17; 60,9; 61,5 참조)는 바로 수도원 안에서 살겠다는, 다시 말해 공동체 안에서 함께 하느님을 찾아나가겠다는 약속인 것이다.

② 규칙

다른 이들과 함께 하느님을 찾아나가는 공동생활에 있어 규칙과 아빠스에 대한 순종은 없어서는 안 될 필수불가결한 요소이다. 규칙서는 복음 성경의 가르침을 구체적으로 실천하도록 도와주는 삶의 지침이기 때문이다.(허성석, pp.71-72 참조) 베네딕도는 규칙에 대해 이렇게 정의하고 있다. "규칙이란 순종하는 이들의 삶을 규정하기 때문에 생긴 말이다."(RB 머리말 이후 RB 1장 시작 전 문구) 이 정의에서 잘 나타나 있듯이 규칙은 우리의 행위를 이끄는 길잡이이며, 함께 사는 공동체 생활을 위한 지침과도 같다. 만일 규칙이 없다면 삶은 무질서해지고 또 공동체 생활도 제대로 이루어질 수 없을 것이다.

규칙은 공동체 안에서 모든 이가 준수해야 한다. 여기에는 누구도 예외가 없다. 아빠스 역시 규칙에 종속된다.(RB 1,2; 3,7; 3,11; 64,20 참조) 베네딕도는 특히 형제들의 의견을 듣는 문제에 대해서 이야기하고 있는 규칙서 제3장에서 모든 이가 규칙을 따라야 함을 강조하고 있다.(RB 3,7: "모든 이는 모든 일에 있어 규칙을 스승과 같이 따를 것이며, 아무도 이것을 경솔하게 위반하지 말 것이다.") 하지만 규칙은 단순히 수도승의 일거수일투족을 제한하고 의무지우는 건조한 법규들의 모음집이 아니다. 그것은 무엇보다 하느님을 향한 수도승의 영적 여정을 안내하는 길잡이로서 풍부한 영적 가르침으로 가득 차 있다. 규칙은 결코 우리를 옥죄는 하나의 차꼬가 아니라 우리를 자유롭게 하는 수단인 것이다. 규칙 자체에 목적이 있지도 않고 또 거기에 어떤 절대적인 가치가 있는 것도 아니다. 그것은 단지 우리로 하여금 사랑의 완성에로 나아가도록 도와주는 수단일 뿐이다. 수도승이 걷는 이 여정의 시초에는 규칙이 절대적으로 필요하지만, 종국에는 규칙은 사라지고 사랑만이 남게 된다. 베네딕도의 영적 가르침의 백미(白眉), 곧 영성의 절정이라 할 수 있는 규칙서 제72장에서는 더 이상 규칙이 아닌, 사랑에 대해서만 언급되고 있는 사실은 바로 이 점을 잘 말해주고 있다.

③ 아빠스(Abbas)

성 베네딕도에게 있어 아빠스는 수도승생활을 구성하는 또 다른 핵심 요소로서 회수도승생활 구조의 중심축과도 같다.(G. Penco, p.88 참조) 아빠스는 수도원 안에서 그리스도를 대리한다. 그러나 그는 그리스도가 아니다. 그도 역시 다른 형제들과 같이 그리스도의 양무리에 속해 있다. 목자인 그는 자신의 양떼가 아닌 그리스도의 양떼인 공동체를 그분께로 인도하는 일개 종일뿐이다. 이 점이 매우 특징적이다. 베네딕도에게 있어 아빠스와 수도승의 관계는 사막의 스승과 제자의 수직적 관계를 뛰어 넘어 수평적 관계에로까지 나아간다.

아빠스는 수도 공동체를 돌보고 대표하는 한 단체의 실질적인 으뜸이지만, 그는 무엇보다도 영적 스승이다. 아빠스는 그 이름이 가리키는 바와 같이 '아버지'이며, 이 영적 부성(父性)은 그의 가르침 안에서 입증된다. 그는 자기에게 맡겨진 수도승들을 완덕(完德)에 나아가도록 양성해야 한다. 이처럼 아빠스는 이중적인 면을 지니고 있다. 일차적으로 영적 스승이며 동시에 한 단체를 다스리는 법적 권한을 부여받은 책임자이다.

하지만 베네딕도는 아빠스의 일차적 임무가 무엇보다도 영적인데 있음을 강조하고 있다. 아빠스는 "지나가고 사라질 지상 사물에 너무 신경을 씀으로써 자기에게 맡겨진 영혼들의 구원문제를 소홀히 하거나 가볍게 다뤄서는 안 되고"(RB 2,33), "재산의 부족을 핑계 삼아 변명하지 말아야"(RB 2,34)한다. 이처럼 베네딕도회 수도승생활 안에서 아빠스는 단순히 한 단체를 대표하고 돌보는 관리자나 행정가가 아니다. 그는 형제들의 영적 문제를 우선적으로 돌봐야 하는 영적 스승이다.

공동체를 지도하는 데 있어 아빠스는 스승과 의사로서의 엄격함과 동시에 아버지와 목자로서의 유순함을 드러내야 한다.(RB 64,19 참조) 또한 그는 말과 행동이라는 두 가지 가르침으로 제자들을 지도해야 한다. 그러나 말보다는 몸소 행동으로써 가르치도록 권고되고 있다.(RB 2,1.11.13; 64,20 참조) 베네딕도가 제시하는 아빠스의 가장 중요한 자질 가운데 하나는 분별력(discretio)이다. 그는 분별력을 '덕행의 어머니'라 하고 있다. 아빠스는 분별력에 따라 이 사람에게는 이렇게 또 저 사람에게는 저렇게 가르치라고 권고하고 있다. 이는 사람들을 가르치는 데 있어 병에 따라 약을 처방하는 응병여약(應病與藥)의 지혜로움이 아닐 수 없다. 아빠스의 이런 유연한 처신은 사람들을 대하는 데 있어 사람을 차별하라는 말이 결코 아니다. 오히려 형제들 한 사람 한 사람에 대한 세심한 관심과 배려를 기울이라는 말로 알아들어야 할 것이다.

형제들에 대한 아빠스의 태도에 있어 무엇보다도 '듣는 자세'가 중요하다. 아빠스는 가르치고 명령하는 장상이기에 앞서 먼저 형제들의 말을 잘 듣는 사람이어야 한다. 베네딕도는 규칙서 제3장에서 아빠스가 형제들의 의견을 들어야 한다고 강조하고 있다. 더 나아가 그는 젊은 형제들의 의견 역시 귀 기울여 듣도록 권고하면서 그 이유를 이렇게 말하고 있다. "주님은 자주 더 어린 사람에게 더 좋은 것을 드러내주시기 때문이다."(RB 3,3) 장상도 형제들의 말을 잘 들어야 한다는 이러한 쌍방통행식 관계는 바로 베네딕도의 특징이라 하겠다.

④ 순종

순종은 베네딕도 영성의 본질을 이룰 만큼 규칙서 안에서 특별한 위치를 차지하고 있다. 규칙서는 순종으로 시작해서 순종으로 끝나고 있다.(RB 머리말 2; RB 73,6 참조) 베네딕도에게 있어 회수도승은 순종하는 자이다. 그는 수도승을 "가장 강하고 훌륭한 순종의 무기를 잡는 자",(RB 머리말 3) 혹은 '순종하는 사람'으로 규정하고 있다. 수도승은 자기 몸과 뜻에 대해서조차도 마음대로 하지 못하고 허락 받아야 한다.(RB 33,4; 58,25 참조)

순종은 그리스도를 대리하는 장상이나 다른 사람의 뜻을 수행하기 위하여 자기 뜻을 포기함을 의미한다. 규칙서 안에 나타난 순종은 크게 두 가지 차원을 지니고 있다. 첫째는 수직적인 차원으로서 이는 장상에 대한 순종이다. 규칙서 제5장은 주로 이에 대해 이야기하고 있다. 둘째는 순종의 수평적인 차원이다. 이는 형제들 상호간의 순종으로 규칙서 제71장에서 다루어진다.

제5장에 따르면 장상에 대한 순종의 근거는 하느님께 대한 순종에 있다(RB 5,15 참조) 이는 장상을 그리스도의 대리자로 간주하기 때문이다. 따라서 그를 통해 하느님께서 말씀하신다고 믿는다. 따라서 장상에 대한 순종을 단순히 한 인간에 대한 순종으로 생각해서는 안 되며, 그를 그리스도의 대리자로 간주하여 그리스도께 순종한다고 생각할 때 참된 순종이 될 수 있다. 이처럼 순종의 동기는 그리스도이다. 순종은 '그리스도께' 그리고 성부께 순종하신 '그리스도처럼'하는 것이다. 이것이 바로 베네딕도가 가르치는 순종의 토대이다.

베네딕도는 또한 하느님께서 장상을 통해서 뿐만 아니라, 어떤 형제를 통해서도 우리에게 말씀하신다는 사실을 상기시켜준다. 따라서 형제들은 서로 순종해야 하며 그럼으로써 하느님께 나아가게 된다(RB 71,1 참조). 장상에 대한 순종(수직적인 차원)과 마찬가지로 형제들 상호간의 순종(수평적인 차원) 없이 공동생활은 불가능하다. 순종하는 사람들만이 공동체에서 생활할 수 있다. 이처럼 순종은 공동체 생활과 연결된다(수평적 차원).

㉮ 들음

머리말 2절에서 베네딕도는 순종을 하느님께 다시 되돌아가기 위한 가장 중요한 수단으로 제시하고 있다. '순종'(oboedientia)은 누구의 말을 듣고 실천하는 것이다. '순종'이란 말마디 자체가 '듣다'(ob-audire)라는 라틴어 동사와 매우 근접한 오배디레(*oboedire*)에서 유래하였다는 사실만 봐도 이를 잘 알 수 있다. 따라서 순종은 '들음'으로 시작하여 들은 바를 '실천'하는 것으로 완성된다. 듣는 것은 매우 중요하다. 이는 베네딕도가 규칙서 머리말 첫 마디를 '들어라'(Obsculta)라는 명령어로 시작하는 이유이기도 하다. 베네딕도는 처음부터 '들음'을 강조하고 있다.

'들음'은 말 잘하는 우리 시대에 더욱 절실히 요청되는 덕목이라 여겨진다. 말 잘하는 사람은 많은데 남의 말을 귀 기울여 경청할 줄 아는 사람은 별로 보이지 않는다. '들음'은 대화의 전제조건이자 하느님과 또 형제 상호간에 올바른 관계 형성을 위한 기본 요소이다. 특별히 오늘날 한 단체나 공동체의 지도자는 권위주의 시대에나 걸맞은 일방통행식으로 지시하는 사람이 아니라, 구성원들의 다양한 소리를 귀 기울여 듣고 그것을 잘 수렴할 줄 아는 사람이어야 한다. 이런 점에서 이미 천 오백 년 전에 아빠스에게 형제들의 의견을 들으라고 하는, 심지어 젊은이들의 의견조차 경청하라고 하는 베네딕도 성인의 가르침은 가히 선구자적이라 할 것이다.

㉯ 침묵

듣기 위해서는 먼저 침묵이 전제된다. 베네딕도는 침묵에 대해, 규칙서 제6장에서 이렇게 말하고 있다. "말하는 것과 가르치는 것은 스승에게 속하고 침묵하는 것과 듣는 것은 제자에게 적합하다."(RB 6,6) 따라서 수도승은 제자이기 때문에 말하기보다는 듣기를 더 원해야 한다. 먼저 침묵하여 남의 말을 경청하려는 자세 없이 형제의 말을, 더 나아가 하느님의 말씀을 들을 수 없다. 이런 의미에서 침묵은 순종의 전제조건이라 할 수 있겠다. 그러나 참된 침묵은 단순히 말을 하지 않는 것이 아니라 말할 때와 말하지 않을 때를 아는 것이다. 더 나아가 그것은 하느님께 대한 사랑으로 그분의 평화 속에 머무는 것이다.

수도승에게 있어 침묵의 가장 중요한 의미는 '들음'이다. 침묵은 무엇보다도 먼저 하느님 말씀을 경청하기 위하여 잠시 다른 사람들과의 대화를 멈추는 것이다. 하느님 사랑의 메시지를 경청하면서 함께 침묵 중에 있는 것은 공동체 구성원들을 일치시킬 수 있으며, 어떠한 대화보다도 더 중요하고 유익한 형태의 통교일 수 있다.(Basil Pennington, pp.668-669 참조)

㉰ 겸손

남의 말을 잘 듣고 실천한다는 것은 겸손하지 않으면 도저히 불가능하다. 베네딕도는 겸손의 첫째 단계를 "지체 없는 순종"(RB 5,1)이라 하고 있다. 겸손은 순종의 바탕이다. 규칙서 제7장의 겸손에 대한 가르침은 베네딕도 영성의 토대와도 같다. 이 장에서 베네딕도는 겸손을 예수의 다음 말씀에 바탕을 두고 있다. "누구든지 자기를 높이는 이는 낮아지고, 자신을 낮추는 이는 높아질 것이다."(루카 14,11)

베네딕도가 규칙서 머리말 서두에서 제시하듯이 우리를 하느님에게서 멀어지게 한 가장 고질적인 악습은 교만이다. 이것을 대적할 수 있는 무기가 바로 겸손이다. 겸손은 모든 덕의 정점이며, 우리를 다시 하느님께로 되돌아가게 해주는 유일한 수단인 것이다. 겸손은 인간 성숙의 표지이기도 하며, 특히 4세기 사막 교부들에게 있어서 가장 중요한 덕목이었다.

⑤ 수행

'군복무하다'라는 뜻의 라틴어 동사 '밀리타레'(militare)에서 파생한 '밀리탄스'(militans)란 형용사는 '군 복무하는', '분투하는', '싸우는' 등으로 번역될 수 있다. 그러면 규칙과 아빠스 밑에서 무엇을 분투노력한다는 말인가? 우리는 규칙서 안에서 여러 다양한 요소를 발견할 수 있겠지만 여기서는 베네딕도회 삶을 구성하는 세 가지 핵심적 요소를 보고자 한다.

㉮ 하느님의 일(Opus Dei)

수도승의 주된 임무는 '하느님 찾음'이며, 이는 하느님의 일(公同祈禱) 안에서 가장 잘 표현된다. 베네딕도는 규칙서 머리말과 제1~7장까지 수도승생활을 위한 영적인 토대를 놓은 다음, 제8~20장과 제50~51장에서 '하느님의 일'에 관해 자세히 규정하고 있다. 베네딕도가 '하느님의 일'이라고 부르는 공동기도는 베네딕도회 삶 안에서 매우 중요한 위치를 차지한다. 그것은 베네딕도 영성의 전례적 요소이기도 하다. (Placid Spearritt, p.155 참조)

특히 제19~20장에서 베네딕도는 기도의 자세와 방법에 관해서 이야기하고 있다. 그는 제19장 7절에서 시편을 외우는 방법을 언급하고 있는데, 곧 "우리 정신이 우리 목소리와 조화되도록"(ut mens concordet voci nostrae) 하는 것이다. 그리고 제20장에서는 기도의 자세에 대해서 말하고 있다. 그것은 공경심, 겸손과 순수한 열정, 마음의 순결함과 눈물의 통회 등이다. 그리고 기도는 짧고 순수하게 바쳐야 한다고 권고한다.

기도는 수도승이 매일 밤낮 수행해야 하는 다양한 일들 가운데 가장 중요한 일이다. 왜냐하면 그것은 수도승이 하느님을 찾기 위해서 사용해야 하는 가장 탁월한 도구이기 때문이다. 따라서 수도승의 전 삶은 바로 기도에 초점이 놓여진다.

㉯ 성독(聖讀, Lectio divina)

베네딕도회 삶에서 하느님의 일(Opus Dei)이 공동기도라 한다면, 성독(聖讀)은 개인기도의 성격을 띠고 있다. 이것은 성경 독서와 묵상에서 출발하는 기도의 한 방법이다. 즉 그리스도교 전통, 특히 수도승 전통 안에서 전수되어 온 수행법으로 하느님과의 통교를 위한 일반적 방법이었다. 그것은 순수한 열정과 온존재로 하느님 말씀을 마음으로 읽고 들으며(독서) 되새김하면서(묵상) 말씀을 음미하고(기도) 그분 현존 안에 고요히 머무는(관상) 것이다. 다시 말해 늘 하느님 현존 안에서 살기 위하여 그분 말씀에서 영적 자양분을 얻는 방법이라 할 수 있다. 이는 특히 4세기 이집트 사막 수도승들의 주된 수행법이었다. 여기서 묵상(黙想)이라 하는 것은 오늘날 우리가 이해하는 것과는 많이 다르다. 그것은 주로 추리와 상상력을 동원하는 이성의 활동을 뜻하는 것이 아니다. 원래 성경의 한 단어나 구절을 소리를 내어 반복해서 되씹음으로써 하느님 말씀을 이해하고 맛보는 것이다.

㉰ 노동(Labor)

노동은 베네딕도회 삶을 구성하는 또 다른 요소이다. 베네딕도는 규칙서 제48장에서 노동에 대해서 말하고 있다. 그는 "한가함은 영혼의 원수이다." 라고 하며 이 장을 시작하며, 즉시 "그러므로 형제들은 정해진 시간에 손노동을 하고 또 다른 정해진 시간에 성독(聖讀)을 해야 한다."(RB 48,1) 라고 말한다. 여기서 노동은 한가함을 피하기 위한 하나의 금욕적 수단으로 나타난다. 그러나 실제적 목적도 언급되고 있다. 수도승 전통 안에서 노동은 보통 한가함을 피하기 위한 금욕적 목적과 경제적 자립을 위한 실제적 목적 그리고 가난한 이들과의 나눔이라는 애덕적 목적을 갖는다. 베네딕도에게 있어서 노동은 무엇보다 한가함을 피하고 시간을 거룩히 사용하며, 공동체를 유지하기 위한 금욕적, 실제적 목적을 지니고 있다.

결론적으로 '하느님의 일', '성독', '노동', 이 세 가지 요소는 베네딕도회 수도승생활을 구성하는 핵심 요소라 할 수 있다. 베네딕도회의 모토(moto)를 흔히 '기도하고 일하라'(Ora et labora)로 이야기한다. 사실 엄밀히 말하면 '기도하고 일하고 읽어라'(Ora, labora et lege)로 해야 맞을 것이다. 그러나 성독도 결국 기도에 포함된다고 볼 수 있기 때문에 그냥 '기도하고 일하라'를 베네딕도회 삶을 구성 짓는 근간 요소로 보아도 무방할 것이다. 기도와 노동에서 그 중심은 언제나 하느님을 만나고 그분께 찬미와 감사를 드리는 기도에 있다. 어찌 보면 베네딕도회 수도승생활에서 노동은 이차적인 것이라 할 수 있다. 그것은 결국 기도를 도와주기 위한 것이기 때문이다. 그래서 베네딕도회 수도원의 하루 일과는 기도를 중심으로 짜여 있는 것이다.(허성석, pp.72-73 참조)

수도승 전통 안에서 노동은 곧 기도의 연장(延長)이었다. 특히 초기 이집트 수도승들은 손으로는 골 풀로 돗자리나 바구니를 짜면서 입으로는 계속해서 시편이나 성경의 구절을 암송했다. 이처럼 기도와 노동은 분리된 별개의 실재가 아니라 수도승의 삶 안에서 통합되어 조화를 이루어야 하는 것들이다.

(3) 그리스도 안에서

베네딕도의 영성은 상당히 그리스도 중심적이다. 이런 그리스도 중심적 성격은 사실 『베네딕도 규칙서』의 탁월한 특성 중 하나이다. 그것은 규칙서의 존재 이유이며, 규율의 영혼과도 같다. 규칙서 전체의 핵심은 바로 그리스도이다. 베네딕도의 전(全) 영적 가르침은 그리스도 안에 깊이 바탕을 두고 있다. 이는 규칙서 여러 곳에서 발견된다. 특별히 "절대로 아무것도 그리스도보다 선호하지 말 것이다."(RB 72,11)는 베네딕도의 권고가 이 점을 잘 대변해 준다. 이처럼 그리스도는 베네딕도회 삶의 한 가운데 깊이 자리하고 있다. 모든 것이 그리스도를 향해 있다.

그리스도와의 만남이 관건이다. 수도승은 어떻게 그리스도를 만나는가? 베네딕도는 그리스도께서 여러 경로를 통해서 현존하시고 우리에게 다가오신다고 믿고 있다. 무엇보다도 그리스도는 공동기도 안에 현존한다.(RB 8-20장; 50장, 52장 참조) 따라서 온갖 주의를 기울여 기도해야 한다. 그리스도의 현존을 가장 잘 드러내는 사람은 공동체의 장상인 아빠스이다.(RB 2,2; 63,13a; 64장 참조) 또한 그리스도는 병든 형제(RB 36장)와 손님들, 특히 가난한 이들과 사회적 약자들(RB 53장) 안에 현존한다. 심지어는 수도원의 당가(當家)에 대해서 다루는 제31장에서는 수도원 안의 모든 물건을 제단의 축성된 그릇처럼 다루라고 명시하고 있다(RB 31,10-11). 이것은 대수롭지 않은 가공품 안에서조차 그리스도가 현존한다는 것을 말하는 강한 신학적 언급이다.(Terrence G. Kardong, pp.85-86 참조)

수도공동체는 그리스도를 핵으로 하여 모두가 거기로 향할 때 하나로 일치되어 견고해 질 수 있다. 반대로 그리스도로부터 멀어질 때, 공동체의 결속력은 약화되어 결국 와해될 수밖에 없다. 베네딕도는 "우리 모두는 그리스도 안에 하나"(RB 2,20)임을 강조한다. 이처럼 그리스도는 공동체 일치의 중심이자 근거이다. 베네딕도에 의하면, 우리의 영적 여정은 그리스도 안에서, 그리스도와 함께, 그리스도를 통해서 함께 가는 여정이다. 그는 규칙서 제72장을 맺으며 이렇게 말하고 있다. "그분은 우리를 모두 함께 영원한 생명으로 인도하실 것이다."(RB 72,12) 그리스도께서는 이 여정의 처음부터 끝까지 우리와 함께 하시어 우리를 목적지까지 안전하게 이끄실 것이다.

라) 베네딕도 영성의 특징

성 베네딕도가 제시하고 있는 영적 가르침을 살펴 본 결과 베네딕도 영성은 공동체 영성, 자아포기의 영성, 그리스도 중심의 영성, 끝으로 한 가지를 더 덧붙이자면 중용의 영성으로 요약될 수 있다.

베네딕도회 생활은 세상을 떠나 홀로 하느님을 찾는 독수도승생활(anchoritic life)이나 은수생활(eremitic life)이 아닌 한 수도원 안에서 아빠스와 규칙 아래 함께 하느님을 찾는 회수도승생활(cenobitic life)로서 사도행전에 묘사되어 있는 초기 그리스도교 공동체의 생활을 이상으로 한다. 따라서 베네딕도 영성은 일차적으로 공동체 영성이다.

베네딕도에게 있어 하느님 찾는 일은 특별히 강조된다. 그러나 보이지 않는 하느님을 어떻게 찾는가? 베네딕도는 그리스도를 하느님을 찾는 삶의 모범으로 제시한다. 그리스도는 하느님을 찾는 길을 자신의 전 삶으로 보여주었기 때문이다. 수도승은 그리스도의 삶과 가르침을 따름으로써 하느님을 찾고 그와의 일치를 향해 나아간다. 그리스도의 삶은 철저한 자아포기의 삶이었다. 자아포기는 베네딕도의 규칙서 전체 안에 짙게 배어 있다. 베네딕도는 "그리스도를 따르기 위해 자신을 끊어 버려라."(RB 4,10)고 이야기하고 있다. 따라서 베네딕도 영성은 또한 자아포기의 영성이라 할 수 있다. 이 특성은 그 또 다른 특성인 공동체 영성에서 유래한다. 공동생활을 위해서는 자기 자신에 대한 포기가 전제된다. 따라서 베네딕도회원이 수도서원 때 공동체에 정주하여 아빠스에게 순종하며 규칙을 충실히 준수하겠다는 서약은 바로 자신에 대한 포기를 구체적으로 표현하는 것이 된다.

베네딕도 영성이 그리스도 중심의 영성인 이유는 위에서 충분히 언급했다. 중용의 영성인 것은 베네딕도의 영적 가르침은 모자람도 지나침도 없으며, 엄격함과 유연함, 이상과 현실의 조화를 이루고 있기 때문이다.

6. 맺음말

베네딕도의 영적 가르침은 시대를 초월하여 항구한 가치를 지니고 있다. 이는 그의 규칙서가 천 오백년이 지난 오늘에도 여전히 수많은 사람에게 사랑받고 있고 또 하느님을 찾는 영적 안내자로서의 역할을 충실히 수행하고 있다는 데서도 잘 드러난다. 그럼에도 불구하고 베네딕도 영성을 구성하는 요소들은 시대에 따라 다양하게 해석되고 받아들여졌으며, 그 강조점도 달랐다. 그래서 역사의 발전 단계 안에서 어떤 시기에는 하느님의 일(Opus Dei)이, 또 다른 시기에는 '노동'이 그리고 또 어떤 시기에는 '고독과 침묵을 통한 세상에서의 물러남'이 강조되었다. 그 결과 10세기 프랑스 클뤼니(Cluny) 수도원과 같이 전례를 강조했던 수도원과 고독을 수도승생활의 주된 요소로서 간주했던 수도원 등이 생겨나게 되었다. 이 두 번째 형태는 12세기 초 시토회 안에서 두드러지는데, 그들은 특별히 고독과 고행의 삶을 강조했다. 노동이 강조되었던 시대에 베네딕도회원들은 문화와 예술 그리고 학문의 발전에 크게 기여했다. 베네딕도회 수도원들은 8세기부터 12세기까지 유럽 사회의 심장부에 있었다고 해도 과언이 아니다.(Terrence Kardong, p.144 참조) 실제로 그들의 노동이 중세 사회를 건설하는 데 결정적인 역할을 하였음은 주지의 사실이다. 특히 중세 황금시기에는 수도승생활과 문화는 서로 밀접한 관계에 있었다. 그리고 '하느님의 일'에 대한 강조는 역사 안에서 베네딕도회원들로 하여금 전례 개혁과 발전을 주도하게 하였다. 특별히 19세기 프랑스 솔렘(Solesmes) 수도원과 독일 마리아 라아크(Maria Laach) 수도원을 중심으로 일어난 전례 운동은 제2차 바티칸 공의회의 전례 개혁에 그 토대를 마련하였다.

『베네딕도 규칙서』는 수도승들을 위해서 써진 가르침이다. 그러나 베네딕도회 수도승이 되지 않고서도 베네딕도의 영성에서 삶을 위한 지혜를 얻을 수는 없는가? 본인의 견해로는 누구든지 시·공을 초월하여 베네딕도 영성과 삶을 다양한 방식으로 공유할 수 있으리라 생각한다. 실제로 베네딕도가 제시하는 영적 가르침은 우리 시대에 특별히 다음과 같은 기여를 할 수 있다고 여겨진다.

1) 기도와 영적 가치에 우선권을 부여하는 베네딕도의 가르침은 물질만능주의와 과학기술문명에 매몰되어 살아가는 현대인에게 삶의 새로운 차원을 제시해 줄 수 있을 것이다.

2) 기도와 노동으로 이루어진 단순한 삶을 통하여 복음적 가치에 토대를 둔 이상적 공동체 건설에 모범이 될 수 있다. 실제로 그리스도를 중심으로 사랑과 평화가 충만한 신앙 공동체는 핵가족화 되고 이혼율이 높은 우리 사회에 하나의 증거적 역할을 할 수 있을 것이다. 즉 함께 사는 공동체 생활의 모범이 바로 그것이다. 특별히 개인주의적이고 편의주의적인 이 시대에 수십 명 혹은 수백 명이 한 지붕 밑에서 함께 산다는 것 자체가 현대인들의 눈에는 하나의 기적처럼 보일 수 있다.

3) 기도하며 일하는 베네딕도회 삶은 정신과 육체의 조화를 이루게 하며, 전인적 인간성숙을 가능케 하는 조화로운 삶의 모델을 제시해준

다. 따라서 갈수록 몸과 마음에 비해 머리만 비대해지는 현대인의 기형적 성숙을 바로잡아 줄 수 있다고 본다.

4) 베네딕도의 영적 가르침은 복잡하고 거짓과 위선이 판치는 이 시대에 진실과 순수, 단순성과 겸손, 고독과 침묵, 모든 사람에 대한 존경심 등의 영적, 종교적 가치들을 증거할 수 있으리라 여겨진다.

끝으로 종교간 대화를 위한 하나의 가능성을 제안해 본다면, 본인의 소견으론 수행(修行)의 차원에서 그 실마리를 찾아 볼 수 있지 않을까 하는 생각이 든다. 각 종교의 수행 전통은 서로 많은 점에서 공통점을 지니고 있다. 예컨대 절제와 포기를 통한 자기 통제와 마음 다스림 그리고 내적 평정 등을 위한 수행법은 교리의 차원을 벗어나 모두에게 공통되는 보편적 내용을 담고 있다. 따라서 종교에 관계없이 상호 교류와 대화가 가능한 접점이 될 수 있다고 본다. 또한 진리 추구에 대한 열정과 노력, 타종교에 대한 개방성 역시 종교간 상호이해와 대화의 장을 계속 이어갈 수 있는 촉진제가 되리라 믿는다. 아울러 종교간 대화의 내실 있는 장을 마련하자는 취지에서 창립된 이 학회에 전적인 성원을 보내며 앞으로 튼튼한 결실을 맺어가길 기원한다. 그래서 이 땅의 모든 종교인이 더욱 더 열린 자세로 상호이해와 협력을 바탕으로 진리 추구와 인류의 보편가치들을 삶 안에 보다 구체적으로 정착시키는 데 기여할 수 있기를 바란다.

참고문헌

이형우 역주, 성 베네딕도, 『수도 규칙』, 교부 문헌 총서 5: 분도출판사, 1991.

이형우 역주, 그레고리우스 대종, 『베네딕도 전기』, 교부 문헌 총서 11: 분도출판사, 1999.

전달수, "영성", 『한국 가톨릭 대사전』 제9권, 한국 교회사 연구소, 2002.

정달용, 『그리스도교 철학』, 한국 중세철학연구소, 1994.

허성석, 『하느님을 찾는 삶: 성 베네딕도와 함께 하는 영적 여정』, 성 베네딕도회 왜관수도원, 2002.

허성석 역주, 에바그리우스, 『프락티코스: 수행생활에 관한 가르침』, 분도출판사 (2010년 출간예정).

Gabriel Bunge, *Vasi di argilla*, Edizioni Qiqajon, 1996.

G. Penco, *La Spiritualità monastica*, Scritti monastici 9: Abbazia di Praglia, 1988.

Piero Crespi e Gian Franco Poli, *Lineamenti di Storia della Spiritualità e della Vita cristiana* 1, Edizioni Dehoniane, Roma, 1998.

Terrence Kardong, *The Benedictines*, Collegeville: Minnesota, 1988.

Basil Pennington, "Monasticism, Monastic Spirituality", *The New Dictionary of Catholic Spirituality*, ed. Michael Downey, The Liturgical Press, Collegeville: Minnesota, 1993.

G. Rocca, "Spiritualità", *Dizionario degli Istituti di Perfezione* 9, ed. Giancarlo Rocca, Paoline, Roma, 1997.

J. Leclercq, "Benedictine Spirituality", *New Catholic Encyclopedia* 2, Washington, D.C., 1967.

Placid Spearritt, "Benedict", *The Study of Sprituality*, Oxford, 1986.

Terrence G. Kardong, "Benedictine Spirituality", *The New Dictionary of Catholic Spirituality*, ed. Michael Downey, Collegeville: Minnesota, 1993.

퀘이커 신비주의(Quaker Mysticism)의 구조와 특성

김 영 태
한국종교문화학회 회장, 전남대 명예교수

목차

1. 서 론

퀘이커교(Quakerism)는 폭스(George Fox, 1624-1691년)를 중심으로 하는 친우들(Friends)의 모임이었는데 성령의 감동을 받았을 때 이따금 전율을 느껴 몸을 진동하였으므로 이 태도에 대한 비난조로 'Quakers'(떠는 자들)라는 별명이 붙게 되었다. 그렇지만 본인들 스스로는 자신들을 가리켜 하느님의 백성(People of God), 빛의 자녀들(Children of the

Light)이라고 하다가 나중에는 친우회(Society of Friends)라 부르게 되었다.(Howard, p.2) 그러나 최근에는 이 종교를 지칭하는 용어로 퀘이커교(Quakerism)라는 표현을 많이 사용한다. 퀘이커교는 1652년 영국에서 시작되었으며 곧 미국에까지 확산되어 초창기 미국민의 영성과 민주주의 확립에 큰 몫을 담당했던 실천적 종교이며 지금도 그 전통을 이어오고 있다. 이 종교의 주된 강조점은 내적 광명(light within), 공동체적 침묵예배(silent worship), 사회봉사(service), 평화(peace) 등이다. 이 종교의 예배행위와 믿음의 체계는 신비주의적이며, 그 신비적 체험은 개인의 황홀경 체험으로 그치는 것이 아니라 그 체험을 공동체적으로 공유(共有)함으로써 그 희열에 힘입어 이 사회와 세계를 하느님의 나라로 만드려는 것이다. 이렇듯 퀘이커교는 신비주의적 신앙체계를 지니고 있으면서도 자칫하면 신비주의가 간과하기 쉬운 사회윤리적 실천을 오히려 중시하므로 브린튼(Howard Brinton)은 퀘이커교를 '윤리적 신비주의(ethical mysticism)'(Brinton(1973), p.44)라고 규정하였다.

신비적 체험과 신비주의 철학은 상호 밀접한 관계를 가지고 있다. 왜냐하면 신비주의 철학의 중심은 신비적 체험이기 때문이다. 신비적 체험은 사실상 모든 인격적 종교의 기초이며 이러한 기초를 보편화시키는 것이 신비주의 철학이다. 그러나 여기에서 유의해야할 점은, 신비적 체험이란 그 자체로는 우연적 · 개별적이기 때문에 신비주의 철학과 합일할 때에야 비로소 보편성을 소유한다는 점이다. 신비적 체험은 집단적 의례와 대조되는 순수히 개인적인 것이 아니다. 의례가 아무리 공동체적일지라도 개인에 의하여 경험되지 않으면 바람직한 현상이 되지 못하듯이, 역으로 그것이 다른 사람과 더불어 공유되지 않으면 역시 불완전한 것이 되고 만다. 따라서 신비사상이 궁극적으로는 전적으로 주관적인 것이라 할지라도 그것은 여전히 인간공동 생활을 통해 자신을 드러낸다. 그런데 퀘이커교는 이와 같은 구조와 성격을 지닌 전형적인 개신교 신비주의로 볼 수 있다.

신비주의는 종교현상학, 종교심리학, 종교사회학 그리고 종교철학 등 여러 분야에서 탐구를 시도할 수 있다고 본다. 본 연구자는 이들 중 특히 종교철학적 관점에서 퀘이커 신비주의를 탐구하려 한다. 이러한 탐구는 퍽 드문 일이긴 해도 현대의 퀘이커 학자 존스(Rufus M. Jones)와 브린튼(Howard Brinton)이 그것을 시도한 바 있기 때문에 그 선행 연구에 힘입어 접근이 가능할 뿐만 아니라 그 연구결과는 그만큼 가치가 있을 것으로 기대한다. 본 연구에서는 우선 퀘이커교의 창시자 폭스(G. Fox)의 『일지』(*Journal*)를 중심으로 원시 퀘이커교 창시자의 사상과 삶을 조명함으로써 그것이 과연 신비주의적 종교의 성질을 띠고 있는가를 밝히고, 그렇다면 그 신비주의의 전통과 계보는 어느 위치에 있는가를 살펴본 후, 현대의 퀘이커 신비가인 존스(Rufus M. Jones)의 저작과 브린튼(H. Brinton)의 저작을 중심으로 퀘이커교에 대한 해석이 어떻게 이루어지고 있는가를 고찰하고자 한다. 이러한 연구의 성과를 달성하기 위해서는 무엇보다도 체계적인 문헌적 접근 그리고 경험적 내지 실증적 접근이 가장 바람직할 것이므로 이러한 접근을 통하여 본 연구를 진행하려 한다.

2. 퀘이커교의 발단과 형성

가) 17세기 영국의 구정교도들(求正教徒, Seekers)

17세기 영국에는 일시적으로 발생한 종교운동 가운데 'Seekers'(求正教徒)라는 것이 있었는데 그것은 영국 그리스도교의 한 작은 운동으로, 그 근본 취지는 참된 교회·전도·예전(禮典)을 깊이 추구하는 데 있었다. 'Seekers'에 대한 '求正教徒(구정교도)'라는 번역어가 일반화되지 않은데다 또 그 의미를 충분히 함축하고 있다고 보기 어렵지마는 본 논문에서는 '구정교도'라는 명칭을 그대로 사용하겠다. 엄밀히 말하면 그것은 종파(sect)가 아니라, 다소 선동적인 종교운동 내지 사상의 풍조로서 영국의 여러 지역에 영향을 미쳤으나 어떤 조직을 체계적으로 갖고 있지는 않았다. 따라서 이 운동에는 창시자도 기원도 추적이 불가능하다. 이 운동은 영국의 국교나 근엄한 장로교에 만족하지 못하는 영국인이라면 누구나 공유할 수 있는 신앙풍조였다. '구정교도'는 재세례파(Anabaptists), 패밀리스트(Familists), 브라우니스트(Brownists) 그리고 교회 안의 무명의 신도들 가운데서 종종 찾아 볼 수 있었다.

영국의 구정교도와 대륙의 구정교도를 다리놓은 사람은 리게이트(Bartholomew Legate)였는데, 그는 1616년 3월 18일 화형당하였다. 그는 의류상이었기 때문에 덴마크까지 진출할 수 있었고 그곳에서 구정교도의 설교자가 될 수 있었다. 그는 기적적인 사도들과 기적적인 선교를 통해 하느님이 곧 새로운 계시를 내려줄 것으로 확신했으며 이 계시가 있기 전에는 진정한 교회, 세례, 그리스도인이 있을 수 없다고 보았다. 그는 또 목회를 하는데 있어서는 대학교육이 필수적 요소가 아님을 강조했을 뿐만 아니라 라틴어, 희랍어, 히브리어는 짐승의 언어이지 성령의 언어가 아니라고 보고 참 목회는 신비한 선물을 받은 사람들에 의해 이루어져야 한다고 주장하면서 이스라엘의 교회를 설립한 모세(Moses)와 아론(Aaron), 그리고 신약교회를 설립한 사도들이 곧 그런 사람들이었으며 그들만이 청중을 설득할 수 있었다는 것이다. 따라서 올바른 태도란 기다리는 자(Waiter), 기대하는 자(Expecter), 또는 구도자(Seeker)의 태도라고 보았다.(Jones, p.454)

구정교도에 대한 적절한 개념규정이 없던 차 존스(Rufus M. Jones)는 '구정교도'운동이란 다름 아닌 신비운동(mystical movement)이었다고 평가했다.

> 구정교도운동은 실은 신비운동이었다. 공허하고 외적인 종교가 아닌 순수하고 영적인 어떤 깊은 것에 대한 추구, 즉 다락방 그리스도교(upper room Christianity)에 대한 추구였다. 그들은 대부분 학력이 낮고 검소하며 노동자 계층이었다. 그들은 인간이 만든 상(像, images)앞에 부복하는 것이 아니라 하느님 자신을 기다리기를 더 좋아했다.(Jones, p.459)

브레이트웨이트(W. C. Braithwaite)는 그의 논문 “Westmorland and the Swaledale Seekers”에서 분리주의자의 종교운동(separatist religious movement)이 웨스트몰랜드(Westmorland)의 광활한 지역과 웨스트 라이딩 욕셔(West Riding Yorkshire)에 널리 확산되어 있었음을 지적하였다. 이러한 지역의 구정교도들이 그들의 지도자들과 함께 폭스(George Fox)에게 다가감으로써 이 지역에서 퀘이커의 강력한 핵심이 되었다. 퀘이커교를 향한 그들의 확신(convincement)이 영국 전역에 걸쳐 퀘이커의 장(場)을 여는 계기가 되었다.

구정교도 운동은 일부 극단적으로 나아가기도 했는데 그 부류가 이른바 훤소파(Ranter)였다. 훤소파의 중심 사상은 신(神)은 본질적으로 모든 피조물에 내재(內在)한다는 것이다. 그 주장에 의하면, 이 우주에는 단 하나의 영(Spirit)이 존재하는데 그 영은 작은 담쟁이 덩굴잎에도, 가장 영광스러운 천사에게도 적절히 계시된다고 했다. 그리고 이 영은 협소한 수로(水路, channels)를 통해 유출(流出)되었다가 다시금 대해(大海, mother sea), 땅속, 샘으로 유입(流入)된다는 것이다. 이런 주장은 범신론에 가까운 것으로 생각된다. 초기의 퀘이커들은 훤소파와 접촉했고 이따금 경쟁관계에 처하기도 했다. 퀘이커의 저널, 팜플렛, 서신들은 종종 훤소파에 대한 퀘이커들의 두려움, 적개심을 말하고 있는 것으로 미루어 볼 때, 더욱 그렇다. 예를 들면 폭스(George Fox)의 『일지』(*Journal*)는 훤소파에 대해 많이 언급하고 있는 가운데 특정인의 이름까지 거론하고 있는 바, 그들의 지도자격이었던 새몬(Joseph Salmon)과 바톰리(Jacob Bottomley)의 특징에 대한 언급이 그것이다. 폭스는 훤소파에 대해서 명백히 좋은 인상을 갖고 있지 않았다. 음주와 흡연을 즐기는 그들을 도덕률폐기론자(antinomians)로 볼 정도였다. 더욱 가관인 것은 그들은 그들의 흡연을 영적 환상(spiritual vision)을 고양(heighten)하기 위함이라고까지 합리화함으로써 그들의 부도덕성을 드러냈다. 훤소파는 예루살렘에서 처형된 그리스도에 대해서는 이목(耳目)을 집중하지 않는 반면 자기들 속에 내재(內在)하는 그리스도에 대해서만 관심을 집중하려 하였다. 그들은 성부, 성자, 성령이 자기들 속에 임재하기 때문에 성서를 읽거나 설교를 들을 필요가 없다고 보았다. 그들은 자기들 속에 계시되지 않으면 무엇이든지 하느님의 말씀으로 보려고 하지 않았다. 그들은 진리가 이렇게 저렇게 쓰여졌기 때문이 아니라 자기들 마음 속에 하느님이 말씀하기 때문에 진리라고 보았던 것이다. 윈스턴리(Gerrard Winstanley)는 훤소파를 위험한 무리로 보았다. 그래서 그는 그들을 장차 평화의 왕국을 산산이 조각 낼 게걸스런 짐승(devouring beast)이라고까지 비난했다.

이상 살펴본 바와 같이 퀘이커교의 출현 배경에는 구정교도(Seekers) 및 훤소파를 비롯해서 기성교회를 거부하는 크고 작은 종교운동들이 있었음을 알 수 있다. 이렇듯 퀘이커 태동의 기원은 초기에는 영국의 프로테스탄트 개혁의 와중이었지만 다른 한편 그것은 그리스도교 안에 언제나 살아 숨쉬면서 성자와 순교자를 배출한 신비주의(mysticism)의 전통이었다고 할 수 있다. 언제 어디서나 종교가 지나치게 형식화하고 제도에 치우치게 되면 신비주의가 일어나 하느님의 직접체험에 중심을 두는 내적 종교를 지시해 주었다. 그런데 퀘이커의 배후에는 구정교도(Seeker)운동이 있었고 이 운동의 풍토 속에서 폭스가 활동하는 가운데 퀘이커교가 탄생한 것이다. 이렇게 본다면 퀘이커교는 합리주의 전통보다는 신비주의 전통의 계승이라고 할 수 있겠다. 브린튼(H. Brinton)은 본 연구자가 언급한 퀘이커 태동 배경을 뒷받침할만한 진술을 다음과 같이 하고 있다.

> 퀘이커교가 일어나기 직전 영국 사회의 분위기 속에는 여러 가지 형태의 신비주의가 존재했었다. (…) 당시 대세를 지배하던 프로테스탄트 교리는 칼빈주의였지만 영국에는 급진적인 군소 종교단체가 들끓고 있었다. 거기에 격분한 청교도 목사들이 편집한 목록에 의하면, 그들의 생각은 대개가 커다란 운동의 주변에서 돌던 정돈되지 못한 생각들이었다. 그 가운데는 신약성서, 특히 바울과 요한의 문헌에 나오는 건전한 신비사상에 근거를 두는 것들도 있었다. 그리스도교 자체가 오순절 성령에서 탄생된 것

이다. 퀘이커교의 신비주의적 근원을 찾기 위해서는 그 당시 영국 안에 널리 보급됐고, 성경과 위대한 종교개혁에서는 언제나 반드시 따르는 신비적 경향 밖으로 더 나아갈 필요가 없다. 걷잡을 수 없는 경향의 안개 속에서 퀘이커교는 결정되어 나왔다.(Brinton, p.xii)

나) 폭스(George Fox)의 신비경험과 사상

폭스는 1624년 7월에 영국의 라이세스터셔(Leicestershire)지방 드레이튼(Drayton-in-the Clay, 현재 Fenny Drayton)에서 매사에 정직하고 하느님의 씨알(Seed of God)을 간직하며 살아가던 방직공(weaver)이었던 크리스토퍼(Christopher Fox)를 아버지로, 순교자 혈통 출신이자 성격이 매우 정직(upright)했던 메어리(Mary Lago)를 어머니로 해서 태어났다. 이 시기는 정치적으로 크롬웰(Oliver Cromwell, 1559-1658년)이 집권하던 시기이고 종교적으로는 청교주의(Puritanism)가 팽배하던 격동기였다. 폭스는 어린 시절 가난한 부모를 따라 들판에서 양을 치며 많은 사색을 하는 가운데 성장했다. 이같은 환경 속에서 정규적인 학교교육을 기대하기란 어려운 일이었다. 그럼에도 불구하고 폭스는 투철한 신앙을 지녔던 부모로부터 내적으로는 하느님께(inwardly to God), 외적으로는 사람들에게(outwardly to man) 신실해야 한다는 것을 배웠다. 이와 같이 엄격한 부모를 통한 가정교육 덕택에 그는 어린 시절부터 순수성(pureness)과 의로움(righteousness)을 터득하고 그것을 생활화했던 것이다. 이러한 가정교육의 배경이 후일 그로 하여금 고독에 잘 적응케 했고 목회와 봉사활동에 최적의 사람이 되게 했다고 볼 수 있다.

문제는 청교도였던 부모들의 교육이 그의 뿌리 깊은 심혼까지 어루만져주지는 못했던 것 같다. 폭스는 친족들과 어울려 교회에 나아가 목사의 설교를 들었으나 그것에 만족하질 못했기 때문에 혼자서 성경을 가지고 과수원이나 들판에 나아가곤 했었다. 그러나 폭스는 23세 때 신비체험을 한 후 전적으로 주님만을 의지하게 되었고, 28세 때 펜들 힐(Pendle Hill)에서의 신비경험은 그로 하여금 그가 하느님의 사람임을 더욱 확신케 했다. 이제 폭스가 어떻게 신비체험을 했는지 살펴보기로 하자.

> 나는 펜들 힐(Pendle Hill)이라는 아주 높은 구릉지대를 발견하고 애를 써서 정상까지 올라갔다. 주의 도우심으로 정상까지 무사히 도착할 수 있었다. 나는 그 정상에 이르렀을 때 랜커셔(Lancashire) 바다를 볼 수 있었다. 주께서는 그 정상에서 많은 사람을 불러모으고 있는 것을 나는 목격했다. 그리고 나는 그곳에서 옹달샘을 발견하고서 목을 축였다. 왜냐하면 나는 수일간 거의 먹지도 마시지도 못했기 때문이다. 밤에는 선술집(alehouse)에 이르러 밤 늦게까지 그 곳에 온 사람들에게 많은 것을 선포했다. 뿐만 아니라 주의 날에 관하여 또 주가 어떻게 오셔서 그의 권능과 영으로 사람들을 친히 가르쳤는지에 대하여 목사들과 신앙을 표방하는 자들(professors)에게 글을 썼다.(Edited by John L. Nickalls, *Journal of George Fox*, pp.103-104)

이것은 폭스의 선교와 목회를 위한 기초적 경험이었고 이 때 경험한 폭스의 소명은 암흑의 바다에서 광명의 바다로 패러다임이 전이되는 것으로서 고도의 영적 생명의 활력(dynamism)을 포함하고 있었을 뿐만 아니라 묵시적인 지상 순례(earthly pilgrimage)의 환상(vision)이기도 하였다. 그 경험은 사람들을 불러 모으는 가운데 하느님의 사역자가 되어야 한다는 직접적이고 명백한 위임을 의미했다고 볼 수 있다.

이러한 관점에서 펜들 힐의 경험은 퀘이커교의 초석이며, 펜들 힐은 퀘이커교의 시내산(Mt. Sinai)이고, 폭스는 퀘이커교의 모세(Moses)인 셈이다. 펜들 힐의 경험은 일종의 오순절적 경험이었다. 애굽의 시내산(Mt. Sinai)으로부터 예루살렘의 오순절, 영국의 펜들 힐의 신선한 성령의 바람에 이르기까지의 의미는 개인 내지 집단이 하느님으로부터 직접적으로 생명에 이르는 방법을 터득해야 한다는 것이다. 다시 말하면 다른 이웃들과 더불어 성령체험을 공유하라는 위임인 것이다.

오랫동안 퀘이커들은 폭스의 펜들 힐의 체험이 그의 첫 회심(回心, conversion)이었다고 생각해 왔으나 사실은 그렇지 않다. 앞에서 언급했듯이 이미 23세 때(1647년)에 폭스는 그리스도의 음성을 들음으로써 크게 회심을 경험했던 것이다. 그의 23세 때의 신비경험들은 다양했다.(상게서, pp.11-19)

또 24세, 33세, 41세, 49세 때도 신비경험을 하였던 바, 폭스에게 있어서 신비경험은 자주 있는 일이었다. 그러므로 펜들 힐에서의 폭스의 경험은 전무후무한 사건이 아니라 오히려 퀘이커교가 세상에 알려지게 되는 큰 계기였다고 보는 것이 더 적절할 것이다.

폭스의 『일지』에는 “The Lord’s Power was over all(주의 능력이 모두에게 임했다).”라는 언표(言表)가 부지기수로 나와 있다. 따라서 만일 폭스의 외침을 한 마디로 요약하면 그것은 “주의 능력이 모두에게 임했다."라고 해도 과언이 아닐 것이다. 폭스는 그의 일생 동안 주의 능력(Lord's Power)에 힘입어 당시의 온 세계를 누비며 복음을 전파했다. 폭스는 유년시절(11세)부터 ‘주의 능력’을 신뢰했던 바, 주의 능력이 그의 곁에, 그의 위에 함께 했고 또 그를 늘 보호해 준다고 확신했던 것이다. 육상 혹은 해상의 길고 지루한 여행으로 인하여 몹시 곤비했을 때에도 폭스는 주의 능력이 그의 일행과 동행하고 사나운 짐승, 사나운 사람들, 숲, 폭풍, 광야, 습지, 강, 기근, 차디찬 서리로부터 보호해 준다는 확신이 있었다. 또 순회전도 시, 박해와 위험을 극복케 한 원동력도 주의 능력임을 의심치 않았다. 바울(Paul)과 실라(Silas)가 감옥에 갇혔을 때 그랬듯이 폭스도 수감되었을 때 주의 능력(Lord’s Power)에 힘입어 노래하곤 했었다. 병환에 시달리고 있을 때에도 폭스는 문병 온 사람들에게 하느님의 씨알(Seed of God)이 그들 모두와 사망의 권세 그 자체까지도 다스리며, 하느님의 능력(Power of God)이 그들 모두에게 임하여 도와준다고 오히려 위로하기도 하였다.

요약컨대, 폭스는 장인(匠人)계층의 가문에서 태어나 엄격하고 근엄한 청교도적 분위기에서 성장했지만 그러한 종교적 분위기가 그의 영적 갈증을 해소해 주지는 못했다. 그리하여 그는 19세 때 출가하여 구정교도(Seeker) 생활을 하다가 3년 후부터 신비경험을 하게 된 것이다.

신비경험을 통해 영력(靈力)을 얻은 폭스는 전국 순회 전도, 각종 회합 창립 및 신도들 격려, 그리고 정부 및 타교파로부터 핍박을 받는 등 온갖 어려움을 겪으면서도 주의 능력(Lord's Power)을 믿고 그 능력을 그의 손길이 미치는 사람들 모두에게 전함으로써 개인구원과 사회구원에 진력하는 모습을 보여주었다.

폭스는 신비경험을 통해 확신을 얻은 후 약 40년간 유랑선교(wandering ministry)에 힘썼다. 폭스는 16세기 초 종교개혁의 2대 정신 즉 이신득의(以信得義, justification by faith) 및 만인사제론(萬人司祭論, priesthood of all believers)이 교리화, 경직화, 화석화되었다고 보고 그것을 안타까워 한 나머지 이러한 현상이 더 이상 지속되지 않도록 노력할 뿐만 아니라 개혁자들의 개혁정신을 더 확실하게 하기 위해 힘썼다. 폭스는 17세기의 그리스도교가 내실이 결여된 형식의 상태, 즉 세례, 성찬, 설교, 신조 등 외적인 것에 지나치게 매달려있다고 보았다. 폭스는 이런 부류에 속한 사람들을 "professor"(신앙을 표방하는 자)로 보고 참 신앙을 지닌 "possesor(참 신앙의 소유자)"와 자주 구별하였다. 이러한 대칭적 표현은 예언자, 신비주의자, 개혁가들이 형식보다는 내적 생명을 강조하기 위해서 흔히 구별해 온 것이었다고 브린튼(H. Brinton)은 지적하였다.

그렇다면 폭스는 신비경험 후 기본적으로 무엇을 주장했으며 무엇을 선포했을까? 우선 가장 중요하다고 볼 수 있는 신앙의 대상 개념인 '빛(Light)'에 대한 폭스의 가르침을 살펴보도록 하자. 폭스는 빛을 두 가지, 즉 일월성신 등 자연의 빛(natural light)과 그리스도 안의 생명 및 로고스(the Word)를 참 빛 혹은 신적인 빛(true light or divine light)으로 보았다. 후일 이에 대한 해석이 분분해지게 된다. 따라서 1955년 필라델피아 연회(Philadelphia Yearly Meeting)가 발행한 『신앙과 의례』(*Faith and Practice*)라는 책에서는 빛에 대한 동의어가 될 만한 것들을 나열하고 있는데, 내적 광명(Inner Light), 향내 광명(Inward Light), 속빛(Light Within), 씨알(the Seed), 내재적 그리스도(Christ Within), 영원한 그리스도(Eternal Christ), 신적 원리(Divine Principle), 모든 사람 안의 어떤 것(That of God in Every Man) 등이 그것이다. 단, 이러한 용어 중 특히 유의할 것은 속빛(Light Within)과 양심을 동일한 개념으로 보아서는 안 된다는 점이다. 왜냐하면 양심이란 어느 정도 환경의 산물이자 인간의 한 기능으로서 그것은 속빛(Light Within)의 인도를 받아야 할 성질의 것이기 때문이다. 따라서 속빛(Light Within)은 그리스도의 빛(Light of Christ), 성령의 빛(Light of the Holy Spirit)으로서 모든 인간 안에 있는 하느님의 어떤 것(That of God in every man)을 의미한다.

폭스의 기독론(基督論)의 가르침은 어떤가? 그는 예수를 주(主, Lord), 구세주(Savior), 교사(Teacher), 예언자(Prophet), 길(Way to God), 진리(Truth), 생명(Life), 빛(Light) 등과 동일시하고 있음을 볼 수 있다. 그리고 예수가 이 땅에 온 목적에 대해서는 "그의 백성을 친히 가르치기 위해서 왔다."고 말함으로써 '스승'으로서의 예수를 부각하고 있다.

폭스는 그리스도인의 목표로서 완전론(perfection)을 주장했다. "하늘 아버지께서 완전하시니 너희도 완전하라"가 그의 완전론의 성서적 근거였다. 그런데 이 완전의 성취는 그리스도 안에 있다고 믿었다. 즉, 그리스도 안에 있으면 그리스도의 피가 인간의 죄를 씻어주며, 그리스도 안에 있으면 정죄함이 없다는 것이다. 따라서 구원을 가져 오게 하는 것은 하느님의 은총이지 인간의 선행이나 선한 삶이 아니라는 것이다. 이와 같은 폭스의 사상은 가톨릭보다는 개신교 사상에 근접해 있음을 쉽게 알 수 있다. 그럼에도 불구하고 폭스는 현세에서의 의롭고 올바른 삶(행위)을 강조했다. 믿음에 필연적으로 수반되는 행위를 언급하지 않을 수 없었던 것이다. 폭스에 따르면 신앙은 곧 실천이었던 것이다. 그래서 그는 맹세 거부, 전쟁 반대 및 평화 강조, 노예제도 거부, 남녀평등 주장, 교도소 및 정신병원 환경 개선, 교육 강조 등 실천적 행위를 강조했다. 이를 위한 구호가 곧 "너희들의 삶으로 하여금 말하도록 하라.(Let your lives speak.)"(Brinton, pp.7-10)였던 것이다.

폭스의 신비경험과 그의 기본사상에 대한 이론적 작업은 특히 두 사람에 의해서 이루어졌다. 바클레이(Robert Barclay, 1648-1690년)와 펜(William Penn, 1644-1718년)이 그들인데 두 사람 모두 프랑스에서 신학교육을 받은 사람들로서 그들은 그리스도교의 사상과 역사에 대한 넓은 식견을 가지고 퀘이커 운동을 변호할 수 있었을 뿐만 아니라 퀘이커의 사상을 확립하고 조직을 강화할 수 있었다. 이들도 폭스처럼 직접적인 영적 경험을 최우선시 했으나 이념의 체계화도 그에 못지않게 중요하다는 것을 인식하고 조직신학적 작업을 추진했던 것이다. 바클레이는 『변명』(*Apology*, 1676)이라는 그의 저서를 통해, 펜(William Penn)은 그의 『십자가 없이는 면류관도 없다』(*No Cross No Crown*, 1669)를 통해 퀘이커교의 이념의 방향을 설정했던 것이다. 전자는 퀘이커교의 대표적인 조직신학서라 볼 수 있다면, 후자는 대표적인 퀘이커교의 윤리신학서라 볼 수 있다.

전술한 바와 같이 폭스가 나름대로의 신학사상을 가지고 있었음은 말할 것도 없거니와 놀랍게도 종교철학이라고 할 만한 사상도 지니고 있었다는 것을 브린튼(Howard Brinton)은 다음과 같이 주장하고 있다.

> 폭스에게는 이 우주는 분명히 두 가지 존재로 구성되어 있다 – 실체와 그림자, 영원과 시간, 하나와 여럿, 생명과 형식 –. 종교의 목적은 사람을 둘째 것에서 이끌어 내어 첫째 것 속으로 들어가게 하거나 올라가게 하는 일이다. (…) 폭스의 편지나 다른 글 속에는 그가 이러한 철학적 우주관의 소유자였다는 것을 보여주는 데가 많다. 예언자로서의 폭스는 히브리 전통을, 철학자로서의 폭스는 그리스 전통을 따랐다.(Brinton(1994), p.21)

다) 그리스도교 – 신비주의 전통

크롬웰(Oliver Cromwell, 1599-1658년)의 공화정치 시대(1649-1660년)에 영국은 종교의 자유를 누릴 수 있었다. 당시 프로테스탄트의 중심적 교리는 칼빈주의(Calvinism)였지만 급진파의 종교단체들이 극성이었다. 그리고 이러한 종교운동의 지도자들은 주로 장인, 구두수선공, 직조업자 등 교육수준이 낮은 계층이었다. 그럼에도 불구하고 이 가운데에는 신약성서, 특히 바울과 요한의 저작에 나타난 신비사상에 기초를 둔 건전한 종교운동도 없지 않았다. 바로 퀘이커교가 그런 성질을 지녔었는데 이러한 와중에서 그 싹이 튼 것이다. 퀘이커들은 온갖 의례, 예배절차, 직업적인 목사를 배제하는 등 초대교회의 예언자적 음성 외에는 일체의 외적인 것을 거부함으로써 원시 그리스도교의 전통을 회복하고자 했다.

퀘이커 사상과 중세의 신비가 또는 신비주의 운동과의 사이에 어떤 관계가 있는지를 정확하게 이해하기란 쉬운 일이 아니다. 그러나 우연의 일치일지는 몰라도 14세기 독일의 라인지역(Rhineland)에 있었던 신비주의 단체들, 가령 '하느님의 벗'(Friend of God)이라든가 '공생(共生)의 형제'(Brethren of the Common Life)같은 단체는 퀘이커 단체와 공통점이 많았는데 아마 그들의 가르침이 대륙의 박해를 피해 영국까지 이르렀을지도 모른다는 추정이 있다.

퀘이커교와 기존의 신비주의의 관계성 문제는 1909년 존스(Rufus M. Jones)가 신비주의의 정의(定義)를 내린 이후 부단히 제기되어 온 문제이다. 예컨대 너털(G. E. Nuttall)은 퀘이커교는 대륙 신비주의의 영향이라기 보다 영국의 극단적 청교주의(Puritanism)에 대한 반동일 것으로 추정하는가 하면, 초기의 퀘이커교는 신비적 개념이 현저하게 결여되어 있었다는 킨(Calvin Keene)의 관찰이 옳다는 것이 벤슨(Lewis Benson)의 관점이기도 하다. 그러나 존스는, 초창기부터 퀘이커교는 폭스의 영향을 받아 신비적(mystical)이면서 동시에 예언적(prophetical)이었다는 것을 강조한다는 것이 베이석(Bassuk)의 주장이다. 또 존스는 폭스가 종교 역사상 16, 17세기의 수많은(Denck, Franck, Schuwenckfeld, Castellio, Jakob Bőhme 같은) 영적 개혁가들의 반열에 들어가는 인물이며, 다른 한편 이들은 신비적 종교유형에 속했던 사람들이라고 믿고 있다. 왜냐하면 이들은 하느님의 씨알(Divine Seed) 또는 내적 광명(Inward Light)이 신(神)과 인간을 이어주는 필수적 요소로 본데다가 또 폭스 자신이 "소위 하느님의 씨알 또는 신의 빛이라 할 수 있는 하느님의 어떤 것이 인간성과 기질 속에 들어 있다"고 말했기 때문이라고 한다. 이러한 신념에 기초해서 존스는 폭스가 충분히 신비가의 범주에 들어갈 수 있다고 본 것이다. 그런가 하면 헉슬리(Aldous Huxley)는 퀘이커교는 14,15세기 가톨릭 신비가들의 전통 노선에 위치한다고 보았다. 헤더링턴(Hetherington)의 주장은 이보다 한걸음 더 나아간다. 헤더링턴에 의하면, 폭스는 박식한 사람이었던 것으로 미루어 보았을 때 그의 서재에는 뵈메(Bőhme, 1575-1624년)(당시 뵈메의 영향은 대단히 컸다. 그의 저작이 영어로 번역되면서 더욱 그랬다. 따라서 언더힐(Underhill)은 특히 영국의 퀘이커 운동과 윌리암 로(William Law)가 뵈메의 영향을 많이 받았을 것으로 추정한다(Underhill, p.219). 그렇다면 뵈메가 프로테스탄트였으니까 혹시 폭스도 프로테스탄트에 근접한 신비가가 됐는지 모를 일이다)와 프랑크(Franck)의 작품이 소장되어 있었을 것으로 추정한다. 더 나아가 5세기의 디오니시우스(Dionysius)의 영향까지 연계할 수 있을지도 모른다는 입장이다.

브린튼(Howard Brinton)에 따르면 희랍철학의 특징은 신비적(mystical)이고, 라틴철학의 특징은 실용적(pragmatic)인데, 이 둘 중 퀘이커교는 전자에 더 가깝다고 보았다. 아울러 최근 어떤 학자들은 퀘이커교를 신플라톤적 신비주의로 규정하려들기 때문에 자연히 에크하르트(Meister Eckhart), 테레사(Teresa of Avila), 십자가의 요한(John of the Cross)의 노선에 위치시키려 한다고 브린튼은 말하고 있다.

또 다른 한편 퀘이커교가 단순히 신비적인 종교인가 아니면 형이상학적 신비주의인가의 문제를 놓고 거론한 경우도 있다. 베이석(Bassuk)이 그 장본인인데 베이석은 존스의 주장을 원용하여 폭스는 사도 바울, 영적 개혁가들, 구정교도들(Seekers), 하느님의 벗 등 신비적인 계열에 속한다고 했다. 이와 같은 존스의 일련의 설명을 통해서 볼 때 퀘이커교는 시대별로 굵직한 신비가가 존재했었다고 볼 수 있다.

이와 같은 퀘이커교의 견해와 노력들은 결국 원시 그리스도교의 부활을 의도한 것이고 그 논거를 신약성서, 특히 바울신학과 요한신학에 두었던 것이다. 따라서 퀘이커교는 그 이념과 이상(理想)에 있어서 로마 가톨릭과 다르고 프로테스탄트와도 다르다. 퀘이커교는 출발 당시부터 신약성서에 계시된 삶의 방식을 현세에서 회복하고 재해석하려 했던 것이다. 다시 말해서 퀘이커교 초창기의 선구자들은 사도적인 그리스도교(apostolic Christianity)를 재흥하려고 했지 새로운 종파를 만들려고 하지는 않았던 것이다.

브린튼의 퀘이커 역사 해석에 따르면 초창기(1650-1700년) 퀘이커교가 신비주의와 복음전도주의의 종합 혹은 균형을 이루었다면, 제2기에 해당하는 18세기(1700-1800년)에는 신비적 내면성의 강조시대였다고 보았으며, 제3기인 19세기(1800-1900년)는 신비주의와 복음주의의 충돌시대였다고 해석한다. 그리고 마지막으로 20세기 즉 1900년 이후 오늘에 이르기까지는 합리주의와 사회복음(Social Gospel)에 대한 관심의 시대라고 보았는데, 퀘이커교 전역사에 대한 브린튼의 결론은 퀘이커교가 주로 신비적 경향을 띤 역사였다고 보는 것이다. 이러한 그의 해석은 20세기 초 존스나 언더힐(Evelyn Underhill), 그리고 19세기 제임스(William James) 등의 주장, 즉 "퀘이커교는 신비주의"라는 관점에 크게 힘입은 것으로 보인다.

퀘이커 신비주의가 그리스도교-신비주의(Christian mysticism)임에는 틀림없는 것으로 보인다. 여기에 대한 여러 가지 증거가 있지만 우선 그리스도교 신비주의의 원천이 요한의 저작과 바울의 저작인 것은 거의 의심할 여지가 없기 때문이다. 이 양자는 신비주의의 변증법을 명백하게 언표(言表)하고 있는데, 전술한 바와 같이 퀘이커교의 교리와 사상의 전거는 요한과 바울의 신학인 것이다. 게다가 요한과 바울의 신비주의의 특징은 신중심의 신비주의(God-mysticism)라기 보다는 그리스도 중심의 신비주의(Christ-mysticism)임도 간과해선 안될 것이다. 그리스도교 초기에 그리스도교가 신플라톤주의(Neo-Platonism)와 해후함으로써 이른바 신비신학(Mystical Theology)이라는 것이 생겨났는데 이것이 결국 그리스도교 신비주의의 효시중의 하나이고 퀘이커교는 이 계통 신비주의의 근세작이라고 보아야 할 것이다.

존스는 결과적으로 퀘이커 운동이 전반적인 의미에서 신비적 성질을 짙게 띠고 있고 또 퀘이커교의 창시자 폭스 자신 역시 몹시 신비적이었다는 점을 고려하여 퀘이커교를 신비적 종교로 자리매김한다. 따라서 퀘이커교는 그리스도교 범주에 있는 매우 신비적인 종파(mystical sect)라고 볼 수 있으며 다만 형이상학적 개념에 기초하기보다는 실존적(existential)인 면에 치중하려는 신비주의라고 하겠다.

3. 퀘이커 신비주의의 구조와 특성

가) 단체적 신비주의

침체되었던 퀘이커교를 현대적으로 해석하여 퀘이커교의 위상을 제고했던 존스처럼 그의 제자 브린튼도 그에 못지 않은 공헌을 했다고 생각한다. 존스가 퀘이커교의 긍정적 자유주의적 측면을 부각시켜서 이 종교에 대한 관심을 불러일으키는데 공헌을 했던데 비해, 브린튼은 퀘이커교의 단체적 신비주의성(group mysticism)과 윤리적 신비주의성(ethical mysticism)을 드러내어 퀘이커교의 특성을 명확하게 보여주었다.

> 동양의 신비주의는 일반적으로 개인주의적이다. 이에 비해 퀘이커교는 그리스도교적인 관념에 근거하는 단체신비주의(group mysticism)라는 데 그 특색이 있다. (…) 종교적 진리가 만일 하나의 운동으로 구현되지 못한다면 그 생기와 전파력을 잃어버리고 만다. (…) 신비주의를 종교 역사상 어떤 위대한 인격에 의하여 나타나게 된 개인적인 현상으로 보아야 한다는 주장은 그다지 설득력이 없다. 특히 철학적 심리학적 견지에서 그렇다. 존스같은 이는 신비주의적 단체에 대해 아주 깊은 관심을 기울였던 특출한 학자이다. 퀘이커교는 단체신비주의의 하나로서 유사이래 가장 오래 계속되어 온 것이다.(Brinton, p.xiv.)

전통적으로 흔히 예배란 혼자서(solitary), 조용히(in silent), 하느님과 개인의 관계를 맺는 것이라고 생각해왔다. 그렇지만 퀘이커교에서는 유기적이고 신비적인 예배를 지향했는데 그 예배란 개인과 하느님 사이의 관계를 통해서 보다는 주를 기다리는 집단(waiting group)을 통해서 더욱 가능하다고 확신했다. 환언하자면, 개인적으로 예배하는 것보다는 단체적으로 예배할 때 하느님의 현존감이 더 높다고 생각한 것이다. 폭스의 사명이 개인 영혼만의 구원이 아니라 사회 구원도 포함하는 것이었기 때문에 내적 그리스도(Inward Christ) 경험은 결코 개인에 머무르거나 고립된 것이어서는 안 되고 반드시 공동으로(communal) 경험해야 한다고 생각한 것이다. 이와 같은 단체 및 공동체의 중요성은 이미 성경에 나와 있기 때문에 우선 성경이 단체성 강조의 근거가 되는데 그들이 자주 인용하는 성경 구절은 "두 세 사람이 나의 이름으로 모이면 내가 그들 가운데 있겠다."(마태복음 18:20)는 것과 고린도전서 12:13, 에베소서 4:3 등이다. 바클레이(Robert Barclay)는 단체로 하는 명상의 효과에 대해 다음과 같은 비유를 들어 설명했다.

> 강철이 강철을 갈듯이 생명 안에서 속으로 한데 모인 사람끼리 얼굴을 서로 대하게 되면, 생명이 끓어올라 이심전심으로 통하는 기회가 일어난다. 또 촛불을 여러 개 켜서 한 곳에 모아두면 빛을 크게 더하여 더욱 빛나듯이 많은 사람이 같은 생명에 함께 모이면 하느님의 영광과 능력이 더욱 크게 나타나서 각 개인은 새롭게 된다.(Barclay, p.280)

성서의 배경과 바클레이의 이론 등에 기초하여 브린튼은 공동체의 중요성을 내세운다. 물론 폭스의 펜들 힐의 경험은 재론의 여지가 없다. 브린튼에 따르면, 모임공동체(meeting community)는 사회 안정의 요소로 특별히 요구되는 것이라고 한다. 국가의 조직은 너무 방대하고 가정은 너무 작은 단위인만큼 상호의 복지에 대해 능동적으로 대처할 크지도 작지도 않은 단체가 필요한데 그것이 곧 종교단체라는 것이다. 퀘이커교가 현대사회에서 살아남은 이유도 공동체적으로 내적 광명을 추구하고 또 연합(unity)에 이르렀기 때문이라고 브린튼은 주장한다. 초기의 퀘이커들은 자기들의 신종교를 전파하기 위해 공동생활을 영위하면서 열심히 전도 여행을 했다. 그런 가운데서도 가족을 돌보아야 했고 특히 동료가 수감될 때 뒷바라지를 해야했다. 그래서 원래의 퀘이커 조직은 느슨했었지만 박해가 자주 따르다보니 조직을 강화할 필요가 생겼던 것이다. 그 결과 1660년경 지방회(local congregations)가 영국에 전국적으로 조직되기에 이르렀고 모임(meeting)이 발생케 되었는데 굵직한 모임으로는 예비모임(preparative meeting), 月會(monthly meeting), 분기회(quarterly meeting), 연회(yearly meeting) 등이 있다. 폭스의 『일지』(*Journal*)를 보면 "~모임(meeting)"이라 표기할 때 그 앞에 '귀중한(precious)', '축복받은(blessed)', '영광스런(glorious)' 등 다양한 복스러운 형용사를 썼던 것으로 보아서 폭스를 비롯한 퀘이커들이 모임을 매우 중시했음을 짐작할 수 있다.

예배모임은 지정된 시간과 장소에서 하느님과 직접 교통할 수 있는 침묵의 원칙하에 이루어진다. 회무처리 모임(business meeting) 역시 예배모임처럼 중요하지만 성격이 약간 다르다. 예배모임에서는 그 초점이 하느님과 사람 사이의 관계에 놓이고, 사무모임에서는 주된 관심이 사람과 사람 사이의 협력에 놓인다. 그러나 이 양자는 불가분리의 관계이다. 왜냐하면 사무모임은 예배모임 후에 시행되고 사무모임이 끝나면 또 간단한 기도가 이루어지기 때문이다. 이 양자를 다르게 표현하면 예배모임은 '존재(being)'에 관한 것이고, 사무모임은 '행함(doing)'에 관한 것이라고 볼 수 있다. 모임에서 가장 중요한 임무를 띤 자는 서기(clerk)로서 모임의 사회자가 되고 의사록을 기록·보존하는 책임을 진다. 결국 모임의 목적은 다른 데에 있는 것이 아니라 주로 예배드리기 위해, 회무 처리를 위해, 애사와 경사를 위해 모이는 것이다.

끝으로 퀘이커교가 단체신비주의라는 것을 여실히 드러내기 위해서는 그들의 집단적 예배방법(퀘이커 예배방법은 자유교회, 즉 침례교, 회중교회, 감리교회의 범주에 들어간다)에 대하여 좀 더 서술할 필요가 있을 것이다. 예배의 본질은 하느님과의 교제를 위해 고요한 가운데 사람들이 함께 모이는 것이다. 이 고요함은 각 개인의 완전한 자유를 보장하는 통합적인 것이지만 다른 한편, 그 고요함에 압도된 사람들 간의 강력한 연대이기도 하다. 퀘이커들은 침묵예배를 하는 가운데 영적 빛을 확신하며 기다리는 단체가 되어 신약성서에 나타난 약속에 모든 것을 걸고 예배(기도)에 돌입하는데 제1단계가 주의 집중, 제2단계는 마음의 안정, 제3단계는 자아집중이다. 따라서 오토(Rudolf Otto)는 퀘이커들의 침묵 예배 속에서 세 가지를 발견했다. 성례전적 침묵, 기다림의 침묵, 연합 혹은 사귐의 침묵이 그것이다. 침묵 가운데 기다리는 예배는 양심을 일깨워서 빈 마음으로 사실에 직면할 수 있도록 한다. 여기에는 걸림돌이 되는 어떤 언어나 추상적 관념이 필요하지 않다. 음악이나 설교, 교독 같은 것도 불필요하다. 이런 경지는 꼭 단독자이어야 가능한 것은 아니다. 오히려 단체모임에서의 하느님 현존감은 개인으로서 느끼는 것보다 훨씬 크다. 침묵기도가 주류를 이루다가 이따금 음성기도(vocal prayer), 성경읽기, 노래부르기가 터져 나온다. 퀘이커들은 바로 여기에서 내적 광명(Inner Light)을 확실히 기대하면서 함께 기다리는 사람들의 공동경험 속에서 신약성서의 영적 실재(spiritual realism)를 재확인하게 된다. 예배에서는 무엇보다도 살아계신 하느님을 직접 체험(first-hand experience of God)하는 것이 극치이다. 그 전형(典型)이 사도행전에 나타난 마가의 다락방에서의 120문도의 오순절 성령체험이다. 이러한 공동체 경험을 계승하고자하는 것이 퀘이커교의 본 의도라고 할 수 있다.

나) 윤리적 신비주의

브린튼은 쉬바이쳐(Albert Schweitzer, 1875-1965년)가 그의 저서 『나의 생애와 사상』(*Out of My Life and Thought*(1949))에서 사용했던 '윤리적 신비주의(ethical mysticism)'라는 용어를 원용하여 퀘이커교의 특성을 설명했다. 쉬바이쳐는 "어떠한 심오한 세계관도 그것이 사람을 무한자와 영적으로 관계시키면 그것은 신비주의이다. 생명에 대한 외경(Reverence for Life)의 관점은 '윤리적 신비주의'다."(Brinton(1973), p.44, 재인용)라고 했다.

그러면 브린튼은 '윤리적 신비주의'를 어떤 의미로 사용했는가? 그에 의하면 윤리적 신비주의란 세상으로부터 물러나 하느님의 영을 받아 새롭게 된 후 다시 세상으로 돌아와 사랑의 삶을 사는 것을 의미한다. 그러므로 퀘이커교의 윤리적 신비주의는 부정적(negative) 측면과 긍정적(positive) 측면을 동시에 포괄한다. 원래 그리스도교 정신은 개인적인 내적 변화와 사회적인 외적 실천을 목표로 하고 있다. 이 점에 대하여 폭스는 두 겹의 관계성으로 잘 설명하였다. 즉 내적으로는(inward) 하느님을 향한 수직적 관계성, 외적으로는(outward) 인간을 향한 수평적 관계성이다. 전자가 神앞에서의 개인 윤리라면 후자는 이웃사이에서의 사회윤리일 것이다. 이러한 관점에서 초기의 퀘이커였던 바클레이(Robert Barclay)는 선행(善行)없이도 구원될 수 있다는 프로테스탄트 신학에 반대하였다. 즉 오직 믿음만이 아니라 행위도 구원에 필요하다는 것이다. 이러한 퀘이커의 주장은 신비경험에 이르는 전제로서 집착으로부터의 해방, 겸손함과 같은 자기수양(淨化)이 요구되고, 신비경험을 통하여 개인이 변화된 후에 재편입의 과정으로 이어지는 사회활동이라는 여러 단계를 종합한다면, 개인의 심성변화와 사회활동이라는 양면에서 신비경험의 도덕적인 요소가 설명되어야 할 것이다.

퀘이커교 윤리는 원칙적으로 감성(feeling)에 바탕을 두고 있지 이성(理性)에 두고 있지 않다는 것이 브린튼의 분석이다. 이 분석은 곧 퀘이커 윤리의 경우, 경험적이고 실천적이라는 의미를 함의한다고 보여진다. 따라서 퀘이커 윤리는 실제로, 보다 구체적이고 실천적임을 발견할 수 있다. 예배모임을 통해 내면의 빛(Light Within)을 경험했다면 그것을 삶의 현장에서 행동(실천)으로 구현해야 한다. 즉 공동체윤리, 평등, 간소, 조화를 생활해야 한다는 것이 브린튼의 분석이다. 퀘이커교 사회윤리의 목표는 불의(不義)를 제거하고 그것 위에 의(義)를 확립하는 일이었다. 이러한 목표를 달성하기 위해서는 사회의 여러 어두운 부분을 치유해야 했었다. 신앙의 자유, 교육 신장, 노예제도의 폐지, 흑인 및 인디언 보호, 정신병원 환경개선, 구호사업, 교도소 혹은 구치소의 환경개선, 사형제도의 폐지, 여성의 보호 및 교육, 대학설립, 경제윤리 확립 등이 그 주된 대상이었다.

퀘이커교는 이처럼 개인윤리, 사회윤리를 균형 있게 강조함에서 더 나아가 세계윤리를 강조했던 바, 세계윤리란 곧 국제 평화사상이다. 폭스의 이상(理想)은 평화(peace)와 조용함(quiteness)이었다. 폭스를 본받아 후에 평화를 특별히 강조하는 교단이 상호 제휴하여 이 방면에 힘을 쏟아왔다. 그들은 퀘이커교, 메노나이트(Mennonites), 형제교회(Church of Brethren) 등이다. 퀘이커의 평화사상의 토대는 우선 성서이다. 특히 요한복음 14:27 "내가 너희에게 주는 평화는 세상이 너희에게 주는 평화와 동일하지 않다."가 중요한 전거가 된다. 아울러 폭스의 가르침 또한 중요한 토대가 된다. 폭스는 일찍이 다음과 같이 당부하였다: "그리스도 안에서 평화롭게 사시오. 아무에게도 해치지 마시오. 타락한 아담에겐 평화가 없었지만 타락이전의 아담에겐 평화가 있었소. 그러므로 평화로운 삶을 사시오. 모든 사람에게 선을 행하시오. 모든 사람의 선과 복지를 추구하시오(Fox, *The Journal*, p. 357)." 이러한 전통에 기초해서 브린튼은 다음과 같이 주장한다.

> 인간은 영적 존재입니다. 그러므로 인간은 영적 힘에 의해서만 변화될 수 있습니다. 하느님은 세상에서 물리적 힘으로 역사하지 않고 불가견적(不可見的)인 영적 힘으로 역사하십니다. 영적 힘은 이해, 협력, 사랑을 산출합니다. 따라서 참 종교는 평화를 지향합니다.(Brinton(1973), p.96)

퀘이커교는 앵글로 색슨(Anglo-Saxon)족 위주의 종교였다고 볼 수 있지만 그것이 한국에까지 전해져 한국의 현대 사상가 함석헌을 통해 퀘이커교의 이념이 한국에서도 조금이나마 펼쳐졌었다. 함석헌은 본래 장로교 신자였으나 일본에 건너가 생활하는 동안 우찌무라의 영향을 받아 무교회주의 신자가 되었다가 사회문제에 대한 그들의 소극적 신앙태도에 만족하지 못하고 사회문제에 대한 관심이 컸던 퀘이커교로 옮기게 되었다. 그 후 브린튼의 영향을 직접 받아서 그것을 생활화하는 가운데 한국민주화 투쟁에 앞장섰던 것이다. 그의 언행은 퀘이커 정신에 따라 철저하게 비폭력적이고 평화적이었다. 우리는 한국인 퀘이커 함석헌을 통해서도 퀘이커적 삶의 전형(典型)을 볼 수 있는 것이다.

다) 보편주의 지향

퀘이커 신앙 중에서 '그리스도의 보편성' 교리만큼 반대를 받아 온 것은 없을 것이다. 이러한 주장은 특히 예정론을 믿는 사람들에게 거부반응을 일으켰다. 이러한 반응에 대해 폭스가 응수했던 성경구절은 "내가 내 영을 모든 육체에게 부어 주리니 너희 아들과 딸들이 예언을 하리라"(행2:17), "모든 사람에게 구원을 주시는 하느님의 은혜가 나타나"(딛2:11), "내가 너희로 이방의 빛을 삼아 나의 구원을 베풀어 땅 끝까지 이르게 하리라"(새49:6), "이 빛은 천하 만민에게 전파된"(골1:23) 등이었다.

바클레이도 빛의 보편성을 반대하는 자들에 대하여 "나도 다른 이름으로는 구원 얻을 것이 없는 줄 안다. 그러나 구원은 문자에 있지 않고 오히려 체험에 의한 깨달음(experimental knowledge)에 있다."라고 변호하면서 많은 사람이 역사적 그리스도의 이름을 들은 일 없이도 "속에 있는 그리스도"에 대한 체험의 깨달음을 가질 수 있다고 설명했다. 펜(William Penn)은 가장 힘써 빛의 보편성을 변호했고 그것 때문에 그의 신학은 이방신학(gentile divinity)이라는 비판까지 들어야 했다. 그는 빛의 보편성에 대하여 다음과 같이 주장했다.

> 맨처음에 그것으로 만물이 창조되었고 사람이 그것을 깨달아 구원에 이르게 되는 그 복스러운 원리, 곧 영원한 말씀은 피타고라스가 말한 위대한 빛, 아낙사고라스의 거룩한 마음, 소크라테스의 선한 영, 티메우스의 스스로 있는 원리, 히에론의 사람안에 있는 하느님, 플라톤의 완전한 진리, 제논이 말한 만물의 창조주, 플로티노스가 말한 영혼의 뿌리, 필로의 거룩한 능력, 풀루타크의 마음의 법칙이다.(Brinton(1994), p.37)

"각 사람의 속에 있는 하느님의 그것(That of God in every man)"이

라는 표현은 폭스가 사용하던 말로써 퀘이커 메시지의 중핵적 진리를 함의한다. 폭스는 이 표현을 수없이 사용했으며 존스는 이 원리 위에 퀘이커가 서 있다고 말하면서 이것을 내적 광명(Inner Light)으로 해석했다. 그러나 베이석은 이것의 해석을 그렇게 단순화 할 수 없다고 보고 해석의 변천에 따라 다의적(多義的)인 것으로 보았다. 베이석에 의하면, 이것에 대한 초기 퀘이커교의 해석은 하느님과 하느님의 뜻에 응답할 수 있는 인간의 능력이었으며, 근대의 해석은 하느님으로부터 온 불꽃(spark) 즉 선의 원천으로부터 온 스스로 지탱하는 불꽃(a self-subsistent spark) 혹은 분리된 실체(entity)가 아니라 하느님과 늘 함께 하는 연속성으로 보았다. 이렇게 본다면 이것은 플로티노스(Plotinus)의 우주론을 닮은 유출설 또는 인간이란 하느님의 일부라는 '만유범재신론(萬有汎在神論, Panentheism)'과 만나게 된다. 만유범재신론이란 하느님은 만물 속에, 만물은 하느님 속에 존재한다는 하나의 신론(神論)이다. 그런데 현대 퀘이커교에서는 이러한 논리를 최근에 그대로 받아들이는 경향이 있다.

바클레이는 인종, 종교에 상관없이 모든 인간이 자신의 구원을 이룰 만한 충분한 분량의 빛을 소유하고 있다고 했다. 이러한 주장이 소위 보편주의(universalism)이며 이러한 주장은 일찍이 청교도들로부터 비난을 받아온 부분이다. 그리고 빛의 보편성의 대표적인 성구는 소위 '퀘이커 성구(Quaker Text)'라는 요한복음1:9 "참 빛 곧 세상에 와서 각 사람에게 비추는 빛이 있었나니"이다. 이것은 그리스도가 곧 만민의 빛이라는 의미를 지니고 있는 것으로 주석된다.

퀘이커 영성의 사명은 "수많은 사람들을 모음(gathering a great people)"이라는 폭스의 펜들 힐(Pendle Hill)경험 속에 나타나 있다. 'great people'은 지구촌의 모든 인간일 것이며 그렇다면 단순히 영어를 사용하던 17세기의 영국인에 국한되는 말이 아닐 것이다. 사실 폭스는 퀘이커들 혹은 영국인에게만 관심이 있던 것이 아니라 그의 선교 대상은 'a great people'이었다. 이와 같은 폭스의 사명을 잘 실천한 사람가운데 한 사람이 바로 한국인 퀘이커 함석헌이었다. 그의 말속에는 보편주의적 주장이 강하게 함축되어 있다.

> 타고르를 읽으면서 보편주의적 입장에 서게 되었지요. 전에는 내놓고 보편주의 이름을 부르지 않았지만 근년에는 어디서 강연을 할 때도 나는 공공연하게 한 종교의 특수성에 사로잡힌 것이 아니라 보편주의에 선 사람이라는 것을 밝히지요. 꼭 기독교에만 진리가 있다든지 그런 입장이 아니라는 말이지요. (…) 그래서 종교의 본질은 하나라는 입장이지요.(『함석헌 전집』 3, p.155)

4. 결 론

17세기 영국의 크롬웰 공화정시대에는 실재(Reality)를 찾아 헤매는 신비가들이 많았다. 이러한 사람들을 구정교도(求正教徒, Seeker)라 했는데 이러한 분위기에서 한 구정교도였던 폭스(1624-1691년)가 일어나 퀘이커 운동을 전개하였다. 퀘이커 운동은 그리스도교의 제2의 개혁을 의도한 것이었으며, 신앙형태는 순수한 그리스도교 신비주의(Christian mysticism)로서 제 14세기의 하느님의 벗(Friend of God) 운동과 비견된다. 폭스의 영성은 제1기의 경우 자신의 『일지』(*Journal*)와 페닝턴(Isaac Penington, 1616-1679년)의 작품에, 제2기의 경우에는 울만(John Woolman, 1720-1772)의 *Journal*에, 현대에 와서는 존스(Rufus M. Jones)의 저작들과 브린튼(H. Brinton)의 저작들 속에 스며들어 계승되어 왔다. 결국 그리스도교 신비주의의 전통을 이어온 것이다. 퀘이커교 밖의 권위 있는 학자들도 퀘이커교가 신비주의임을 자명한 사실로 받아들인다. 예컨대 미국의 실용주의자(Pragmatist)이자 신비가였던 제임스(William James)의 퀘이커교관(觀)의 일단을 들어보자.

> 종교적 천재들은 무아의 경지를 체험했거나 이상한 음성을 들었거나 환상을 본 사람들이다. (…) 이런 경우의 가장 적절한 예가 폭스(George Fox)

일 것이다. 가짜가 팽배하던 시대에 폭스가 세운 퀘이커교는 영적이고 내적인 것에 뿌리를 내렸던 성실한 종교였다. 그리고 그것은 근본적인 복음진리(original gospel truth)에 복귀한 것이었다.(James, p.25)

엘우드(Robert Ellwood)의 퀘이커교에 대한 관점도 눈여겨 볼 필요가 있다.

미국 퀘이커 교도 존스(Rufus M. Jones)는 신비주의를 '하느님과의 관계에 대한 직접적인 인식, 신적 존재에 대한 직접적이고 친밀한 의식(意識)을 강조하는 종교유형, 더 나아가 치밀하고 살아있는 종교'라고 정의(定義)했다. 이러한 개념규정은 분명히 형이상학적이고 가치 있는 가정들에 덧붙여진 것으로서 토마스 아퀴나스가 말한 '체험을 통하여 하느님을 알게 됨'과 일치하고 있다. 그러한 주장은 의심할 여지없이 가장 유신론적(有神論的)인 신비가들(theistic mystics)의 자기이해를 반영하고 있다.(Ellwood, pp.13-14)

퀘이커교는 브린튼의 분석대로 신비주의, 복음주의, 합리주의, 사회적 복음(social gospel)의 4요소를 모두 함축하고 있되, 그 가운데서 신비적인 것이 기본이라고 볼 수 있다.

영국인들은 종파에 대한 애착 및 개인주의 그리고 자유에 대한 열정이 매우 강한 반면 라틴 사람들은 협동을 좋아하는 기질이 강하다고 한다. 그럼에도 불구하고 영국인들의 종교라 할 수 있는 퀘이커교는 단체 및 집단을 아끼고 사랑하는 단체 신비주의를 지향하고 있는데 이것은 독특한 현상으로 보여진다. 고도의 산업사회에서 고독을 느끼며 살아가는 현대인들을 끌어안기에 적절한 종교라고 여겨진다. 또 퀘이커교의 전반적 가르침은 세계긍정으로서 인간의 현주소인 'here and now'를 강조하는데 이것은 퍽 구체적이고 경험적인 삶을 지향하는 것으로서 매우 실존적인 (existential)것으로 보여진다. 신비주의라면 자칫 땅을 망각하고 하늘만 쳐다보기 쉬운데 퀘이커교는 그러한 편파성을 이미 차단하고 있는 것으로 보인다.

신비주의는 그리스도교, 힌두교, 이슬람, 불교, 유태교 할 것 없이 모든 종교가 가지고 있는 공통적 신앙이다. 그렇다면 모든 종교가 신비주의라는 공통 분모를 기초로 종교간 대화의 기틀을 마련할 수 있을 것이다. 퀘이커교는 그리스도교의 한 종파(sect)에 불과하지만 가장 개방적인 종파인만큼 보다 적극성을 가지고 현대의 다원주의 사회 속에서 종교간 대화 및 평화를 주도할 수 있는 위치에 있다고 보겠다. 그리고 욕망과 이기주의가 팽배한 현대사회에서 그들이 지녀온 근검・절약・평등・봉사・평화의 윤리는 참으로 가치 있는 것이므로 그것의 신장을 위해서도 계속 노력해야 할 것이다.

여기까지 퀘이커교는 자타가 공인하는 전형적인 그리스도교 신비주의로서 몇 가지 고유의 특성을 지니고 있으면서 그것들이 인간 사회에 긍정적으로 적용함을 살펴보았다. 특히 본 논문에서는 퀘이커교의 종교사상의 핵이 무엇이고 그것이 어떻게 주장되고 있는가를 고찰하는 가운데, 긍정적이고 자유주의적인 경향, 공동체적이고 윤리적인 경향, 공동체적이고 신비적인 경향, 더 나아가 특수주의보다는 보편주의를 지향하고 있음을 확인하게 되었다.

그럼에도 불구하고 퀘이커 신비주의의 구조와 특성에는 한계점들이 없지 않음을 인지할 수 있었다. 본 연구자의 눈길이 아직 미치지 못한 탓이겠지만, 존스(Rufus M. Jones) 주장의 경우 긍정적이고 자유주의적인 신비주의라고 했을 때 구체적으로 무엇에 대한 긍정이며, 이 경우 부정적 측면은 완전히 배제되는 것인지, 그리고 '자유주의적'이라고 할 때 정치적 의미인지 신학적 의미인지 아니면 기타 다른 의미인지가 명확하게 설명되고 있지 않다는 점이다. 또 브린튼(Howard Brinton)에 따르면, 퀘이커교는 단체적 신비주의라고 했는데 그것이 퀘이커교만의 고유의 특성이 될 수 있을까? 동서고금을 통해서 존재해 온 많은 신비주의가 공동체성을 띠고 있다고 볼 때 다소 견강부회적 측면이 없지 않으며 설득력이 약해 보인다. 퀘이커교가 윤리적 신비주의라는 주장에도 문제가 있을 수 있다. 종교는 그 특성상 신화적이고 형이상학적인 부분이 매우 큰데, 지나치게 윤리를 강조하다보면 종교를 윤리로 환원할 위험성이 따른다. 끝으로 보편주의를 지향하는 것이 또한 퀘이커교의 특성이라고 함으로써 보편과 특수의 문제를 접근한 셈인데 보편의 문제와 더불어 평행선을 달리고 있는 특수의 문제를 어떻게 설명하고 있는지 그에 대한 설명이 많이 보이지 않는다. 보편주의를 내세움으로써 타종교간 대화의 주도권을 잡을 수는 있을지 몰라도 정작 그리스도교 내의 배타주의나 포괄주의와의 대화는 오히려 어려울 것으로 보이는데 이런 문제들은 어떻게 다루어지고 있는지 궁금하다. 한 가지만 더 덧붙인다면 내적광명(Inner Light)에 대한 체험의 경우 그것이 참된 체험인지 그릇된 체험인지의 기준이 무엇인가도 분명하게 제시되어야 할 것이다.

참고문헌

김영태, 『신비주의와 퀘이커 공동체』, 경기도 고양: 도서출판 인간사랑, 2002.
『함석헌 전집 3, 한국 기독교는 무엇을 하려는가』, 서울: 한길사, 1983.
『함석헌 전집 15, 말씀/퀘이커300년』, 서울: 한길사, 1986.

Fox, George, *The Journal of George Fox*, ed. John L. Nickalls, London: Religious Society of Friends, 1986.

Alexander, Howard, *George Fox and the Early Quakers*, Richmond, Indiana: Friends United Press, 1986.

Brinton, Howard H., *The Religious Philosophy of Quakerism*, Wallingford, PA.: Pendle Hill Publications, 1973.

Brinton, Howard H., *Friends for 300 Years*, Wallingford, PA.: Pendle Hill Publications, 1994.

Barclay, Robert, Barclay's *Apology,* Newberg, Oregon: The Barclay Press, 1991.

Ellwood, Robert, *Mysticism and Religion*, Englewood Cliffs, New Jersey: Prentice-Hall, 1982.

Jones, Rufus M., *Studies in Mystical Religion*, London: Macmillan and Co., 1909.

James, William, *The Varieties of Religious Experience*, New York: Macmillan Publishing Company, 1961.

Penn, William, "Preface to George Fox Journal" in *Journal of George Fox*,.

Underhill, Evelyn, *Mystics of the Church*, London: James Clarke Co., 1975.

이슬람의 수피즘

황 병 하
조선대 아랍어과 교수

목차

1. 이슬람 사상의 근원

초기 이슬람 사상은 이슬람 역사 초기 5세기 동안(7세기-12세기) 형성되었다. 이 기간 동안 이슬람 사상은 이슬람의 팽창주의와 내부의 정치적 변화 그리고 이성과 철학의 유입으로 많은 변화를 겪었다. 이후 이슬람 사상은 이성주의 사상과 페르시아 사상과 대결을 벌인 후 전통주의 사상으로 단일화되고 논리적으로 체계화되었지만, 상황이 급변할 정도로 중대한 변화를 겪지는 않았다.

이슬람 사상의 첫 번째 근원은 코란(꾸란)이다. 무슬림들은 코란을 예언자 무하마드를 통해 인간에게 계시된 신의 말씀이라고 믿는다. 무슬림들이 기독교인들의 주기도문처럼 사용하고 있는 코란 제1장 개경장에는 무슬림들이 인간 생활에서 신의 실체를 인정하고 상기할 수 있는 내용들이 담겨있다.

무슬림들은 코란을 고귀한 성서로 간주하고 있으며, 아랍어를 비교 대상이 없는 최고의 언어로 간주하고 있다. 아랍어 코란의 복사(필사)는 자비와 자선의 행위로 간주되었으며, 신분과 계급을 초월하여 모두 무슬림들이 염원하는 일이었다. 코란을 배우는 것은 어린아이들이 아랍어를 이해하느냐의 여부에 상관없이 무슬림 교육의 통상적인(전형적인) 출발점이었다. 신의 말씀인 코란은 3대 칼리파 오스만 시기에 처음으로 완전하게 집대성되었으며, 코란 필사본은 여러 주요도시로 보내졌다. 하지만 아랍의 전통적인 전달 방식은 구전이었으며, 그 대표적 장르는 시(운문)였다. 코란 필사본이 일반화되고 대중화되자 그 의미에 대한 해석 작업이 다양하게 진행되었다. 그 결과 코란의 해석 방법은 당시의 대표적인 논쟁거리였다. 코란을 해석하는 대표적 방법에는 순니파의 문자적 해석(왜, 어떻게 라는 의문 불허)과 시아파와 무으타질라파의 내면적 의미에 대한 은유적 해석방법이 있다.

이슬람 사상의 두 번째 근원은 예언자의 말과 행위에 대한 기록이었다. 이슬람에서 예언자는 무슬림의 완벽한 생활 모델이었다. 그의 말과 행동은 순나이다. 이 순나는 예언자의 관례 또는 관행이다. 순나의 개별적 언급은 하디스이다. 하디스는 다음과 같이 시작한다. "누구든 한 사람을 모방하는 자는 그들에게 속한다." 시간이 지나면서 하디스는 수만 가지에 이를 정도로 다양화되었다. 하디스는 당시의 법적, 정치적, 신학적 입장들을 지지해 주기 위해 고안되었다. 따라서 9세기와 10세기에 사람들은 하디스를 수집하기 위해 무슬림 세계 전역을 돌아다녔다. 이들은 예언자 시기로부터 하디스의 전달 계통이 정확하고 건전한 지의 여부와 그 내용이 코란과 순나에 합당한 지의 여부를 분석한 후 하디스를 건전한 것(sahih), 인정하는 것(hasan), 신빙성이 약한 것(dayf) 등으로 구분하였다. 이런 과정을 거쳐 6개의 하디스 모음집이 공식적으로 인정되었으며, 그중 부카리(Bukhari: d. 870)와 무슬림 (Muslim: d. 875)의 하디스 모음집은 가장 권위 있는 것으로 인정되었다. 하지만 서로 다른 종교 운동들은 서로 다른 하디스들을 만들어 냈다. 예를 들어 시아파는 알리와 그의 추종자들을 통해 전달된 하디스만을 인정하였다.

서구 학자들과 일부 무슬림 현대주의자들은 하디스의 신빙성에 대한 의문을 제기하기도 하였다. 그럼에도 불구하고 하디스는 이슬람 공동체의 성격을 규정하고 순니파 세계의 종교행위를 동일한 형태로 발전시키는데 중요한 역할을 담당하였다. 무슬림 공동체가 외부의 위협을 받았을 때 그 위협을 극복하고 전통을 준수하도록 공동체를 이끈 것은 하디스였다.

코란과 하디스의 지침은 이슬람법인 샤리아(sharia)에 실질적 형태로 요약되어 있다. 이 용어는 '물에 이르는 길' '물의 원천지' '올바른 길'이라는 의미를 지니고 있다. 이 길은 인생의 근본에 이르는 길이었다. 샤리아는 무슬림들이 사회적, 정치적 문제에 직면했을 때 신의 말씀이나 예언자의 본보기로부터 합리적인 행동 강령을 도출하기 위한 시도로부터 유래되었다. 이슬람의 4대 법학파는 하나피파(Hanafi), 말리키파(Maliki), 샤피이파(shafii), 한발리파(Hanbali)이다.

코란과 하디스가 확고한 지침을 제시해 주지 못하는 법적 문제가 제기되었을 때 대부분의 울라마(종교학자)는 끼야스(qiyas)로 방향을 선회하였다. 끼야스란 유추에 의한 결정과 이전의 유사한 문제에 내려진 결정에 근거한 원칙을 적용하는 것을 의미한다. 시간이 흐르면서 법적인 문제가 복잡해지자 공동체의 합의인 이즈마(ijma) 원칙도 적용되기 시작하였다. 이슬람 공동체에서 법률 전문가들이 어떤 문제에 합의하게 되면, 그 합의는 계시와 동일한 권위를 가지게 되며, 이 문제에 대한 새로운 개념의 제기는 금지되었다. 지속적으로 많은 법적 문제들이 이즈마에 의해 보강되었으며, 개인적 판단(이즈티하드)이 적용되는 영역은 점차 감소되었다. 10세기 중엽 대부분의 학자들은 이즈티하드의 문호가 폐쇄되었다고 선언하였다. 이후 이즈마에 도전하는 방식으로 의미가 재해석되는 경우 변혁(혁신)의 행위인 비드아(bid'a)로 간주되었다. 비드아라는 개념은 기독교의 이단의 개념과 유사하였다.

2. 수피즘의 등장 배경

헬레니즘 전통으로부터 이슬람에 전달된 가장 중요한 사상의 형태는 철학이었다. 그리스 철학은 이성과 논리와 자연의 법칙을 강조하였다. 이성과 논리는 무으타질라파(Mutazilites: 이탈한 자들)에 의해 신학적 목적에 사용되었다. 이들은 신의 속성과 지위에 대한 논쟁에서 우상숭배자의 이론, 마니교의 이원론, 기독교의 삼위일체에 대항하여 신의 절대적 유일성과 초월성을 주장하였다. 이들은 코란에 언급된 신의 속성들은 신의 일부분인가 아니면 단지 은유적 표현인가? 코란은 신의 본질의 한 부분인가 아니면 창조되어졌는가? 인간의 생애는 이미 예정되어 있는가, 아니면 인간은 도덕적으로 자신의 행동에 대해 책임을 져야 하는가에 대한 해답을 추구하였다. 코란의 문자적 진리를 믿었던 많은 무슬림들은 위 질문에서 전자의 입장을 취했지만, 철학적 통찰력을 인정했던 무으타질라파는 후자의 입장을 취했다. 이로 인해 8-9세기 동안에 두 가지 신학적 입장이 등장했는데, 그 중 하나는 신은 계시를 통해서 이해될 수 있다는 입장이었고, 다른 하나는 신은 이성을 통해서 이해될 수 있다는 입장이었다.

이러한 상반된 입장 사이에서 절충적 교량 역할을 한 학자는 알-아쉬아리(al-Ashari: d. 935)였다. 바스라(Basra)에서 저명한 무으타질라파 신학자의 제자였던 알-아쉬아리는 라마단 단식기간동안 꾼 꿈에 의해 반대 입장으로 전향하였다. 그는 코란의 문자적 진리를 강조하였지만, 절충적 방식을 동원하여 이성으로 자신의 입장을 정당화하였다. 역사를 통해 아쉬아리가 취한 이성과 계시의 절충론은 고전적 순니 신학 체계 확립에 그대로 전수되었다. 아쉬아리의 업적은 이슬람 사상의 주류를 형성했던 이성주의적 입장에 제한을 가하였다. 하지만 이것으로 철학적 사고가 끝난 것은 결코 아니었다. 실제로 초기 역사에서 그리스 철학에 관심을 기울였던 이슬람 문명은 일련의 저명한 철학자들을 배출하였다. 그 중에는 아랍의 철학자로 알려진 알-킨디(al-Kindi: d. 870), 투르키스탄 출신의 알-파라비 (al-Farabi: d. 950), 의사 겸 공무원이었던 이븐 시나(Ibn Sina, Avicenna: d. 1037), 의사 겸 알모하드(Almohad) 궁정의 재상이었던 이븐 투파일(Ibn Tufayl: d. 1185), 그리고 이븐 투파일을 계승했던 이븐 루슈드(Ibn Rushd, Avarroes: d. 1198) 등이 포함되었다. 이들이 주장한 내용들은 대다수 전통주의 신자들에 의해 인정되지 않았다. 철학적 사상은 무슬림 문명의 변방에서 겨우 명맥을 유지하였으며, 무슬림 세계 내부보다도 무슬림 세계가 사상을 전달한 중세 유럽에 더 많은 영향을 끼쳤다.

전통주의와 이성주의에 이은 이슬람 사상의 세 번째 흐름은 수피즘이다. 샤리아가 신과 무슬림 사이의 공식적 관계를 명시하고 있다면, 수피즘은 어떻게 명상과 마음으로 신을 인지할 것인가에 대해 무슬림들에게 가르쳐 주었다. 수피들은 신과 직접적이고 개인적인 경험이 가능하도록 고안된 방식으로 신에게 접근했으며, 코란에 근거한 방식으로 영적 삶을 영위하였다. 코란에는 “신은 인간의 영혼이 그 안에서 무엇을 속삭

이는지 알고 있으며, 나는 정맥보다 더 가까이 그에게 있다."(50:16), "만약 나의 종들이 나에 대해 너(예언자)에게 묻는다면 나는 가까이 있도다."(2:186), "나는 목의 동/정맥보다 더 가까이 있도다."(50:15), "너희가 돌아서는 어느 곳에서나 신의 얼굴이 있노라."(2:115)라고 적혀있다. 수피즘이 코란과 예언자의 순나의 영향을 받아 무슬림 신앙의 독특한 형태로 발전할 수 있었던 것은 한편으로 아랍 무슬림들이 기독교인이나 자신들이 정복한 지역의 다른 신비주의적 전통들과 접촉했기 때문이며, 다른 한편으로 다마스쿠스에 있는 우마이야조 궁정의 도덕적 방종과 세속성에 반대했기 때문이다.

수피즘은 아랍어 수피(ṣūfī)에 영어 이즘(ism)이 합쳐진 용어이다. 아랍어 수피는 신비주의자, 수피야(ṣūfīyah)는 신비주의 집단을 의미한다. 수피의 어원에 대한 견해는 다양하며, 수피즘의 기원에 관한 견해도 다양하다. 수피즘의 어원에 대한 대표적 주장들은 다음과 같다.

- 아스하브 알 수파(aṣḥāb al-ṣuffah)/아흘 알 수파(ahl al-ṣuffah: 소파/의자의 사람들)

이슬람 초기 무하지룬(muhājirūn, 이주자) 중 일부는 메디나에 건설된 나바위(Nabawī) 모스크에서 생활했다. 이들은 모스크 현관의 긴 의자에 앉아 생활했기 때문에 aṣḥāb al-ṣuffah(긴 의자의 사람들)라 불렸다. 이들은 명상과 대화를 통해 경건하고 검소한 신앙생활을 했다. 따라서 이 용어의 ṣuffah(긴 의자)에서 수피라는 용어가 파생되었다는 견해이다. 이와 같은 견해는 수피즘의 기원을 이슬람 초창기에 두려는 학자들에 의해 제기되었다. 이 견해는 이 용어의 사용 시기 문제로 무리가 따른다. 쉬합 알딘 수흐라와르디(d. 1234)는 유명한 수피즘에 관한 저서 『수피즘의 기본요소들(`Awārif al-mawārif)』에서 aṣḥāb al-ṣuffah라는 용어가 그들 당대에는 사용되지 않았으며 쿠란에서는 이들에 대해 muqarrabīn(신에 가까이 있는 자들), ṣābirīn(인내하는 자들), abrār(덕망 있는 자들), zuhhād(경건한 자들) 등의 용어가 사용되었다. 알리샤는

aṣḥāb al-ṣuffah는 용어는 최소한 무함마드 사후 2세기가 지난 9세기 초반부터 사용되었다고 말했다.

❑ 사프 알 아우왈(ṣaff al-awwal: 첫째 줄)

수피들은 신의 뜻대로 행동해 온 사람들이기 때문에 최후의 심판 일에도 가장 앞줄에 선다는 생각에서 내세운 견해이다.

❑ 바누 알 수파(banū al-Ṣūfa: 수파 족)

수파 족은 아랍부족 가운데 무다르(Muḍar) 족의 한 갈래이다. 이슬람 이전인 무지의 시대(Jāhiliyah)에 메카의 카바 신전을 관장하는 업무가 수파 부족에게 맡겨졌다. 절대신을 위해 인간에게 봉사했던 종족이라는 점에서 수피즘의 행동과 유사하다는 것이다.

❑ 사파위(ṣafawī: 깨끗한)

수피라는 단어가 safawī(깨끗한)라는 단어에서 파생되었다는 주장이다. 수피들의 정신과 마음이 순결하고 깨끗하다는 데에 착안한 주장이지만 지나친 비약이다.

❑ 소피아(Sophia: 지혜)

신비주의 집단을 의미하는 수피야(ṣūfiyah)가 지혜를 의미하는 그리스어 소피아(sophia)에서 차용되었다는 주장이다. 이러한 주장은 서구 학자들 뿐 아니라 일부 무슬림 학자들에 의해서도 제기되고 있다. 19세기 말의 터키 언어학자 샴수딘 사미(SHAMS AL-DĪN SĀMĪ)는 자신의 저서 『터키어 대사전(Qāmūs al-Turkī)』의 타사우프 항목에서 '양모를 의미하는 ṣūf에서 차용되었다고 하지만 더 정확히는 지혜를 의미하는 그리스어 sophia에서 차용되었다'고 기록하였다. 서구 학자들은 수피즘의 기원을 그리스 철학에 두고 있으며, 특히 신 플라톤 사상에서 영향을 받았다고 주장한다.

그러나 대부분의 무슬림 학자들은 이를 부정한다. 그리스의 고대 철학 서적들이 아랍어로 번역되어 이슬람 세계에 소개되기 훨씬 이전부터 수피즘의 전통이 이슬람에 존재하고 있었다. 사실 최초의 수피들로 알려진 말리크 빈 디나르(Malik b. Dinar)나 여성 수피 라비아 알-아다위야(Rabia al-Adawiyah, d. 801)는 8세기에 생존했던 인물들이며, 중앙아시아의 호라산 지역에도 샤끼끄 발히(Shahiq Balkhi, d. 810)나 푸다일 이야즈(Fudayl b. Iyaz, d. 803) 등과 같은 수피들이 이미 8세기 후반부터 활약했다.

반면에 그리스 철학서들이 아랍어로 번역되기 시작한 것은 압바스 조의 칼리파 마으문(Khalifah Ma'mun, 813-833 재위) 시대이며, 그리스 서적의 번역에 몰두했던 파라비(Farabi, d. 950)는 10세기 중반의 인물이다.

물론 그리스 철학이 10세기 중반 이후 이슬람 사상에 지대한 영향을 준 것이 사실이다. 그러나 그리스어 sophia가 아니라 “지혜를 사랑하는 것, 즉 철학”이라는 의미의 philosophia가 차용되어 아랍어에서 falāsifah가 되었으며, 철학자는 faylasūf가 되었다.

❑ 수프(ṣuf: 양모)

양모/양털이라는 의미를 갖고 있는 수프라는 단어에서 파생되었다는 견해이다. 이 견해는 일반적으로 가장 타당하고 객관적인 주장으로 간주되고 있다. 무색의 양모로 만든 외투를 걸치는 것은 당시 죄를 뉘우치기 위한 행동의 상징이었다. 수피 전기 학자들에 따르면, 양털 옷이란 양털 실로 거칠게 짠 외투라고 하며 말리크 디나르, 우트바(Utba), 수프얀 사우리(Sufyan Thawri, d. 778) 등과 같은 수피들이 이러한 외투를 자신들의 공식 의복으로 받아들였다고 한다. 수흐라와르디는 예언자 무함마드도 양털 옷을 즐겨 입었으며, 그 이후 고행자들이나 금욕주의자들이 이를 따랐다고 전한다.

칭호와 관련하여 수피라고 불린 최초의 인물들은 8세기 후반 독특한 금욕주의 신앙을 갖고 있던 쿠파 출신의 시아 연금사 자비르 빈 하얀(Jabir b. Ḥayyan, d. 815)과 역시 쿠파 출신의 아부 하쉼(Abu Hashim) 등이다. 수피라는 용어를 하나의 집단에 사용하기 시작한 것은 9세기 초이다. 즉, 알렉산드리아에서 소규모의 반란을 일으켰던 수피야(Ṣūfīyah)라는 집단으로 반 시아파적 경향을 띠고 있었다. 9세기의 뛰어난 수피 이론가 무하시비(al-Ḥarith b. Asad al-Muhasibi, d. 837)에 따르면 이 집단의 마지막 지도자는 초식으로 생활했던 압닥 알-수피(Abdak al-Ṣufi, d. 825)였다. 따라서 수피라는 용어가 최초로 사용되기 시작한 곳은 이라크 지방의 쿠파라고 볼 수 있다. 그 후 약 50년도 채 못 되어 이라크 지방 전역으로 이 용어의 사용이 확대되었으며, 약 2세기 후인 10세기 말에는 호라산 및 북아프리카 지역을 포함한 이슬람 전역에서 광범위하게 사용되었다.

이슬람의 수피주의자들은 다양한 용어로 표현되었다. 일반적인 용어인 수피 또는 수피야(ṣūfiyyah) 이외에도, 현세와 욕망을 끊고 떠돌아다녔기 때문에 여행자들(sayyāḥūn), 적은 식사로 만족한 사람들이기 때문에 굶는 자들(jū'iyyah), 물질적 욕망을 탐하지 않았기 때문에 빈자들(fuqarā'), 떠돌아다니며 동냥생활을 했기에 탁발승(darwish), 사막을 방황하며 동굴에서 독신 생활을 했기 때문에 격리된 자들(shekāftiyyah)이라고 불렸다.

결론적으로 수피라는 단어는 아랍어인 수프(양털)에서 유래되었다는 견해가 가장 타당한 견해이며, 수프라는 단어는 세속주의자의 풍요로운 의상과 대조적으로 신비주의자들에 의해 사용되었던 단순한 양털직물을 의미하였고, 수피야(수피 집단)라는 용어는 8세기경부터 생겨났으며, 신비주의적 행동의 수도자들을 수피라 불렸음을 알게 되었다. 이후 수피라는 용어는 영적 체험을 통해 신비적 직관과 지식을 터득한 신비주의자에게 적용되었다. 수피의 길에 들어선 초심자들은 무타사우위프(mutasawwif)라 불렸으며, 수피주의는 타사우우프(tasawwuf)라 불렸다.

수피즘의 첫 번째 근원은 코란에 근거한 신과 신의 심판에 대한 두려움이었다. 이와 관련하여 하산 알-바스리 Hasan al-Basri(725년 사망)는 다음과 같이 말했다. "신자는 슬픔으로 잠에서 깨어나고 슬픔으로 잠에 들었다. 신자는 항상 슬픔에 젖어 있었다. 왜냐하면 신자는 두 가지 두려움 사이에 있었기 때문이다. 그중 하나는 이미 지나가 버린 죄였다. 그는 신이 그에게 어떻게 할 지 아무 것도 모른다. 그의 죄에 대해 그는 어떤 재앙이 그에게 떨어질 지 아무 것도 모른다." 9-10세기 무슬림들은 코란과 순나의 규범적 종교생활에 만족했으며, 이슬람 종교의 명령과 가르침인 샤리아의 실천을 중시하였다. 이들에게 샤리아란 현재의 삶을 종교적으로 살아가게 하는 지침이었으며, 내세를 준비하기 위한 진리의 교본이었다. 하지만 법학자들과 종교학자들은 이슬람 종교의 실천을 지나치게 강조했으며, 모스크 중심의 생활로 무슬림의 생활을 정형화시키고 한정시켰다. 하지만 이에 반발하여 자발적이고 자유로운 삶과 영적인 삶을 염원하는 신자들(신비주의자들)이 생겨나기 시작했다. 더욱이 우마이야조와 압바스조의 부와 풍요와 세속적 삶은 이들의 영적 삶과 체험에 대한 욕구를 더욱 증폭시켰다. 이들에게 샤리아는 메마르고 정형화되고 틀에 박힌 구속된 삶의 틀에 불과했으며, 신께 가까이 다가가려는 이들의 열망을 충족시켜주기에는 부족했다. 이들은 인간적이고 친근하며 살아있는 신을 원했다. 수피들이 기존의 샤리아적 삶에 만족하지 못하고 새로운 신비로운 방식을 통해 신께 가까이 다가가려는 길은 바로 따리까(tariqa)였으며, 이는 수피 종단으로 발전하였다. 샤리아와 따리까는 둘 다 길을 뜻하지만 샤리아가 법체계로서 정형화된 외형적 길을 의미한다면, 따리까는 무슬림 신앙의 내부에 존재하는 다양한 해석이 가능한 내면적 길이다. 이슬람에서는 의무적인 실천을 요구하는 샤리아(큰 길)가 따라까(작은 길)보다 우선한다. 일부 수피들은 종교적 실천행위들이 신비적 직관이나 신과의 합일에 이르기 위한 영적 도정에서 자신들을 분리시켜놓는 장막이라고 간주하였다. 이에 대해 샤리아를 중시하는 정통주의 무슬림들은 수피사상의 진실성에 의구심을 가지며 수피사상을 정도로 인정하지 않는다.

수피즘의 영감과 교리의 두 번째 근원은 예언자 무함마드의 순나였다. 코란에는 "실로 너희에게는 신의 사자가 훌륭한 본보기이니 이는 그가 하나님과 최후심판의 날을 경외하는 자이고, 하나님을 자주 기억하는 자이기 때문이다."(33:21)라고 적혀있다. 수피들은 코란에 몰입하여 살았던 예언자의 삶의 방식에서 하나의 본보기를 얻었으며, 그의 영혼을 완벽한 모델로 삼았다. 또한 무함마드가 경험한 미으라즈(mi'raj: 밤의 여행)는 수피들이 염원하는 신비로운 영적 체험 그 자체였다. 이와 함께 수피들은 하디스 중 무함마드의 금욕주의적 가르침과 실천을 중요시하였다. 한편 일부 급진적 수피들은 "나를 본 자는 신을 본 것이다." 라고 말하며 예언자를 인간 이상으로 여기며 신과 동일시하기도 하였다. 무함마드가 신에게 다가가는 특별한 안내자라는 믿음은 무함마드의 빛(조명) 이론으로 발전하였으며, 시아 이맘의 신적 속성 보유 이론(이맘은 신의 일부분이라는 주장)으로 이어졌다.

3. 수피즘의 발전 과정

수피즘의 기원과 이슬람 초기 수피 생활에 대한 외래문화의 영향에 대해서는 다양한 의견과 논쟁이 제기되고 있다. 이러한 논쟁에도 불구하고 무슬림 학자들은 무함마드의 수피적 생활에 관심을 기울였다. 무함마드의 수피적 생활은 청빈과 검소와 금욕 정신에서 출발하였다. 무슬림들은 예언자 무함마드의 청빈하고 검소하고 금욕적인 생활이 수피즘의 모델이 되었다고 말한다. 하지만 초창기 무슬림들의 수피적 생활은 이슬람 정복과 확장과정에서 파생된 물질적 풍요에 대한 반발에서 기인했다고 볼 수도 있다.

예언자 시대에 이어 정통 칼리파 시대까지는 이슬람 초기의 청빈하고 검소한 생활 태도가 유지되었다. 그러나 3대 칼리파 오스만 시대부터 전쟁승리로 인해 나타나기 시작한 아라비아 반도의 물질적 풍요는 우마

이야 시대에 이르러 광범위한 지역으로 확산되었다. 이슬람의 팽창정책과 함께 무슬림들은 점차 예언자의 가르침이나 검소한 이슬람 정신을 망각하였으며, 세속적인 이익과 물질적 풍요에 빠져들기 시작했다. 이에 실망한 무슬림들은 물질세계에서 자신을 버리고(fanā'), 정신세계에 자신을 영원히 존속시킴으로써(baqā') 최후의 심판과 내세를 대비하자는 정신 개혁운동을 전개하기 시작했다. 이 시기는 무슬림 개개인이 개인적인 차원에서 금욕생활을 실행했던 시기였다. 따라서 이 시기에는 아직 수피나 타사우우프라는 용어가 등장하지 않았을 뿐만 아니라 수피즘의 원리원칙에 대한 신학적 이론도 체계화되지 않았다. 이 시기에는 수피라는 용어 대신 고행자(zuhhād) 혹은 헌신자(nussāq) 등의 용어가 사용되었다.

수피들은 무함마드, 아부 바크르, 오마르, 알리의 금욕적 삶에서 귀감을 얻었다. 이와 함께 수피들은 하산 알-바스리(d. 728)를 수피즘의 선구자로 간주하고 있다. 하산 알-바스리가 등장한 시기는 무으타질라파가 등장한 시기와 일치하며, 이성과 철학과 논리에 대한 연구가 본격적으로 활성화된 시기였다. 그는 예배와 연구에 몰두하였으며, 금욕과 절제의 삶을 실천하였다. 학문적으로 그는 이슬람 신학(kalam)의 대가였으며, 정통주의 순니 세계와 무으타질라파에 의해 가장 존경받은 신학자였다. 순니 학자들은 그를 신비주의자가 아닌 금욕주의자로 간주하였으며, 무으타질라파도 그를 금욕주의자로 간주하였다. 초기의 금욕주의자들 중에는 코란 독송가(까리: qari')도 있었다. 이들은 코란을 낭송하며 감동하여 울기도 하였으나, 이슬람에서 과도한 금욕주의는 근본이 아니었다. 이러한 과도한 금욕주의 문제는 정통 순니와 수피즘의 갈림길이었다.

하산 알-바스리가 신에 대한 두려움이나 경외의 금욕주의적 실천자라면, 라비아 알-아다위아(d. 801)는 신에 대한 사랑을 실천한 여성 수피였다. 그녀가 등장한 시기는 무으타질라파 사상이 전통주의 사상과 대결을 벌이던 혼란의 시기였다. 그녀는 신에게 다음과 같이 말했다.

'나는 두 가지 사랑으로 당신(신)을 사랑합니다. 그 하나는 나의 행복의 사랑이요 다른 하나는 당신에게 합당한 당신을 사랑하는 완벽한 사랑입니다.' 그녀는 세속에 물들지 않는 독신생활을 하면서 엄격하고 금욕적이었으며 예배와 기도 속에서만 신비주의의 길을 찾았다. 신에 대한 그녀의 사랑은 "신에 대한 사랑 때문에 나는 사탄을 증오할 겨를도 없습니다." "알라에 대한 사랑이 너무 깊기 때문에 다른 사람을 사랑할 겨를이 없습니다."라는 구절에 잘 묘사되어 있다. 그녀의 신에 대한 사랑은 수피즘의 영적 체험 중 하나인 사랑(mahabba) 단계의 교본이 되었다.

이슬람 사회가 사상적 혼란을 겪고 있던 시기에 수피즘에 이르는 두 가지 방법이 개발되었다. 하나는 황홀경에 빠진 도취된 방식(무아지경 방식)이었으며, 다른 하나는 냉정함을 유지하는 건전한 방식(금욕주의 방식)이었다. 이러한 방식을 취했던 사람들은 공통적으로 절제, 금욕, 부족, 결핍을 통해 신에 의지하였다. 하지만 도취된 방식을 택한 사람들은 자아가 소멸되고 신에게 완전히 흡수되는 마지막 단계에 다다르면서 코란과 샤리아를 무시하기도 하였다. 이러한 입장을 취한 대표적 인물은 알-할라즈(al-Hallaj: d. 922)였다. 그는 인도 북부와 중앙아시아에서 수피 메시지를 전파하였는데, 신과의 합일을 주장하면서 '내가 곧 진리다.'라고 선언하였다. 이로 인해 그는 바그다드에서 칼리파에 의해 처형되었다.

바스라와 쿠파를 중심으로 발전한 금욕주의 수피즘의 중심지는 9세기 초 바그다드로 이동하였다. 대표적 인물인 하리스 븐 알-무하시비(781-857)는 무으타질라파의 일원이었으나, 신비로운 영적 체험을 겪은 후 수피가 되었다. 그는 진실한 무슬림은 신에게 의지해야 하며, 내면의 눈을 뜨고, 자아의 움직임을 감시하며, 마침내 자아를 소멸시켜야 한다고 말했다. 그의 이름인 무하시비는 '자신에 대한 심문자'(muhasibi)에서 유래되었다. 그의 금욕주의와 신비주의를 계승하여 수피즘을 이론적으로 체계화한 사람은 알-주나이드였다.

알-주나이드(al-Junayd: d. 911)는 고전주의 수피즘의 대표적인 인물이었다. 그는 순수한 전통주의 수피즘의 선구자로 알려져 있었으며, 독심술의 대가였다. 그는 수피즘을 자아를 죽이고 신 가운데에서 다시 살아나는 것이라고 정의하면서, 단순한 자아 소멸(파나; fana')로는 충분치 않다고 주장하였다. 그에 의하면 자아는 여전히 현실세계에서 찾고 견뎌야 할 대상이며, 진정한 자아 소멸은 오직 코란과 샤리아에 합치하는 생활을 통해 달성될 수 있었다. 코란에는 "땅 위의 모든 것은 소멸하지만, 너의 주님의 얼굴은 남아 있도다."(55:27)라고 적혀있다. 그는 황홀경에 빠지는 극단적 경향을 비난하였고, 순니 신학자들에게 코란과 하디스와 샤리아의 준수를 바탕으로 하는 순수한 수피즘을 제시하였다. 그의 수피즘은 현세의 덧없음을 포기하고 신과의 합일, 즉 파나를 통해 영성을 체험하는 것이었다. 그의 활동 시기는 바그다드의 무으타질라 세력이 붕괴된 직후, 즉 한발리파 순니 정통주의가 등장한 시기였다. 그는 순니 사상과 수피 사상의 절충과 융합을 시도했으나, 수피들은 여전히 순니파의 비난의 대상이 되었고, 일부 급진적 수피들은 이단으로 간주되었다.

형식화된 전통주의 순니 신학의 엄격성과 배타성과 경직성으로 인해 관용과 타협의 여지가 없음을 알게 된 급진적 수피들은 신비로운 영적 체험이라는 대안을 제시하였다. 하지만 주나이드는 여전히 이슬람의 기본 의무와 샤리아의 준수를 강조하였다. 하지만 그의 전통 수피주의는 새로운 급진적 사상의 도전을 받았다. 신과의 직접적 교통과 신비로운 체험이 샤리아보다 우선한다는 사상은 수피즘을 극단으로 몰고 갔다. 이 사상은 말라마티야라 불렸다. 아랍어 말람(malaam: 비난, 질책)에서 유래된 이 사상은 오로지 신과의 내면적 교통을 갈망하면서 칭찬이나 인정을 부담스러운 것으로 간주하였다. 일부 과격파는 샤리아에 대한 복종을 거부하고 불쾌하고 흉측한 행위(대중 앞에서 소변보기)도 마다하지 않았다.

극단주의 경향의 수피즘은 알-비스따미와 알-할라즈에 이르러 절정에 달했다. 알-비스따미는 자신의 영혼 속에서 신을 발견하고 "나에게 영광이, 나의 권위는 얼마나 위대한가!" "내가 당신이고 당신이 나입니다."라고 외쳤으며, 알-할라즈는 "내가 곧 진리이다."라고 외쳤다. 이렇듯 9세기 경 수피즘은 전통보수주의 순니파의 종교적 비난 강도가 강해지면서 극단과 급진적 논리로 진행되었다.

10-11세기 경 이슬람 사회가 정치적 경쟁관계로 돌입하자 각 정치세력들은 이슬람에 다양한 사상들을 섞어 놓았다. 압바스 조 칼리파 제국이 쇠퇴하자 중동 전역에서는 시아파 왕조가 등장하였다. 시아 열두 이맘파는 종교 전파(개종)에 별 관심을 기울이지 않았던 반면, 이스마일파는 이슬람의 위대한 전도사들이었다. 이집트의 이스마일파 파티마조의 통치자들은 북아프리카로부터 중앙아시아와 아프가니스탄에 이르는 광범위한 지역으로 이슬람을 전파하였다. 이집트 파티마조의 시아파 세력은 단순하게 순니 통치나 지배에 대한 도전의 의미가 아니었으며, 헬레니즘 문화의 재생과 발전 가능성을 이슬람 지역으로 전파시켰다.

이러한 시아파의 도전에 순니 이슬람은 바그다드를 중심으로 강력하게 반발하였으며, 그 중심 세력은 이슬람 사상의 발전에서 이성주의 학문과 내면적 해석을 결코 허락하지 않았던 전통보수주의 한발리 법학파의 추종자들이었다. 한발리파는 이슬람 내부 긴장의 중심부에 있었다. 이들은 아쉬아리파와 같은 이성주의 신학파의 영향에 더 이상 관심을 기울이지 않았다. 이러한 긴장관계는 아쉬아리파 신학자들이 점점 더 철학적 방식을 사용하면서 더 악화되었다. 또한 개인의 직접 경험을 통해 신의 사상을 터득하고자 했던 수피 황홀주의자들의 주장은 이러한 긴장을 더욱 증폭시켰다. 수피들은 샤리아 신학자들을 공격하였으며, 이슬람법의 역할을 평가절하 하였다. 더욱이 이들은 헬레니즘의 견신론적 형이상학을 빌어 자신들의 주장을 정당화하였으며, 가끔 성인들의 무용담에 대한 믿음을 신에 대한 의지의 수단으로 간주하거나, 자신과 동일시하였다. 그럼에도 불구하고 이들은 주변의 무슬림 대중들로부터 순니파보다 더 많은 지지를 확보해 나갔다.

순니와 시아와 수피 사상의 긴장 요인을 이슬람의 다양한 사상 속으로 용해시킨 학자는 중세 이슬람의 위대한 학자 아부 하미드 알-가잘리(Abu-Hamid al-Ghazzali: d. 1111)였다. 그는 비교적 젊은 나이에 바그다드의 니자미야(Nizamiyya)대학 교수로 임명되었다. 그는 세속적·정신적 생활을 경험한 후 교수 자리에서 물러나 수피주의자로 생활하였다. 알-가잘리는 학문 연구 기간 동안 사상계의 주요 흐름을 경험하였으며, 오늘날 순니 이슬람의 핵심을 이루는 종합적 사상의 합성을 이룩하였다. 알-가잘리는 이성은 계시(전통)에 종속되어 있다는 알-아쉬아리의 신학을 다시 재확인해 주었다. 또한 그는 수피주의와 순니 이슬람 사이의 가교를 건설할 수 있는 가능성을 타진하였다. 그는 무슬림이 신을 인지할 수 있는 방법으로 계시뿐만 아니라 인간 자신의 내적 경험(수피적 영적 체험)도 인정하였다. 그의 종교적 시각은 『종교학의 부활』 속에 기술되어 있다. 그는 "이슬람의 부활자"(Renewer of Islam)이라는 칭호를 얻었다. 알-가잘리의 사망 시기인 12세기 초 이슬람에는 규범적 기본 사상의 형태가 성립되었는데, 미국 이슬람학자 이라 라피두스(Ira Lapidus)는 이를 '순니-샤리아-수피'의 합의(consensus)라 불렀다.

13세기 이후 수피즘은 종단(타리까)들을 통해 집단적이고 조직적인 신앙생활을 하며 다양한 수피 이론을 발전시켰다. 13세기부터 17세기까지 수피즘은 이슬람 국가의 정치, 경제, 사회, 문화 전반에 걸쳐 지대한 영향력을 발휘하며 최전성기를 누렸다.

한 명의 뛰어난 수피 학자가 탄생하면 그의 주변에는 많은 동료나 제자들이 몰려들어 나름대로의 학파를 형성했다. 개인 중심의 학파는 규율과 내규를 정한 후 종단을 형성하였다. 종단의 수가 점점 늘어나고 활동범위도 광범위해지자 그들은 공동의 규율과 의식 그리고 공동체 생활의 전통을 지속시킬 필요를 느끼기 시작했다. 스승(shaykh)과 문하생(murīd) 사이의 관계는 권위와 절대성이 포함된 일종의 성직체제로 발전했으며, 문하생을 받아들이는 입문의식도 스승이 제자에게 키르까(khirqah, 성복)를 하사하거나 종단의 학문적 계보(sisilah)를 입증하는 인증서 발급 등이 포함되었다. 그들은 공동체 생활과 교육을 위해 수도원(ribāṭ, khānqāh)을 건설하였으며, 그 운영을 위해 희사금을 모금하였다. 이 수도원은 마치 그 이전의 신학 및 법학파들이 세운 신학교(madrasah)와 유사한 형태를 취했다.

수피 종단이 탄생된 배경에는 수피 자신들의 학문적·종교적 필요성뿐만 아니라 당시 이슬람 세계의 정치상황도 촉진제가 되었다. 12세기 말에서 13세기 초까지 바그다드의 압바스조 칼리파는 셀주크 투르크의 위세에 밀려 권위가 실추되었으나, 나스르(Nasr, 1180-1225년 재위)의 통치시기에 투르크 제국의 내분으로 과거와 같은 권위를 일시적으로 회복하였다. 또한 그의 통치 기간 동안 십자군에 의해 점령당했던 예루살렘이 살라훗딘에 의해 탈환되었고, 시아파의 활동도 이집트 파티마조의 멸망과 함께 주춤해졌다. 칼리파 나스르는 종교개혁의 일환으로 청년과 군인 중심의 종교운동인 심신회(Futuwwah)를 재조직하여 권위회복에 나섰으며, 이런 목적을 실현하기 위해 이슬람 세계에 널리 퍼져 있었던 수피 조직을 활용하였다. 하지만 이러한 시도는 전통주의의 이성과 철학에 대한 탄압을 야기하였으며, 이로 인해 무슬림 철학자들과 무으타질라파 신학자들이 박해를 받았다.

이 시기에 종교개혁에 앞장선 인물은 칼리파 나스르의 종교 고문이었던 쉬합 알딘 수흐라와르디(d. 1234)였다. 역사·지역적으로 수피 종단은 이라크의 압바스조에서 탄생되기 시작했다. 수흐라와르디 종단 이전 이슬람 최초의 종단으로 간주되는 까디리 종단이 바그다드에서 창단되었으며, 뒤를 이어 까디리 종단의 지파인 리파이 종단도 바그다드에 세워졌다. 이후 수피 종단의 창단은 멀리 북아프리카와 인도 및 중앙아시아 지역까지 퍼져나갔다. 북아프리카에서는 샤딜리 종단과 마드야니 종단, 중앙아시아 지역에서는 야사위 종단과 쿠브라위 종단 그리고 칼와티 종단이 대표적인 종단으로 자리 잡았다. 한편 13세기 이후에는 몽골의 침략으로 중앙아시아에 거주하던 수피들이 대거 소아시아 지역으로 이주함으로써, 소아시아에도 많은 종단들이 등장했는데 그 대표적인 종단이 마울라위 종단과 베크타쉬 종단이다.

전성기를 맞이했던 수피 종단들은 실용적인 서구문명의 유입과 사회 전반에 걸친 개혁 운동으로 점차 약화되었으며, 결국 몇몇 종단을 제외하고 모두 자취를 감추고 말았다. 이처럼 수피즘이 17세기 이후부터 급격하게 사양길을 걷게 된 데는 다음과 같은 원인들이 있었다.

첫째, 13세기 이븐 알 아라비, 마울라나 잘랄 알딘 루미 등과 같은 수피 학자들에 의해 최고조에 달했던 수피즘은 몽골의 바그다드 침공과 문화파괴정책 그리고 순니파의 전통주의 부흥운동 등의 영향으로 주변의 위기상황을 극복하지 못하고 쇠퇴하기 시작했다. 그 결과 기존의 학문은 독창적인 새로운 학문으로 발전하지 못하고 이전의 학문을 모방하는데 만족하였다.

둘째, 후반기 수피 학문은 관념적이고 극단적인 형태로 변모하여 처음 입문한 학생들이 도저히 따라갈 수 없는 지경에 이르렀다.

셋째, 실용적인 서구 문명의 유입으로 학자들은 복잡하고 난해한 명상적 사상이나 이론보다는 과학적 실용적 탐구를 수반하는 자연과학을 더 선호하게 되었다. 더욱이 수피즘의 발전에 기여했던 이란에서 시아파를 표방하는 사파위 조가 건국됨으로써 수피즘은 학문적 근거지를 잃고 크게 위축되었다.

넷째, 러시아의 남하 정책과 중앙아시아 점령으로 중앙아시아 수피즘의 중심지였던 부하라, 사마르칸트 같은 도시에서의 수피 활동이 위축되었고 결국 금지되었다.

마지막으로 전통주의 이슬람원리주의의 부흥으로 주변의 문화나 종교와 융합하여 비 이슬람적 요소들을 무분별하게 유입했던 수피즘은 비난과 공격의 대상으로 전락하였으며, 결국 반 수피즘과 반 시아파 운동이 등장하였다.

울라마와 수피 간의 긴장관계는 수피들이 이슬람 세계의 주변부에서 비 이슬람적 관행들을 허용했던 문제에서 출발하였다. 전통주의 울라마들은 샤리아가 조롱당하는 장면을 목격하고 불편한 심기를 드러냈으며,

일부 한발리 법학파 울라마들은 수피와의 관계를 거부하기도 하였다. 그 대표적 인물은 다마스쿠스의 아흐마드 이븐 타이미야(Ahmad Ibn Taymiyya: d. 1328)였다. 수피 관행의 대부분을 인정했던 이븐 바투타는 1326년 이븐 타이미야의 설교를 듣고 나서 '그의 머리 속에 경련'이 일어난 것으로 생각했다. 이집트 마믈루크 정권은 이븐 바투타의 의견에 동의하였으며, 이븐 타이야마를 감옥에 구금시켰다. 그는 심장마비로 옥사하였다. 당대에는 별로 관심을 끌지 못했던 그의 사상은 17세기 와하비 사상이 등장한 이래 이슬람 부흥(원리주의) 운동의 정신으로 간주되었다. 이 당시부터 진행된 수피와 울라마 또는 신비주의와 전통보수주의의 긴장관계는 아직도 현재 진행형이다. 이는 전통주의 순니 이슬람의 수피즘에 대한 관용과 화합이 결코 쉬운 일은 아니라는 점에 대한 반증이다. 하지만 역사적으로 울라마 중 상당수가 수피였고 수피들 중 상당수는 울라마였다는 사실은 순니 이슬람과 수피 사이의 관용과 화해에 희망을 던져주고 있다.

18세기 무슬림 정치세력이 약화되면서 울라마들과 수피들이 이슬람 사회에 적합한 이슬람 사상을 확립하기 위한 재평가를 시도한 적이 있었다. 하지만 결과는 이슬람 사회의 원리원칙인 코란과 하디스로의 회귀로 귀결되었으며, 시아나 수피즘의 가치에 대해서는 회의적 시각이 지배적이었다. 이러한 회의적 시각은 19세기에 과거로부터 전수된 학문적 유산으로까지 확대되었다. 시아와 수피의 성소(성묘)에서 행해지는 의식행위에 대한 비판도 점증되었다. 특히 성인 숭배에 대한 비판과 성인이나 예언자가 신과 인간 사이를 중재할 수 있다는 논리에 대한 비판이 확산되었다. 여기에는 한발리 법학파 추종자들과 이븐 타이미야 사상의 추종자들이 주류를 형성하였다. 이들 중에는 이븐 타이미야의 영향을 받아 순니 이슬람사상의 부흥자로 등장한 무함마드 이븐 압드 알-와합(Muhammad ibn Abd al-Wahab: 1703-87)이 있었다. 그는 이슬람의 청교도주의 또는 청빈주의의 상징으로 간주되었다. 이슬람 사상에 등장한 새로운 전통주의 강조 현상은 이슬람 사회 내부에 매우 중요한 의미를 부여하였다. 이는 포괄적이고 융통성 있는 이슬람으로부터 점점 배타적인 이슬람으로의 변화와 다양한 의미의 능동적 이슬람으로부터 신의 가르침을 현세의 관행에 적용하는 수동적 이슬람으로의 변화를 의미하였다.

4. 수피 종단: 영성의 전달체계

가) 수피즘의 따리까 형성

수피즘에서 따리까는 원래 정신 수양의 한 단계로서 절대자에 이르는 길을 의미했으나, 12세기 말부터 수피들의 형제조직 즉 수피 종단을 일컫는 용어로 사용되기 시작했다. 수피 종단들은 정통성을 확보하기 위해 계보(silsilah)를 만들었으며(대부분 조작된 것이기는 하지만) 예언자 무함마드를 그 정점에 두었다.

수피 종단은 정신적 지도자(shaykh, pīr)를 중심으로 계보를 형성하였다. 따라서 계보는 종단의 역사이며, 영속성과 전통성의 증거였다. 종단 내의 원로(murshīd, bābā)들은 제자들(murīd, shāgerd)을 양성하였으며, 종단의 공통 사상과 규범을 바탕으로 소규모 학파의 하부 조직을 보유하였다. 본래 이 하부 조직은 국제적 운영체계가 아니라 국지적인 소규모의 조직으로만 허용되었지만 영향력과 재능을 갖춘 인재는 계보 내에서 또 다른 하부 종단(분파)을 만들기도 하였다. 이런 현상은 상부 종단의 계보 내에 제자와 추종자를 양성하는 세력 확장 역할을 하였다. 이에 따라 하나의 종단 내에 또 다른 종단이 탄생하게 되는 현상과 하부 종단이 오히려 더 큰 영향력을 발휘하여 상부 종단의 이름을 역사 속으로 사라지게 하기도 했다. 그래서 각 종단이 가장 중요시하고 신경 쓰는 부분이 계보였다. 이렇게 발전한 종단은 이슬람 세계의 정치, 경제, 사회, 문화 등 모든 분야에서 큰 영향력을 발휘했으며, 때때로 세속적인 통치자나 국가의 운명을 좌지우지할 힘도 가지게 되었다.

각 종단은 독자적 행동 규범과 규율을 가지고 있었다. 원래 이 규범은 국가법과는 다른 것이었지만 이슬람법의 정신에 충실한 조직적 법체계를 갖추고 있었으며, 다르위쉬(darwish, 떠돌이 고행자)들과 같은 자유분방하고 비 이슬람적인 행동을 엄격히 배제하였다. 종단의 규범은 새로 입문한 문하생들에게 수도원에서의 행동, 여행할 때의 행동규칙, 지크르(dhikr; 통념, 염신), 사마(samā`; 시의 청취), 40일 간의 명상, 세정, 단식, 철야 예배, 선배 및 동료 수피들에 대한 예절, 정신수양 단계인 할과 마깜에서 취해야 할 행동 등을 포함하였다.

수피들의 견해에 의하면, 절대자에 도달한다는 목적은 동일했지만 수피 각자가 가는 길(따리까)은 서로 달랐다. 원래 한 수피는 하나의 종단에만 소속되었으나, 시간이 흐르면서 동시에 두개 이상의 길을 갈 수 있었다. 이는 동시에 두개 이상의 종단에 소속되었음을 의미하였다. 이로 인해 한 종단이 금지한 관습이 다른 종단에서는 허용되는 경우도 발생하였다. 수피는 종단의 규율에 복종해야 하기 때문에 상반된 관습을 모두 따를 수밖에 없다. 이러한 현상은 일반인들에게 모순되게 보일지 모르지만 수피즘의 세계에서는 당연한 것으로 받아들여졌다. 이슬람 역사에서 존재했던 수피 종단의 수를 정확히 파악하는 것은 거의 불가능하다. 약 200여개에 가까운 종단들이 존재했던 것으로 추정할 따름이다.

나) 따리까를 통한 이슬람 전파

이슬람의 전파에서 신의 친구들(awliya; 단수는 wali)로 알려져 있는 수피들은 울라마(종교학자)보다 더 넓은 지역으로 퍼져 나갔다. 울라마의 역할은 샤리아를 준수하는 국가나 지역에서 적극적이었던 반면 수피들은 무슬림이 살고 있는 모든 지역과 사회로 퍼져 나갔다. 이들의 종교전파 방식은 무슬림이 거주하고 있는 모든 지역에 적용되었는데, 혈연관계와 종속관계가 우선시 되었던 이슬람의 변경지역들에서도 적용되었다.

8세기를 수피가 처음 등장한 시기라 한다면, 9세기는 고전적 신비주의가 체계화된 시기였고, 10세기는 특정 수피 쉐이크 주위에 문하생들이 모이기 시작하여 따리까가 형성된 시기였다. 이들은 신을 영적으로 직접 경험하는 따리까를 배우기 위해 자위야(zawiya) 또는 칸까(수피 여행자 숙소)에 함께 기숙하였으며, 이곳에서 종교적 헌신과 자선사업 그리고 선교활동에 전념하였다. 모든 문하생들은 칸까 공동체의 일원이든 아니든 쉐이크의 지크르(dhikr: 신을 기억하는 특별한 방법)를 따르는 따리까의 핵심의식을 수행하였다. 지크르는 아랍어로 암기하다, 기억하다, 회상하다를 의미하는 dhakara 동사에서 파생된 동명사이다. 코란에는 무슬림이 알라를 염원하면 알라도 그들을 잊지 않는다는 구절에서 이 용어가 사용되었다.(2:152, 33:35) 이슬람 초기부터 무슬림들은 알라를 찬양하는 문구를 반복적으로 암송하였다. 이것이 후에 수피가 등장한 후 신에게 좀더 가까이 다가가기 위한 방법으로 채택되었고 수피 종단의 종교의식으로 관행화 되었다. 지크르 의식은 초창기에 비교적 간단하고 종단마다 비슷한 형태를 띠었다. 하지만 시간이 흐르면서 이 의식은 종단마다 독특한 형태로 발전하였고 방식도 다양화 되었다. 이 의식은 종단을 구별하는 잣대로 사용되고 있다. 지크르는 소리의 유무에 따라 암송(dhikr al-khafi)과 낭송(dhikr al-jahri)로 구분된다. 정통 이슬람에 가까운 종단일수록 소리를 내지 않고 마음속으로 읊는 암송의 형식을 취한다. 하지만 시아나 이단적 성향의 종단들은 큰 소리나 큰 동작으로 낭송하는 형식을 취한다. 개별적으로 행하는 지크르는 암송을, 집단적으로 행하는 지크르는 낭송 방식을 취한다. 하지만 후세로 접어들면서 대부분의 종단들은 낭송 방식을 취하고 있다. 아울러 일부 종단들은 지크르와 함께 춤을 추거나 노래를 부르기도 하며, 과격한 몸동작을 취하기도 한다. 정통 이슬람에 가까운 종단은 앉아서 조용히 지크르 의식을 행한다. 지크르 도중 얼굴은 끼블라를 향하며, 고개는 약간 숙인다. 지크르 의식은 대개 목요일 밤에서 금요일 새벽까지 진행된다. 성인의 기일이나 시아의 경우 이맘 후세인의 추모일에 지크르 의식이 행해진다. 일상적 예배 후에 행해지는 타스비흐, 타흐미드, 타크비르, 타우히드 등도 지크르에 포함된다. 타스비흐는 "subhana Allah", 타흐미드는 "al-hamu lillah", 타크비르는 "Allahu akbar"를 암송하는 것을 의미한다. 무슬림은 예배 후 위 세 가지 지크르를 33번씩 반복하며, 마지막으로 타우히드인 "la illaha illa Allah"를 말하고 지크르를 마무리 한다. 지크르 의식은 일반적으로 가운데 스승을 중심으로 원형으로 둘러 앉아 행해진다.

지크르는 세속적 물질로부터 벗어나 마음을 집중시키기 위해 알라의 이름을 계속 반복하는 것 또는 집중력을 강화시키기 위해 숨쉬는 기법들을 사용하는 것을 의미하였다. 지르크에서는 열렬한 신자들이 찬송, 음악 혹은 춤을 이용하여 황홀경의 종교체험을 추구하는 집단 종교의식이 행해지기도 하였다. 문하생은 일단 쉐이크의 종단에 입문하면 모든 희생을 감수하면서(비록 샤리아에 반하는 방향일지라도) 쉐이크에게 복종하였다.

따리까에서 터득하는 영적 체험은 다양한 단계를 거치며 신과의 합일 상태에 이르렀다. 이 단계를 마깜(maqam)이라 부른다. 이는 심신수련을 통해 영적 체험을 하는 단계를 일컫는다. 마깜의 단계에서 신의 은총으로 느끼게 되는 영적 심리상태는 할(hal)이다. 마깜은 자신의 의지와 노력에 의해 능동적으로 얻어지는 것이라면, 할은 자신의 의지와 상관없이 신으로부터 수동적으로 받는 것이다. 마깜의 숫자나 순서는 학자나 종단에 따라 다양하다. 하지만 공통적으로 인정되는 마깜의 단계는 회개, 참회, 단념과 포기, 금욕, 인내, 신탁, 영지, 사랑, 만족, 자기소멸 등이다. 일반적으로 7-8개 또는 10-20개의 마깜이 제시되는데, 아부 사이드(-1049)는 40개의 마깜을 열거하였다. 알-가잘리는 다음과 같은 10개의 마깜을 제시하였다. 타우바(회개), 사브르와 슈크르(인내와 감사), 카우프와 라자아(두려움과 희망), 주흐드와 파끄르(금욕과 청빈), 타우히드와 타와쿨(유일성과 신탁), 마합바와 샤우끄(사랑과 영적 그리움), 니야와 이클라스와 시드끄(의도, 성실, 참진실), 무라까바와 무하사바(명상과 자아성찰), 타파쿠르(숙고), 지크르 알-마우트와 마 바으다후(죽음과 내세의 언급). 전통적으로 수피들은 타우히드(신의 유일성), 마합바(신에 대한 사랑), 마으리파(신의 지식 터득), 파나의 단계를 중요시 여긴다. 파나는 자기소멸과 신과의 합일 단계를 의미하며, 이때 수피들은 황홀경과 몰아의 상태에 빠진다.

수피의 마깜은 금욕주의에서 출발하였으며, 초기 수피즘에서는 금욕, 절제, 인내, 단념 등을 중요시 하였다. 세속적인 모든 것을 버리는 이 단계는 가난과 청빈을 직접 체험하는 단계였다. 이 단계에서 수피는 신에게 모든 것을 의지하고 맡기는 신탁의 단계에 이른다. 이 단계의 가장 보편적인 영적 체험 방식은 노력을 통해 신께 의지하며 "나는 하나님을 믿는다."라고 외치는 것이다. 다음 단계는 영지의 단계이다. 이 단계는 신비적 직관을 통해 신의 속성을 인식하는 마으리파 단계이다. 영지의 단계는 빛(조명)과 사랑의 단계를 동반한다. 사랑의 마깜은 자기소멸 바로 직전의 단계이다. 수피들은 이 단계에서 알라와 수피의 관계, 즉 사랑하는 자와 사랑받는 자의 관계를 이끌어 내고, 인간의 사랑은 단지 신의 사랑의 반영임을 알며, 신과의 교통을 통해 신비의 베일이 벗겨진다고 믿는다. 코란에는 "진실로 우리는 알라에 속하며, 그에게 되돌아가나니."(2:156)라고 적혀있다. 이러한 영적 승화의 단계에서 수피들은 황홀경에 몰입한다. 신과의 사랑의 황홀경에 몰입한 후 마지막 단계는 자신의 존재를 부정함으로써 얻어지는 자기소멸 단계이다. 이는 신과 동반(baqa; 공존)하는 신과의 합일 단계, 즉 신과 하나가 되어 신 안으로 들어가 존재하는 단계이다. 이 마깜의 단계에서 근행되는 수피 수행방식이 지크르 의식이다. 코란에는 "믿는 자들이여, 알라를 기억하며 자주 염원하라. 그리고 아침저녁으로 알라를 찬양하라."(33:41-42), "믿는 자들은 알라를 염원함으로써 그들의 마음에 평화를 얻으리니"(13:28)라 적혀있다. 일반적인 지크르는 염주(수브하)를 사용하여 수행하기도 한다. 염주는 수피뿐만 아니라 순니 무슬림들에게도 널리 통용되고 있는데, 원래 불교에서 유래된 염주는 동방 정교회를 통해 수피에게 전달되었고, 중세 십자군을 통해 서구로 전달되어 로마 가톨릭에서도 사용되고 있다.

수피 종단의 구심점은 종단을 설립한 성인(쉐이크)의 성소(성묘)였다. 이 성소는 정신적 기능보다 종교 의식적 기능을 더 많이 가지고 있었으며, 성인의 자손들에 의해 관리되었다. 이들은 성소의 조직, 수피 공동체, 기부금 그리고 자선사업을 관리하였다. 바그다드의 압드 알-까디르 알-질라니(Abd al-Qadir al-Jilani: d. 1166)의 성소는 당시 순례의 중심지였다. 매년 성소에서는 우르스(결합 또는 결혼)로 알려진 종교의식이 거행되었다. 이 의식은 성인의 영혼이 신과 결합하는 순간을 축원하기 위한 것이었다. 이 의식의 중요한 부분은 예언자로부터 성인에게 사상이 전해져 내려오는 마깜 단계들에 대한 회상이다.

몽골의 바그다드 침략 이후(13세기부터) 수피들은 종단별로 분리되어 조직화되기 시작했다. 이들의 차이점은 부분적으로 종교의식과 신을 기억하는 방법의 다양성, 샤리아를 따르는 정도와 샤리아로부터 이탈을 수용하는 정도였다. 전체적으로 이들은 정통 이슬람 교리나 샤리아와 비교적 느슨한 연대관계를 유지하고 있었다. 수피즘은 한편으로 이슬람 전파에 긍정적으로 기여했지만, 다른 한편으로 정통 이슬람의 정체성 확립에 부정적 영향을 끼치기도 하였다. 이후 수피즘은 정통 이슬람 원리주의의 주요 비난 대상이 되었다.

일부 수피 종단들은 이슬람 세계에서 대단한 영향력을 확보하였다. 예를 들면 샤리아를 엄격히 준수하였던 바그다드의 수피 아부 나지브 알-수흐라와르디(d. 1168)의 수흐라와르디 종단(Suhrawardiyya)은 서부 아시아로부터 인도 동부 벵갈 지역에까지 영향력을 확대하였다. 스페인 수피 아부 마드얀 슈아입(Abu Madyan Shuayb: d. 1597)에게서 기원을 찾을 수 있는 샤딜리 종단(Shadhiliyya)은 모로코로부터 북아프리카를 가로질러 아시아 서부 지역까지 메시지를 전파했을 뿐만 아니라 일부 현대 부흥주의 운동에 영감을 불어넣었고, 유럽인과 미국인들을 수피주의로 끌어들이는데 성공하였다. 부카라 외곽에 성묘가 있는 쉐이크 바하 알-딘 나끄슈반드(Shaykh Baha al-Din Naqshband: d. 1389)로부터 명칭이 유래된 나끄슈반디 종단은 아시아 전역으로 영향력을 확대시켰다. 부하라 출신인 그는 어려서부터 수피 환경에서 자라나면서 크와제간(Khwājegān) 학파의 삼마시(d. 1339), 압둘 칼릭(d. 1320), 아미르 쿨랄(d. 1379) 등으로부터 수피 교육을 받았다. 크와제간(Khwājegān)은 쿠와제(Khwāje, 스승)의 복수형인데 수피 성인들의 이름 앞에 크와제라는 칭호를 사용한데서 이 종단의 이름이 유래했다. 크와제간 종단의 창시자는 12세기의 유명한 신학자 유숩 하마다니(d. 1140)로 알려져 있다. 크와제간 종단은 15세기까지 중앙아시아에서 가장 영향력 있는 수피 종단으로서의 지위를 누렸으며, 그 이후에 창시된 나끄슈반디야, 야사위, 쿠브라위 종단에도 큰 영향을 끼쳤다. 나끄슈반디 종단은 15세기 말에 소아시아로, 17세기에는 인도아대륙으로 전파되었다. 또한 16세기에는 몽골 통치자들의 보호를 받으며 동 투르키스탄 지역의 통치권을 양도받아 이 지역에서 지배 세력으로 등장하기도 했으며, 동 투르키스탄과 중국의 이슬람 선교에 큰 공을 세웠다. 나끄슈반디 종단에는 수많은 하부 종단들이 소속되어 있었으며 이슬람 세계 곳곳으로 전파되어 커다란 영향력을 발휘했다. 이들은 음악과 춤을 반대하는 정통 종단의 자세를 취함으로써 많은 호응을 얻기도 했다. 인도 무잣디디야 종단의 개혁운동은 18세기 말에 오스만 제국에 전파되어 칼리디야(Khalidiyah) 지파를 탄생시켰다. 이들은 상위 종단이 개혁자였던 것과는 달리 반서구적 보수주의 전통을 유지하여 정부의 탄압을 받기도 했다. 칼리디야 종단은 19세기에 동남아시아 지역까지 퍼져 나갔다. 이처럼 나끄슈반디 종단이나 그 하부 종단들은 소아시아에서 동남아시아에 이르기까지 거의 전 이슬람 세계에 광범위하게 분포되었다. 이와 함께 이전에 중앙아시아에서 발흥했던 종단들은 대부분 나끄슈반디 종단에 흡수 통합되었다. 나끄슈반디 종단의 관습 중 가장 큰 특징은 소리 없는 지크르(dhikr)이다. 즉, 당시의 종단들이 대부분 지크르를 소리 내어 낭송한데 비해 이들은 속으로 암송했다. 또한 동행 및 동반 대화(ṣuḥbah)를 강조했으며, 외부인에게 자신들의 의식을 공개하지 않았다. 나끄슈반디 종단에서 행했던 수양의 4단계는 다음과 같다. 제1단계: 샤리아로 외형상 정화. 제2단계: 따리까로 내면 정화. 제3단계: 하끼까로 영적 세계에 도달. 제4단계: 마으리파로 절대자에게 도달. 바그다드의 성인 압드 알-까디르 알-질라니(Abd al-Qadir al-Jilani)로부터 기원된 까디리 종단(Qadiriyya)은 가장 광범위하게 전파된 종단이었다. 이들은 19세기에 아프리카 서부의 민족주의 이슬람 부흥운동에 참여하기도 하였다.

종단들은 대부분 특정지역으로 한정되었다. 인도에서 가장 많은 영향력을 끼친 종단은 치쉬티 종단(Chishtiyya)이었다. 하지만 인도에는 토착관습을 따르고 샤리아에 구속받지 않았던 말라마티 종단(Malamatis)이나 깔란다리 종단(Qalandaris)과 같은 많은 비정규 종단들도 있었다. 아시아 서부지역에서 리파이 종단(Rifaiyya)은 거친 목소리로 행하는 지크르(이로 인해 이들의 별명은 울부짖는 수도사였음)와 불 먹기 또는 살아있는 뱀의 머리 물어뜯기 등 기이한 행동으로 유명하였다. 아나톨리아와 오스만 터키 제국에서는 자신의 쉐이크들에게 신앙고백을 행하게 하고 근위대 병사들이 주축을 이루었던 베크타쉬 종단(Bektashiyya)이 빵, 포도주, 치즈를 사용하는 기독교식 종교의식을 준수하였으며, 신+무함마드+알리로 이루어진 준 삼위일체론을 믿었다. 또한 마울라위 종단(Mawlawiyya)도 있었다. 이들은 위대한 신비주의 시인 잘랄 알-딘 루미(Jalal al-Din Rumi: d. 1273)의 영감을 받아 설립되었으며, 계속 돌면서 춤을 추고 지크르를 행했기 때문에 서구에서는 "선회하는 수도사"로 알려져 있다. 일부 극단적 수피즘 종단들의 독특하고 기이한 행동들은 전통주의 순니파의 비난뿐만 아니라 전통주의 수피즘의 비난을 받기도 하였다. 이로 인해 이들은 정치적·사회적 업적에도 불구하고 종교적으로 전통주의 이슬람의 관용의 대상에서 제외되기도 하였다.

5. 주요 수피 종단

가) 까디리 종단

까디리 종단의 창시자는 이란 북서부의 질란 출신인 압둘 까디르(d. 1166)이다. 그는 순니의 4대 법학파 중 한발리 학파에 속해 있었다. 그의 저서 『진리 탐구자들의 만족(al-gunya li-ṭālibi ṭarīq al-ḥaqq)』은 수피의 공동체 생활을 주제로 삼고 있는 점을 제외하면 거의 한발리 학파의 교리에 관한 서적이었다.

까디리 종단은 바그다드에 수도원을 세우고 적극적으로 자신들의 교리를 선전한 결과 멀리 북아프리카의 모로코에서 동남아시아의 인도네시아에 이르기까지 광범위한 지역으로 퍼져나갔다. 수피 종단 가운데 전 세계적으로 가장 광범위한 지역으로 전파된 종단이 까디리 종단이다. 17세기 인도에서는 무굴 제국의 왕자 다라 슈쿠흐(d. 1659)가 까디리 종단의 일원이 되었으며, 그는 인도의 까디리 종단 발전에 크게 기여하였다. 18세기 팔레스타인 출신 작가 나불루시(d. 1731)와 델리 출신의 사상가 왈리 알라(d. 1762)도 까디리 종단 출신이었다. 까디리 종단은 특히 이슬람 근대사에서 서구의 식민지 정책에 맞섰던 저항운동으로 유명한데, 프랑스에 저항했던 알제리의 까디리 종단과 러시아의 침략에 맞섰던 코카서스의 까디리 종단이 대표적이다. 코카서스의 까디리 종단은 오늘날에도 체체니아(체첸)에서 러시아 저항운동을 전개하며 독립운동을 벌이고 있다.

까디리 종단의 규율은 매우 엄격하다. 그들은 철저하게 순니 한발리파 교리를 따르는데, 광신적 종교 행위를 배격하는 것이 특징이다. 그러나 신인동형론을 주장함으로써 간혹 비난과 박해의 대상이 되기도 하였다. 까디리 종단에는 많은 하부 종단들이 있다. 아프리카 세네갈의 무리디야 종단도 까디리 종단의 지파이다. 아랍어의 murīd(문하생, 제자)에서 따온 무리디야 종단은 19세기 말 아마두 밤바(d. 1927)에 의해 전파되었는데, 프랑스 식민정책에 동조하여 독립 후에는 정권을 쟁취하기도

하였다. 까디리 종단의 대표적인 하부 종단은 리파이 종단이다.

나) 리파이 종단

리파이 종단은 까디리 종단의 창시자 압둘 까디르의 조카 아흐마드 리파이(d. 1183)에 의해 창시되었으며, 주로 이집트, 시리아, 터키 등에서 발전하였다. 상부 종단인 까디리 종단에 비해 광신적 경향을 띠고 있으며 보다 엄격한 금욕주의 태도를 취했다. 이들은 유리 조각 먹기, 불 위를 걷기, 뱀 놀리기 등과 같은 기이한 마술행위를 행하는데, 이는 13세기 몽고 침략 이후 중앙아시아의 샤마니즘적 요소가 유입되었기 때문이었다.

다) 수흐라와르디 종단

이 종단의 창시자는 압바스조 칼리파 나스르의 종교 고문이었던 수흐라와르디였다. 그는 바그다드 니자미야 학원의 원장이자 샤피이 법학파의 학자였던 삼촌 아부 알-나집 수흐라와르디(d. 1167)로부터 교육을 받았다. 이 때문에 일부 학자들은 수흐라와르디 종단의 진정한 창시자는 아부 알-나집이라고 주장하고 있다. 수흐라와르디의 저서 『수피즘의 기본요소』는 수피 종단의 행동 규범을 정립시킨 최초의 작품일 뿐 아니라, 수피즘에서 사용되는 용어들을 체계적으로 설명한 작품으로 오늘날 수피즘 연구자들에게 필독서로 간주되고 있다. 그의 저서 가운데 가장 흥미를 끄는 부분은 엄격한 규율로부터의 완화(rukhah)인데, 그는 당시까지 수피들에게 금기 사항이었던 경제수입, 기름진 음식, 권력자와 교류 등 세속적인 부분을 허용했으며, 자신도 압바스조 칼리파 밑에서 종교 고문으로 활동했다. 수흐라와르디 종단의 일부 수피들은 정부 관료에 등용되거나 세속적 경제활동에 관여하기도 하였다.

수흐라와르디 종단의 대표적 특징은 지크르의 반복이다. 이들은 대부분의 종교의식에서 '라 일라하 일랄라'를 수없이 반복한다. 오늘날 파키스탄에서는 이러한 형태의 지크르가 여성들이 방아를 돌리거나 베를 짤

때 노동요처럼 반복되고 있다.

수흐라와르디 종단은 주로 바그다드에서 동쪽으로 이란, 중앙아시아, 인도아대륙으로 퍼져 나갔다. 특히 바하 알-딘 물타니에 의해 인도아대륙으로 전파되어 오늘날에는 파키스탄에서 가장 중요한 종단의 위치를 차지하고 있다.

라) 샤딜리 종단

이 종단의 창시자는 북서아프리카의 샤딜 출신 아부 알-하산 샤딜리(d. 1258)이다. 그는 자신의 고향에서 압드 알-살람 마쉬쉬(d. 1228)로부터 사사 받은 후 이집트로 이주해 이 종단을 창설하였다.

샤딜리 종단은 예절, 관습, 의식 절차 등과 같은 외적 문제 보다는 신앙심, 도덕, 윤리 등 내적 요소를 더 중시하였다. 청빈한 생활을 강조함으로써 이슬람의 청교도라는 별명을 얻기도 했던 샤딜리 종단은 이집트를 중심으로 주로 북아프리카로 하부 종단을 형성하며 퍼져나갔다. 이후 수많은 하부 종단들이 형성됨에 따라, 오늘날에는 원래 종단과는 상당히 동떨어진 전통을 가지고 있는 하부 종단들도 나타났는데, 북아프리카의 한 하부 종단은 격렬한 몸동작으로 지크르를 행하고 있다.

마) 야사위 종단

이 종단은 중앙아시아 지역의 야시 출신 아흐마드 야사위(d. 1186)에 의해 창설되었다. 아흐마드 야사위는 당시 중앙아시아 학문의 본거지인 부하라에서 유명한 수피 학자 유숩 하마다니(d. 1140)로부터 교육을 받은 후 고향으로 돌아와 종단을 창시했는데, 중앙아시아에서 최초로 영향력 있는 종단으로 발전했다.

바) 칼와티 종단

이 종단은 우마르 븐 아크말 알-딘 칼와티(d. 1397)에 의해 창설되었다. 그는 호라즘에서 심촌 카림 알-딘 칼와티(d. 1397)로부터 사사

받은 후 헤라트에서 종단을 창설했다. 이 종단 소속의 수피들은 대부분 40일 간의 한거(khalwah)를 중시했기 때문에, 이들의 이름 뒤에는 칼와티(khalwatī)라는 칭호가 붙었고, 종단의 이름도 여기에서 유래되었다. 이 종단은 중앙아시아에서 시작되었지만 다른 종단들과 마찬가지로 소아시아에서 더욱 번성했다. 이 종단은 오스만 터키 정부의 적극적인 후원과 보호를 받으며 제국 내에 많은 수도원을 건설했으며, 이로부터 수도원 양성소라는 별명을 얻기도 했다. 이 종단은 15세기 말에서 16세기 초까지 소아시아에서 가장 대규모 종단으로 발전하였다.

사) 쿠브라위 종단

이 종단은 호라즘 출신 나즘 알-딘 쿠브라(d. 1221)에 의해 창설되었다. 그는 원래 하디스를 공부했지만 여행 중에 만난 이스마일 까스리(d. 1193)의 영향을 받아 수피 학문에 입문하였다. 그는 당대의 수피 대학자 암마르(d. 1186), 루즈비한(d. 1188) 등으로부터 사사 받은 후 호라즘으로 돌아와 종단을 세웠다. 그는 몽골과의 전투에서 전사했다. 쿠브라의 저서로는 『10가지의 근본(Usūlu `ashara)』과 『미의 향기(Fawā'iḥ al-jamāl)』가 있는데 전자는 수피 종단에서의 수련과정에 관한 것이고, 후자는 수피즘의 심리학에 관한 것으로 후세의 수피 종단 교리 확립에 지대한 영향을 끼쳤다.

중앙아시아, 이란, 인도아대륙에 널리 분포되었던 쿠브라위 종단의 특징은 '환상'과 '빛'의 이론이다. 쿠브라에 의해 창안된 이 이론은 그의 제자 나즘 알-딘 다예(d. 1250)에 의해 더욱 체계화되었다. 그의 스승과 달리 몽골 침략에 희생되지 않고 무사히 소아시아 지역으로 이주했던 다예의 이론은 소아시아 지역에서 등장한 마울라위야 종단의 교리 형성에 많은 영향을 끼쳤다. 마울라위야 종단의 창시자 마울라나 잘랄 알-딘 루미의 아버지 바하 알-딘 왈라드도 쿠브라위 종단의 일원이었다. 근대사에서 쿠브라위 종단은 까디리 종단과 함께 구소련의 침략에 맞선 저항세력으로 이름을 떨쳤다.

아) 취쉬티 종단

이 종단은 쿠라산 출신 무인 알-딘 하산 취쉬티(d. 1236)에 의해 창설되었다. 그는 니샤푸르에서 쉐이크 오스만 하루니(d. 1221)로부터 사사 받은 후 오랜 기간의 여행을 통해 압드 알-까디르, 아부 알-나집, 유숩 하마다니, 쿠브라 등과 같이 당대의 위대한 수피 학자들과 만나 학문의 폭을 넓혔다. 이후 취쉬티는 인도 지역으로 이주해 종단을 세웠다. 이 때문에 취쉬티 종단은 주로 인도-파키스탄 지역에 분포되었으며, 이 지역의 이슬람화에도 크게 기여하였다.

취쉬티 종단은 학문적 연구보다는 실천을 강조했는데, 그 실천적 교리는 "바다와 같은 관용, 금과 같은 친절, 흙과 같은 겸손"이라는 3 구절에 집약되어 있다. 취쉬티 종단은 손님을 융숭하게 접대하는 것으로 유명했다. 인도에 근거지를 두었기 때문에 취쉬티 종단의 교리와 관습에는 고대 인도사상도 담겨있었다. 또한 이 종단은 시나 음악을 듣는 관습(samā`)을 중시하였기 때문에, 인도아대륙에서 이슬람 학문이 발전하는데 많은 기여를 하였다.

자) 나끄쉬반디 종단

이 종단은 부하라 출신 바하 알-딘 나끄쉬반디(d. 1387)에 의해 창시되었다. 그는 어려서부터 수피 환경에서 자랐으며, 크와제간 학파의 삼마시 크와제가니(d. 1339), 압em 알-칼리끄 구즈두와니(d. 1320), 사이드 아미르 쿨랄(d. 1379) 등으로부터 수피 교육을 받았다. 크와제간은 크와제(스승)의 복수형이다. 이 용어는 수피 성인의 이름 앞에 크와제라는 칭호를 사용하는데서 유래하였다. 크와제간 종단의 창시자는 12세기의 유명한 신학자 크와제 유숩 하마다니(d. 1140)로 알려져 있다. 크와제간 종단은 15세기까지 중앙아시아에서 가장 영향력 있는 수피 종단으로서의 지위를 누렸으며, 그 이후에 창시된 나끄쉬반디, 야사위, 쿠브라위 종단에도 큰 영향을 끼쳤다.

나끄쉬반디 종단은 수피 신학의 대가 무함마드 파르사(d. 1419)의 도움으로 교리를 체계화 한 후, 15세기 말에 물라 일라히(d. 1491)에 의해 소아시아로 전파되었으며, 17세기에는 이맘 랍바니(d. 1626)에 의해 인도아대륙으로 전파되었다. 또한 16세기에는 몽골 통치자들의 보호를 받으며 동 투르키스탄 지역의 통치권을 양도받아 이 지역에서 지배 세력으로 등장하기도 했으며, 동 투르키스탄과 중국의 이슬람 선교에 많은 기여를 하였다.

나끄쉬반디 종단에는 많은 하부 종단들이 소속되어 있었으며, 이슬람 세계 곳곳으로 전파되어 커다란 영향력을 발휘하였다. 인도에서는 아흐마드 시르힌디(d. 1624)에 의해 개혁자(mujaddid)라는 의미의 무잣디디야(Mujaddidiyah) 지파가 형성되어 종단 개혁을 주도하였다. 이들은 음악과 춤을 반대하는 정통 종단의 입장을 지지함으로써 많은 호응을 얻었다. 무잣디디야 종단의 개혁운동은 18세기 말 바그다드 출신의 칼리드 알-샤흐라주리(d. 1827)에 의해 오스만 터키제국에 전파되어 칼리디야(Khalidiyah) 지파를 탄생시켰다. 이들은 상위 종단의 개혁조치와는 달리 반서구적 보수주의 전통을 고수함으로써 정부의 탄압을 받기도 했다. 칼리디야 종단은 19세기에 동남아시아 지역까지 퍼져 나갔다. 이처럼 나끄쉬반디 종단이나 그 하부 종단들은 소아시아에서 동남아시아에 이르기까지 거의 전 이슬람 세계에 광범위하게 분포되었다. 중앙아시아의 야사위, 쿠브라위, 까디리 종단들도 대부분 나끄쉬반디 종단에 흡수 통합되었다.

나끄쉬반디 종단의 가장 두드러진 특징은 소리를 내지 않는 지크르이다. 당시의 수피 종단들이 대부분 지크르를 소리 내어 낭송했던 반면 이 종단은 마음속으로 암송하였다. 또한 스승이나 동료와 함께 행하는 개인적 대화(ṣuḥbah)를 강조했으며, 외부인에게는 종교의식을 공개하지 않았다. 나끄쉬반디 종단에서 행했던 정신 수양의 단계는 제1단계 샤리아로 외형상의 것을 정화시킴, 제2단계 따리까로 보이지 않는 내면을 정화시킴, 제3단계 하끼까로 영적인 세계에 도달함, 그리고 마지막 제4단계 마으리파로 절대자에게 도달하는 4단계로 구성되어 있었다.

6. 수피즘과 영성

원래 수피즘의 영적 수행은 자연발생적이었고 비조직적이었으며 비체계적 방식으로 진행되었다. 이슬람이 등장한 이래 수세기 동안 알라와 예언자의 말씀과 관행을 묵묵히 따르며 내적 신앙심을 강화시켰던 초기 무슬림들은 내적 지식과 신앙을 외부적인 실천적 형태로 구현하기 시작했다. 이 과정에서 수피들은 이슬람의 세속화와 타락에 대한 저항과 개혁의 의미로 양털 옷을 입고 다녔다. 여기에는 이슬람에 대한 자기부정의 의미와 개혁의 의미가 내포되어 있었다.

서구의 학자들은 이슬람의 수피즘을 배타적이고 율법적인 이슬람 종교와는 별개의 의미로 이해하려 하였다. 이들은 이슬람의 수피즘을 인도의 요가 수행 정도로 이해하려 하였다. 하지만 이슬람 수피즘의 영적 행위나 집단들은 아랍이나 이슬람의 근거에 기초한 이슬람 종교의 용어들을 여전히 사용하였다. 이슬람과 수피즘을 분리하기 시작한 시기는 소위 이슬람 근대 개혁주의 운동이 전개되기 시작한 시기이며, 이들은 실용적 개혁을 위해 수피즘을 외부적 요인이 이슬람에 침투해 생성시킨 새로운 부산물 정도로 평가하였다. 하지만 수피즘에 대한 개혁주의자들의 부정적 평가는 서구의 물질적 영향이 구체화되기 시작한 최근의 일이며, 이슬람 역사에서 수피즘과 영성은 사회 동력의 중요한 한 요인이었다.

이슬람 역사에서 무슬림의 영성과 영적 생활은 예언자 무함마드로부터 시작되었다. 예언자의 영적 체험들은 수피들이 외적 종교행위나 내적 영적 경험에서 모두 본받고자 하는 본보기였다. 코란 97장에서 예언자는 알라로부터 능력의 밤에 코란을 계시 받았다. “진실로 우리는 능력의 밤에 그것(코란)을 내려 보낸다. 누가 너에게 능력의 밤을 알려 주리오? 능력의 밤은 천 번의 달보다 더 훌륭하도다. 그 밤에 천사들과 영(ruh)이 주님의 허락을 받고 모든 명령을 가지고 내려오리라. 새벽이 올 때까지 평화가 있기를.” 이 장에서 계시의 행위는 영(ruh)과 관련되어 있는데, 이는 알라를 만나기 위해 예언자 무함마드가 메카에서 예루살렘으로, 다시 예루살렘의 황금 돔 사원에서 하늘로 승천한 영적 체험과 밀접한 연관성을 지니고 있었다. 예언자 무함마드가 경험한 미으라즈(밤의 여행)는 영적 체험의 모델로 간주되고 있다.

수피즘에서 초기 영적 공동체의 개념은 메카에서 메디나로 예언자와 동행한 무하지룬과 모스크를 안식처로 삼았던 초기 이슬람 역사의 소파의 사람들(아흘 알 수파)에서 찾아진다. 이들은 가난한 사람들이었기 때문에 청빈과 검소와 금욕을 생활화할 수밖에 없었으며, 나눔의 공동체 속에서 영적 생활을 일상화하였다. 이들은 대부분의 시간을 코란에 대한 명상에 할애했으며, 이를 통해 세속과 집착으로부터 자신을 단절시키는 방법을 터득하였다. 이들은 명상을 통한 영적 체험을 바탕으로 초기 이슬람 역사의 팽창과 세력 확대로 야기된 물질적 풍요와 세속 그리고 부의 불평등 분배를 정상적인 종교의 길로 인도하는 데 중요한 역할을 담당하였다. 하산 알 바스리는 대중 설교와 저술을 통해 신의 명령을 충실히 따르고 금욕과 고행을 행하며 자기반성과 율법준수를 촉구하였다.

이슬람의 영성은 수피즘에만 국한되지는 않았다. 시아파의 영성은 무슬림의 영서보다 더 광범위한 형태를 띠었으며, 초기 시아파 운동에 활력을 불어넣었다. 시아파의 영성은 성자들에 대한 숭배와 성묘에 대한 방문과 밀접하게 연관되어 있다. 시아파는 무함마드, 그의 딸 파티마, 알리, 하산, 후세인 등 5명의 성인에게 특별한 존경심을 가지고 있으며, 이에 대한 상징적 표현으로 '파티마의 손'을 창출하였다. 특히 시아파는 파티마에 대해 특별한 존경심을 가지고 있는데 이는 로마 가톨릭의 동정녀 마리아에 대한 존경과 매우 유사하다. 시아파의 대표적 중심세력인 12이맘파는 12대 이맘의 재림을 기다리고 있으며, 후세인이 순니파에게 피살당한 1월 10일 아슈라의 날을 탄식과 애도의 날로 정해 추념하고 있다. 이는 기독교 예수의 수난과 순교 이야기와 매우 유사하다. 또한 시아파는 이란의 두 성소인 마샤드와 콤 시를 순례하며 8대 이맘

알리 레자의 영묘와 7대 이맘의 딸 파티마 빈트 무사의 영묘를 방문한다. 시아파는 순례를 통해 이들과 영적 교감을 형성하며 자신의 일에 대한 영적 중재를 요청한다.

제도적 측면에서 수피즘의 영적 체험 방식은 크게 종단 창설과 성묘 참배로 구체화되었다. 수피 종단 조직은 기독교의 수도 교단을 연상시키지만 사실은 기독교 교단보다 덜 중앙집권적이고 덜 정형적이며 훨씬 유연한 조직이었다. 수피즘에서 등장한 모임들은 알라의 이름을 반복적으로 염원하는 지크르의 영성 체험 의식에 개인의 이름을 빌려주면서 영성 수행 방법과 길을 발전시켜 나갔으며, 이런 모임들은 스승과 제자가 함께 하는 길 또는 연결고리(실실라)를 체계화하기 시작했다. 연결고리는 최종적으로 무함마드에 이르렀으며, 중간에 아부 바크르, 오마르, 오스만, 알리가 등장하였다. 수피 종단은 거의 대부분 순니 지향적이었지만, 가끔 시아 이맘들이 연결고리에 등장하기도 하였다. 종단의 입문의식에는 수도승의 지팡이와 모자와 외투의 전달의식과 계보 전달의식이 포함되어 있는데 이는 수피 종단을 통한 스승의 정신 계승과 영적 체험의 의미가 내포되어 있다. 수피 종단은 종교적 축면에서 영적 수행을 대중화시키고 확산시키는데 중요한 역할을 담당하였다.

성묘 참배의식은 하나님의 친구인 성자에 대한 존경과 정신 계승 그리고 성자의 위대함에 대한 영적 체험의 의미가 담겨있다. 수피에서 성자란 하나님에게 완전히 순종하는 사람 또는 하나님의 보호 아래 있는 거룩한 사람이었다. 성자는 순교한 후에도 존경의 대상으로 남아 있었으며, 도움을 청하는 대상이었고, 중재자였다. 수피 성자들의 묘소는 통상적으로 고향 근처에 세워졌다. 묘소의 관리는 가족 구성원과 후손들이 담당하였다. 수피 성자의 묘소는 성자의 기념 축제일에 벌어지는 대규모 순례의 중심지였으며, 행사 규모가 커지면서 묘소를 관리할 독립적 기관이 등장하였다. 이란과 인도에서 행해지는 결합/결혼(usr) 의식은 성자의 영혼과 하나님의 결합/결혼을 의미하는 의식으로서 영적 체험의 중요한 과정이었다. 이 과정에서 음악과 시 그리고 춤이 등장하기도 하였으며, 이는 영적 체험의 수단으로 사용되었다.

수피즘의 영적 체험 방식은 크게 지크르와 수흐바 그리고 사마를 통해 이루어진다. 지크르는 코란 2장 152절 "신을 자주 기억하라"(dhikr Allah)에서 기인하였다. 아랍어 dhakara는 암기하다 또는 기억하다의 의미이다. 지크르는 무슬림이 알라에게 염원하면 알라도 그를 잊지 않으신다는 하디스의 말에서 기인하였다. 수피즘은 무슬림이 알라에게 좀 더 가까이 가기 위한 방법으로 지크르 방식을 채택하였다.

지크르의 종류는 크게 암송(키즈르 알 카피)와 낭송(지크르 알 자흐리)으로 구분된다. 정통 이슬람이나 개별적 의식에서는 암송의 방식을 선호한다. 하지만 시아파나 집단적 의식에서는 낭송의 방식을 선호한다. 일부 종단은 춤과 음악과 음주와 함께 과격한 행동을 병행하는 지크르를 행하기도 한다. 터키의 할와티 종단은 타스비르와 이스타르피르를 각각 100번 낭송하고, 알라의 속성 99 중 7가지를 100번 낭송한다. 또한 타우히드를 빠른 몸동장과 큰 소리로 33번 낭송한다. 인도의 치쉬티와 이집트의 샤딜리 종단은 처음에는 조용한 목소리로 점점 빠른 목소리로 타우히드를 낭송하며, 절정에 달하면 큰 소리로 외치며 몰아경과 무아지경에 빠진다. 소아시아의 마울라위 종단은 음악과 춤을 곁들인 의식을 통해 몰아지경에 빠진다. 북아프리카의 핫다와 종단은 마리화나를 사용해 환각상태에 빠진다. 소아시아의 베크타쉬 종단은 음주를 통해 무아지경에 도달한 상태에서 지크르를 행한다. 지크르는 타스비르(수부하날라), 타흐미드(알 함두릴라), 타크비르(알라후 아크바르), 타우히드(라 일라하 일랄라 무함마둔 라술룰라), 두아(기도), 이스타그파르(아스타그피룰라) 등을 포함한다.

수흐바는 동반, 동행, 면대면 의식을 지칭한다. 이는 예언자 무함마드가 교유들과 만나 대화를 나눈 것에서 유래한 것이다. 수흐바는 제자들을 올바른 길로 인도하고, 아집과 독선으로부터 올바른 지식으로 유도하며, 독자적 수피 수행으로 야기될 수 있는 악마의 유혹으로부터 제자를 구원하기 위해 실행되고 있다. 수흐바는 제자, 동료, 스승과의 만남을 포함하며, 외부의 간섭을 받지 않는 개인적 만남과 대화가 특징이다.

사마는 아랍어 사마아(듣다)에서 유래하였다. 이는 알라의 음성이나 가르침을 듣기 위한 의식이다. 사마는 악기 연주, 음악 청취, 시 낭송, 언행록 낭송 등을 통해 이루어지며, 일부 이단적 하부 종단들은 마리화나를 사용하기도 한다. 사마를 통한 영적 체험은 타당성 논쟁에 빠지기도 했지만, 이슬람의 영적 발전과 예술의 발전 그리고 음악의 발전에 기여하였다.

하지만 수피즘과 시아파의 영적 체험은 순니파의 와하비 운동에 의해 위기를 맞이하였다. 종교개혁가인 이븐 압드 알 와합은 18세기 후반 와하비 운동을 일으켜 사우드 가문과 동맹을 체결하였으며, 새로운 이념으로 부족 간 결합과 단결을 촉구하였다. 또한 알라 이외의 대상에 대한 숭배를 철저히 배격하며 수피즘과 시아파의 성인 숭배나 영묘 방문을 우상숭배로 간주하였다. 이들은 1801년 이라크의 시아파 성묘를 파괴하였으며, 메디나의 묘소들도 파괴하였다.

이밖에도 이슬람의 영적 체험은 신앙고백, 예배, 단식, 자카트, 순례 등을 통해서도 인지될 수 있다.

가) 신앙고백(샤하다)

예배를 하기 위해 모스크로 오라는 외침인 아잔은 하루 5차례의 예배 직전에 전 세계에서 공통적으로 행해진다. 아잔의 문구 속에는 이슬람식 신앙고백인 샤하다가 포함되어 있다. 샤하다는 다음과 같은 내용을 포함하고 있다. "나는 알라 이외의 다른 신이 없다는 것을 증언하며, 무함마드는 알라의 사자임을 증언한다."(ashhadu 'an la illha ila Allah, wa ashhadu 'anna Muhammadan resullullah) 전반부인 'la illaha illa Allah'는 코란에 반복적으로 계시되어 있다. 이 문구는 이슬람 세계에서 가장 많이 사용되는 문구이며, 이슬람의 전형적인 종교적 믿음을 대변하는 문구이다. 샤하다는 일정한 억양으로 하루 5차례 이상 이슬람 세계 전역에서 낭송되는데, 이 순간 무슬림들은 절대자 알라에 대한 종교적 명상의 시간을 가진다. 이 문구는 이슬람의 유일신에 관한 내용을 내포하고 있는데, 이는 인간의 정신과 육체를 신이라는 단일의 궁극적 개념으로 일체화시키는 영적 효험을 가지고 있다. 이 샤하다는 지크르의 핵심을 이루는 문구이다.

나) 예배(살라)

이슬람의 영적 체험과 관련하여 예배는 4가지 서로 다른 의미로 해석될 수 있다.

- ❑ 종교의식 예배인 살라(sala)
- ❑ 신에 대한 개인적 간청과 기원인 두아(du'a)
- ❑ 명상적 회상인 지크르(dhikr)
- ❑ 신과 인간 사이의 경건한 대화인 무나자트(munajat)

일반적으로 무슬림이 예배를 지칭하며 사용하는 용어(prayer)는 종교의식 예배인 살라이다. 이슬람에서 종교의식 예배는 신체적 동작과 움직임에 근거한다. 전 세계의 무슬림은 메카 하람 사원의 카바 신전을 향해 예배 방향을 정하고(끼블라/qibla), 하루에 다섯 번씩 정해진 시각에 동일한 방식으로 예배를 올린다. 예배에는 일반 예배와 합동 예배(금요일에 행하는 줌아 예배)가 있는데, 무슬림은 예배 도중 라크아(rak'a/허리를 구부리고 무릎을 구부려 앉고 바닥에 이마를 대는 동작)를 반복적으로 행한다. 라크아 도중에 무슬림은 끊임없이 코란의 장들을 암송한다. 즉 신체적 동작과 정신적 암송이 반복적으로 이루어진다.

이슬람에서 종교의식 예배는 대중적이고 의무이기 때문에 이슬람 종교의 외적 형태를 일반화하는 중요한 키워드로 사용되고 있다. 하지만 종교의식 예배에는 외적 의미뿐만 아니라 이슬람의 영적 체험이라는 내적 의미도 내포되어 있다. 수피 신학자 투스타리는 예배 도중에 행하는 반복적 신체 동작과 동작 사이에 행하는 코란 암송은 이슬람의 영성을 대변하고 있다고 말했다. 그는 종교의식 예배 중 행하는 신체적 동작인

라크아는 메카의 카바 신전을 향한 종교의식 수행에서 공간적/초월적 의미를 지니고 있으며, 예배 도중에 신체와 영혼의 조화가 이루어진다는 점을 지적하면서 예배에 내포된 이슬람의 영성을 강조하였다.

다) 단식(사움)

이슬람의 종교의식 예배는 하루의 시작을 의미한다. 무슬림은 새벽에 일어나 예배를 준비한다. 또한 무슬림은 하루의 일과 중 작업을 중단하고 예배를 올린다. 이는 절대자에 대한 신체와 영혼의 재 정돈을 의미한다. 이슬람력 9월 라마단에 행하는 단식(사움)은 시간과 공간의 일반적 흐름을 적극적이고 극단적으로 단절시킨다. 단식 기간의 낮 동안 무슬림은 음식, 음료, 성관계를 완전히 단절하고 철저한 금욕의 시간을 가진다. 하지만 밤은 모든 사람들의 축제의 시간이다. 라마단 달의 마지막 3-5일은 이슬람에서 가장 영적인 날들이다. 이 기간 도중 발생한 능력의 밤(laylat al-qadr)에는 코란이 최초로 계시되었으며, 무함마드의 승천(이르자/irja')도 이 기간 동안 이루어졌다.

라) 희사(자카트)

이슬람에서 자카트 납부는 종교적 의무이다. 자카트라는 단어는 순화, 정화, 순결을 의미하는 자카(zaka)에서 파생되었다. 자카트는 코란에 언급되어 있는 인간의 관대함을 제도화한 것이며, 인간의 욕심과 욕망에 대한 코란의 비난을 사회적으로 구현한 것이다. 코란 104:3에는 인간의 부/재화가 인간을 부도덕하게 만들 수 있다고 언급되어 있다. 이슬람에서 부와 재화는 관대함과 나눔의 대상이었으며, 모든 무슬림은 부도덕한 경제적 행위를 단절하고 피함으로써 영적으로 순화되고 정화되었다.

마) 순례(하즈)

이슬람 성지인 메카와 성소인 카바에 대한 순례는 이슬람 영적 체험을 구체화한 다양한 모습들 중 하나였다. 무슬림들은 순례를 통해 건전하고 공동체적인 이슬람식 생활방식을 재점검하고 재인식한다. 이슬람력 12월 첫 번째 주 순례기간 동안 무슬림들은 남녀, 노소, 빈부의 차별 없이 이흐람이라는 흰 색 천의 옷을 입고 메카를 순례한다. 또한 양을 바치는 희생절 종교의식(이드 알-아드하)을 통해 카바 신전을 건축한 아브라함과 그의 아들 이스마일을 추모한다. 또한 무슬림들은 아라파트 동산에 오르면서 랍바이카(labbayka/주님 내가 여기 왔습니다.)라는 구호를 외치면서 무함마드의 마지막 설교, 최후 심판의 날의 제정과 진리의 순간(yawm al-din)을 상기한다. 카바 신전을 7차례 순회하는 의식은 인간의 속세와 신의 영원한 세계와의 만남을 의미하며, 카바 신전 자체는 창조, 예언 그리고 최후 심판의 날의 공존을 의미한다.

7. 수피즘에 대한 관용과 비판

수피즘은 시기에 따라 다양한 형태로 나타났다. 7-8세기에는 코란과 샤리아를 준수하며 금욕주의를 지향했던 고전적 정통주의 수피즘이 등장했다면, 8세기 중엽-9세기에는 무으타질라파의 영향으로 은유적 해석을 중시하고 중용적이며 이성적인 변형된 형태의 수피즘이 등장하였다. 9세기 초 무으타질라파가 쇠퇴하고 순니 정통주의가 등장하면서 수피에 대한 비난과 탄압이 격화되었으며 이로 인해 수피는 급진적이고 극단적인 형태로 변모하였다. 이후 수피즘은 13세기 중엽 몽골의 바그다드 침공 이후 이슬람 세계의 변방 지역을 중심으로 다양한 형태로 변모하였으며, 주변 문화의 비 이슬람적 요인과 민속적 요인들을 받아들여 이슬람 전파와 확산에 중요한 역할을 담당하였다. 하지만 13세기 이븐 타이미야와 17세기 무함마드 븐 압둘 와합의 극단적 순니 전통주의 사상의 등장 이후 수피즘은 억압과 비난의 대상으로 전락하기도 하였다.

그럼에도 불구하고 이슬람 역사에서 수피들은 이슬람 사상과 종교를 자발적이고 능동적으로 세계의 여러 지역에 전파하였다. 이러한 능동적 전파는 전통주의적 이슬람사상과 필연적인 갈등을 빚었지만, 수피들은 전통주의의 도전에 창의적으로 응전하였다. 이들은 기존 순니 중심 이슬람 사회에 적응하기 위해 코란과 하디스를 수피 체계 내의 권위로 인정하면서 무아지경, 황홀경 등 비 이슬람적 관행들과 형이상학적 은유 해석 방식을 재검토하기 시작했다. 그 결과 18세기부터 수피의 옛 종단들이 부활하기 시작하였으며 이슬람 세계에 다시 활기가 솟아나기 시작했다. 이와 함께 수피 종단들은 각 지역의 민족주의 운동을 통해 정체성을 회복했으며, 서구 식민주의 및 제국주의와의 대결을 통해 주도권을 장악하기도 하였다.

18세기 이후 이슬람 세계에 등장한 이슬람의 부흥과 개혁운동이 광범위하게 진행된 배경에는 울라마와 수피 사이의 단합과 협력이 있었다. 이슬람 역사에서 18세기는 울라마와 수피의 관계가 가장 활발하고 적극적인 시기였다. 그럼에도 불구하고 이들 사이의 상호관계는 정치적 목적이 우선이었기 때문에 복잡다단했으며 오래 지속되지 못했다.

오늘날 이슬람 세계에서 발생하고 있는 극단적·급진적 이슬람 운동의 뿌리는 와하비 사상에서 찾을 수 있다. 이들이 전체 이슬람 세계에서 차지하는 비중은 채 10%도 안 되지만 이들은 철저하게 수피사상과 시아사상 그리고 이성주의 사상에 반대하며 코란과 하디스의 문자적 해석과 전통주의를 강조하고 있다. 그럼에도 불구하고 전체 이슬람 세계의 90% 이상을 차지하는 온건주의 이슬람은 이즈티하드라는 개인적 판단의 문호를 여전히 개방하고 있으며, 울라마와 수피의 합리적 연결고리도 인정하고 있다. 이슬람 초기의 금욕주의적 수피즘을 수피즘의 정통으로 인정하고 와하비 사상과 같은 극단주의 사상을 제외한 온건주의 이슬람을 정통으로 인정한다면 울라마와 수피학자들의 화합과 관용은 이슬람 세계 전 지역에서 목격되는 일반적 현상이라고 말할 수 있다. 두 사상은 이슬람의 세계적 전파를 위한 동맥과 정맥이었다.

참고문헌

김능우, 「수피주의에 관한 고찰」, 한국외대석사학위논문, 1985.

버나드 루이스, 김호동 옮김, 『이슬람문명사』, 서울: 이론과 실천, 1994.

손주영, 『이슬람』, 서울: 일조각, 2005.

신양섭, 「민중 이슬람과 수피즘」, 『중동연구』, 한국외대중동연구소 논총 제18권, 1998.

_____, 「민중 이슬람과 수피종단」, 『중동연구』, 한국외국어대학 외국학종합센터, 18-1, 1999.

칼 W. 언스트, 최형묵 옮김, 『무함마드를 따라서』, 서울: 심산, 2005.

프랜시스 로빈슨, 손주영 옮김, 『케임브리지 이슬람사』, 서울: 시공사, 2002.

황병하, 『아랍과 이슬람』, 광주: 조선대출판부, 2005.

_____, 「무으타질라의 사상과 문학 연구」, 한국외대 대학원, 1994.

Ali. A. Yusuf.(trans) *The Holy Quran*, American Trust Publication, 1977.

Arberry, A. J., *Sufism: An Introduction of the Mystics of Islam*, London: George Allen & Unwin Ltd., 1972.

Baldick, Julian. *Mystical Islam*, London: I. B. Tauris & Co. Ltd., 1989.

Daftary. Farhad. *The Isma'ilis*, Cambridge: Cambridge Univ. Press, 1992.

Ellwood. Robert S., *Mysticism and Religion*, New Jersey: Prentice Hall, 1980.

Goldziher, Ignaz. *Vorlesungen über den Islam*, trans by Andras & Ruth Hamori, New Jersey: Princeton Univ. Press, 1981.

James, William. *The Varieties of Religious Experience*, Cambridge: Harvard Univ. Press, 1985.

Nasr. Seyyed Hossein. *Sufi Essays*, N.Y.: George Allen & Unwin Ltd., 1972.

Netton, Ian Richard. *Sufi Ritual*, London: Curzon, 2000.

Schimmel. Annemarie. *Mystical Dimensions of Islam*, Chapel Hill: Univ. of North Carolina Press, 1975.

Sells, Michael A., *Approaching the Quran*, Oregon: White Cloud Press, 2002.

________________, *Early Islamic Mysticism*, N.Y.: Paulist Press, 1991.

Watt. M. Montgomery, *Islamic Philosophy and Theology*, Edinburg: Edinburg Univ. Press, 1962.

유교적 영성

– 다산 정약용의 심성론에 나타난 영명성의 문제 –

이 향 만

가톨릭대학교 강의교수

목차

1. 서 론

그리스도인들이 사용하는 '영성'이란 개념은 일반적으로 Spirituality의 번역어로 이성과 감성을 넘어서 존재하는 인간의 종교적인 의식 상태를 일컫는 말이다. 이 개념은 'spirare'에 어원을 두고 있지만 그리스도교 신비주의 전통에서는 누우스(nous)나 노에시스(noesis)와 같이 지성적인 작용과는 다른 실상에 대한 직관적인 파악을 의미하고 있다. 페스튀에지에 따르면 "이 앎은 직접적인 접촉으로 감성으로 느껴지고 만져지고 눈에 보이는 것이다. 영혼이 추구하는 것과 완전히 하나가 되는 결합, 두 생명이 서로 스미어 하나로 되는 융합이다."(배성옥 역, p.17) 여기서 영성의 주체는 영혼이다. 감성과 같이 직관적인 것이기에 영적인 감수성이라고 한다.(외적인 오감이 있듯이 내적인 오감인 영적인 감각(spiritual senses)에 대한 교리는 오리게네스의 성경해석에서 비롯한 것으로 여겨지는데 후세 신비사상에 지대한 영향을 미치게 되었다. 칼 라너는 형이상학에 대한 성숙한 사람의 영혼경험으로 하느님에 대한 관상을 설명해주는 하나의 방법으로 보았다.) 영적인 직관을 통한 인식은 절대자와의 내적인 일치를 의미한다. 이 일체감은 영적인 체험과도 같은 것이며 인격적인 것이다.

그리스도교가 동양에 전래되기 전에는 이러한 종교적 체험에 대해서 유교 전통에서 철학적으로 깊이 있게 다루어지지 않았다. 물론 이와 유사한 개념이 전혀 없는 것은 아니다. 주자가 『대학장구』에서 사용한 '활연관통'(豁然貫通)과 같은 직관적인 인식에 대한 개념이 있지만 이 개념은 초월적 존재에 대한 신비체험이 아니라 수행(이 논문에서 사용하는 '수행' 이라는 개념은 종교적인 수행을 의미하는 것이 아니라 실천하는 가운데 알고 있는 것을 제대로 깨우치는 공자가 말하는 시습(時習)에 가까운 개념이다. 주자의 '활연관통' 개념을 순수 관념적인 인식개념으로 파악하는 학자들이 있으나 필자는 동양적 인식은 서양철학과는 달리 보편적으로 수행을 통한 인식으로 본다. 방입천의 주자 인식론에 따르면 주자의 '격물치지' 는 만물이 천리를 체현하고 인심이 천리를 지니고 있으므로 안팎의 리를 합하는 것을 의미한다. 이때 참된 앎을 구하는 것은 도덕적 경지에 이르는 것이다. 주자의 '치지' 가 대부분 주관적 추론이라 하더라도 실천가능성의 여부로 진지를 갖추고 있는가를 표준으로 삼았다. 이와 같은 관점이 필자가 '활연관통' 을 수행적 인식으로 보는 까닭이다)을 통한 도에 대한 깨달음을 통한 일체감을 나타낸다고 할 수 있다. 따라서 이 개념에서는 초월적 존재와의 인격적인 일치의 의미를 찾아볼 수 없다. 그리스도교가 중국에 전래되면서 교의를 전달하기 위하여 선교사들은 '성령'(spiritus sanctus), '영성'(spirituality)과 같은 개념을 소개하게 되었는데 마테오 리치는 『천주실의』에 주재자인 천주를 증명하는 과정에서 처음으로 '영성' 개념을 사용하였다. 그가 영성이란 개념을 처음 언급한 부분을 살펴보면, "셋째, 동물은 본래 지각이 있습니다. 그러나 영성이 없습니다. 만일 영적인 동작이 있다고 한다면 반드시 영이 있는 어떤 것이 그의 동작을 인도하는 것입니다."라고 하였다. 동물이 영성이 없음에도 그들의 삶이 질서를 이루고 있는 것은 영을 갖고 있는 주재자가 있기 때문이라는 내용이다. 그는 사람의 경우에, "우리 사람은 능히 자립할 수 있다고 주장하는데 일을 하는데 있어서 모두 본래 '영지'(靈志)를 사용합니다."라고 하였다. 이를 통하여 리치는 '영적인 것'은 천주의 존재를 의미하며, '영성'은 사람에게 속하는 것이고, '영지'는 천주로부터 품부 받은 것으로 사람에게만 있는 것으로 자율성의 근거가 되는 것임을 밝히고 있다. 또한 사람의 혼백과 관련된 언급에서 리치는 다음과 같이 말하였다: "상품의 혼을 영혼이라고 합니다. 바로 사람의 혼입니다 이 혼은 생혼과 각혼을 겸하고 있는데 사람을 생장하고 발육하게 합니다. 또 물정을 지각할 수 있고 또 사용할 수 있습니다. 사물을 추론할 수 있고 의리를 분별할 수 있습니다. 사람의 몸은 죽어도 혼은 죽지 아니합니다. 영존하고 불멸하기 때문입니다." 이 언급으로부터 '영혼'의 '영'은 영성을 의미하며 영적인 존재로부터 품부받은 인간의 특별한 속성임을 인간의 인식능력과 영혼의 불멸성을 통하여 나타내고 있다. 따라서 리치의 '영성'개념은 근원적으로 중국철학의 개념이 아니라 외국문화의 유입으로 말미암아 그 사상을 이해시키기 위해 조어(造語)된 격의(格義)적인 개념인 것을 알 수 있다.

어원적으로 살펴볼 때 본래 중국인들에게 '영'(靈)이란 개념은 일반적으로 초사(楚辭)에서 팔방(八方)의 신(神)을 가리키는 것에서 비롯되었다. 그러므로 리치는 『천주실의』에서 문왕의 백성들이 임금의 은덕에 감탄하여 "그 대를 일러 영대라고 하고, 못을 일컬어 영소"라고 하였고 걸왕과 주왕에 이르러서도 그 용어를 계속 쓰면서 사물에 영성을 부여한 것을 비판하며 신기하게 생각하기도 하였다. 실제로 '영대'와 '영소'는 역사적으로 문왕이 백성들과 함께 만들고 더불어 즐거워했던 곳이다. 이것이 보여주듯 중국인들은 선왕이 베푼 선정의 특별한 경험을 대상에 부여하여 간직하고자 하였다. 위고문상서(僞古文尚書)에 따르면, "천지는 만물의 어버이요, 사람은 만물의 영이다" 하였다. 여기서 '영'은 다음 말에 이어져 나오는 정신의 '총명'을 의미한다. 장자에게서도 정신의 의미로 쓰인 '영'을 발견할 수 있다: "그러므로 [그 자연의 변화에] 순응할 뿐 그것이 우리의 본성을 어지럽히거나 우리들의 정신적인 집(靈府)에 침입하게 할 수는 없습니다." 이밖에도 영은 앞에서 나타난 신(神), 정신(精神), 혼(魂)외에도 마음(心), 선(善), 진실(眞實), 밝음(曉, 明), 무(巫), 복(福), 등의 의미를 갖고 있다. 문자를 형상적으로 살펴보면 무당이 신명이 난 상태에서 하늘로부터 말씀을 받는 모습을 보이고 있다. 문학적으로 '영성'이란 개념은 하늘에서 품부받은 인간의 고유한 분별능력으로 한유(韓愈)의 작약가(芍藥歌)에 처음 나타난다.

이상의 내용을 살펴 볼 때 이 개념이 중국인들에게 철학적인 개념보다는 인간의 삶에서 경험하는 일반적 기대와 또 한계를 넘어서는 특별한 체험이나 능력 그리고 인식과 관련하여 폭넓게 사용되었음을 알 수 있다. 이 점이 넓은 의미에서 볼 때 리치가 시도한 대로 중국인들이 그리스도인들의 종교체험을 이해할 수 있는 문화적 바탕이 될 수 있었다. 실제로 우리나라에서는 이러한 영향을 받아 일련의 친서파(親西派) 실학자들이 유교적인 심성을 바탕으로 그리스도교의 영성을 수용하는 것을 모색하였다. 이 과정에서 그리스도교적인 측면에서 '유교적 영성'이라고 하는 종교적 심성이 다루어졌다고 할 수 있다. 이 점에서 '유교적 영성'은 유교의 유신론적인 해석에 기반하고 있다. 하지만 현대의 종교생활에서 그리스도교의 영성이 미치는 영향력을 생각해보고 종교 간의 영성개념에 대한 폭 넓은 이해가 요구되는 시점에서 초기 유교적 그리스도인이라 할 수 있는 서학자들의 영성관을 살펴보는 것은 필요하고 의미 있는 일이라 생각한다. 다만 이 논문에서는 다산의 유교적 영성 개념이라고 할 수 있는 '영명성' 개념을 중심으로 그 연원과 의미를 살펴보는 데 한정을 짓고자 한다.

2. '영성' 개념의 철학적 연원

영(靈)과 성(性) 각각의 개념은 중국 철학자에게 심을 이해하는 중요한 개념이다. 심의 문제는 유학에서 도덕적 행위의 근거를 마련하는데 있어 중요한 철학적 주제인데 공자에게서 비롯하고 맹자에게서 유학의 철학적 개념으로 발전되었다고 할 수 있다. 공자는 "본성은 서로 가깝고 습관은 서로 다르다(性相近也, 習相遠也.)"라는 간단한 언급으로 보편적인 심의 문제를 다루었다. 공자는 심의 성향 가운데 수치심(恥)을 도덕심과 관련하여 여러 차례 언급하였는데 이를 예를 통한 도덕적 관계에 대한 성찰을 요구하는 도덕의식으로 삼았다:

> 금령으로 이끌고 형벌로 규제하면 부끄러워할 줄 아는 마음이 없게 되고 덕으로 이끌고 예로 규제하면 부끄러워할 줄 아는 마음도 갖게 되고 또한 사려함에 이르게 된다; 선비가 도에 뜻을 두고 좋지 못한 옷과 거친 음식을 부끄럽게 여긴다면 그와는 말할 수 없다; 옛날에 사람들이 말을 경솔히 하지 않은 것은 실천이 말을 따를 수 없음을 부끄러워하였던 까닭이다; [공문자는] 기민하고 배우기를 좋아하며 아랫사람들에게 묻는 것을 부끄러워하지 않았다. 그러므로 문이라 불렀다; 교묘하게 꾸며낸 말 좋게 꾸민 얼굴, 지나친 공손을 좌구명이 부끄러워했는데 나도 또한 부끄러워한다. 원한을 감추고 그 사람과 교우하는 것을 좌구명이 부끄러워하였는데 나도 또한 부끄러워한다; 나라에 정도가 행해져 평화로울 때에는 가난하고 미천한 것이 부끄럽지만 나라에 정도가 행해지지 않아 혼란할 때에는 부하고 귀한 것이 부끄럽다; 헌이 부끄러움에 대하여 물었다. 공자께서 말씀하시기를, "나라에 도가 있으면 나아가 녹을 먹을 것이지만 도가 없는데 나아가 녹을 먹는 것이 부끄러움이다."(『論語』「爲政」)

『논어』에 나타난 수치심과 관련된 이러한 언급은 핑가레트가 잘 지적하였듯이 "치(恥)가 비록 도덕적 개념이며 어떤 도덕적 조건 또는 반응을 가리키는 것이기는 하지만, 그것이 감당하는 도덕적 관계란 개개인이 바로 예에 의해 규정되는 자신의 공적인 지위와 역할에 대해 가지는 도덕적 관계이다. 치는 따라서 '내면적'이기보다는 '외면적'이다."(송영배 역, p.59) 하지만 관계 안에서 이루어지는 도덕의식은 개인적으로 부단한 내적인 성찰이 동반되지 않고서는 일어나지 않는다. 이 점에서 치는 외물과의 관계에 대한 반응이며 도덕적 자각이다. 이 내적인 자각은 외적으로 공적인 일에서 확인된다.

맹자 역시 부끄러움을 인간의 근원적인 도덕심으로 보았으며 나아가 정치도덕적인 의미로 해석하였다:

> 사람은 부끄러움이 없어서는 안 되니 부끄러움이 없음을 부끄러워한다면 부끄러운 일이 없을 것이다; 부끄러움이 사람에게 있어서 매우 중요하다. 기만하는 짓을 하는 자는 부끄러움을 갖는 바가 없다. 부끄러워하지 않음이 남과 같지 않다면 무엇이 남과 같을 수 있겠는가?; 『서경』에 이르기를, "하늘이 하민을 내려주시고 그들을 위해 임금을 나오게 하고 스승을 나오게 하니 오로지 그들이 상제를 도와 은총이 있었다. 죄가 있고 죄가 없음은 오로지 나에게 있으니 천하 사람들이 어찌 감히 그 뜻을 지나칠 수 있겠는가?" 하였습니다. 한사람이 천하를 횡행하는 것을 무왕은 부끄럽게 여겼으니 이것은 무왕의 용기이니 무왕이 또 한 번 노하셔서 천하의 백성을 편안하게 하셨습니다.(『孟子』, 「盡心章」 上)

맹자는 부끄러움 자체에 대한 성찰을 중시하였다. 또한 부끄러움을 통한 성찰을 하늘에 대한 부끄러움(愧於天)과 인간에 대한 부끄러움(怍於人)으로 좀 더 세분하였다. 하늘에 대한 부끄러움이란 내적인 자기 성찰적인 부끄러움이고, 사람에 대한 부끄러움이란 외적으로 다른 사람에게서 반영된 나의 부끄러운 모습이라 할 수 있다. 부끄러움이란 마음이 시키는 바대로 행하지 못하는 데서 나타나는 도덕적 자각이다. 따라서 맹자에게 부끄러움이란 '다른 사람에게 차마 하지 못하는 마음'(人心)의 단서를 발견할 수 있는 근거가 된다. 그리고 사람만이 가지고 있는 이 부끄러움에 근거하여 인성론적으로 보편적인 도덕심이 내재함을 설명했다고 하겠다. 맹자는 다른 사람에게 차마 하지 못하는 이 마음을 네 가지로 설명하였는데 바로 측은지심, 수오지심, 사양지심, 시비지심이 그것이다. 이 네 가지 마음의 실마리는 윤리적인 삶을 가능하게 하는 도덕심이며 '인의예지'의 덕으로 나아가는 발단이다. 그리고 이러한 도덕심이 나타나는 능력을 덕으로 표현하였다. 이를 살펴볼 때 맹자에게 비로소 심, 성의 철학적 개념이 생겨났다고 할 수 있다. 맹자는 "그 마음을 다하는 자는 그 성을 알고, 그 성을 알면 하늘을 알게 된다. 그 마음을 보존하여 그 성을 기름은 하늘을 섬기는 것이다(盡其心者, 知其性也. 知其性, 則知天矣. 存其心, 養其性, 所以事天也)."라고 하였다. 맹자에게 하늘은 인간의 마음에 내재화 되어있고 도덕적 행위의 근거로 작용한다. 그러므로 맹자에게 "마음이란 사람의 신명이다(心者 人之神明也)."

맹자의 심의 철학을 이어 주자는 "마음은 신명의 집이요 한 몸의 주재가 된다(心者 神明之舍 爲一身之主宰)"고 하였으며 나아가 "마음은 기의 밝은 면이다(心者 氣之精爽)"하였다. 이렇듯 심을 이기론으로 설명해 낸 것이 주자학의 특징이다. 주자는 신명을 좀 더 구체적으로 설명하여, "마음의 본체는 깊고 고요하고 허명하다(人心本是 湛然虛明)"고 하였다. 『대학장구』에서 명덕(明德)을 주석하며 "명덕이란 사람이 하늘에서 얻어 허령불매하여 모든 이치를 갖추어 만사에 응하는 것이다. 단 기품이 구하는 바, 인욕(사욕)이 가리는 바가 되면 곧 때로 어두워진다. 그러나 그 본체의 밝음(明)은 쉬지 않는다. 그러므로 학자는 의당 그 발하는 곳에 따라 마침내 그것(명덕)을 밝힘으로써 그 처음으로 돌아가야 한다"고 하였다. 여기서 말하는 '허령불매'(虛靈不昧)가 마음의 덕성을 나타내는 말로 주자 심학의 중요한 개념이 되었다. '허령불매'란 비워져있어 영험하며 어둡지 않고 밝다는 뜻이다. 심의 허령은 비워져 있고 영묘하다는 뜻인데 "역은 사려함이 없고 작위 함이 없다. 고요하다고 부동하여, 감응하면 천하의 이치를 통한다(易 無思也 無爲也 寂然不動 感而遂通天下之故)"는 데서 연유한다고 할 수 있다.

주자는 "정명도가 '그 체는 역이고, 그 리는 도이며, 그 용은 신이다'라고 한 것을 보면, 역은 천지의 마음(心)이고 도는 천지의 성(性)이고 신은 천지의 정(情)이라는 것을 알 수 있다. 이는 천지의 심, 성, 정이다"하며 심, 성, 정의 위계를 분석적으로 세웠다. 실로 주자는 '허령불매'를 심의 덕으로, '구중리'(具衆理)를 성의 작용으로, '응만사'(應萬事)

를 정의 기능으로 나누었다. 또한 장횡거의 심통성정(心統性情)을 이어 받아 마음이 성과 정을 위계적으로 통섭하는 것으로 보았다. 여기서 심의 인식의 주체성와 사유와 소여의 작용을 말해주고 있다.

3. 영명성의 바탕인 도심(道心)

조선에서 전통적인 주자의 심성론에 새로운 전회를 가져와 철학적인 체계를 세운 학자는 다산이라 할 수 있다. 다산은 주자의 『심경』을 주석한 『심경밀험』에서 '신'과 '형'이 오묘하게 합하여진 "허령지각"의 마음을 사람이 태어날 때 갖게 됨을 밝히면서 단순히 말하기 어려우므로 심(心)이라 하기도 하고 신(神)이라 하기도 하고 영(靈)이라고 하기도 하며 혼(魂)이라고 하며 다른 글자를 빌어서 썼다고 하였다. 다산은 허령불매를 '심의 덕'으로 본 주자의 입장을 부정하지 않았다. 오히려 규장각 직제학 김 희(金 熹)와의 대담에서 마음을 '허령불매'라고 분명하게 밝힌다.

> 희: 마음이란 어떤 것인가?
> 용: 유형의 마음은 우리의 내장이며 무형의 마음은 우리의 본체이니 이른바 허령불매이다.
> 희: 허령불매란 어떤 것인가?
> 용: 이는 무형의 본체로서 혈육에 영속되지 않는다. 이는 만상을 포괄하고 만리를 묘오하여 능히 사랑하거나 능히 증오하는 것이니 이는 우리가 태어나자마자 하늘이 우리에게 부여해준 것이다.

다산은 『중용강의보』와 『중용자잠』에서는 주자의 '허령불매' 개념을 사용하지 않고 '영명'(靈明)이라는 독창적인 개념을 조어하였다. 하지만 '영명'은 '허령불매'개념과 깊은 연관성이 있다. '영'은 '허령', '명'은 '불매'의 개념을 더 명료하게 표현한 것으로 보인다. 이러한 개념의 변화는 본래 고경(古經)의 의미에 더 가깝게 표현하고자 한 것으로 쉽게 표현하기 어려운 마음의 영묘함과 뚜렷한 인식작용을 나타내려고 한 것이라 할 수 있다. 나아가 다산은 "인간은 영명스러운 마음을 받아 만물을 초월해서 만물을 향유하고 있다."고 하였고 리치가 '영성'에 적용한 것과 같이 '영명'을 마치 종차(種差)와도 같이 인간이 금수와 분별되는 근거로 삼았다.

신과 형은 바로 맹자가 말한 '대체'(大體)와 '소체'(小體)이다. 대체는 하늘로부터 받은 영명무형의 신(神)이고 소체는 부모로부터 받은 형구(形軀)이다. 대체의 기호(嗜好)는 선을 즐기고 악을 싫어하며 덕을 좋아하고 더러움을 부끄럽게 여긴다. 대체의 기호가 도의라면 소체의 기호는 식(食), 색(色)과 같은 생존의 욕구라 할 수 있다. 다산은 대체와 소체의 자연스러운 기호가 있다고 보고 이를 '성'이라 하였다. '성'에 대한 자해(字解)를 "성은 심에서 나온 것이므로 '心'자에다 '生'자를 붙인 것이다(性生於心 故從心從生)"하여 성을 "형상도 본질도 없는(性之爲物無形無質)" 기호라고 하며 도심(道心)은 영명무형의 대체가 발한 것이고, 인심(人心)은 기질의 소체가 발한 것이다(人心者 氣質之所發也 道心者 道義之所發也)라 하였다. 따라서 사람은 두 가지의 마음을 갖고 있으며 도의가 발한 바를 도심이라 하였고 소체인 기질이 발한 바를 인심이라 하였다. 도심이 인심을 이기면 대체가 소체를 이긴 것이며(我有二體 亦有二心 道心克人心 則大體克小體也) 이때 사람은 비로소 덕을 실행하게 된다고 보았다. 다산은 "상지인(上智人)이라도 인심이 없을 수 없으며 하우인(下愚人)이라도 도심이 없을 수 없는 것이다"라고 하며 「중용서문」에 나오는 주자의 말을 인용하여 두 마음이 사람의 마음을 구성하는데 있어서 필연적인 요소임을 밝혔다.

다산은 대체와 소체는 오묘하게 결합되어 있어 분리할 수 없다고 보았다. 인간은 신형(神形) 묘합의 존재이기 때문이다. 묘합이란 인간 마음의 신묘한 상태를 나타내는 것이자, 심에 대한 인식의 한계를 고백하는 의미를 갖고 있다. 인간은 대체와 소체가 결합하는 단계에서 인간만의 고유한 특성을 갖게 된다. 그것은 덕성과 기질의 결합이다. 인성은 도의와 기질이 합하여 하나의 성이 된 것이고 금수의 성은 순수한 기질지성만으로 하나의 성을 이루고 있다고 보았다. 그러므로 다산은 인간에게 기질지성만이 밖으로 드러난다는 것을 인정치 않았다: "만일 성이 기질에 우거한다고 하면 가능하거니와 천명밖에 별도의 기질성을 내세워 말한다면 옛적의 말로도 이를 증험할 수 없으니 신으로서는 도저히 알 수 없는 일이다." 밖으로 드러난 인성은 순선한 천명성이거나 인욕으로 가리어져 천성이 드러나지 못하는 경우가 있을 뿐이다. 형구가 도심을 따를 때 덕이 나타날 수 있고 형구가 도심의 제어를 받지 않아 단순히 그 욕구만을 따를 때 악으로 쉽게 빠져든다고 보았다. 다산은 인성과 인욕으로 도심과 인심의 두 가지 성향을 나타내었다. 따라서 성을 도심의 기호로 한정되게 사용하였다. 무릇 천성의 윤리적 기호는 인간에게 자연스러운 것이며 고유한 것이며 인격적인 것이 된다. 따라서 다산은 사람들이 잘못을 범하는데도 인성을 선하다고 하는 까닭을 다음과 같이 논증한다: "사람은 언제나 하나의 일을 행하면 반드시 유쾌하게 되는데 이는 적성에 맞아 유쾌한 것이 아닐까? 사람이란 언제나 하나의 악한 일만 행하여도 반드시 굶주려 허전한 듯 스스로 움츠려드는데 이는 성을 거스르므로 허전해하는 것이 아닌가?"

다산은 심론에서 주자를 계승하면서도 성론에서는 공자의 '성상근'과 맹자의 '성선'을 따르고자 하였다. 따라서 주자학자들처럼 성을 '본연지성'과 '기질지성'으로 나누는 것을 수용하지 않았다:

사람에게는 두 가지의 성이 있을 수 없다. (…) 옛날 유학자들은 두개의 성을 말하였는데 하나는 본연성, 또 다른 하나는 기질성이라 하여 본연성은 순전히 선하여 악이 전혀 없는 것이며 기질성은 선할 수도 악할 수도 있는 것이라 하여 '맹자는 단지 본연성에 근거하여 기질성을 말하였기 때문에 완전하지 못하다'고 까지 이른 것이다. (…) 그런데 맹자의 성선론은 맹자에게서 비롯된 것이 아니다. 『시경』에 '백성은 타고난 착한 성품이 있으니 아름다운 덕을 좋아하네.'(民之秉彝 好是懿德)라 하였으니 이는 분명히 성선설이다. 공자 또한 여기에 이를 단정 지어 말하였다. '이 시를 지은 이는 시를 아는 사람이구나.' 성선은 성현의 근본 말씀인 것이며 어느 한사람의 사사로운 믿음이 아니다 맹자 말씀에 어찌 미비점이 있겠는가?(『心經密驗』, 「心性總義」)

다산은 『서경』 「대우모」에 순임금이 우임금에게 전한 심법(心法)인 "인심은 위태롭고 도심은 은미하다. 정일하게 하여 진정 그 중을 잡아라."(人心惟危 道心惟微 惟精惟一 允執厥中)을 주석하면서 『서경』의 '인심은 위태롭다'는 말은 아직 선악을 판단할 수 없는 상태(書曰 人心惟危 危者 善惡未判之境也)라 하였다. 다산에 따르면 '위'(危)라는 것은 형구의 욕구에 치우침에 대한 경고라 할 수 있다. 형구가 필요하지만 치우쳐서는 안 된다. 인간의 선택에 가치가 부여된다. 인간의 마음은 도심과 인심이 갈등하는 관계로 되어 있다. 천명과 인욕은 내부에서 서로 다툰다. 다산은 이 갈등을 '송사'와 '교전'(天命人慾交戰于內, 克己如克訟然)으로까지 표현하고 있다. 그만큼 이 갈등은 필연적이고 처절하다는 의미이다. 도심을 따르는 것은 의지적이고 인심을 따르는 것은 인심과 같이 "거칠고 거짓이 없다(人心恒熾, 故無爲)." 인간이 도의를 행하는 것은 이렇듯 자율적인 결단을 요구한다. 따라서 형구가 선을 구체화할 때 그 형구는 단순한 형구라 할 수 없다. 도가 깃든 형구이다.

다산은 심에 있어서 도심과 인심의 조화를 잃은 것을 염려하는 두 가지 병에 대하여 다름과 같이 말하였다: "마음에 두 가지 병이 있다. 그 하나는 유심의 병이고 다른 하나는 무심의 병이다. 유심의 병은 인심이 주가 된 것이고 무심의 병은 도심이 주인이 될 수 없었던 것이다. 두 가지는 다른 것 같은데 그 생긴 병의 원천은 사실 같은 것이다. 경(敬)으로 안을 직관하고 살펴 공사를 구분하면 이 같은 병은 없을 것이다." 여기서 도심은 방임하지 말아야할 도덕적 반성으로 나타난다. 도덕적 반성은 금수에게서 찾아볼 수 없는 인간에게 고유한 것이다. 도덕적 반성에 따라 덕을 행함에 있어 형구는 본래의 기능을 갖게 된다. 덕을 행위의 결과로 이해했을 때 도심은 형구에 의존하지 않을 수 없다. 도심의 도덕적 반성의 내용으로부터 인심의 구체적인 성향이 밝혀질 것이다. 도심인 영명성에서 비롯한 도덕적 의지와 형구의 자연스런 욕구의 묘합은 결국 도심이 인심을 제어하는 가운데 그 지속성을 구체화하게 되며 인간을 하늘과 합일시키는 지향성을 유지하게 되는 근거이다. 그러므로 마음은 무형 신명한 정신과 유형한 육체가 묘합하는 중추가 되는 곳인데, 이름을 빌려 심이라고 하였다.

4. 영명성과 천명(天命)

다산은 심을 인간의 영명이 사는 집이라 하여 신명을 마음을 집으로 삼아 마치 인이 "사람의 마음"인 것을 인이 "사람의 집"이라고 말하는 것과 같은 표현이라고 설명하였다. 영명성은 심의 본성이자 지향성을 뜻한다. 영명성이란 영명한 본체, 즉 도심의 기호 자체라 할 수 있다. 『심경밀험』에 도심인 영명체에 대한 명료한 분석이 있다:

> 총괄해 보면 영체 내에는 3가지의 이치가 있다. 성으로 말하자면 선을 좋아하고 악을 수치로 여기니 이는 맹자가 말하는 성선이며, 권형으로 말하면 선할 수도 있고 악할 수도 있으니, 이는 [물은 터주는 쪽으로 흐르기 마련이라는] 고자의 단수(湍水)의 비유와 양웅의 선악혼설이 발생될 수 있는 까닭이 되며, 행사로 말한다면 선하기는 어렵고 악하기는 쉬우니 이는 순경 성악설이 있는 까닭이 된다. 순자와 양자가 '성'자에 대한 인식이 본래 잘못되어 그 말이 그릇되어 있지마는 사람의 영체 내에 본래 이러한 이치가 없는 것은 아니다.

다산은 고자와 순자와 양자의 성설을 변증적으로 종합하여 하나의 성론을 세우기에 이른다. 이러한 다산의 분석에 따르면 영명성은 세 가지 이치로 나타난다. 도덕적인 기호, 도덕적 판단, 도덕적 실천의지가 그것이다. 다산은 고자와 순경의 성론이 맹자의 성론을 단편적으로 이해한 데서 나타난 결과로 보고 있다. 그럼에도 불구하고 다산은 이러한 이론들의 이치가 갖고 있는 개별적 타당성을 파악하였고 그의 영명성의 이론에서 종합하였다. 영명의 도덕적인 기호가 도덕적인 판단을 야기하는 것은 자연스러운 발로이다. 영명한 마음은 모든 사물의 원리를 탐구하여 깨달을 수 있는 능력과 천체운행과 자연변화, 요원한 곳과 아득한 옛일까지 알 수 있는 객관적 판단 능력을 갖고 있기 때문이다. 하지만 권형의 도덕적 판단은 이러한 개별적인 대상적 판단에서 더 나아가 상황판단을 기초로 하고 있다. 달리 말하면 도덕적 판단은 실존적인 수행판단이다. 도덕적 판단은 단순히 판단에 머무르지 않고 인격적 행위를 수반하거나 불러일으키기 때문이다. 이 점에서 권형은 의지적이다. 의지적인 상황판단은 선천적 기질의 제약을 넘어서 인간이 자율적으로 선을 선택하는 능력을 불러일으키며 그 결과에 대해 책임진다. 다산은 이 자율적 판단을 '자주지권'(自主之權)이라 하였다: "하늘이 사람에게 자주지권을 부여해주어 선을 하고자 하면 선을 하고 악을 하고자 하면 악을 하게 하였으니 유동적이고 정해지지 않아 그 권능이 자기에게 있어서 금수의 정해진 마음과 같지 않다. 그러므로 선을 하면 실로 자신의 공이 되고 악을 하면 실로 자신의 죄가 된다. 이것은 마음의 권능이지 성품이 아니다." 모든 사람이 천명을 품부 받았지만 선을 행하고 악을 멀리함은 자율적인 판단에 달려있다. 이는 도심이 요구하는 필연성과 개인의 자율적인 선택이 만나는 곳이다. 이 권형이 다산 심학의 특징이 드러나는 핵심처라고 할 수 있다. 다산은 이러한 도덕적 판단과 책임을 하늘이 맡긴 신권묘지(神權妙旨)로서 사람이 두려워하여야할 바로 생각했다. 이것은 천이 인간에게 신뢰감을 드러내는 방식이자 심의 영명한 능력이기 때문이다.

영명한 마음에서 일어나는 도덕적 기호와 판단과 의지적 실천력은 단계적으로 일어나기 보다는 직관적으로 일어난다고 보아야 할 것이다. 다산의 영명성은 기호에서 비롯되지만 판단과 의지까지 함의하고 있는 포괄적인 직관 성향이다. 이 영명한 마음을 일관되게 유지하는 것이 다산이 추구하는 마음의 수행이다. 다산은 영명성을 유지하는 방식을 세

가지로 설명하였다:

> 진기성(盡其性)은 몸을 닦아 지선(至善)의 경지에 이른 것이며 진인성(盡人性)은 사람을 다스려 지선의 경지에 이른 것이며 진물성(盡物性)은 상하 초목이 모두 무성하다는 것이다. (…) 진기성은 그가 하늘에서 받은 본분을 극진히 하는 것이다. 자수하면서 지선의 경지에 이르게 되면 나의 본분을 극진히 한 셈이며 치인하면서 지선의 경지에 이른다면 사람들이 각각 그들의 본분을 극진히 한 것이지만 그 공은 나에게 있다. (…) 동식물들로 하여금 각각 그들이 지닌 생육의 성을 극진히 하게 한다면 물이 각각 그의 본분을 극진히 하되 그의 공은 내게 있는 것이다.(『中庸自箴』, 卷3)

다산은 마음의 수행을 통하여 자신뿐만이 아니라 다른 사람과 초목에 이르기까지 그 고유한 성을 다하게 하였다. 마음의 수행은 자신에 그치는 것이 아니라 자신을 둘러싸고 있는 모든 대상에까지 이르고 그것을 지선으로 완성시켜준다. 이 완성의 시발점은 자신에게 있지만 그 효과를 만물에서 확인할 수 있다. 만물을 통해 자신의 수행의 정도를 가늠할 수 있다. 다산의 생태적 심성론을 보여주는 부분이다. 그러므로 일의 결과는 자성의 계기를 준다: "일이 선하지 아니할 때 도심은 이를 부끄럽게 여긴다. 부끄럽게 여기는 마음이 솟아나는 것은 천명이 차근차근 타이르는 그것이며 행실이 선하지 아니할 때 이를 후회하는 마음을 솟아나게 하는 것은 천명이 차근차근 타이르는 것이다." 이 '부끄러움'은 공자에게서 비롯되고 맹자에게서 발전된 심의 본질적인 성향이다. 다산은 부끄럽고 후회하는 마음을 상제와의 인격적인 대화로 설명한다. 즉 도심의 소리를 듣는 것이다. "정녕 자세히 들으면 희미하게 들리지 않으니 모름지기 이 말을 알아들어야 하며 이것이 밝고 밝은 천명이다."

천명이란 무엇인가? 다산은 "천명이란 생을 부여한 처음에 이 성을 내려준 것이 아니라 원래 형태가 없는 체와 묘용의 신이 같은 류로서 함께 들어가 그것이 감응을 주는 것이다. 그러므로 하늘의 경고(儆告) 또한 형태가 있는 이목으로 말미암은 것이 아니라 항상 형태가 없는 묘용의 도심이 그를 유도하고 그를 가르침이니 그것을 일러 '하늘이 그의 마음을 유도한다.'는 것이다."라고 하였다. 다산에게 천명이란 도심에서 일어나는 영적인 감응이다. 이 감응은 경고의 형태를 띠고 있다. 경고란 도덕적인 당위를 일러주는 영적인 음성이다. 하지만 이 경고는 늘 인식할 수 있는 것이 아니다. "천명이란 은미(隱微)하여 자연과 같으므로 소인으로서는 알 수 없는 것이다: (…) 성인이 말하는 상서로움과 재앙의 경계는 반드시 시간이 흐른 다음 이를 증험할 수 있으니 소인은 이를 업신여기게 되는 것이다." 그리고 이 경고를 인식하기 위해 계신공구(戒愼恐懼)의 수양이 요구된다.

그러므로 다산은 도심과 천명을 두 가지로 나누어 보지 않는다. "하늘의 경고는 은근하고 마음에서 간절하게 경계하는 고함이니 만일 일각이라도 별안간 사람에게 손상을 끼치고 만물을 해치려는 마음이 싹트게 되면 문득 한편에서 온화한 말로 저지한다. 그리고 '잘못은 모두 너 때문인데 어떻게 그 사람을 원망할 수 있겠는가? 만일 네가 말끔히 잊는다면 너의 덕이 아니겠는가?'하여 깊이 자성하게 하는 경고이다. 이 말이 바로 뚜렷하며 빛나고 빛나는 천명이다. 이 말을 따라 순종하면 선이 되고 상서로움이 되나 태만하게 여기게 되면 악이 되고 재앙이 되기 마련이다. 군자의 계신공구는 오로지 천명을 듣는 데에 있게 된다." 계신공구는 신독하는 자세이며 희노애락이 아직 미발된 상태에서 조심스럽게 상제를 삼가 섬기면서 혹시라도 잘못이 있을까, 또는 과격한 행동이 있을까, 또는 편벽된 감정이 싹틀까 두려워하여 마음을 공평하게 가지고 마음을 지극히 공정하게 지녀 외물이 다다르기를 기다리는 중정(中正)한 마음이다. 마음이 중의 상태에 있을 때 기뻐해야 할 것을 기뻐할 줄을 알고, 성내야 할 것에 성낼 줄을 알며, 즐거워해야 할 것이 즐거워 할 줄을 알아 사물에 발하여 중절되지 않음이 없는 화(和)가 된다. 이 중화는 신독 공부로 말미암아 가능한 것이며 정성스럽고 밝게 깨인 상태에서 이것이 가능해진다. 그러므로 신독하는 군자는 그 지각이 영명하다.(誠則明. 故愼獨之人. 其知靈明) 이 '중'이 바로 앞에서 인용한

『서경』「대우모」의 '진정 그 중을 잡으라.'는 '윤집궐중'의 '중'으로 편벽되지 않고 치우치지 않고 지나치거나 모자람이 없는 중이다. 따라서 치중화(致中和)는 신독이 아니면 불가능하다. 계신공구는 올바른 인식을 위한 내적정화이자 깨어있음이다.

성리학에서 말하는 기질지성으로 칠정(七情) 가운데 하나인 두려움(懼)이 다산에게서 영성적인 차원에서 상제에 대한 종교적 인식의 근거로 작용한다. 하늘에 대한 부끄러움으로부터 더 나아가 상제에 대한 두려움은 외적인 대상에 대한 두려움이 아니라 내적인 성찰을 통하여 인식하게 되는 두려움이다. 이러한 도덕적 판단과 실천적 지향성은 보편적 기준에 머무르지 않는다. 매 순간 인간은 전인적인 사태파악과 그에 따른 수행을 요구받고 있다. 이것이 인간의 인식은 자율성 가운데 놓여있지는 않다는 것을 의미한다. 천과의 인격적인 관계 안에서 자기 확신성의 근거를 마련하게 된다. 사람은 이미 천명을 수용하는 천과의 만남 안에서 인격적 존재로 자리 잡게 된다. 그러므로 영명성은 인간 안에서 독립된 것으로 있는 어떤 것이 아니고 인간 삶의 통일적인 근거와 근원으로서 본질을 규정하는 윤리적이며 형이상학적 원리로 작용하는 도덕적 성향을 의미하게 된다. 다산은 궁극적으로 인간의 가치와 도덕적 근거를 하늘에 두고 있다.

5. 지천(知天)과 징험(徵驗)

사람의 영명함은 하늘이 품부해준 것이다. 따라서 이 영명함이 하늘을 인식할 수 있는 근거가 된다. 영명성의 중요한 인식작용인 지천은 『중용』에서 말하는 수신(修身)의 근본이다. 지천은 바로 홀로 신실한 것이고 성(誠)한 것이기 때문이다. 지인(知人)이 사람이 사람다운 바를 아는 것이라면 『중용』 첫머리의 "천명지위성 솔성지위도(天命之謂性 率性之謂道)"가 바로 지인이다. 그런데 지인하기 위해서는 지천(知天)하지 않으면 안 된다. 『중용』에 "감추어진 것보다 더 드러나는 것은 없고, 은미한 것보다 더 뚜렷한 것이 없다"고 함이나 "귀신에게 물어보아도 의심할 바가 없다"는 문장을 살펴볼 때 지천은 바로 은미함을 아는 것이고, 귀신을 아는 것이다. 지천이란 바로 상제의 명을 아는 것이다. 즉, 공자가 말하는 "지천명(知天命)"이다. 지인과 지천은 대상적 인식이 아니다. 사람의 사람됨, 귀신의 은미함을 앎은 일체감을 통한 인격적인 인식이자 영적 인식이다. 여기가 다산의 인간학과 상제천학이 만나는 묘처이다. 다산은 지천의 내용을 다음과 같이 세 가지로 요약하였다: 상천이 멀리 있으나 나날이 굽어봄을 바로 가까운 여기에서부터 아는 지원지근(知遠之近), 조화의 발자취로 바람이 부는 근원을 아는 지풍지자(知風之自), 천도의 은미함이 자연 속에서 지극히 나타남을 아는 지미지현(知微之顯)이다.

이러한 종교적인 인식은 대상과 사태를 궁구하는 『대학』의 '격물치지'(格物致知)와는 대조를 이룬다. 지천의 궁극적 이유는 개인의 윤리적 행위로 나아가는 택선(擇善)에 있기 때문이다. 지천하지 못하면 택선할 수 없기 때문에 다산은 지천을 명선(明善)과 동일하게 생각하였다. 다산이 이해하는 격물은 '물이 본말을 가지고 있다'는 대상의 이치를 궁구하는 것이고 치지는 '일에 선후가 있음을 아는' 앎을 극진히 하는 보편적인 정치윤리의 바탕이 되는 수양적 인식이다. 이 점은 또한 주자의 격물치지론과도 대조를 보인다. 주자는 "격물은 물건 하나하나 위에서 그 지극한 이치를 캐물어가는 것이며 치지는 내 마음이 알지 못하는 바가 없는 것이다(格物是物物上窮其至理, 致知是吾心無所不知)."라고 하였다. 그리고 "격물은 마음을 밝히기 위한 것(格物所以明此心)"이었다. 주자가 사물의 보편적 이치와 마음의 리를 일치시키는 인문적이고 자발적인 보편적인 윤리를 추구했다면 다산은 지천의 인식 안에서 자주지권을 통한 윤리적 당위성을 확보하려고 했다고 할 수 있다. 이 두 인식의 차이는 완전한 합리적 인식에 이름과 불완전한 인식을 하늘의 영명성을 통하여 해결함으로 나타난다. 다산에게 새로운 것은 이 한계를 극복하는 종교적 인식 체험의 차원이다. 이 인식 체험은 다산에 의하면 이미 경전에서 발견할 수 있는 개별적 인식의 차원이다. 다산은 다음과 같이 중용의 '구즉징'(久則徵)을 해석하며 새로운 의미를 부여한다: "하늘과 사람이 서로 일치할 때 반드시 자기 마음속에 묵묵히 험할 수 있으니 이를 '징'(徵)이라 한다. '징'하면 도를 믿는 마음이 돈독하게 되어 그만두려고 해도 그만둘 수 없는 까닭에 더욱 오래되고 더욱 진실하게 되어 아득함에 이르게 되는 것이니 용(庸)의 극치이다." 『논어』에서 공자가 '징'(徵)자를 문화 계승적인 의미에서 사용한 문화적 체험의 증거와 고증적인 의미로 사용한 바가 있지만 여기서 다산은 종교적인 체험의 의미로 개념을 확장하여 사용하고 있다. 징험의 대상은 다름 아닌 상제천이다. 다산에게 상제천은 영명성을 품부받은 원천이자 영명성의 귀결점이다.

인간이 모든 현상의 소이연을 알 수 있는 것은 아니다. 다산도 "일월운행의 소이연을 그 누가 알 수 있는 것이며 허공에 떠있는 대지를 안정시키는 법을 그 누가 알 수 있는 것이며 성신(星辰)이 나열된 그 시용(施用)을 누가 알 수 있겠는가? 그 점을 성인이 알지 못한다는 것이다. 7년 간의 한발은 탕임금으로서도 비를 내리지 못하였고 안연의 죽음은 공자로서도 어찌할 수 없었던 것이니 그것이 성인으로서 능하지 못하는 바이다."라고 하였다. 다산은 여기서 인간이 가지고 있는 인식과 수행의 한계에 대하여 언급하고 있다. 하나는 물리적인 세계에 대한 인식의 한계이고 다른 하나는 인사(人事)에서 우연히 닥치는 불가항력적인 일들이다. 이러한 일들은 단순한 인과의 법칙성을 떠나 있다. 하지만 이러한 일을 대하는 방식에서 인간의 영명함이 드러난다. 인간이 모두 알 수 없는 천지의 운행과 인간의 기대와 예측을 벗어난 어찌할 수 없는 상황에서 처하여 있음을 스스로 인식한다는 것이다. '무지'와 '현존성'은 반성적 인식을 불러일으킨다. 그러므로 이 무지와 현존성이야말로 초월적 인식으로 나아가는 단서가 된다. 도에는 일반적인 인식을 초월하는 영역이 존재하기 때문이다. 이것이 바로 천도이며 인간이 수행을 통하여 깨닫고 인정해야할 삶의 배후이다.

다산은 이렇게 인간이 모두 알 수 없는 천도를 『중용』의 비은(費隱)으로 보았다: "비은 두 글자는 곧 도를 떠날 수 없다는 뜻이다. 이는 무엇 때문인가. '비'란 천하 어느 것으로도 능히 실을 수 없을 만큼 워낙 큰 것이다. 그것은 워낙 커서 밖이 없으며 '은'이란 어느 것으로도 능히 쪼갤 수 없을 만큼 작은 것이다. 그것은 워낙 작아서 안이 없는 것이다. 크기로는 밖이 없고 작게는 안이 없는 것은 상천 조화의 범주가 아닌 것이 없다. 그 점이 조화를 떠날 수 없다는 것이다." 상천 조화의 범주는 논리적인 추론으로 이해할 수 있는 부분을 넘어서 있다. 여기에 '징험'이라는 인식체계가 자리 잡게 된다. 중용하는 자만이 비은을 징험할 수 있는 것이다. 징험하는 가운데 천도와 인도의 일치를 체험할 수 있다. 단순한 인식의 일치를 의미하는 것이 아니라 혼연일치되어 인도가 천도에 참여하게 되는 것이다. 이것이 중화(中和)의 내적인 일치이고 중용(中庸)의 외적인 일치라 할 수 있다. 또한 다산은 은미한 형이상학적 대상에 대한 인식을 구체적으로 '찰'(察)이라는 개념으로 접근하고 있다: "이제 살펴보니 찰이란 은미한 이치를 살피는 것이다. 천도(天道)는 지극히 은미하여 보고들을 수 없으니 반드시 우러러 살펴 보아야만이 조화의 자취를 볼 수 있으며 뚜렷이 나타난 천도의 이치를 알 수 있는 것이다. 그러므로 찰은 은미한 것을 살피는 것이며 어느 사물도 살피지 않은 것이 없는 것이다." 이렇게 '우러러 살피는' 태도가 바로 맹자가 말하는 '하늘을 우러러 부끄러움이 없는'(不愧於天) 사천(事天)이다.

6. 결 론

유교의 영성을 다산의 『중용』주석인 『중용강의보』와 『중용자잠』을 중심으로 접근해 보았다. 다산에게 『중용』은 '천명'이 바로 '성'으로 드러난 중요한 유교 경전이다. 다산은 서학(西學)의 영향으로 말미암아 심을 인격적 존재인 상제(上帝)와의 일치를 가능케 하는 요처로 봄으로써 유학 안에서 그리스도교적인 영성을 이해할 수 있는 가능성을 열어놓았다. 다산의 상제천에 대한 추론이 본원유학적인 해석으로부터 연유하는 것이라 할지라도 당시의 시대적 요청에 따른 해석의 일단임을 부인할 수 없다. 이 점에서 다산의 영명성 이론이 유교적 영성 전체를 포괄하기에는 한계를 가지고 있다. 하지만 그는 주자 성리학을 극복하기 위해 소위 실학적, 친서학적 인성과 영성론을 피력하는 가운데 실천적으로 서학을 이해하려고 하였고, 유교 안에 서학이 뿌리내릴 수 있는 영성적인 터전을 마련하였다. 다산은 정통 주자학적인 심성론의 도식적이고 인문적인 한계를 극복하기 위해 본원 유학에 기반하여 상제론을 재정립하며 실존적인 차원에서 유교적 영성에 대한 새로운 지평을 열었다고 할 수 있다. 그러나 다산이 심의 문제를 다루는 데 있어서 주자와의 차별성을 부각시키는 가운데 개념의 의미가 제한된 점이 나타난다. 예를 들면 '성'(性)을 단지 기호에 한정시켰을 때 '영명성'을 해석하는 데 한계가 있게 된다. 필자는 본론에서 다산의 성의 의미를 판단과 실천의지까지 폭넓게 이해하려고 하였다. 기호가 발하기 전에 천명을 듣고 수행으로 나아가는 내재화 과정을 기호 자체만으로 설명하기에는 한계가 있다. 이런 점에서 다산의 개념 분석이 때로는 성리학자들과 같이 지나치게 분석적인 면을 보이는데 이는 성리학을 극복하는 한 방안이지만 그 자체가 해석의 한계로도 작용한다. 개념이 가지고 있는 의미의 모호성은 중국 철학적 개념의 특징이고 개념이해를 위해 개별적인 수행적 해석을 요청한다고 볼 수 있다. 여기에 보편을 넘어서 개인의 수행적 해석이 나타날 수 있는 여지가 남아있다고 하겠다. 다산의 영명성에 대한 창의적인 해석도 이러한 지평에 서 있다고 보기 때문이다.

주자 성리학과 같은 도식적이고, 위계적이며, 명료한 심의 이해 속에서는 심의 신비로운 영역을 위해 남겨진 자리가 없다. 이는 불교 유식론의 분석적인 이론체계에 대응하는 측면에서 나타난 심의 도식적인 이해의 결과라고 생각된다. 이 점에서 다산의 영명성 개념에 대한 해석은 맹자 철학으로의 복귀이자 근대적 해석을 모색한 것으로 볼 수 있다. 이러한 해석으로부터 천(天)과의 인격적 관계, 도덕적 실천의지, 불가항력적인 삶의 문제를 이해하고 수용할 수 있는 심(心)의 작용이 가능하게 되었다. 다산의 유신론적인 영명성의 해석을 인문적인 유학의 입장에서 수용하기 어렵다 하더라도 다산의 해석은 심이 철학적으로 인간의 가장 신비하고 미묘한 영역으로 남아있으며 종교적 인식으로 나아갈 수 있는 묘처임을 재인식하게 한 점이 돋보인다. 심의 이해는 바로 유교적인 인간 이해이다. 이 점에서 다산 심성론이 근대적이며 그리스도교와의 상관적 관계에서 새로운 인간 이해의 길을 터 주었다고 할 수 있다.

다산의 영명성에 나타나는 징험의 인식체계는 중세의 관념적 세계관에서 근대의 실존적인 세계관으로의 전환이다. 다산은 선진(先秦)시대에서 그 이상적 모델을 찾았고 이것을 잘 나타내는 개념이 지천(知天)과 징험(徵驗)이다. 이 개념에서 그리스도교의 영성에서 체험하는 것과 유사한 도덕적 행위의 근거로서의 신(神)에 대한 체험이 나타난다. 이 점이 다산의 상제 징험이 서학의 영향을 배제할 수 없는 점이다. 그러나 다산은 유교 경전의 독창적인 해석에 의거하여 도덕적 판단과 행위의 근거를 마련하였다. 이 점이 유교문화권 안에서 현대적인 영성의 관점에서 다산의 유교적 영성 안에서 발견하게 되는 심에 대한 새로운 전망이다. 현대적 영성을 필자는 직관에 대한 새로운 발견에 있다고 생각한다. 서양 영성은 전통적으로 이성(理性) 지향적이라 할 수 있다. 반면에 동양의 심성론은 감성(感性) 지향적이다. 맹자가 도덕적 감수성으로부터 심성철학을 열어갔듯이 감수성은 동양인에게 도덕적 자각(自覺)과 행위의 중요한 시발점이다. 이 점에서 도덕적 감수성을 다른 사람과 사물로부터 연유하는 외적인 감수성으로 본다면 영명성은 하늘을 우러르고 내면화한 내적 감수성이라 할 수 있다. 영적 감수성은 외부의 변화에 반응할 뿐 아니라 그러한 상황을 스스로 내면화할 수 있는 능력으로 나타나는 감수성이다. 이 점에서 영명성은 계신공구에서 나타나듯 관조적이다. 현실에 깨어 있으며 상황과 그것이 주는 의미를 관조하는 영성이다. 이러한 감수성을 수행적인 삶을 통하여 닦아나가는 사람들은 대상을 대상으로 보는 데서 머물지 않고 대상들 사이의 깊은 상관성과 배후를 볼 수 있는 시각을 갖게 된다. 그들의 시각은 보이는 것 가운데서 보이지 않는 것을 보며, 들리는 것 가운데서 들리지 않는 것을 듣는 감수성을 갖고 있다. 이러한 영적인 감수성은 지혜의 감수성으로 이 안에서 미적 감수성과 도덕적 감수성은 새로운 차원으로 승화된다고 할 수 있다.

영적인 감수성은 신을 부르지 않는다 하더라도 이성의 한계를 인식하게 하고 가치의 인식을 고양시키고 도덕적인 심성을 열어놓게 한다. 영성은 합리적 이성과 미적 감수성 그리고 도덕적 감수성을 고양시키고 결합해 낼 수 있는 마음의 신비처이다. 다산의 영명성은 이러한 고유영성을 반성하는 계기를 주었다고 할 수 있다. 또한 이성과 감성의 한계를 극복하고 조화시켜나가는 데 있어서 영성이 종교철학적으로 중요한 개념임을 일깨운 점이 있다. 유교적인 그리스도인들에게는 그리스도의 영성이 어디에 터하여 나아갈 수 있는지를, 유교전통 안에서 생활하는 이들에게는 영명성을 통한 내재적 직관이 어떻게 지혜로운 사유로 나아갈 수 있는지 모색하는 데 기여했다고 할 수 있다.

참고문헌

『尙書』 / 『易經』 / 『論語』 / 『莊子』 / 『孟子』

『四書集註』 / 『朱子語類』

『與猶堂全書』

『大漢和辭典』 / 『天主實義』

방입천, 『중국철학과 인식의 문제』, 이기훈 옮김, 예문서원, 1997.

배성옥 역, 라우스, 앤드류 저, 『서양신비사상의 기원』, 분도출판사, 2001.

송영배 역, 핑가레트 저, 『공자의 철학』, 서광사, 1993.

정인재 역, 노사광 저, 『중국철학사』, 탐구당, 1987.

한국철학사연구회, 『다산경학의 현대적 이해』, 심산, 2004.

유태교의 신비주의 하씨디즘

최 성 식
마틴부버인성연구소 소장

목차

1. 들어가는 말

유태민족의 오천 년 역사는 억압과 박해, 추방과 방랑으로 얼룩진 역사이다. 이러한 험난한 역사 속에서도 유태민족들이 오늘에 이르기까지 자신들의 동질성과 정체성을 고스란히 간직할 수 있었던 것은 종교의 힘이 결정적이었던 것 같다. 이 종교의 힘은 토라와 탈무드를 경전으로 삼는 유태교로부터 나온 것임에 틀림없다. 그러나 유태인들의 역사와 함께 면면히 그리고 은밀하게 입에서 귀로 또 다시 입에서 귀로 단절 없이 이어져 후세에 전해 내려온 유태교의 신비주의로부터 나온 힘 또한 간과해서는 안 될 것이다. 유태교의 신비주의는 유태인들의 역사와 함께 시작되어 고난으로 얼룩진 오천 년의 세월 동안 유태인들에게 역동적인 힘과 미래에 대한 희망으로 고난을 극복할 수 있게 해주었던 정신적 지주였다. 마틴 부버에 의하면 유태민족에게 "이 신비주의는 항상 밝고 빛나고 감미로운 향기를 은은하게 자아내는 오래된 고목에 핀 아름다운 한 송이 꽃" 그리고 "황홀한 진리의 발현"(Martin Buber(1963), p.11)으로 표현하는 것으로 미루어 보아 유태민족과 정신적 지주로서의 신비주의와의 관계를 충분히 이해할 수 있게 한다.

유태교의 신비주의는 오랜 세월의 흐름 속에서 여러 갈래로 나누어지기도 하고 또 다시 하나로 통합되기도 하는 과정을 통해 여러 가지의 신비주의 운동을 낳았다. 그 대표적인 신비주의로는 중세에 등장한 '카발라(Kabbalah)'(카발라(Kabbalah)는 히브리어로 '전승(傳承)'을 뜻한다. 구약성서 『창세기』의 천지창조 이야기나 『에제키엘』의 하느님이 나타나신 이야기를 둘러싼 『탈무드』의 신비주의적 교리로 말미암아 실천적 내용은 박해가 심했던 13세기의 독일에서, 이론적 내용은 14세기의 스페인에서 성행하였다)를 들 수 있다. 18세기에 들어서는 이전의 신비주의와는 전혀 다른 성격의 새로운 신비주의 운동이 싹트게 된다. 이는 신비주의의 마지막 운동이자 신비주의 최정상이라 할 수 있는 하씨디즘의 등장을 말한다. 동유럽 폴란드를 중심으로 시작된 이 신비주의 운동은 19세기 중엽에 이르기까지 동유럽 전역과 오스트리아까지 확산되어 그 최고의 부흥시기에 이르게 된다. 그러나 유럽에서 새로이 싹트기 시작한 자유주의의 물결과 함께 세속화의 물결이 유태인 사회까지 밀려오면서 곧 쇠퇴기를 맞게 된다.

본 논문에서는 유태교 신비주의의 역사 속에서 등장하는 여러 갈래의 신비주의 운동을 살펴보고 유태교 신비주의의 최고의 꽃이라고 할 수 있는 하씨디즘의 탄생배경과 그 가르침 그리고 쇠퇴기에 이르는 전 과정을 소개하고자 한다.

2. 유태교의 신비주의

유태교의 신비주의는 유태민족의 험난했던 오천 년의 역사적 여정과 함께 끊임없이 면면히 이어져 내려와 그들의 동질성, 정체성, 통일성, 특수성 그리고 한계성을 일깨워주고 지켜주었던 보이지 않은 힘의 원천이었다. 이는 이미 유태민족 역사의 시작과 함께 발원되었고 고대 페르시아 시대로, 그리고 희랍로마시대로, 다시 서양의 중세로, 그리고 근세로 이어져 내려오는 수천 년의 세월동안 여러 지류로 나뉘었다가 다시 한 곳으로 자연스럽게 모아져 스스로 알아서 흐르는 큰 강처럼 형성되어 전승되었다. 이 신비주의에 대한 가르침은 주로 입에서 귀로 또 다시 입에서 귀로 이러한 방법으로 전승되어졌고, 이를 수용한 세대는 더 넓고 풍부한 해석을 덧붙여 더욱 풍요롭게 발전시켜 다시 후세에 전하였다. 이러한 구전을 통한 은밀한 전승방법 때문에 신비주의의 가르침이 글로 남겨져 후세에 전승되는 경우는 극히 드물다.

유태교 신비주의의 힘은 유태인들의 억압과 박해, 추방과 방랑의 역사와 밀접한 관계를 맺는다. 유태인들의 억압과 박해 그리고 추방과 방랑은 그들의 영혼을 언제나 절망의 소용돌이에 빠져 들어가게 했다. 바로 이러한 고난과 역경에 처한 시기에 신비주의적 황홀경의 광채가 절망 속에 잠겨 있던 그들 영혼의 심연을 계속해서 흔들어 깨웠고 그들을 드리우고 있던 절망의 어둠을 밀어내고 희망을 안겨 주었다.

고대에서 탈무드(Talmud) 시대(유태교의 중심기둥인 탈무드는 토라의 문구를 해석하여 일상생활을 함에 있어 필요한 규율이나 삶의 지혜로 활용할 수 있도록 만든 책이다. 이는 수천 년 동안 내려 온 현자들의 지혜가 축적된 유태민족의 보물창고로 이해할 수 있다. 탈무드는 400년경에 완성된 예루살렘 탈무드와 500년경에 완성된 바빌론 탈무드가 있다. 따라서 탈무드 시대란 A.D. 500년 이후를 지칭한다)에 이르기까지의 신비주의적 가르침은 비밀스러운 것으로 은밀히 구전으로만 전승되었다. 신비주의 가르침이 개인적인 전승의 영역을 비로소 넘어설 수 있게 된 시기는 가장 오래된 것으로 알려진 신비주의 교리책 '창조의 책(Buch der Schöpfung)'('창조의 책'은 가장 오래된 그리고 거의 온전한 상태로 전해진 유태교 신비주의 고전이다. 정확한 저작 연대와 저작자에 관해서는 알려져 있진 않다)이 쓰인 6세기경이다. 6세기 이후에 유태교 신비주의는 카발라라는 이름으로 서서히 발전되어 간다. 그리고 카발라의 가르침이 '조하르(Zohar)'(조하르는 카발라의 고전으로 신(新)플라톤파의 출발론에 근거한, 하느님의 내적 생명을 계시하는 신지학(神智學)에 관한 책이다. 이는 1280년대에 모세스 데 레온의 작품으로 입증되었다)라는 책으로 기술되기까지는 700여 년의 세월이 필요했고, 11세기와 12세기에 걸친 유태인에 대한 박해와 학살이라는 대사건이 일어난 후에야 가능했다.

1차 십자군 전쟁(1096년)과 3차 십자군 전쟁(1146년) 때 십자군들의 횡포로 독일지역에 거주하던 유태인들이 대량 학살되는 사건이 있었다. 이 사건이후 독일 유태인(아쉬케나짐, Ashkenasim)(아쉬케나짐(Ashkenasim)은 독일과 북부 프랑스 지역에 살았던 유태인들을 지칭하는 단어이다)사회에서는 신비주의에 다시금 깊은 관심을 가지기 시작하였다. 신비주의자들은 절망에 직면한 유태인들에게 위안과 희망을 안겨주었다. 이들은 개인의 노력과 희생을 강조하고, 좋은 행위를 많이 하여 그만큼 많은 공쌓기를 권장하였다. 그리고 자신의 죄는 오직 고행에 의해서 속죄될 수 있고, 유태교를 지키기 위해 순교하는 것은 지고의 선한 행위이고 가장 높은 영예로 보아야 한다는 가르침으로 그리스도교인들에 의한 억압과 차별 그리고 박해와 학살을 견디어 낼 수 있도록 하였다. 그리고 신비주의자들은 하느님에 대해 다음과 같이 가르쳤다: 인간은 결코 하느님을 알 수 없다. 인간은 하느님의 영광을 오직 헌신, 기도, 인내, 그리고 고행을 통해서 감지할 수 있을 뿐이다.

13세기 말경 남부 프랑스와 스페인의 유태인들(세파르딤, Separdim)(스페인과 남부 프랑스를 비롯하여 지중해 연안에 살았던 유태인들을 세파르딤(Separdim)이라고 부르고 아쉬케나짐과는 여러 면에서 구별된다)사회에서 카발라 연구가 활발해진다. 이때 스페인에서 카발라의 토대가 되는 '조하르'라는 책이 출간된다. 이 책에 기록된 카발라의 가르침은 개인의 삶과는 무관한 내용이었고, 주로 신의 발현을 체험하는 것과 같은 신플라톤주의적인 이론이었다. 구체적으로는 주로 하느님의 속성, 우주창조, 인간의 운명, 악의 속성 등에 관한 가르침이었다. 카발라는 14세기에 이르러 점차 이탈리아, 독일, 이집트, 모로코, 팔레스티나, 즉 유럽에서 아프리카 그리고 소아시아까지 널리 전해진다. 1492년 스페인에서의 유태인 추방이 카발라에 메시아적인 의미가 부여되기 시작하였다.(1492년 1월 2일 스페인 남부 지중해 연안에 있던 이슬람 왕국인 그라나다가 그리스도교 왕국에 의해 정복당하게 된다. 이로써 711년부터 시작되었던 스페인에서의 이슬람세력에 의한 8백년의 지배가 끝나게 된다. 이 사건이후 바로 유태인 추방령이 내려지고 10만 여명의 유태인들이 모로코, 포르투갈, 프랑스, 네덜란드 등으로 떠나게 된다.) 방랑 생활에 있어서 유태민족의 정체성과 문화를 보전하고 정신적 고향을 이루고자 한 스페인에서의 '디아스포라(Diaspora) 건설'의 열정적인 시도가 물거품으로 끝났다. 이제 다시 과거 로마인들에 의해 성전이 파괴되고 이스라엘에서 추방당했던 것을 연상케 하는 고난이 시작되었다. 이 역경에서 옛날부터 내려오던 구원의 꿈이 되살아났던 것이다. 구원에 대한 동경은 점차 불타오르게 된다: '구원자가 이 땅에 와서 유태인들을 구원해야 한다'. 카발라는 이러한 시대적 요구인 메시아 사상을 외면할 수 없었다. 따라서 카발라는 일반 유태인들의 이러한 열정을 수용하게 된다.

16세기 중엽 신비주의의 새로운 시기가 시작된다. 카발리스트 이삭 루리아(Isaak Lurja, 1534-1572년)가 이스라엘 갈릴리 호수 위쪽의 산악지대 사페트에서 정착하여 카발라 연구에 전념한다. 그러자 1만 명에 가까운 그의 추종자들이 그 곳으로 모여와 함께 살면서 카발라를 크게 발전시킨다. 루리아는 각 개인이 황홀경에 몰입하는 행위를 구원에 이르는 길로 가르쳤다. 또한 그는 하느님으로부터 세상이 유출되었다는 사상과 세계창조의 능력에 관해서는 전적으로 카발라의 교리에 의지하고 있다. 그러나 인간 영혼을 정화시키고 완전에 이르게 함으로써 하느님과 세계구원에 직접적으로 영향을 준다는 사상에 있어서는 과거의 지혜를 수용하여 새로운 모습과 새로운 결과를 낳게 하였다. 루리아의 결정적인 업적은 그가 이러한 세상의 심판을 어느 특정한 사람의 행위에, 즉 메시아의 행위에, 초점을 맞추고자 한다는 것이다. 그는 세례 때, 황홀한 명상 속에서 그리고 절대적인 사랑에서 구원에 봉헌되어진 절대적인 삶을 살아가게 되었음을 모든 이들에게 선포하였다. 그는 모든 영혼들을 소용돌이 속에서 정화시키고 메시아의 왕국으로 불러들이고자 한다. 그는 생애 말기에 오래 전부터 약속된 구세주가 곧 나타날 것이라는 확신으로 가득차 있었다. 그러한 그의 믿음이 17세기 말 팔레스타인을 포함한 오스만 터키제국내에 살고 있던 유태인들에게 메시아 출현을 학수고대케 했다.

루리아의 가르침은 거의 백년이 지난 후 '사바타이 쯔비스(Sabatai Zwis, 1626-1676년)'(샤바타이는 1626년 오스만 터키의 부유한 유태인 가정에서 태어났다. 그는 어릴 적부터 세파르디식 랍비 교육을 받았고 18세에 랍비가 될 정도로 특출했다. 그가 신비주의에 심취하면서 많은 추종자들을 거느렸고, 28세에 자신이 메시아라고 선포했다. 당시 많은 유태인들은 유럽 곳곳에서 터지기 시작한 종교전쟁으로 말세가 임박했음으로 감지하고, 샤바타이를 메시아로 믿고 그를 추종하는 된다. 샤바타이는 1666년 6월 18일을 메시아에 의한 구원의 날로 정하였고 전 유럽의 유태인들은 단식을 하면서 참회의 노래를 부르며 구원을 기다렸다. 그러나 샤바타이는 자신이 정한 구원의 날 이전인 1666년 초 터키군에 의해 체포되고 약속한 구원의 날에는 아무 일 없이 지나갔다. 결국 샤바타이는 가짜 메시아로 드러났고 그는 목숨을 부지하기 위해서 이슬람으로 개종하여 오스만 터키제국에서 호화롭게 살다가 1676년 50세로 생을 마친다)라는 이름의 메시아 운동의 기본 토대로 등장한다. 이 운동은 민족의 힘을 결집시켰고 민족정신을 드러나게 하였다. 삶과 소유라는 직접적인 가치들은 갑자기 무의미하고 무가치하게 되었다. 그리고 대중들은 이러한 것들을 불필요한 도구들처럼 버렸고, 그들은 오직 구원자의 출현을 고대하게 되었다. 그러나 이 운동 역시 이전의 다른 운동보다 더 비참하게 실패로 끝났다. 그리고 그 이후로는 메시아사상은 내면화되어 갔고, 고행의 시기가 시작되었다. 신비주의적인 수행을 통해서 높은 세계에 영향을 줄 수 있다는 믿음은 점차 민중들의 마음에 들어오게 되었다. 1700년 천오백 명의 유태인들이 고행을 하면서 죽음과 비참함이 난무하는 성스러운 땅 예루살렘으로 행진하였다. 폴란드에 사는 많은 유태인들 사이에서는 자신과 세상을 구원하고자 하는 의지가 무르익고 있었다. 그들 가운데 많은 사람들은 개별적인 금욕과 고행으로는 충분하다고 생각하지 않았기에, 그들이 스스로를 '추방당한 자'라고 칭하여 고행의 여행을 떠났다. 그들은 먹을 것 마실 것 등을 가져가지 않았고 그들의 힘이 다해 쓰러질 때까지 낯선 곳으로 자신들의 의지대로 고행하며 방랑하였다. 이 의지의 순교자들은 유태교 신비주의의 마지막이자 최고의 꽃이라 할 수 있는 하씨디즘의 선구자들이었다.

3. 하씨디즘

가) 하씨디즘이란?

하씨디즘은 18세기 동구 유럽의 유태인 사회에서 일어난 종교적 운동으로 새로운 형태로 정립된 카발라라고 할 수 있다. 하씨디즘에서 가르치는 삶은 고행이나 금욕을 가르치는 카발라와는 달리 하느님 안에서의 기쁨이다. '하씨드(Chassid)'(기원전 2-3세기 경 이스라엘에 퍼지고 있었던 헬레니즘에 반대하여 유태교를 엄격히 신봉하고자 하는 경건주의자들을 히브리어로 하씨딤이라 하였다. 이 하씨딤이 18세기 폴란드 유태인 사회에서 새롭게 등장한다)라는 단어는 '경건자'를 뜻한다. 하씨디즘은 별로 배우지 못한 사람들과 아주 열악한 여건 속에서 사는 자들을 위해 쉽게 이해할 수 있도록 새로운 종교적 삶의 형태를 만들어 전파하는, 그리고 당시 유태교를 쇄신하고자 하는 신비주의 운동이다. 이 운동의 핵심사상은 다음과 같이 표현할 수 있다: "하느님이 없는 곳에는 아무것도 없다. 모든 것들에는 하느님이 깃들여 있다. 각 사물은 하느님으로 향하는 입구를 제공한다." (Arno Anzenbacher, p.20) 하씨디즘은 하느님과 함께 하는 것을 실존의 최고봉인 신비주의적 황홀경으로 인식하고 이에 이르도록 인도해 주는 실제적이고 구체적인 길을 제시한다. 여기서의 신비주의적 황홀경은 영혼을 활짝 개화시킨 상태이다. 체념한 영혼이 아니라, 오히려 활짝 개화하여 완전에 이른 영혼이 하느님에게로 가까이 가게 된다는 것이다.

하씨디즘은 탄생한지 얼마 되지 않아 동유럽 전역과 오스트리아까지 전파되었고 그 영향력 또한 대단하였다. 그 영향력이 컸던 만큼 이를 견제하고자 하는 유태교 주류에 해당되는 미뜨나그딤(Middnagdim)의 반대운동도 격화되어 심한 종교적 갈등을 낳기도 했다.

나) 탄생 배경

하씨디즘 운동은 지금의 동유럽 폴란드와 우크라이나 지역인 포돌린(Podolien)과 볼린닌(Wolhynien)을 중심으로 18세기 중엽에 탄생되었다. 그러므로 하씨디즘의 탄생 배경을 알기 위해서는 우선 동유럽에 형성된 유태인 사회의 역사부터 간단히 정리해 보아야 한다.

동유럽에 생긴 최초의 유태인들의 집단 거주지는 13세기 이후 폴란드에서 찾아 볼 수 있다. 폴란드는 13세기 초 몽고족의 침략으로 온 국토가 초토화된다. 폴란드 영주들은 무역과 수공업을 진흥시켜 초토화된 국가를 재건하고자 여러 가지 혜택을 주면서 독일인들의 이주를 장려한다. 이러한 정책에 힘입어 독일인 이주민들이 폴란드로 상당수 들어와 정착하게 된다. 이때 억압과 박해를 피해 안정된 삶의 보금자리를 찾고자 했던 많은 유태인들도 이 대열에 끼어있었다. 이들 유태인들은 독일과 북부 프랑스 지역에 살았던 아쉬케나짐이라고 불리던 유태인들이었다. 이들 유태인들은 폴란드 국왕의 보호를 받으며 그리스도교도들과 동등한 여건에서 경제 활동을 할 수 있었다. 이러한 상황은 14세기에도 계속되었다. 그러한 국왕의 보호 아래서 유태인들은 국왕을 위한 징세인 역할을 훌륭히 수행하였다.(유태인들은 국왕을 위한 징세인 역할 뿐 아니라, 국왕으로부터 농토, 염전, 산림, 숙박업소, 화폐주조 관세징수 등과 같은 일들을 위임 또는 임차해서 이익금의 일정량을 왕에게 세금으로 받치고 나머지는 그들의 수입이 되었다. 당시 폴란드 귀족들은 광활한 변방의 영토를 경작하기 위해서 유태인들을 소작인, 대리인 그리고 관리인으로 채용하였다. 이렇게 왕과 귀족들의 이익을 대변하는 유태인들의 역할은 농노들로부터 반감을 사게 된다.)

억압과 배척, 박해 등으로 항상 불안했던 유태인들에게 폴란드는 어느 곳보다 더 살기 좋은 곳이었다. 물론 폴란드에서도 유태인들을 멸시하고 천대하고 억압하고 차별하는 크고 작은 사건들이 없었던 것은 아니었지만, 국왕의 확고한 유태인 보호정책 때문에 상대적으로 유태인들에게는 살기 좋은 곳이었던 것이다. 이러한 연유로 서구에서 이곳으로 많은 유태인들이 이주해 오게 되어 15세기 말 유태인의 수는 3만 명에 이르게 된다. 이들은 집단거주지를 만들고 그곳에서 거주하면서 경제활동을 위해서만 외부인들과 접촉하였다. 이러한 삶의 형태가 그들만의 독자적이면서도 독특한 문화를 낳게 한다. 이는 스페인에서 유태인들이 맞이했던 전성시기 이후 처음으로 어려운 환경이었지만 그럼에도 불구하고 동구에서의 독자적인 유태문화를 꽃피게 한 것이다. 우선 언어도 히브리어와 독일어를 혼합하여 만든 이디쉬어를 사용하였다. 폴란드는 16세기에 이르러 아쉬케나짐의 중심지로 확고히 자리잡게 되었다. 유태인들의 수는 계속해서 늘어 17세기 중반에는 50만 명이 넘었다.

17세기 중반인 1648년에 우크라이나의 용맹스런 코사크인들이 폴란드 통치에 대항하여 반란을 일으켰다. 그들은 순식간 폴란드 전체를 유린했다. 또한 그들은 유태인들 때문에 그들 자신들이 경제적으로 가난과 궁핍 그리고 핍박을 받고 살아왔다고 생각했기에 유태인들 사회도 닥치는 대로 파괴하였다. 이 때 700개가 넘는 유태인 공동체가 잿더미로 변하였고, 수만 명의 유태인들이 죽임을 당하게 된다. 이는 동구 유럽의 유태인 사회가 겪어야 했던 첫 번째 대재앙이었다.

코사크족의 반란은 동유럽에서 새롭게 개화되던 유태문화에 결정적인 타격을 가하였다. 그 결과 유태인들은 깊은 불안과 절망 상태에서 영적 경제적 침체기에 빠져들게 되었다. 바로 이 사건이, 스페인에서의 추방이 카발라를 쇄신하게 한 동기가 되었던 것처럼, 하씨디즘이 탄생될 수 있게 한 역사적 지리적 배경이 된다. 그리고 코사크족의 반란과 거의 같은 시기에 오스만 터키에서 있었던 가짜 메시아 샤바타이 소동이 많은 유태인들에게 크나큰 좌절감을 안겨주게 되는데, 이 사건 역시 하씨디즘을 탄생하게 하는 또 다른 원인 역할을 하게 되었다.

또 다른 요인으로는 당시 유태인 사회 서민들의 고조된 불만에서 찾을 수 있다. 불만의 원인은 탈무드의 복잡한 내용들을 쉽게 이해할 수 없는 애로 때문이었다. 이러한 불만의 근본에는 랍비의 가르침을 받아들여야만 하는 수동적인 신앙에 대한 불만이 자리한다. 결국 신비주의의 가르침에 있어 개인 스스로의 기도와 노력만으로도 쉽게 하느님을 직접 체험할 수 있다는 능동적인 신앙은 그들에게 너무나 반가운 선물이었을 것이다.

그리고 마지막 요인으로는 앞에서 이미 열거한 최악의 상황에 처한 유태교 서민들에게 새로운 희망과 행복을 약속하는 메시아사상을 포괄하는 그리고 신비적 황홀경 속에서 하느님과 가깝게 해주는 신비주의적 가르침은 새로운 복음이었으며, 그들은 이를 수용할 준비가 되었다는 점을 들 수 있다.

다) 창시자와 그의 가르침

하씨디즘의 창시자는 메스비쯔(Mesbiz) 출신의 랍비 이스라엘 벤 에리쩨르(Israel ben Eliezer, 1698-1760년)이다. 그는 '좋은 이름의 선생님'이라는 뜻인 '바알 쉠 토브(Baal-schem-tow)'라는 이름으로 불리었다. 이 이름에는 두 가지의 의미가 함축되어 있다. 그 하나는 예전에 기적을 행했던 '발 쉠(Baal-schem)'에게 주어졌던 것처럼 '하느님에 관한 영험한 힘을 주는 지식'이라는 신적인 의미이고, 또 다른 의미는 '민중의 신뢰'라는 인간적인 의미이다. 그의 삶에 대한 기록은 거의 없으나 전해지는 바로는 그는 단순하고 진실한 사람이었다. 그는 본래 명성이 높은 카발라 연구자이면서 신봉자였다. 또한 그는 기적을 행하는 사람으로도 이미 널리 알려져 있었으며, 그의 열정과 다른 이들을 움직이게 하는 힘 역시 대단하였다. 그는 카발라의 가르침, 즉 '인간은 결코 하느님을 알 수 없고, 인간은 하느님의 영광을 오직 헌신, 기도, 인내, 그리고 고행을 통해서 감지할 수 있을 뿐이다'라는 내용과는 다르게 누구나 하느님과 직접 교신할 수 있고 개인적인 경건한 신앙생활이 탈무드 연구와 같은 학문보다 더 중요하다고 가르쳤다. 신앙생활 방식에 있어서는 엄숙함보다 가슴속 깊은 곳에서 솟아오르는 즐거움과 기쁨을 더 강조했다. 그러므로 기도할 때는 간절함과 즐거움 그리고 기쁨을 열광적인 몸짓으로 표현하도록 하였다. 그의 이러한 열정적인 기도와 가르침은 억압과 절망에 빠져있던 유태인 사회의 서민들에게는 삶의 활력소를 제공하였고 새로운 탈출구 역할을 하였다. 그는 아침부터 밤까지 항상 즐거움과 기쁨 그리고 하느님을 숭배하는 마음으로 하루 일과를 보내야 한다고 설교하였다. 그의 가르침에 의하면 하느님은 온갖 하찮은 벌레에서부터 깊은 산 속의 숲과 들에 이르기까지 이 세상 어디에나 존재하기 때문에 모든 생물을 둘러싼 전부가 즐거움이고 기쁨이고 행복이다.

바알 쉠 토브의 가르침은 아쉽게도 완전한 상태로 전해지지는 않는다. 그 스스로는 자신의 가르침을 글로 적지 않았다. 그는 오직 구두로 가르치기만 하였다. 그의 제자 가운데 그의 가르침을 빠짐없이 기록해 둔 제자가 없었다. 오직 그의 제자 중 한 명이 그의 가르침 가운데 중요한 부분만을 한 권의 책으로 편집하여 발간했을 뿐이다. 그가 가르쳤던 많은 것들이 기록해 두지 않아 전해지지 않고 있다. 그럼에도 불구하고 그의 근본적인 가르침은 오인할 여지없이 명백하다. 그는 1760년에 죽었고, 그의 사상은 4명의 수제자들에 의해 계승되어 폴란드를 비롯하여 동유럽 전역으로 빠르게 전파되었다.

하씨디즘에 있어서 지도자 또는 선생님을 랍비라고 부르지 않고 탈무드에 나오는 '정의로운 사람'을 의미하는 '짜디크(Zadik)'라 부른다. 이 짜디크들에 의해서 하씨디즘의 가르침이 전해지고 전례가 집전 되었다. 짜디크는 신의 권능을 가지고 있어서 하씨딤과 하느님 사이를 연결하는 의사소통의 매개자로 여겨졌다. 그러므로 하씨딤들에게 짜디크는 신과 같은 존재였고, 따라서 그들에 대한 존경과 대접은 대단하였다. 초기에는 바알 쉠 토브의 수제자들이 짜디크로 활동하면서 하씨디즘을 이끌어 갔다. 얼마 후 하씨디즘의 세력이 커지게 되자, 영역을 여러 개로 나누어 각 그룹은 한 명의 짜디크가 담당하게 되었다. 그렇게 조직이 정비된 후부터 그들은 왕위처럼 세습제로 그 자리를 물려주게 되어 각기 일종의 왕가를 형성하게 되었다.

바알 쉠 토브는 하느님은 원존재로서 모든 사물에 깃들어 있다고 가르친다. 모든 사물들 내부에는, 그리고 겉으로 죽은 것처럼 보이는 것들의 내부조차도 이미 영혼이 자리하고 그 영혼에 원존재로서의 하느님이 함께 한다. 인간에게도 그러한 영혼이 깃들어 있으며 그 영혼이 힘을 분출하면, 인간 역시 어느 때나 어느 장소에서도 신적인 것을 받아들일 수 있다. 영혼의 힘으로 스스로 거룩하게 된 모든 행위는 다른 이들에게는 보잘 것 없고 무의미한 것처럼 보일지라도 그것은 하느님에게로 가는 길이다. 또한 그의 가르침에 의하면, 우리가 악이라고 칭하는 것은 존재가 아니라 결핍이다. 그것은 자신의 영혼에서 '하느님을 추방한 것'이다. 이는 선의 가장 낮은 단계이다.

모든 것들은 악과 사랑이 함께 어우러져 있다. 인간의 욕망 역시 악하지 않다. 인간은 내부의 깊은 심연에서 욕망을 느껴야 하고 욕망을 가지고 있어야 한다. 인간이 어른이 되어가면서 욕망도 그에 따라 점차 커져간다. 그러나 순결하고 거룩한 사람은 욕망의 노예가 되는 것이 아니라, 욕망을 오히려 하느님께로 나아가게 하는 수단으로 이용한다. 또한 인간의 여러 가지 성정에 대해서는 다음과 같이 가르친다: "인간은 자부심을 배워야 한다, 그러나 자만해서는 안 된다. 그는 분노를 알아야 한다. 그러나 분노해서는 안 된다. 모든 성정의 경우에도 그렇게 해야 한다. 그 인간은 모든 성정의 경우에도 온전함을 유지해야 한다. (…) 현명한 사람은 그의 성정을 다스려 그가 원하는 곳을 볼 수 있고 자신을 잃지 않는다."(Martin Buber(1963), pp.16-17)

바알 쉠 토브의 가르침은 내적인 것을 무척 강조한다: 한 사람의 운명은 오직 그 영혼의 표현이다. 더러운 것들만을 생각하고 다니는 자는 더러운 것을 체험한다. 거룩한 것에 침잠 하는 자는 구원을 얻게 된다. 한 사람의 생각은 그의 존재를 의미한다. 진실로 천국을 생각하는 자는 이미 그곳에 있다. 모든 외적인 가르침은 오직 내부로 침잠해 들어가기 위한 것이다. 이에 의하면 진실로 천국은 외적인 것이 아니고 내적인 것이다.

그의 가르침에 의하면, 만약 인간의 삶이 간절한 바램 속에서 열심한 기도와 수행으로 하느님에게로 열린다면, 그는 곧 신성함 속에서 살게 된다는 것이다. 그러므로 하씨딤들에게 매일 아침은 새로운 소명이다. 그는 잠에서 열정적으로 깨어 일어난다. 왜냐하면 그는 거룩해졌고 전혀 다른 사람으로 새로워졌기 때문이다. 그는 품위 있게 아이를 낳을 수 있으며, 그 아이는 하느님의 성정을 닮는다. 왜냐하면 그가 그 아이를 창조했기 때문이다.

또한 그의 가르침은 기도의 중요성을 강조한다. 인간은 모든 길에서 하느님을 찾는다. 그리고 모든 길들은 완전히 하나로 일치한다. 그러나 가장 순수하고 가장 완전한 길은 기도의 길이다. 불타는 듯한 간절함과 열정 속에서 기도하는 자는 그의 입을 통해서 하느님 스스로 내적 말씀을 하게 한다. 이것은 하나의 사건이다. 외적인 말은 오직 그의 겉옷에 불과하다. 활활 타는 장작불에서 연기는 위로 솟아오르고, 무거운 것은 땅 바닥에 재가 되어 남는 것처럼, 기도에 의해 오직 원함과 열정만이 위로 솟아 올라가고, 외적인 말들은 재가 되어 땅바닥에 남는다. 열정이 높을수록 지향하는 힘이 셀수록 변화도 깊어진다. 불타는 듯이 간절하고 열정적인 기도를 한 자는 타고남은 재처럼 죽어야 하는데 살아남게 되는 것은 하느님의 은총 때문이다. 기도는 고민과 참회 속에서가 아니고 오히려 큰 기쁨 안에서 행해진다. 기쁨만이 진정한 예배이다.

바알 쉠 토브의 가르침은 자신들의 생각이 아직 성숙하지 못한 서민들, 즉 하씨딤들에게 벌써 수용되기 시작하였다. 그리고 그의 하느님에 대한 이해는 큰 공감 속에서 받아 들여졌다. 하씨딤들의 신심은 옛날부터 강한 신비주의적인 성향을 가졌다. 이제 그들은 기쁨을 전하는 새로운 임무를 부여받은 것이다. 하느님 안에서 기쁨을 전하는 새로운 임무는 수천 년 이래로 기쁨과 즐거움과는 동떨어진, 오직 엄격하고 고리타분하게 굳어버린 율법의 지배로부터 그들을 해방시켜 주었다. 하씨딤들은 탈무드의 가르침을 전혀 의심 없이 수용하는 상류층에 비해서는 세상물정에 어두웠다. 이제는 하씨디즘의 가르침에 의해서 이러한 문제로부터 자유롭게 되었고, 그들 자신들의 고유한 가치를 내세우게 되었다. 또한 그들은 '지식이 사람의 지위를 좌우하는 것이 아니고, 오히려 자기 영혼의 순수함과 성스러움이 좌우하는 것이다'라는 사실을 알게 되었다. 그것은 곧 하느님과 함께 하는 것이다. 이 하씨디즘의 새로운 가르침은 여태까지 알지 못했던 것에 대한 계시처럼 다가왔다. 그리고 이 가르침은 계시처럼 하씨딤들에 의해서 수용되었다.

라) 하씨딤의 삶

하씨딤에게 있어서 종교적 행위는 더 이상 엄숙하고 조용하고 정적인 것이 아니라 불타는 듯한 열정으로 간절하게 기도함으로써 즐거움과 기쁨을 함께 얻는 것이었다. 그러므로 그들이 기도할 때는 온갖 몸짓으로 자신의 모든 열정을 다 표현할 수 있었다. 소리를 지르고 이상한 몸동작을 하고 경우에 따라서는 손뼉을 치고 뛰기도 하였다. 따라서 그들이 기도하는 곳은 항상 시끄럽고 소란스럽다.

하씨딤은 여러 가지 면에서 다른 유태인들과 구별된다. 특히 외모와 복장에서의 구별은 확연하다. 남자는 길다란 턱수염을 기르고, 머리에는 검정모자를 쓰고, 양쪽 귀밑까지 내려오게 길다랗게 딴 머리카락으로 흰 와이셔츠에 검정색 양복과 외투를 입고 그리고 검정 구두를 신는다. 여성은 긴소매의 블라우스와 검은색 치마를 입고 유부녀는 항상 머리를 덮으라는 유태 율법에 따라 가발을 쓴다.

하씨딤들에 있어서 남녀는 일상생활과 종교적 행사에서 엄격하게 구별된다. 이들은 다른 유태인과 비슷하게 18세를 결혼적령기로 보고 일반적으로 그 나이에 결혼한다. 이들에게 혼전 연애는 거의 금지되어 있다. 따라서 당사자들끼리의 연애결혼은 드물다. 결혼은 주로 중매인에 의해 상대방 집안의 내역을 면밀히 살펴보고 가부를 결정한다. 일반적으로 유태인들은 많은 자녀들을 낳는다. 한 집에 열 명은 기본이다. 이는 유태인들의 고난의 역사와 관계지어 설명된다. 이들이 오직 전적으로 믿고 의지할 수 있는 것은 가족 밖에 없었기 때문이다. 그리하여 많은 자녀는 가족의 큰 자산이자 큰 축복이었다. 하씨딤 역시 한 가정에 열 명 이상의 자녀들을 낳는다.

마) 유태교 내부의 갈등

하씨디즘은 18세기 말 그리고 19세 초 동유럽 전역에 있는 유태인 사회로 급속도로 전파된다. 이러한 신흥 신비주의 운동의 확산은 기존의 유태교 주류 세력인 랍비들을 불안하게 하였다. 랍비들은 이전의 가짜 메시아 샤바타이 사건처럼 전 유럽에 있는 유태인 사회의 붕괴로까지 이어지지 않을까 하는 우려 때문에, 불길처럼 번지는 하씨디즘의 전파를 어떻게라도 차단하기 위한 시도를 하게 된다. 하씨디즘에 반대하는 이들 유태교 주류 세력을 유태사에서는 미뜨나그딤으로 부른다. 이들 미뜨나그딤들이 하씨디즘을 반대했던 가장 근본적인 이유는 '토라와 기도 중 어느 것이 중요한가' 하는 차이였다. 물론 하씨딤에게는 기도였고, 미뜨나그딤에게는 토라가 중요했다. 또 다른 반대이유를 요약한다면 다음과 같다. 하씨디즘은 카발라를 대중화 시켜버렸다는 것이다. 미뜨나그딤의 입장에서 본다면 카발라는 본래 토라와 랍비문학을 통달한 탈무드의 대가들이 비밀리에 연구하는 것이어야 했다. 그리고 교리적 입장에서 하느님을 섬기는 방법의 차이, 즉 하씨딤은 육체와 쾌락을 강조한 반면, 미뜨나그딤은 엄격한 금욕주의를 더 중요시했다. 따라서 미뜨나그딤은 구원을 위해서는 쾌락과 소유를 최소화하고 토라와 탈무드 공부를 열심히 하고 선행을 많이 해야 함을 강조했다. 그리고 기도 시간을 지키지 않는 것, 기도를 기쁨으로 이해하는 것, 기도할 때 엄숙하지 않고 기도의 본래 취지에 빗나가는 온갖 몸짓과 고성을 지르는 것, 또한 기도의 목적에 있어서도 하씨디즘은 영감을 통하여 하느님과의 결합을 내세우는 것(하씨디즘의 가르침과는 다르게 미뜨나그딤은 기도를 통하여 사람들이 하느님 앞에서 겸손해지고 율법을 지키도록 유도할 수 있다고 믿었다. 기도에 대한 주류측 한 랍비 표현이 미뜨나그딤의 입장을 잘 보여준다. "기도의 경우는 신분이 낮은 천민이 귀족에게 말을 하는 경우와 비슷하다. 그가 정말로 귀족과 완전하게 결합된다는 상상을 할 수 있을까?") 등이다. 그리고 기도서 사용 문제에 있어서도 이견을 보였다. 하씨디즘은 아쉬케나짐의 본고장에서 탄생하였음에도 전통적인 아쉬케나짐 기도서를 사용하지 않고, 팔레스타인 신비주의자 루리아가 사용하던 세파르디식 기도서를 채택하였다. 그리고 하씨딤은 유태인들의 정신적 종교적 중심이었던 기존의 회당(시나고그)을 무시하고 자기들만을 위한 예배장소를 건립하여 그곳에서 종교적 행사를 하였다.

이러한 여러 가지 이유로 주류세력인 미뜨나그딤들은 적극적이면서도 조직적으로 하씨디즘을 붕괴시키고자 하였다. 이러한 조직적인 반대운동의 대표적 인물은 탈무드 대가로 유태인 사회에서 명성이 자자했던 가온(Gaon von Wilna, 본명 Elijah Ben Salomon Salman, 1720-1797년)이었다. 그는 당시 동유럽 유태인 사회의 중심지 역할을 담당하고 있던 리투아니아의 수도 빌나에 살았고 그 지역 유태인 사회의 대표였다. 유태인 사회에 있어서 그의 영향력은 대단하였다. 그가 나서서 하씨디즘에 관련된 책들을 불사르는 행사를 주도하였고 하씨딤들과의 접촉을 금지시켰고, 하씨디즘의 집회에 참여하는 자는 단죄된다고 경고하였다. 이러한 유태교 내에서의 갈등은 가족 구성원 가운데 하씨디즘을 추종하는 자가 있다면, 그 이유로 멀쩡하던 가정이 분열되었고, 부모와 자식과의 관계가 단절되었다. 결국은 유대인 사회를 두 쪽으로 분열시키는 양상으로까지 심화되었고, 이러한 충돌은 가온이 죽은 이후에도 지속되었다.

19세기 말에 들어서면서 유럽 전역으로 확산된 자유주의 물결 속에서 많은 유태인들은 전통적인 가치관과 종교관을 버리고 급속히 세속화되는 경향이 유태인 사회에 경종을 울리게 되었다. 이렇게 유태인 사회를 급변시키는 자유주의 물결과 세속화에 공동으로 대처해야 하는 명분으로 하씨디즘과 미뜨나그디즘의 끊없는 충돌은 사라지게 된다. 이러한 충돌이 사라진 이후 하씨디즘과 미뜨나그디즘은 침체기에 빠져들어 간다. 침체기에 빠진 미뜨나그디즘은 독립적인 조직을 상실하고 해체되지만 하씨디즘은 마틴 부버와 같은 인물들에 의하여 침체기를 벗고 오늘까지 이어져 온다.

바) 하씨디즘의 근황

제2차 세계대전 동안 600만 이상의 유태인들이 독일 나찌에 의해 조직적으로 학살되면서 동유럽의 유태인 사회는 철저히 붕괴되었다. 그 때 많은 유태인들은 목숨을 부지하기 위해서 팔레스타인으로, 북미로 그리고 남미로, 세계 곳곳으로 이민 가게 된다. 이러한 대학살의 재앙에 의해 다시금 생명력을 얻게 되는 것은 하씨디즘이고, 이 하씨디즘은 하씨딤들에 크나큰 종교적 정신적 지주 역할을 하게 된다. 물론 제2차 세계대전 이후 동유럽에 있었던 유태인 사회의 붕괴로 동유럽에서는 하씨디즘을 찾아볼 수 없게 되었다. 오늘날 하씨디즘의 중심지는 이스라엘과 미국이다. 하씨딤들은 파별로 서로의 구역을 정하여 각 짜디크를 중심으로 구역에 맞게 생활한다. 요즘은 짜디크를 레브(Rebbe: 선생님)라 부른다. 하씨딤들은 레브를 자신들의 영적 아버지로 생각한다. 그러므로 레브에게 자신들의 일상생활에 있어 중요한 일들, 즉 탄생, 결혼, 장례 등을 상의하고 자문을 구한다. 레브가 속해 있는 유태인 사회는 레브의 생활 전반에 필요한 모든 것을 제공한다. 아직도 레브는 하씨딤 사회의 종교적 정신적 구심점 역할을 하고 있다.

4. 나오는 말

한 민족이 오천 년 동안 온갖 고난과 역경을 겪으며 전 세계를 떠돌아다니면서 자신들의 동질성과 정체성을 상실하지 않고 지켜낸다는 것은 사실 거의 불가능한 일이다. 유태인들은 이렇게 불가능한 일을 가능하게 한 민족이다. 그들은 외적인 억압과 박해가 강하면 강할수록 더욱 강하게 응집되어 끈질기게 외압을 견디어 냈다. 또한 그들은 한 치 앞도 내다볼 수 없는 절망 속에서도 결코 희망을 잃지 않았다. 아마도 인간적인 힘만으로는 결코 이러한 일은 불가능했을 것이다. 이렇게 불가능한 일을 가능하게 한 그들의 역동적인 힘의 원천은 종교였다. 물론 여기서 종교라 함은 그들의 종교인 유태교이다. 그러나 유태교만으로는 그러한 역동적인 힘을 전부 설명하기에는 무언가 부족함을 느끼게 한다. 이 부족한 부분을 채우는 것이 없는 듯하면서도 있고, 보이지 않는 듯하면서 보이는, 끊일 듯하면서 이어지고, 은은하면서도 때로는 강렬한 유태교의 신비주의이다. 이 신비주의는 고난과 역경 속에 처한 유태민족에게 더욱 빛을 발하여 어둠을 밝혀 주었고 북극성처럼 희망의 길을 안내해 주었다. 그러나 이 신비주의의 광채는 고난과 역경이 사라지면 함께 사라져 없는 듯이 보인다. 그러다가도 다시 고난과 역경이 다가오면 또 다시 빛을 발한다. “이 신비주의는 항상 밝고 빛나고 감미로운 향기를 은은하게 자아내는 오래된 고목에 핀 아름다운 한 송이 꽃”이라는 마틴 부버의 말은 신비주의에 너무나 잘 어울리는 표현인 것 같다.

유태교의 신비주의는 험난했던 유태인의 오천 년 유태역사를 이끌어 주고 밝혀 준 등불이었다. 이 등불은 아직도 꺼지지 않고 하씨디즘이라는 이름으로 오늘날에도 밝은 빛을 발하고 있다.

참고문헌

강영수, 『뒤집어서 읽는 유태인 오천년사』, 청년정신, 1999.

게르하르트 베어 저, 조원규 역, 『유럽의 신비주의』, 자작, 2001.

박재선, 『세계사의 주역 유태인』, 모아드림, 1999.

버나드 맥긴 저, 방성규 · 엄성욱 공저, 『서방기독교의 신비주의의 역사』, 은성, 2000.

브루노 보르체르트 지음, 강주헌 역, 『초월적 세계를 향한 관념의 역사(신비주의 근원과흐름)』, 예문, 1999.

찰스 폰스 저, 조하선 역, 『카발라 : 비밀의 유대 신비주의』, 물병자리, 2002.

최성식, 『인간화, 이 시대의 요청(대화철학)』, 전남대출판사, 1997.

Arno Anzenbacher, Die Philosophie Martin Buber. Wien 1965.

Botho Herrmann, Weisheit und Mystik der Chassidim. Mystisches Erzählen, Sonnenberg 2004.

Daniel Lifschitz, Auf drei Säulen ruht die Welt. Lebenswissen der Chassidim, Herder, Freiburg 1996.

Elie Wiesel, Chassidismus - ein Fest für das Leben. Legenden und Porträts. Herder, Freiburg 2000.

__________, Chassidische Weisheit, Passagen Verlag 2001.

Gerhard Wehr, Der Chassidismus. Mysterium und spirituelle Lebenspraxis J. Kamphausen Verlag, 1984.

Gerschom Scholem, Die jüdische Mystik in ihren Hauptströmungen, Zürich 1957.

_________________, Ursprung und Anfänge der Kabbala, Berlin, 1962.

_________________, Zur Kabbala und ihrer Symbolik, Frankfurt am Main 2000.

Klaus Nagorni, Der Chassidismus. Leben zwischen Hoffnung und Verzweiflung, Evangelische Akademie Baden 1996.

Leo Baeck, Aus drei Jahrtausenden, Tübingen, 1958.

Martin Buber, Schriften zum Chassidismus, Werke 3. Bd. München 1963.

__________, Die jüdische Mystik, (Werke 3) pp.9-18.

__________, Vom Leben der Chassidim, pp.19-45.

__________, Baal-Schem-Tow, pp.51-67.

__________, Die Erzählung der Chassidim, pp.71이하.

__________, Die chassidische Botschaft, pp.739-894.

__________, Der Chassidismus und der Abendländische Mensch, pp.932-947.

__________, Mein Weg zum Chassidismus, pp.959-973.

__________, Zur Darstellung des Chassidismus, pp.975-988.

__________, Der Jude und sein Judentum, Werke 4. Bd. Köln 1963.

Peter Kuhn (Herausgeber), Weißt Du, wo Gott zu finden ist? Geschichten aus dem chassidischen Judentum, Butzon U. Bercker GmbH 1984.

Samuel Lewin, Otto. Betz, Chassidische Legende, Kösel-Verlag 1989.

Simon Dubnow, Geschichte des Chassidismus, Athenaeum Vlg., Bodenheim 1982.

제3부

종교정신과 사회

도덕 종교에서의 이성과 기독교 신앙과의 비교

강 성 률
광주교육대학교 교수

목차

1. 서 론

칸트는 스스로의 마음에서 우러나오는 신앙, 자유에 바탕을 둔 믿음이야말로 가장 중요한 종교적 요소라고 생각하였으며, 그리하여 순수한 도덕만이 기독교적 복음서가 주장하는 근본원리라고 생각하였다. 따라서 억지로 강요되어 진실하지 않은 신앙고백을 하는 것은 일종의 범죄에 해당하는 것으로 간주하였다.

그러나 이러한 태도는 당시 프러시아 국가의 기독교적 입장과는 배치되는 것으로서, 1793년 『이성의 한계 내에서의 종교』라는 저서가 출판되고 난 후, 칸트에게는 '종교에 관한 모든 강의나 저작을 금지하라'고 하는 왕의 칙령이 배달되고야 만다. 그 책이 '도덕학을 가르치는 교수로서의 의무에 완전히 배치될 뿐 아니라, 국가의 정책을 고려하지 않은 폭행'이라는 이유 때문이었다. 이에 대해 칸트는 "자기의 내면적인 확신을 (외부의 압력에 의해) 취소한다든가 부인하는 것은 부끄러워해야 할 일이다. 하지만 오늘날과 같은 시절에 침묵을 지키는 것 또한 신하의 의무이다"라고 말하며 "이후에는 종교에 관한 모든 강연이나 강의, 저서 출판을 하지 않을 것이다"라고 다짐한다. 그러나 1797년 왕이 죽고 난 후, 다소 관대한 성격의 소유자 프리드리히 빌헬름 3세가 왕위를 계승하면서 칙령이 폐지되었고, 이에 따라 칸트는 다시 종교에 대한 사상적 자유를 얻게 되었다.

그렇다면 왜 칸트와 당시 프러시아 당국 사이에 그러한 마찰이 생겨나게 되었을까? 기독교 종파 가운데서도 내면적 신앙에 가장 충실하다고 자부해온 경건주의적 전통의 가정 분위기에서 성장한 칸트에게 왜 '기독교의 근본교리를 왜곡하거나 등한히 했다'고 하는 주의사항이 전달되어야만 했던가?

본고에서는 과연 칸트가 생각하는 참된 종교란 무엇이며, 그것이 정통의 기독교적 관점에서는 어떻게 비추어지는지를 살펴볼 것이다. 왜냐하면 이러한 논의야말로 왜 칸트가 당시 프러시아 당국의 입장으로 대변되는 전통적 기독교로부터 공격을 받아야 했는지, 나아가 인간의 건전한 이성에 바탕을 둔 도덕종교와 신의 계시에 주목하는 보수적 의미의 기독교가 왜 자주 충돌을 일으키는지를 이해하는 데에 많은 도움을 주리라 믿기 때문이다.

2. 본 론

가) 도덕종교와 기독교

주지하다시피 신의 존재를 요청하는 데 있어서 칸트는 각 저서마다 각각 다른 개념을 사용하였다. 먼저 『실천이성비판』에서는 최고선(最高善)의 개념을 중심으로, 『이성의 한계 내에서의 종교』에서는 근본악(根本惡)을 중심으로, 그리고 『철학적 종교에 대한 강의』에서는 의무(義務)의 개념을 통하여 신의 존재를 요청하였다. 다시 말하면 신이 존재해야 할 이유를 설명하는 데 있어서 칸트는 저서마다 각각 다른 방식으로 접근했던 것이다. 그러나 그 목적은 종교 자체를 위함이라기보다도 어디까지나 도덕을 강화하기 위함이었다.

칸트에 있어서는 종교보다도 도덕이 우선한다. 따라서 종교란 도덕의 목적에 종속되어야만 한다. 가령 도덕이란 우리에게 항상 어떤 도덕률(도덕법칙)을 지키도록 명령하는데, 종교란 결국 이 도덕법칙이 신에 의해 우리의 이성 가운데 명령된 것으로 해석하도록 도와주는 역할을 해야 한다. 종교가 이런 역할을 담당했을 때에 우리의 내부에 있는 도덕률은 강화되며, 종교는 비로소 그 사명을 다하는 셈이 된다.

종교의 과제는 오직 도덕을 촉진시키는 데에만 있다. 종교는 '의무를 신의 명령, 말하자면 계명(誡命)으로 보아야 한다'고 가르침으로써 도덕법칙의 영향을 강화해야 한다. 예컨대, 어린이에게 그냥 '도둑질하지 말라'라거나 '착하게 살아야 한다'고 말하는 것보다 '도둑질을 하면 지옥에 간다.'거나 '착한 일을 해야 천국에 갈 수 있다'고 가르친다면 훨씬 더 효과가 클 것이라는 말이다. 내세의 운명에 대한 극심한 불안과 공포는 어린이들의 행동변화에 지대한 영향을 미친다. 그리고 이러한 변화는 성인이 될 때까지, 혹은 그 이후에까지도 무시하지 못할 도덕적 요소로 작용할 것이다. 칸트에서는 도덕이 우선이고 종교란 어디까지나 도덕적 교훈을 강화하기 위한 도구에 불과하다. 도덕을 강화하는 데 종교는 다른 그 무엇보다도 커다란 효력을 발생시킨다. 따라서 종교는 도덕에 종속되어야 할 어떤 것에 지나지 않는다.

그런데 칸트는 모든 종교 가운데 기독교만이 도덕적 완성을 이룩한 유일한 종교라고 주장한다. 가령 우상이나 미신을 숭배하는 사람들은 모든 것을 운명(팔자) 탓으로 돌리기가 쉽고 또 어떤 물질을 드림으로써 재앙으로부터 벗어나기를 간구한다. 그리하여 점쟁이나 무속신앙인이 '얼마의 돈을 바쳐야만 액땜을 할 수 있다'는 식으로 말을 하면, 없는 살림을 다 팔아서라도 허겁지겁 갖다 바치고 만다. 삶에 대한 스스로의 태도를 고치고 새로운 도덕적 결단을 하기보다 자기가 믿는 신적 존재가 도와주기만을 수동적으로 기다린다. 이것은 마치 상품을 거래하듯 '주고받기 식'의 생활태도로서 전형적인 인간성의 타락이라 아니할 수 없으며, 인간의 도덕적 삶을 향상시켜야 한다는 이성의 요구와도 부합하지 않는다.

이와 반면에 어떠한 실패나 좌절, 순간적인 실수나 죄악에도 불구하고 운명론에 치우치거나 우연에 자신을 내맡기지 않은 채, 끊임없이 회개하고 개량하면서 보다 나은 삶을 위해 노력해나가야 한다고 하는 성경의 가르침이야말로 진정으로 도덕적이라는 것이다. 왜냐하면 도덕이란 어떤 가능성을 인간(그가 비록 부족하고 나약한 존재라 할지라도)에게 제시하고 이 땅에 사는 동안 그것을 향해 꾸준히 노력해가도록 독려하는 것에 다름 아니기 때문이다. 그리하여 기독교에서는 인간이 예수 그리스도의 보혈에 의해, 신이 베풀어준 은총을 통하여 구원을 얻을 수 있다고 하면서도, 그 구원 사건이 일회성에 그쳐서는 안 되며, 이 땅에서 생명이 다하는 순간까지 끝내 힘써 달성해야 할 것으로 강조하는 것이다. 일단 구원받은 것으로 만족해하며 그 사건 이후로 도덕적 삶을 포기한다면 참으로 부도덕한 일이 아닐 수 없다.

어떻든 기독교 입장에서 보자면 칸트가 그토록 강조해마지 않은 도덕이란 것도 실은 지극히 하찮은 기독교적 신앙의 한 부분이고, 도덕법칙이란 것마저 신의 명령에 따라야 하는 어떤 것에 불과하다. 도덕에 의해 신이 도출(요청)되는 것이 아니라, 신에 의해 인간에게(나아가 모든 피조물에게) 도덕이 하달된다. 신이 도덕에 의해 규정되거나 정의되는 것이 아니고, 도덕이 신에 의해 규정되거나 정의되는 것이다. 인간의 이성이 신을 창조한 것이 아니고, 신이 인간과 그에 따르는 모든 것을 창조하였다. 따라서 신의 명령(율법)을 지키면 도덕적인 행위가 되는 것이고, 그렇지 않으면 부도덕적인 행위가 되며 불법이 된다. 인간이 신을 평가하는 것이 아니라, 신이 인간을 심판한다.

또한 기독교적 입장에서는 '예수 그리스도가 역사적 인물이 아니다'라고 하는 칸트의 주장에 대해서도 동의할 수 없다. 성경에 의하면, 예수 그리스도는 신성(神性)과 더불어 인성(人性)을 함께 가지고 있는 존재인 바, 그는 엄연히 인간의 살과 피를 가지고 낮고 천한 모습으로 이 땅에 오셔서 가난을 직접 경험하고 육신의 고통을 처절하게 겪으며 십자가에 못 박혀 돌아가신 분이다. 그리고 그 목적은 죄악을 저지른, 혹은 저지르는 인간들을 구원하기 위해서였다.

"이 아들로 말하면 육신으로는 다윗의 혈통에서 나셨고/ 성결(聖潔)의 영으로는 죽은 가운데서 부활하여 능력으로 하나님의 아들로 인정되셨으니 곧 우리 주 예수 그리스도시니라"(롬1:3-4)

'다윗의 혈통'(이 구절은 예수가 인간의 족보에서, 그것도 왕족계열에서 나왔음을 강조하고 있다)에서 '하나님의 아들'이 나셨으니, 뜨거운 피를 몸속에 지닌 신적 인간이 태어난 것이다. 이로부터 예수는 '신임과 동시에 인간'이라고 하는 신인설(神人說)이 나온다. 그리고 이 신인설의 뿌리는 바로 삼위일체설(三位一體說)이다. 그렇다면 삼위일체설이란 무엇일까? 그것은 성부와 성자와 성령이 결국 한 몸이라는 이론이다. 태초에 천지만물을 창조하신 창조주 하나님 아버지(성부-聖父)께서 아담 이후 세상에 가득 찬 인간들의 죄악들을 보시고 그들을 심판하는 대신 오히려 죄에서 구원하시기 위해 오직 하나 뿐인 독생자 예수 그리스도(성자-聖子)를 이 땅에 보내셨다. 그 성자는 인류의 죄를 대속(代贖. 대신 갚아줌)하기 위해 결국 '유월절 어린 양'으로 십자가에 못 박혀 죽었으며, 죽은 지 사흘 만에 다시 살아나시어[부활(復活)] 하늘에 오르게 된다[승천(昇

天)]. 그때 성자 예수는 '내 대신 성령(聖靈) 보혜사께서 오시어 사람들의 심령, 심령을 주장하실 것이라' 하였다. 여기에서 보혜사란 위로하는 자, 돕는 자라는 뜻이다. 이를 다시 정리하자면, 삼위일체설이란 전능하신 하나님 아버지와 그 아들 예수 그리스도, 그리고 예수가 하늘로 올리어 간 이후에 그를 대신하여 이 땅에 오신 성령이 단지 나타나는 방식[위격(位格)]만 다를 뿐, 결국 동일한 인격체라는 것이다.

물론 삼위일체설에 대한 설명은 일반 상식과 많이 배치된다. 그것은 이성을 초월한다. 과학적으로 설명이 되지 않는다. 이러한 정황만 보더라도 기독교에서 말하는 덕이 일반적 의미의 덕과는 같지 않음을 충분히 예상할 수 있다. 자기희생과 헌신, 연약함, 겸손은 덕이 되고 자기노력과 용기, 강함은 도리어 부도덕으로 치부된다. 기독교적 신앙은 이성과는 많이 다르다. 성경에 나타난 많은 기적들과 초이성적 사건들은 과학으로 증명될 수 있는 성질이 아니다. 성경은 그것을 이성적으로 설명하려 들지 않으며, 오히려 그러한 시도 자체를 경계한다. 과학의 논리는 먼저 알고 나서야 믿는 것이지만, 기독교의 논리는 '먼저 믿고 나서야만 알게' 된다. "나는 믿기 위하여 알려고 하는 것이 아니라, 알기 위하여 믿는다"라고 하는 안셀무스의 종교적 역설(逆說, Paradox)이 함축하고 있는 것도 바로 이러한 의미이다. 그리고 그것은 과학과 이성, 상식에 길들여진 현대인들을 매우 곤혹스럽게 만든다.

물론 칸트 역시 도덕과 구별되는 의미의 종교를 말하고는 있다. 그러나 그가 이해하는 이성종교(理性宗敎)가 도덕과 다른 점이 있다면, 그것이 도덕률을 신의 의지로 해석하고 있다는 점뿐이다. 어떤 의미에서 칸트는 도덕을 위해 기독교를 교묘하게 이용하고 있는 것처럼 보인다. 어쩌면 그는 기독교 신앙에 매진하는 쪽보다는 인간 이성에 기초한 도덕을 세우는 쪽으로 필생의 과업을 삼았는지도 모른다. 그리고 이것은 당시 계몽주의적인 사회 분위기와도 무관치 않아 보인다.

칸트가 말하는 이성종교는 내적으로 도덕과 완전히 일치되어 있다. 그러나 우리가 알다시피 인간의 속성 가운데 이성만이 존재하는 것은 아니다. 이성 이외에 감성의 다양한 충동들이 얼마든지 존재하고, 심지어 그것이 이성을 능가하는 경우도 허다하다. 인간 존재가 갖는 연약함과 죄악성으로 인하여 '이성적'이지 않은 감정의 찌꺼기들이 얼마든지 분출될 수 있다는 뜻이다. 이러한 사정 때문에 '모든 것을 신의 요구 내지는 신의 명령이나 섭리로 보아야 한다'는 주장을 앞세우며 역사상의 많은 종교들이 있어 왔지만, 결국 '선하지 않은' 일종의 도그마로 판명되는 경우가 많았다.

그러나 칸트는 "순수한 종교 신앙이란 모든 인간에게 설득력을 가지고 전파될 수 있는 순수한 이성신앙이어야 한다. 그런데 이에 반하여, 단순히 (역사적) 사실에 근거하고 있을 뿐인 역사적 신앙은 그에 관한 전승(기록)이 신뢰받을 수 있는 어떤 시기와 장소에만 영향력을 미칠 수 있다"고 말한다. 지금껏 칸트의 철학이 거의 모든 방면에서 일반적인 것, 보편적인 것을 추구하고 있다고 본다면, 개별적인 것, 특수적인 것에 대한 그의 거부감을 충분히 짐작할 수 있다. 하지만 그는 종교 분야에서만큼은 특수성을 혐오한 것이라기보다 그것이 갖는 한계성을 두려워하고 있었는지도 모른다.

어떻든 칸트는 여러 종교 가운데서도 기독교를 가장 도덕적인 종교로 들고 있긴 하다. 그리하여 그는 그가 생각하는 이성종교와 전통적인 기독교를 일치시키는 쪽으로 노력하고 있는 바, 여기에는 두 가지 방법이 있을 수 있겠다. 첫째는 이성종교에서 출발하여 그것을 기독교의 교리에 결부시켜나가는 일이고, 두 번째는 기독교의 교리에서 출발하여 그것을 이성종교의 교조(教條)와 비교해나가는 일이다. 칸트에 있어서는 이 두 가지가 혼동되어 있긴 하지만, 주로 두 번째의 길을 선택한 것으로 보인다.

기독교의 근원적 교리에서 출발하여 기독교가 이미 이성종교 또는 도덕체계에 포함되어 있음을 증명하는 일이라는 것이다. 결국 칸트는 도덕종교와 기독교, 이성과 신앙을 일치시키는 쪽으로 몰아가고 있는 것이다.

나) 도덕종교로서의 기독교

칸트가 생각하는 도덕종교란 다음과 같은 원칙을 제시하는 종교이다. 우리 모두는 "선한 인간이 되기 위하여 그의 능력 안에서 가능한 한, 힘껏 애쓰고 노력하고 행하지 않으면 안 된다"는 것. 그리고 그러한 일을 촉진하는 종교가 도덕적인 종교라는 뜻이다. 여기에서 칸트는 기독교가 도덕적 종교임을 강조하기 위하여 다음과 같은 내용의 성경을 인용하고 있다.

> 가라사대 어떤 귀인이 왕위를 받아 가지고 오려고 먼 나라로 갈 때에/ 그 종 열을 불러 은 열 므나를 주며 이르되 내가 돌아오기까지 장사하라 하니라/ 그런데 그 백성이 저를 미워하여 사자를 뒤로 보내어 가로되 우리는 이 사람이 우리의 왕 됨을 원치 아니하노이다 하였더라/ 귀인이 왕위를 받아 가지고 돌아와서 은 준 종들의 각각 어떻게 장사한 것을 알고자 하여 저희를 부르니/ 그 첫째가 나아와 가로되 주여 주의 한 므나로 열 므나를 남겼나이다/ 주인이 이르되 잘하였다 착한 종이여 네가 지극히 작은 것에 충성하였으니 열 고을 권세를 차지하라 하고(눅19:12-16)

하나님께서 나누어주신 재능과 소질을 잘 계발하여 이 세상에 살아가는 동안 뭔가를 남기고 이룩하는 일이 하나님이 보시기에도 좋고 아름답다는 뜻이 아닐까. 사과나무 아래 누워 사과가 떨어지기를 기다리는 것은 실로 가증스런 일이다. '일하지 않는 자는 먹지도 말라'는 말처럼, 끊임없이 힘쓰고 애써서 목표를 향해 나아가는 인간이 참으로 도덕적인 인간이다. 그리하여 칸트는 "신이 인간의 행복을 위하여 무엇을 해줄 것인가가 중요하지 않으며, 오히려 이러한 도움을 받아들이기 위해서 인간 스스로가 무엇을 행해야 하는가가 중요하다"고 말한다.

그런데 칸트는 "이제까지 있었던 모든 공적 종교들 가운데 기독교만이 도덕종교"라고 주장하면서도 기독교의 교리와는 상당히 다른 주장을 펴고 있다. 그 핵심은 예수를 인간으로 본 점에 있다. "예수 그리스도는 우리의 이성 안에 있는 도덕적으로 완전한 인간성의 이념을 구체적으로 구현한 실재이다. 그리스도는 이성이 우리에게 제시하는 완전한 인간성의 원형(原型)이다." 칸트는 예수의 삶과 그 인격을 모범으로 삼아 많은 사람들이 도덕적이 되기를 원하였을 뿐, 예수가 하나님의 아들이라거나 그리스도라거나 하는 데에는 관심이 적었던 것 같다. 도리어 예수의 신성을 강조하면 할수록 도덕적 교설로서 기독교의 입지가 축소된다고 여기지는 않았을까? 그러나 이미 말한 바와 마찬가지로, 이러한 입장이 기독교와 합치될 수 없음은 물론이다.

또한 칸트는 기독교를 도덕적인 종교로 평가하면서도 기도라든가 예배 참석, 세례와 성찬식 등이 그 본래적 정신을 망각하면 안 된다고 말한다. 그 본래적 정신이란 바로 도덕적인 선을 촉진하려는 의도에 기초하고 있다는 점이다. 즉, 찬양이나 기도, 예배 참석 등은 선한 행위를 위한 준비일 뿐이고, 그 자체가 선한 행동은 아니다. 하나님이 우리들을 마음에 들어 하는 것은 그처럼 밖으로 나타난 행위보다 우리 스스로가 보다 선한 인간이 되는 점에 있다. 이 부분은 오늘날 마음에도 없는 예배, 감동이 없는 세례식, 기쁨이 없는 성찬식이 행해지고 있음을 바라볼 때, 매우 아프고도 적절한 지적이 아닐 수 없다.

칸트에 의하면, 우리의 '진실한 마음'에서 우러나는 봉사만이 하나님에 대한 참된 봉사이며, 그것은 모든 의무를 바로 신의 명령으로 지키려는 마음[心性]으로부터 성립한다. 이와 관련하여 우리는 양심을 신의 대리인으로 여겨야 한다. "우리들 내부에 있는 법칙을 흔히들 양심이라고 부른다. (…) 그런데 만약 우리의 양심을 신의 대리인으로서 생각하지 않는다면 양심의 질책(叱責)은 아무런 효과도 없을 것이다. 만약 종교가 도덕적인 양심 위에 서 있지 않다면, 전혀 효력이 없다. 도덕적인 양심성이 없는 종교란 미신적(迷信的)인 예배의식일 뿐이다."

이처럼 칸트는 기독교를 전형적인 도덕종교로 파악하고, 끝까지 종교의 도덕성을 강조한다. 이러한 바탕 위에서 그는 "우리는 신학으로부터 출발해서는 안 된다. 단순히 신학 위에 세워진 종교는 결코 어떤 도덕적인 것을 포함할 수 없다. 도덕성이 먼저 행해지고 난 뒤, 따르는 신학이 진정한 종교이다"라고 말하면서, 도덕에 바탕을 둔 종교를 다시 한 번 강조하고 있다. 여기에서 우리는 칸트의 시선이 하나님보다는 인간에게, 하늘나라보다는 이 지상에로 향해져 있다 할지라도 그를 비난할 수는 없을 것 같다. 왜냐하면 이성보다는 신앙을, 인간보다는 하나님을 강조하는 오늘날의 크리스천들이 너무나 이율배반적인 행태를 보이고 있기 때문이다.

다) 기독교적 관점과 칸트적 관점의 차이

그렇다면 이제부터 기독교의 중요한 개념들을 하나하나 꺼내어 그것이 칸트가 생각하는 바와 어떻게 다른지 살펴보기로 하자.

(1) 원죄(原罪)

성경에는 하나님께서 천지창조의 마지막 날인 제 6일째에 인간을 만드셨으며, 그 모습은 하나님의 형상을 닮아 있었다고 말한다. "하나님이 가라사대 우리의 형상을 따라 우리의 모양대로 우리가 사람을 만들고, (…) 하나님이 자기 형상 곧 하나님의 형상대로 사람을 창조하시되 남자와 여자를 창조하시고."(창1:26-27)

그리고 그 인간은 처음에 선하고 거룩하여 흠도 없고 죄도 없었다. "하나님이 그 지으신 모든 것을 보시니 보시기에 심히 좋았더라."(창1:31) 인간은 바로 그의 성품이 하나님의 성품을 닮아 있었기 때문에, 죄를 짓거나 흠이 있거나 할 수 없었다. 이때에는 하나님께서 자신의 의지를 나타낸 도덕법칙이 그(인간) 안에 살아 숨 쉬고 있었다고 보아야 한다. 그런데 언제부터, 왜 그에게 도덕법칙이 금지(禁止)의 형태로 나타나야만 했을까?

그것은 인간 자체가 감성적(感性的)인 존재로서 (그야말로 부서지기 쉬운 흙으로) 만들어졌기 때문이며, 그리하여 본능적이고 충동적인 스스로의 욕망으로부터 벗어날 수 없었기 때문이다. 구체적으로 말하면 하나님께서 그토록 신신당부하며 따먹지 말라고 하셨던 선악과를 결국 따먹고 만 것이다. "여호와 하나님이 그 사람에게 명하여 가라사대 (…) 선악을 알게 하는 나무의 실과는 먹지 말라"(창2:16-17)고 하셨음에도 불구하고, 아담은 기어이 이 명령을 어기고 말았으며, 이때부터 아담에 대한 하나님의 명령은 지엄한 분부의 형태로, 금지의 형태로 나타날 수 밖에 없었다. 좋은 말을 해도 듣지 않는 아들에게 아버지는 엄격한 지시로 그 행동을 제어할 수밖에 없는 것처럼. 모성애로부터 우러난 따스한 사랑의 속삭임이 가부장적인 권위를 가진 아버지의 성난 얼굴로 바뀌고 만 것이다.

이러한 명령 형태는 이스라엘 백성을 400년 동안 종살이하던 애굽 땅에서 이끌어낸 다음, 시내산에서 십계명을 내릴 때에도 동일하다. 제4항 '안식일을 거룩히 지키라'와 제 5항 '네 부모를 공경하라' 외에는 모두 '하지 말라'라는 형태로 계명이 구성되어 있는 것이다. 하나님께서 인간에게 이러한 명령 형태를 취하셨다는 것은 이미 인간의 마음속에 선의 기질 뿐만 아니라 악을 향한 기질(원죄)도 들어 있었음을 간파하였기 때문이 아닐까? 그렇다고 하여 하나님께서 인간을 미워한다거나 덜 사랑한다거나 하는 뜻은 아니다. 속을 상하게 하는 자녀일지라도 여전히 아버지는 그를 사랑하는 것처럼, 하나님께서는 그의 백성을 사랑하신다.

그렇다면 칸트의 경우에는 어떠한가? 그에 있어서도 인간의 본성은 본래 선을 추구하고 있었다. 첫째, 우리의 속에 있는 '동물성'의 좋은 소질[善 素質] 가운데에는 자기 보존 본능과 생식(生殖) 본능, 사회생활 본능의 형태가 들어있는 바, 이러한 본능들은 일단 자연의 본래 목적과 합치하며, 따라서 어디까지나 좋은 상태로 이끌기 위한 조건이라 말할 수 있다. 가령 스스로의 생명을 보존하기 위해 먹고 마시고 잠자는 행위라든가 종족보존을 위해 결혼하는 행위, 무리를 지어 공동으로 어려움을 헤쳐 나가는 행위 등은 우리 인간의 본성(자연이 요구하는 바의 것)들에 바람직한 것이며 따라서 비난할 것이 못된다. 그리고 둘째 우리의 내부에 있는 '인간성'이라고 하는 좋은 소질은 협조적인 사랑, 다시 말해서 다른 사람의 견해를 존중하려는 경향성으로 나타난다. 이웃을 배려하는 것 역시 어디까지나 선한 기질이라 아니할 수 없다. 그리고 세 번째 우리의 안에 있는 인격성(人格性)이라고 하는 좋은 소질은 도덕법칙에 대한 경외(敬畏. 두려워하면서 존경함)의 형태로 나타난다.

만약 아담과 이브가 이처럼 좋은(선) 소질에만 순응했더라면 아무런 악도 죄도 없었을 것이며, 이 세상은 하나님께서 창조하신 그 모습 그대로 유지되었을 것이다. 그러나 불행하게도 그들은 과연 하나님의 명령이 타당한 것인지 어떤지에 대해서부터 의심하기 시작했다. 그리고 그 결과, 도덕적 법칙에 위배되는 스스로의 감성적(感性的) 동기를 자기 의지를 결정하는 기준으로 사용하기에 이르렀다.

이리하여 인류의 역사 속에 처음으로 악이 스며들게 된 것이다. "여자가 그 나무를 본즉 먹음직도 하고 보암직도 하고 지혜롭게 할 만큼 탐스럽기도 한 나무인지라 여자가 그 실과를 따먹고 자기와 함께 한 남편에게도 주매 그도 먹은 지라.(…) "(창3:6) 물론 여기에는 뱀(사단)이라고 하는, 밖에서 유혹하는 존재가 개입한다. 또한 아담의 입장에서 보면 사랑하는 아내의 권유를 핑계 댈 수도 있다. 그러나 하나님께서는 그 책임을 아담에게 묻고 계신다. 이성적인 자기 판단에 입각하여 자율적으로 행동을 결정해야 하는 인격체가 타인에게 책임을 전가하는 행위는 칸트 윤리학에서도 용납될 수 없다. 그것은 죄 위에 또 하나의 죄를 얹어놓는 결과가 된다.

다른 변명의 말을 할 필요도 없이 만일 그들(혹은 아담)이 "선악을 알게 하는 나무의 실과는 먹지 말라"(창2:17)는 하나님의 명령을 기억하고 그 명령에 충실히 따랐더라면, 그리고 이것을 칸트적인 용어로 '도덕률이 지시하는 바에 따라' 행동했더라면 결코 죄에 빠지지 않았을 것이고 그 이후의 비극적 결과도 초래하지 않았을 것이다.

이렇게 보자면, 인간의 죄의 문제는 결국 그들의 의지(행위)에 있어서 도덕법칙을 그 행위의 기준으로 받아들이느냐 아니냐에 달려있다. 감성적 존재자로서 이 세상을 살아갈 때에 인간이 늘 빠지기 쉬운 죄의 유혹, 말하자면 감성계로부터 수시로 받는 충동을 어떻게 제어할 것인가, 도덕법칙에 입각하여 그것을 어떻게 다스릴 것인가가 문제인 바, 이것은 전적으로 인간의지의 자유에 해당한다. 왜냐하면, 칸트가 보았을 때, 인간은 선으로도, 악으로도 나아갈 수 있는 자유의지를 그 자신 가운데 갖고 있기 때문이다. "인간은 어떤 의미에서는 감성계에 속해 있는 것으로 보아야 한다. 그러나 감각기관의 촉발에 의해서가 아니라 이성에 의해 직접 의식될 수 있는 쪽에서 보자면 인간은 예지계(睿智界)에 속한 존재로 보아야 한다." 여기에서 예지계란 본능이나 충동을 억제할 수 있는, 이성이 지배하는 어떤 세계를 가리킨다.

칸트는 여기에서 그러한 양자택일의 권리가 하나님께로부터 주어졌는지의 여부에 대해서는 관심이 없는 것처럼 보인다. 다만 인간존재에 그러한 선택의 자유가 주어져있음에 주목하는 것이다. 다시 말하면, 칸트는 하나님의 개입을 최소화하고 인간의 자발성을 최대화하는 쪽으로 내달리고 있는 셈이다.

칸트는 『실천이성비판』에서도 인간을 감성적 성격과 예지적 성격을 동시에 갖고 있는 존재로 묘사하고 있는데, 여기에서 '악에 대한 경향성'은 도덕법칙에 위배되는 동기를 격률(格率, 혹은 준칙. 어떤 개인의 주관적인 행위 규칙)로서 채택할 때에 생겨난다. 그와 반대로 도덕법칙에 부합하는 동기를 자신의 행위 규칙으로 선택했다면 마땅히 선의 소질이 드러났을 터인데 말이다. 결국 칸트에서는 선악의 문제가 인간 자신의 선택적 문제로 귀결된다.

그러나 성경에서는 악의 나타남을 인간의 모습과는 다르게 악마(사탄)의 모습으로 그림으로써 악이 인간적(인격적)인 것과는 거리가 있음을 암시하려 하였다. 예를 들어, 거라사에서 일어났던 일에서처럼, 악(惡)이란 한 인간을 전혀 비인간적으로 만드는 어떤 것일 뿐 아니라, 예수 그리스도의 명령에 의하여 이천(2000) 마리의 돼지 떼에게 들어갈 수도 있는 어떤 것이다. 귀신에 사로잡힌 사람은 보통의 사람과는 전혀 다른 행동을 한다. 이것은 인간이 '거룩하신 하나님의 성품'을 닮게 창조되었다고 하는 믿음과 서로 배치되지 않는다. 왜냐하면 '하나님'과 '귀신'의 존재는 엄연히 서로 다르기 때문인 바, 따라서 오히려 성경에 대한 믿음을 강화시켜주는 사고라 할 수 있는 것이다.

이렇게 본다면, 기독교적 입장에서는 악이 인간의 본성에서 유래한 것이 아니다. 인간의 본성은 근본적으로 선하다. 칸트가 강조하는 바의 바로 그 도덕법칙은 우리의 내부에 언제나 살아 있다. 이러한 상태에서는 인간이 감성계에서 어떤 준칙(격률)을 채택하든지 악을 선택하지는 않는다는 논리로 이어진다. 그러나 인간이 도덕법칙에서 벗어나는 준칙을 적용하여 행동할 때에 비로소 부도덕한 행위[타죄(墮罪)]가 존재한다. 그리고 이 점에 있어서 우리의 본성에 '악에로의 경향성'이 존재한다고 보는 것이다. 가령 사랑하는 자녀가 못된 인간의 꾐에 빠져 죄를 짓는다고 할 때, 아버지는 그 탓을 자녀 자신에게 돌리지 않는다. 그 못된 인간과 그 꾐에 넘어가고 만, 그 자녀의 나약한 성품에서 그 원인을 찾는다. 그러므로 아버지는 결코 그 자녀를 미워하지 않는다. 다만 나쁜 길로 들어서지 않도록, 혹은 그 길에서 나오도록 경계하고 교훈하는 것이다.

인간은 도덕법칙 아래에 스스로의 감성적 동기를 종속시켜야 함에도 불구하고, 오히려 자애(自愛. 자신을 사랑함)나 자애의 경향성 아래에 자신의 감성적 동기를 종속시킴으로써 죄를 범하고 만다. 그리하여 그것은 아담이 하나님의 금단의 열매(선악과)를 따먹은 것처럼, 우리의 일상생활 속에서 매일 도덕법칙을 범하는 행위로 나타난다. 철부지 같은 아들이 아버지의 바람직한 훈계를 듣지 않고 자기 생각대로 행동함으로써 실수하는 것과 같은 꼴이다.

결국 성경이 주장하고자 하는 바는 '아담이 죄를 범했듯이, 장차 인간은 계속적으로 죄를 범할 것이다'라고 하는 것이다. 최초의 인간인 아담이 자유 의지에 의하여 죄를 범한 것처럼, 현재의 인간들과 앞으로 장차 이 땅에 나타날 모든 인간들 역시 스스로의 자유의지에 의하여 죄를 지을 것이다. 따라서 아담이 죄에 빠진 것은 다만 시간적으로만 앞

섰다[先行]는 의미가 아니라, 인간이 본질적으로 갖고 있는 죄에 대한 본성이 최초의 순간에마저 예외 없이 나타났다는 것을 뜻한다. 말하자면 인간은 죄의 경향성을 조상으로부터 물려받았다기보다도 이미 벌써 '태초'(이런 표현이 가능하다면) 때부터 자기 자신 속에 본질적으로 지니고 있었다는 것이다. 이 점에서 성경은 성선설보다는 성악설에 더 가깝다.

그러나 칸트는 이상과 같은 원죄(原罪)에 대한 기독교적 교리를 물리친다. 우리는 죄를 이어받은 것이 아니라, 스스로 자유로운 예지적 행위에 의하여 우리들 가운데 불러들인 것이다. 어디까지나 인간을 책임 있는 존재로 만들려는 칸트의 의도가 이곳에서도 드러난다. 이런 관점에서 칸트가 해석하는 성경의 참뜻은 이렇다. '악을 불러들인 것은 너 자신이다. 네가 바로 너에게로 악이 들어오게 하였다. 너는 너의 성향, 기질을 만들었으므로 너의 행위의 책임은 전적으로 너에게 있다'고 하는 것이다.

여기에 기독교적 입장에서 바라보는 죄와 칸트가 바라보는 죄 사이의 간극(차이점)이 놓여있다. 칸트에 있어서 모든 범죄는 각각의 개별적인 인간들에게서 생겨난다. 원죄는 존재하지 않는다. 다만 자기 스스로 책임을 져야 하는, 예지적 행위에 의한 생래적 악에로의 경향성만 존재할 뿐이다. 이러한 칸트의 주장은 무엇을 내포하고 있는가? 칸트는 굳이 인간에게 죄를 뒤집어씌우려 몰아가는 중인가? 그건 아니다. 도리어 칸트는 인간을 이중적 존재로 바라보면서 그에게 자유의지를 확보해주려고 하는 중이다.

우리 인간이 악에로의 경향성에 빠지고 만다면, 우리에게 선에로의 소망이란 없다. 그러나 다행스럽게도 우리는 '스스로를 개선하고 악에 대해 저항하라'는 도덕법칙의 요구를 우리 마음속에서 느끼고 있다. '양심(良心)'이라고도 불릴 수 있는 이 도덕법칙이 우리 마음속에 존재함으로 말미암아, 비로소 우리는 악에로의 경향성에 맞서 싸울 수 있게 된다. 그리고 이를 위해서는 그 힘과 능력을 높여나가지 않으면 안 되는 바, 왜냐하면 우리가 악을 물리칠 수 있을 만큼 스스로 선의 힘을 높이지 않으면 양심(도덕법칙)이 우리의 마음속에 있을 수 없기 때문이다. 아버지로부터 많은 재산을 물려받아 호의호식하는 자보다 자수성가하여 부를 축적한 사람이 더 좋은 평가를 받는 이유와 흡사하다고나 할까. 선이란 주어질 때보다 스스로 쟁취할 때 더욱 빛이 나는 법이다.

칸트에 의하면, 우리가 악에서 벗어나기 위해서는 '코페르니쿠스적 전회(轉回)'에 의해, 다시 말하면 실로 혁명적 전환에 의해 우리의 감성의 동기 대신 도덕법칙을 사용하지 않으면 안 된다. 사실 기독교가 가르치는 바도 바로 이것이다. 우리는 심령(心靈)의 변화를 받아 새롭게 됨으로써 삶 자체가 변화되는, 그리하여 성화(聖化)된 인격의 상태로 나아가지 않으면 안 된다. 우리가 우리에게 본래적으로 주어진 선한 재능들을 충분히 발휘하였을 때, 악한 것들이 틈을 타지 못한다. 예수 그리스도는 '내가 너희 안에 거하고 너희가 내 안에 거하면' 너희가 성령으로 하나 되어 오직 선한 것만을 추구하게 될 것이라고 가르친다. 우리가 성령의 가르침에 따라 치열하게 살아가고자 하는 의지가 있고 실천이 따를 때, 우리의 행동 준칙과 도덕법칙은 서로 일치될 수 있다. 그것은 우리에게 저절로 주어지는 어떤 것이 아니다. 모든 인간의 운명을 결정하는 것은 전지전능하신 하나님이지만, 그렇다고 하여 마치 강도가 무엇을 빼앗아가듯이 우리에게 억지로 강요하지는 않는다. 왜냐하면, 선하신 하나님은 어디까지나 지정의(知情意)를 갖춘 인격(人格)이시기 때문이다. 대화가 통하는 아들을 막무가내로 대하지 않는 아버지처럼, 하나님 역시 우리가 스스로의 인격을 개선해나가기를 원하신다.

이러한 면에서 보면 칸트의 주장이 기독교의 교리와 배치되지 않는 것으로 여겨진다. 그러나 (하나님의 전적인 은혜가 아닌) 인간의 실천과 행동을 강조했다는 점에서 그것은 복음의 중요한 원리에서 벗어나 있다. 결과는 같으나 그 원인 행위가 하나님께 있느냐 인간에게 있느냐의 차이이다. 칸트는 인간의 주체적 실천을 주장하나 기독교에서는 하나님의 전적인 은혜를 강조한다. 성경(복음서)이 인간에게 요구하는 것은 어떤 행위가 아니라, 믿음이다. 인간은 어떤 행위에 의해 구원받을 수 없다. "오직 의인은 믿음으로 말미암아 살리라 함과 같으니라"(롬1:17)는 성경말씀은 바로 이러한 사정을 나타내고 있는 것이다.

(2) 구원(救援)

하나님께서 창조하신 최초의 인간 아담은 스스로의 자유의지에 의하여 죄를 범하였고, 그 대가로 인하여 낙원(에덴동산)으로부터 추방을 당하였다. 그는 이마에 땀을 흘려야 식물(食物)을 먹을 수 있게 되었고, 애초에 하나님께서 주셨던 영생(永生)의 축복을 잃어버린 채 언젠가 반드시 죽어야만 할 존재로 전락하고 말았다.

그리고 인류의 조상인 아담이 죄를 범했기 때문에 그의 씨앗을 물려받은 후손으로서의 모든 인간은 타고날 때부터 원초적(原初的)으로 죄인이다. 그러므로 그 죄를 구속(救贖)하는 것 역시 인간 자신의 힘으로는 불가능하다. 마치 감옥 안에 갇혀있는 죄수가 스스로를 자유롭게 할 수 없는 이치와 같다. 또한 원죄(原罪)란 자신이 스스로 지은 것이 아니기 때문에 스스로의 도덕적인 행위에 의해 극복되어지는 것이 아니다. 이 대목에서 적선(積善)이나 구제활동에 의해 천국에 갈 수 없다는 교리가 나온다. 그의 원초적인 죄는 오직 '죄에서 인류를 구원하러' 오신 하나님의 아들, 예수 그리스도를 통해서만 해결될 수 있다. 예수는 아무런 죄도 짓지 않은, 그야말로 흠 없는 어린 양이며, 또한 하나님의 능력을 위임받은 자이다. 그는 인류를 구원할 자격과 능력을 동시에 갖추고 있다. 그러므로 '예수'라는 이름 이외에는 인류를 구원할 만한 이름이 천하에 없다. "다른 이로서는 구원을 얻을 수 없나니 천하 인간에 구원을 얻을만한 다른 이름을 우리에게 주신 일이 없음이니라 하였더라."(행4:12)

태어날 때부터 죄의 속성을 타고난 인간은 자기 힘으로는 도저히 악의 유혹에서 벗어날 수 없다. 죄를 짓지 않을 수 없다는 뜻이며, 또한 이로 인하여 대가를 치루지 않으면 안 된다는 의미이다. 그리고 만일 외부로부터 오는 구원자의 손길이 아니라면, '죄에 대한 삯'(롬6:23)으로 말미암아 영원한 멸망, 죽음에 이를 수밖에 없다. 현재의 우리 육체가 죽음을 경험하고 나서 그대로 끝나는 것이 아니라, 다시 한 번 하나님 앞에서 심판을 받고 영원한 지옥 불에 던져지고야 마는 것이다. "한 번 죽는 것은 사람에게 정하신 것이요, 그 후에는 심판이 있으리니."(히9:27) 여기에서 말하는 '심판'이란 영원한 불에 던져지는 참혹한 상태를 가리킨다. 스스로 목숨을 끊는다고 하여 해결될 수 있는 성질이 아니라는 뜻이다.

그렇다면 선하시고 자비로우신 하나님께서 어떻게 이러한 인간의 비극을 가만히 두고 보실 수 있을까? 인자하시며 긍휼이 많으신 하나님께서는 마침내 오직 하나 뿐인 자기의 독생자(獨生子) 예수를 이 땅에 보내시기로 작정하셨다. 그러므로 예수는 하나님의 아들임과 동시에 하나님 그 자신이기도 하다. 하나님이 인간(人間)의 모습으로 변하여(성육신, 육화, Incarnation) 가장 낮은 모습으로 이 땅에 오신 예수 그리스도는 온갖 수모와 핍박을 당하면서도 인류에 대한 구제의 가능성을 힘주어 강조하였다. 그는 그를 반대하는 사람들로부터 참을 수 없는 모욕과 수치를 당하였으며, '흠 없는 어린 양'으로서 아무런 잘못이나 죄가 없었음에도 불구하고 십자가에 못 박혀 죽어야 했다.

그렇다면 전지전능하신 하나님 아버지의 아들이자 동시에 하나님 그 자신이기도 한 예수가 왜 그런 고통을 받아야만 했던 것인가? 이 대목에서 우리는 하나님의 또 다른 성품, 즉 공의로운 성품을 언급하지 않으면 안 된다. 하나님께서는 사랑이 많은 분이기도 하나 공의가 충만한 분이기도 하다. 그리고 바로 그 의롭다는 이유 때문에 아무런 배상(賠償. 대가)도 없이 인류의 죄를 용서해줄 수는 없었다. 거기에는 무언가 희생의 제물이 필요했던 것이다. 마치 이스라엘 백성들이 죄를 지었을 때에 희생양(犧牲羊)을 광야에 내쫓아 죽게 함으로써 자신들의 죄를 대속(代贖)하게 했던 것과 흡사하다. 아이가 잘못했을 때 반드시 벌을 주어야 하는 아비의 심정과 비슷하다.

모든 인류의 죄를 대신하여 십자가를 지고 가야 했던 흠 없는 어린 양, 희생양이 바로 예수 그리스도이다. 아들을 끔찍이 아끼시는 하나님께서 그의 독생자를 십자가에 못 박혀 죽게 하실 수밖에 없었던 것은 바로 그를 희생양으로 삼지 않으면 인류를 죄에서 구할 수 없다고 하는, 절체절명의 위기 속에서 내려진 하나의 고육책이었다. 그렇다면 다른 방식도 아니고 왜 구태여 십자가에 못을 박아 피를 흘리고 죽어가게 해야만 했을까? 고통을 적게 하기 위해 교수형(絞首刑)에 처하거나 안락사를 시켜도 되지 않았을까? 이에 대해 성경은 '피 흘림이 없은즉 죄 사함도 없다'고 말한다. 하나님 앞에 죄를 범한 사람이 양을 잡아 그 피를 제단에 뿌려야만 죄 사함을 받았던 구약시대의 제사방법을 본 따 인류의 죄를 대속하기 위해서는 예수의 피가 반드시 필요했던 것이다.

인간의 구원은 인간 자신의 선행이나 공로에 의해서가 아니라, 하나님의 크신 은총에 의하여 얻어진다. 예수를 이 땅에 보내신 분도, 그를 피 흘려 죽게 하신 분도 하나님이시다. 이 땅의 그 누구도 예수를 보내 달라거나 인류를 대신하여 십자가에 못 박으라고 요구한 적이 없다. 하나님의 생각과 방법대로 하나님 자신이 내린 결정이다.

구원이란 하나님의 일방적인 선택에 의해 인류에게 주어진 은총이다. 그러므로 죄로 인하여 죽어야 마땅한 인간은 구원받은 것에 대해 감사할 수는 있을지언정, 구원받지 못한 것에 대해 불평할 수는 없다. 왜냐하면 그에게는 그럴 권리가 없기 때문이다. 가령 죄인이 대통령의 사면을 기대할 수는 있겠으나 강요할 수는 없듯이, 죄인을 구원할 것인가 아닌가는 전적으로 하나님의 뜻에 달려있다. 또한 인간들 중에서 누구를 구원할 것인지 하는 문제 역시 죄인인 인간의 뜻에 의해서가 아니라, 그 권한[赦免權(사면권)]을 갖고 있는 하나님에 의해 결정된다. 그러나 다행스럽게도 하나님께서는 '누구든지' 예수를 믿기만 하면 구원받을 수 있다고 하셨다. 악인의 땅에도 비가 내리듯이 하나님의 은혜는 사람을 차별하지 않는다.

다만 한 가지, 하나님의 말씀과 그 아들 예수 그리스도를 믿는다는 조건으로 말하자면 기독교에서 인간의 의지가 완전히 배제되는 것은 아니라는 뜻이다. 누구든지 하나님을 사랑하고 마음이 깨끗한 자는 구원받을 수 있다. 다만 하나님을 '자신을 창조한 창조주', 아버지로 받아들이고 그가 보내신 예수 그리스도를 주로 시인하기만 하면 된다. 그 한 가지 조건만 충족시키면 누구든지 구원받을 수 있고, 천국에 들어갈 수 있다. "네가 만일 네 입으로 예수를 주로 시인하며 (…) 네 마음에 믿으면 구원을 얻으리라. 사람이 마음으로 믿어 의에 이르고 입으로 시인하여 구원에 이르느니라."(롬10:9-10) 구원의 개방성, 그것 역시 하나님의 사랑임을 실감하는 대목이다.

하나님께서는 자기를 따르는 자에게는 한없는 자비와 사랑을 베푸신다. 하지만 반대로 그를 믿지 않고 배척하는 자에게는 구원의 여망을 주시지 않는다. 이 부분에서만큼은 하나님도 아주 단호하다. 불신자(不信者)는 벌에 처하게 되고, 결국 영원한 멸망에 이르고 말 것이라고 말한다. 다시 말하면, 인류에게 복음(좋은 소식)이신 예수 그리스도를 영접할 권리는 누구에게나 열려있다. 그러나 자유로운 의지가 주어졌음에도 불구하고 믿음을 갖지 않는 자에게는 천국이 보장되지 않는다. 기독교는 선택의 자유를 주되, 그에 대한 책임도 확실히 묻는다. 이상에서 보는 것처럼, 하나님의 전권적 섭리를 주장하면서도 동시에 인간의 자발성을 부정하지 않고 있다는 점에서 기독교는 칸트의 도덕종교와 상통하고 있다. 하나님의 형상대로 창조된 인간을 동물이나 사물의 수준으로 전락시키지 않으려는 하나님의 배려이며, 이 대목에서 인간의 가치를 높이려는 칸트의 의도와 맞닿아 있다.

하나님께서는 악에로의 경향성으로부터 인간들을 돌이키도록 하기 위해 인간의 마음속에 예수 그리스도라고 하는 완전한 모델(모형)을 심어주셨다. 예수 그리스도는 완전한 인간의 이념이 구현된 실체이다. 그는 인간들을 교육시키기 위한 일종의 교본이다. 예수는 실물교육에 동원된 모범적인 인격체이다. 그러나 칸트는 완전한 인간으로서의 예수가 실제로 존재하였는가 하지 않는가는 중요한 일이 아니라고 말한다. 다시 말하면, 어떠한 인간의 모형이 하나님의 마음에 합치하는지를 보여 주는 일이 중요할 뿐, 특정한 개인이 어디에서 어떻게 살았는지, 그가 실재했는지 하지 않았는지는 그다지 중요하지 않다는 뜻이다.

물론 교육의 효과만을 고려한다면 칸트의 주장이 옳고 때에 따라 더욱 효과적일 수도 있다. 그러나 기독교는 다만 '교육'에 머물고자 하는 종교가 아니다. 그것은 역사적인 사실에 기초하여 인간의 근본적인 문제, 즉 영혼 구원을 목적으로 하고 있다.

어떻든 칸트는 도덕적인 인간의 이념은 (건전한) 인간 이성과 결부되었을 때에야 비로소 인간적이 될 수 있다고 말한다. 인간의 입장에서 이렇게 되었을 때라야만 비로소 그를 행위의 모델로 삼을 수 있을 것이기 때문이다. 여기에서 칸트는 '완전한 인간'의 이념이란 지극히 예지적이며 초감성적 원천의 이념이기 때문에, 성경에서는 예수 그리스도가 동시에 하나님이었다고 주장했을 것이라고 말한다. 여기에서 예수 그리스도의 신인설(神人說)이 나온다. 따라서 신임과 동시에 인간이기도 한 예수가 인류에게 복음을 전했다고 한다면, 그것은 우리에게 다음과 같은 도덕적 명령을 내리고 있는 것이나 마찬가지이다.

너의 의지에 있어서 나와 같은 완전한 인간의 이상을 따르도록 힘써라.

이것이 아마 성경이 가르치고자 했던 바일 것이라고 칸트는 말한다. 그러나 칸트의 이러한 지적이 부분적으로 타당성이 있다고 할지라도, 여전히 그는 기독교의 다른 면을 도외시하고 있는 것이 아닌가 여겨진다.

나아가 칸트는 '예수를 믿어라'고 하는 성경 말씀 역시 우리의 도덕적, 입법적인 '이성'의 요구일 것이라고 주장한다. '이처럼 완전한 인간의 이상을 받아들이라. 네 의지로부터 악한 준칙을 없애 버리라. 도덕적으로 완전한, 하나님의 마음을 갖는 사람이 가져야 할 그러한 준칙을 가져라.' 이것을 성경적으로 말한다면, '하늘에 계시는 너의 아버지가 거룩한 것처럼 너희도 거룩하라'가 될 것이다.

그러나 칸트가 보는 예수 그리스도는 지극히 인간적이고 따라서 그것은 기독교의 교리와 완전히 합치할 수는 없는 바의 것이다. 인간이 불철주야 노력하여 완전한 이상에 도달할 수 있다는 것도 기독교적 관점에서는 어리석은 (인간적) 욕심에 불과하다. 그리고 실제 우리의 경험을 통해서 보더라도 그것은 거의 불가능하다. 어떤 인간도 그의 생애를 통하여 그러한 목표에 도달한 적은 없었으며, 아마 앞으로도 영원히 그러할 것이다. 이상은 이상에 머물 따름이다.

물론 칸트가 주장하는 바는 그럼에도 불구하고, 우리의 마음[心術]만큼은 완전한 인간의 이상(理想)과 일치될 수 있다는 것이리라. 비록 행위는 그에 미치지 못할지언정, 예수 그리스도를 우리의 마음속에 받아들이고 또 그를 모범으로 삼아 닮아가려는 노력은 얼마든지 가능하다. 그리고 실제로 인간의 도덕성은 그 행위의 결과라든가 유용성(有用性)보다는 그 의도(칸트적인 용어로 말하면 선의지)에서 판가름 나기 때문에, 또는 그 행위의 주관적인 규칙(준칙, 격률)에 의해 결정되는 것이기 때문에, 성경에서도 '오직 인간은 믿음으로 말미암아 살리라 함과 같으니라'(롬1:17)고 말하고 있는지도 모른다. 이상을 추구하되 인간의 한계는 인정해야 한다는 점에서 칸트와 기독교는 일치하고 있다.

성경에 의하면, 도저히 구원의 여망이 없는, 죄 많은 인간이 오직 예수 그리스도를 믿음으로써 구원받을 수 있다. 죄인인 인간은 그 창조자 하나님 앞에서 하나도 의로울 것이 없으나 그리스도의 생애와 십자가의 공로로 말미암아 구원받을 수 있다. "너희가 그 은혜를 인하여 믿음으로 말미암아 구원을 얻었나니, 이것이 너희에게서 난 것이 아니요 오직 하나님의 선물이라 행위에서 난 것이 아니니 이는 누구든지 자랑치 못하게 함이니라."(엡2:8-9) 인간은 그 본질과 능력, 행위로는 도저히 구원의 여망이 없다. 다만 그 믿음으로 말미암아 구원의 소망을 갖게 되는 것이다.

이 대목에서 다시 칸트는 기독교와 충돌하고 있다. 도덕법칙이 그(인간)의 의지를 지배해 가는 중에 마음의 변화를 받는다면, 그의 행위 자체도 변할 것으로 생각하는 것이다. 그리고 완전한 인간의 이상은 '행위'에 의해서도 달성될 수 있다고 생각한다. 따라서 이러한 관점은 인간이 완전한 의미에서 하나님과 같아질 수는 없다고 보는 기독교의 입장과는 배치된다.

나아가 칸트는 우리 인간이 하나님과의 일체화를 달성할 수 없다면, 성경에서 말하는 영원한 천국의 누림은 불가능할 것이라고 말한다. 그러나 기독교에서는 행위를 통해서가 아니라 오직 믿음을 통하여 구원받을 수 있으며, 누구든지 '예수를 주(主)라' 시인하는 사람은 천국에 들어가 영원한 복락을 누릴 수 있다고 말한다.

칸트에 의하면, 우리는 죄에로의 경향성으로 말미암아 도덕법칙으로부터, 또한 하나님으로부터 멀어졌으며 그에 대한 대가로 영원한 형벌에 놓여야 했다. 이러한 것은 하나님의 공의성(公義性)에 어긋나지 않으며, 또한 도덕률(道德律)의 정언명법(定言命法)이 우리에게 지시하는 바의 것이기도 하다. 벌이란 어떤 죄에 대해 반드시 뒤따라야 할 도덕적 귀결이다. 벌에 의해서만 죄는 비로소 소멸될 수 있다. 그러므로 이 벌은 우리의 죄에 대한 보상이어야 한다. 그런데 하나님은 이 죄를 판단하는 데에 있어서도 특별하다. 즉, 그는 행위에 대한 우리 마음의 중심을 보시기도 하기 때문에, 만일 우리가 진정으로 하나님 앞에 회개하여 심령을 변화시킨다면 우리를 기꺼이 용서해주실 것이고, 또한 우리는 하나님 앞에서 우리의 무죄를 주장(?) 혹은 신원(伸寃)할 수도 있을 것이다.

이와 관련하여 칸트는 예수 그리스도가 우리를 위해 죽었다는 '역사적 사실'을 믿는 것이 중요한 것이 아니라, 예수 그리스도의 순교를 우리 자신의 '마음속에서' 체험하는 일이 중요하다고 말한다. 이러한 관점에서, 칸트는 도덕적 회한(悔恨)의 상태에 있는 인간에게 유화(柔和)와 위로의 말을 건네지 않도록 주의하라고 한다. 왜냐하면, 그것은 건전하게 나아가야 할 도덕의 길을 막고, 새 인간의 회생(回生)을 방해하는 일이기 때문이다. 칸트는 성직자들에 대해서도 다음과 같은 요구를 한다. 즉, 그들은 죽음에 임박한 사람에게 어떤 도덕적 위안을 주고자 하여 '양심의 아편'을 파느니, 차라리 심한 절망감을 느끼도록 내버려 두어야 한다고.

물론 이 땅에서의 모든 인간이 완전한 도덕을 실천함으로써 이상 세계를 실현한다는 점에서 보면, 칸트의 주장이 옳을 수 있다. 그러나 기독교는 '이 땅'만 논하는 것이 아니다. 그것은 오히려 '저 세상'을 노래한다. 그러므로 '이 땅'에 집착하는 칸트는 매우 도덕적인 요소, 즉 자기 자신을 희생함으로써 이웃을 살리는 아가페적 사랑을 포기하고 있는 것처럼 보인다. 우리가 역사에서 경험하듯이 어떤 사람들이 '이 땅'에서의 유토피아를 꿈꾸며 무리를 범해서라도 자신의 주장을 관철하려 고집했을 때 엄청난 비극이 발생한다.

결국 칸트 주장의 핵심은 다음과 같다. '한 순간도 쉬지 말라. 너의 완성을 위하여 끊임없이 노력하라.' 이러한 관점에서 그는 기독교의 구원설을 이렇게 해석한다. "나는 완전한 존재가 아니다. 그러므로 나는 예수 그리스도에게 사로잡히지 않으면 안 된다. 그리스도를 모범으로 하여 살아가지 않으면 안 된다. 오직 예수만이 나의 구원"이라고.

그렇다면 과연 칸트가 주장했던 차원에 있어서의 인류의 문제들이 오늘날 해결되었는가? 해결되기는커녕 오히려 더욱 요원해지는 느낌이다. 그리고 그것은 '이 땅'에 집착해있는 도덕, 이성, 철학의 한계이며, 결코 풀어질 성질이 아닌 것으로 판명되어가고 있다.

(3) 기적(奇蹟)

성경은 예수 그리스도의 신적인 능력을 나타내기 위하여, 그가 행했던 많은 기적들에 대해 언급하고 있다. 그의 제자들 역시 곧잘 기적을 행하였는데, 베드로는 '나면서부터 앉은뱅이 된 자'를 걷게 하고, 귀신을 쫓아냈다.

그렇다면 우리의 건전한 이성은 이 문제에 대해 어떻게 말할까? 칸트에 의하면, "기적 일반에 관한 한, 이성적 존재자는 그에 대한 신앙을 부정하려고 하지는 않으나, 실천적으로는 그것을 결코 허용하지 않으려고 한다. 다시 말하면, 이성적 존재자는 이론에 관한 한에서 기적 같은 것이 존재한다는 것을 믿지만, 실제적인 생활의 여러 가지 면에서는 어떤 기적도 허용하지 않는다."(신옥희 역, p.100) 이 대목 역시 '건전한 인간 이성'에 호소하는 칸트 철학과 궤를 같이 한다고 볼 수 있다.

칸트는 '기독교가 최초에는 기적 등에 의해 기독교를 이해하도록 인간을 설득할 수 있었다'고 말한다. 우리는 이러한 입장에서 예수 그리스도의 출생, 생애와 죽음에 대하여 언급된 모든 기적, 그 뿐만 아니라 초자연적 계시의 기적도 그 가치를 인정한다. 그러한 기적은 모든 인간들이 기독교로 돌아오도록 권유하기 위해 매우 쓸 모가 있었다. 만약 기적이 기독교에 들어가기 위한 유용한 도입부로만 작용한다면, 우리는 그것을 존중하지 않을 수 없다.

하지만 이제 기독교가 도덕적인 종교로 확고히 선 마당에, 그와 같은 기적은 무가치하다. 칸트는 기적을 "세계 안에서 일어나는 사건이긴 하지만, 그 원인과 그 작용 법칙이 전혀 알려지지 않았고, 또 전혀 알 수 없는 어떤 것"으로 정의한 다음, 그리하여 "현명한 정부는 옛날에는 기적이 일어났을지 모르지만, 그 이상의 새로운 기적은 허락하지 않는다는 견해를 발표하였고, 그러한 입장을 공적인 종교 교리 안에 설정했는데, 그 이유는 새로운 기적을 행하는 사람들에 의해 공동체가 어떤 혼란을 겪지 않을까 하는 염려에서였다"고 말한다. 필자가 여러 차례 강조한 것처럼, 인간 이성과 과학, 상식에 의존하고 이상을 이 땅에 국한하려는 칸트의 태도가 여기에서도 드러난다. 종교를 도덕성 향상에 이용하고자 하는 그의 의도가 잘 나타나 있는 것이다.

칸트 입장에서는 성경에 기록된 기적을 부정할 수가 없는데, 그 기적이 이성과 도저히 합치될 수 없다는 데에 곤혹스러워하지 않을 수 없었던 것 같다. "설사 신이 자연으로 하여금 그 스스로의 법칙에서 벗어나도록 한다는 것을 우리가 인정한다 할지라도, 우리는 신이 어떤 법칙에 의해서 그러한 사건을 일으키는 것인지 전혀 알 수 없다." 이 대목은 그가 말하는 예지계 또는 물자체계가 '존재'하기는 하나 인간 이성으로 '인식'할 수 없다고 하는 결론을 떠올리게 만든다. 많은 신학자들은 숭고심과 경탄을 자아내는 여러 가지 기적은 예수 그리스도의 시대처럼 지금 존재하지 않으나, 인간의 여러 가지 운명을 결정하는 특이한 경우에는 '하나님에 의해 작은 기적은 있을 수 있다'고 주장하여 모순을 피해 보려고 하였다. 그러나 이 견해 역시 이성 앞에서는 주장될 수 없다. 그것 역시 이성과 서로 배치되는 것으로서, "여기서 이성은 마치 마비되는 것처럼 되기" 때문이다.

전능한 하나님은 자연을 그 법칙에 위배하게 할 수도 있고, 따라서 기적을 가져올 수도 있을 것이다. 그러나 그렇다면 기적은 결코 우리의 인식 대상이 될 수 없을 것인 바, 왜냐하면 우리(의 이성)는 자연법칙에 따르는 것이 아니면 도저히 인식할 수 없기 때문이다. 기적은 하나님의 영역이지, 인간의 영역이 아니다. 기적은 계시로 받아들일 수 있을 뿐, 이성으로 인식될 수 없다.

칸트에 의하면, 어떠한 이성적 인간도 그의 생애에 있어서 진지하게 기적을 꿈꿀 수는 없을 것이다. 오히려 근본적으로는 그 자신의 힘에 의지할 것이다. 그러므로 우리는 우리의 도덕적 개선도 (하나님의 은총에 의한) 기적으로 간주하여서는 안 되며, 우리 자신의 마음속의 변화가 우리 스스로의 자유로운 행위에서 비롯된 것이라고 믿어야 한다. 기적을 믿는 것은 의무를 지키게 하기는커녕, 오히려 그것을 방해한다. 예수가 표적을 구하는 서기관과 바리새인들에게 "악하고 음란한 세대가 표적을 구하나 선지자 요나의 표적 밖에는 보일 표적이 없느니라."(마 12:39)라고 꾸짖었던 바, 이는 그가 애초에 '기적을 필요로 하지 않는 신앙'을 요구하였다고 보아야 하며, 그러한 점에서 그는 역시 칸트와 같은 의미의 주장을 하고 있는 셈이다.

문제는 과연 칸트의 생각대로 기적과 인간의 도덕적 노력이 양립할 수 있는가 하는 점이다. 성경은 이 두 가지를 강조하고 있는데, 그렇다면 성경은 이율배반적인 주장을 하고 있다는 말인가?

부활(復活)과 승천(昇天)에 대한 칸트의 입장 역시 기독교적인 것과는 접근방식 자체가 다르다는 것을 알 수 있다. 그에 의하면 "단지 그(예수)의 측근들 눈앞에서만 일어난 부활과 승천의 역사는 그것에 대한 역사적 평가와 관계없이 '단순한 이성의 한계 안에서의 종교'에서는 적용될 수 없을 것이다. 그 이유는 (…) 이성의 미래 신앙에 대해서는 매우 문제가 많은 하나의 개념을 상정하기 때문이다." 이것을 풀어 말한다면, 이 세계의 자연 질서 가운데 있는 물질의 개념과 부활 및 승천의 역사는 이성으로써 동시에 받아들일 수 없는, 상호 모순된 개념들이라는 뜻이다. 우리가 사는 이 세상의 질서와 부활, 승천과 같은 사건은 도저히 양립할 수 없는 것이다.

이러한 연장선상에서 보면, 칸트에 있어서 예수 그리스도라고 하는 모범, 즉 우리의 마음속에 있는 완전한 인간의 이념이라고 하는 것도 '우리의 성품을 근본적으로 개선하기 위하여' 그 자체 존재해야 하는 어떤 것으로 간주된다. 그리고 이 대목에서 우리는 '하나님이 존재한다.'고 말하는 대신 '하나님이 존재해야 한다.'고 하는 칸트의 요청적 유신론을 확인하는 것이다.

(4) 교회

인간은 본질적으로 '윤리적 자연 상태', 즉 모든 인간이 도덕법칙을 스스로 만들고 자기 위에 어떠한 심판자도 인정하지 않는 (무법적인) 상태에 있다. 그것은 인간이 국가의 구성원이라는 것도, 그를 지배하는 어떠한 법률도, 어떠한 국가의 재판관도 인정하지 않는 합법적 자연 상태에 있다는 것과 흡사하다. 그리고 자연 상태는 반드시 '모든 인간의, 모든 인간에 대한 싸움'으로 연결될 수밖에 없다. "법률적 자연 상태가 만인의 만인에 대한 투쟁의 상태인 것처럼, 윤리적 자연 상태는 모든 인간 가운데에 들어있는 악에 의해 끊임없이 공격받는 상태이다."(신옥희 역, 상게서 참조)

이러한 자연 상태로부터 법률적인 시민적 상태, 즉 국가조직으로 옮겨가는 것은 하나의 이성적 요구이자 질서이기도 하다. 마찬가지로 우리의 이성 역시 우리가 윤리적 자연 상태를 버리고 윤리적 시민상태를 받아들이는 것, 즉 우리가 도덕적 사회의 성원이 될 것을 요구한다. "여기에서 우리는 일종의 독특한 의무, 즉 인간에 대한 인간의 의무가 아니라, 인류 그 자체에 대한 인류의 의무를 가지게 된다."(신옥희 역, 상게서) 이 대목에서 개인의 의무는 공동체에 대한 의무로 승화한다.

그런데 윤리적 공동체가 성립되려면, 모든 개인들이 하나의 공적인 입법에 종속되지 않으면 안 된다. 그리고 이 개인들을 결합하는 모든 법칙들이 공동체의 입법자의 명령으로 여겨져야만 한다. 또한 윤리적인 공동체의 최고 입법자란 "모든 참된 의무, 즉 윤리적인 의무가 동시에 그의 명령으로 드러날 수 있는 그러한 존재"여야 한다. 그렇다면 그 입법자는 각 개인의 마음속 깊은 곳까지 통찰하고, 그 행위에 합당한 대가를 받을 수 있도록 해주는 '마음의 통찰자'여야 한다. 그런데 이러한 존재는 도덕적 세계 통치자에 해당하는 신의 개념일 터이다. 그러므로 윤리적 공동체는 신의 명령 아래 있는 백성, 즉 "신의 백성'이면서 동시에 또한 도덕의 법칙에 따르는 백성으로 간주될 수 있다.

그렇다면 이 이념은 어떻게 하여 실현될 수 있는가? "도덕적인 하나님의 백성을 창조하는 일은 인간에 의해서가 아니라, 신 자신에 의해서만 수행될 수 있는 것으로 여겨진다. 그러나 그렇다고 해서 인간이 그 일에 대해 아무 것도 하지 않고 (…) 인류의 전체적인 관심사에 대해서는 어떤 더 높은 지혜에 맡길 수 있는 것처럼 섭리에 위임해도 된다는 뜻은 아니다." 그리하여 선한 마음을 가진 모든 사람들의 소망은 "하나님의 나라가 임하며 그의 뜻이 이 땅에서 이루어지는 것"이며, 이를 위해 교회를 준비하여야 한다.

교회란 신적인 도덕법칙 아래에 있는 윤리적 공동체이다. 이 교회는 본질적으로는 모든 인류를 포함하여야 한다. 그러나 인간 본성의 한계 때문에 교회는 여러 가지 형태로 나타나게 된다. 그렇다면 어떤 교회가 진정한 교회인가? 여기에는 네 가지 특징을 들 수 있다.

첫째, 진정한 교회는 보편적이어야 한다. 교회는 통일되어야 한다. 물론 개개의 우연적인 의견에 있어서는 나누이고 분열될 수 있지만, 교회는 원칙적으로 하나의 유일한 교회 안에서 보편적인 결합에로 이끌어지는 근본원리들 위에 세워져야 한다. 따라서 종파분열이야말로 교회의 가장 그릇된 특징에 해당한다.

둘째, 진정한 교회란 전적으로 순수하여야 한다. 교회의 구성원은 오로지 도덕적 동기 이외의 어떤 다른 동기도 가지지 않은 채로 통합되어야 한다. 이와 관련하여 불신앙과 광신(狂信)은 그릇된 교회의 특징이다.

셋째, 교회는 자유를 기초로 하여 세워져야 한다. 내부적으로는 교회 구성원 상호간에 독립하여야 하고, 전제(專制)가 있어서는 안 된다. 외부적으로는 국가로부터의 간섭을 배제해야 한다. 구성원 사이의 관계 역시 교권(教權) 제도에 의해 억압되어서는 안 된다.

넷째, 교회의 교의(教義)는 변하지 않아야 한다. 물론 시간과 형편에 따라 변화시켜야 하는 행정에 관한 일도 있다. 이처럼 우연적인 세칙들의 경우는 별개로 하더라도, 교회의 교리는 근원적인 법전에 의해서 한 번 공표된 법칙 아래에 있어야 한다. 교회의 교리가 권위를 가지지 못한 채 우연과 모순에 내맡겨지거나, 가변적인 자의적 상징들 아래에 있어서는 안 된다. 그것은 군주제적 교황 또는 총사교(總司教) 아래에 있는 것이어서도 안 되고, 사교나 또는 고위 성직자 아래에서의 귀족제적인 것도 아니어야 하며, 또한 공화주의적인 것 아래에 있는 것이어서도 안 된다.

그러나 인간에게는 이성적인 것을 언제나 감성적, 인간적인 것으로 해석하려는 경향이 있다. 이리하여 처음에는 순수한 이성적 신앙에서 출발하였을지라도, 교회를 이성적 신앙 위에 세우지 않고 어느 순간에 하나님으로부터 계시 받았다고 간주되는 역사적 신앙에서 출발시키곤 하였다.

칸트가 보았을 때, 이러한 신앙에 있어서는 순수한 이성적 명령을 대신하는, 여러 가지 교조적 법칙과 교조가 있다. 이러한 교조는 인간이 만든 것임에도 불구하고, 하나님으로부터 부여받았다고 간주되어야 하는 것이다. 그것들은 우리의 이성에 존재하는 도덕법칙을 준수하도록 요구하는 것이 아니라, 무엇보다 '하나님을 공경할 것'을 최고의 목표로 삼는, 어떤 특정한 전제적(專制的) 제사 규칙에 따를 것을 요구한다. 그러므로 종교는 최초에 순수하게 도덕적인 종교의 옷을 입지 않고, 제사적인 종교의 옷을 입고 나타난다. "그러므로 '교회 신앙'은 (…) 순수한 '종교 신앙'에 우선하게 되며, 성전(공중의 예배를 위해 바쳐진 건물)이 교회(도덕적 심성의 교육과 앙양을 위한 집합 장소)보다 우선하게 되고, 사제들(신성한 종교의식의 집행자)이 성직자(순수한 도덕종교의 교사)보다 우선하게 된다."(신옥희 역, 상게서) 종교는 많은 사람들에게 교조적 교회 신앙이었으며, 지금도 여전히 그러하다. 그리고 매우 많은 피를 흘린, 이른바 종교전쟁도 모두 사실은 '교회 신앙'의 교조를 위한 전쟁에 불과했다.

그러나 칸트가 보았을 때, 교조적 규칙은 이성에서 생긴 것이 아니다. 그러므로 인간성의 내부에 언제까지나 존재하는 것이 아니고, 언젠가 사라져버릴 위험성이 있다. 실제로 커다란 국가 혁명 때에는 가끔 종교가 완전히 괴멸(壞滅)되어버리고, 그 교리는 겨우 전통으로서만 남는 경우가 많이 있었던 것이다. 이에 반해, 교회 신앙이 성경에 바탕을 두는 경우에는 안전선이 보장된다. 왜냐하면 '그것은 성경에 씌어 있다'고 하는 절대적 권위에 의해, 흔히 사람들이 품을 수 있는 의혹을 쉽사리 해소할 수 있기 때문이다. 어떤 세련된 이론도 모든 반박을 쳐부수는 강력한 선언, 즉 '성경에 그렇게 쓰여 있다'는 말에 대해서는 속수무책일 뿐이기 때문이다. 그리고 "성경에 근거하는 신앙은 가장 파괴적인 국가적 혁명을 통해서도 뿌리 뽑을 수 없다."(신옥희 역, 상게서)

칸트는 "이러한 책(성경)이 신앙법칙으로서의 교조와 더불어 가장 순수한 '도덕적인 종교 교리'를 포함한다면 다행스런 일이다"고 말한다.

그는 성경이 순수한 이성 종교의, 즉 도덕법칙이 무의식적으로 작동하는 여러 가지 계기에서 성립되고 있다고 보았으며, 그러므로 성경의 교조적 법칙을 이성의 명령으로 바꾸어놓을 수 있다고 생각했다. 그리하여 "교회 신앙의 규범이 될 수 있는 것은 오직 성경뿐이다"라고 말했던 것이다.

그러나 이때 중요한 것은 성경이 바르게 이해되어야 한다는 점이다. 그렇다면 성경의 해석에는 어떠한 원칙이 적용되어야 하는가? 이에 대해 칸트는 성경은 어떠한 경우에도 '순수한 이성종교'의 실천적 규칙과 일치되어야 하며, 설령 해석이 무리한 것처럼 여겨질지라도 그렇게 해석되어야 한다고 말한다. "왜냐하면 경전(성경)을 읽는 것이나 그의 내용을 묻는 일 자체가 더 선한 인간이 되고자 하는 일을 최종 목표로 하는 것이기 때문이다. 그러나 이 목적에 아무런 보탬이 되지 않는 '역사적인 것'은 그 자체로서는 전혀 무해 무덕(無害 無德. 해로움도 없지만, 보탬이 되지도 않는)한 것으로서, 그에 관해서 우리가 어떻게 생각하든 상관이 없다."(위의 책, p.130)

성경에 따르면, 어떤 책이 과연 신으로부터 계시되었는지 어땠는지를 판가름할 수 있는 최고의 표준은 "교훈과 책망과 바르게 함과 의로 교육하기에 유익하느냐"(딤후3:16)의 여부에 달려 있다. 그러므로 칸트에 의하면, 이러한 최고 원칙은 '인간의 도덕적 개선'을 본래적 목표로 삼는 '이성 종교'의 목표와 일치하기 때문에, 이성 종교는 모든 경전을 해석하는 데 있어서 최고의 원리를 제공한다.

또한 성경을 해석할 수 있는 사람은 이성종교의 원칙을 잘 알고 있을 뿐만 아니라, 해석자로서 유능하고 자격을 갖춘 사람이어야 한다. 무엇보다 먼저 그는 성경에 대한 기초적 학식을 갖고 있어야 한다. 성경을 원전(原典)으로 읽지 못하는 자나 성경이 성립된 시대적 관계의 광범위한 역사적 지식을 처리(요리)할 수 없는 자가 성경을 해석할 수 있다고 말해서는 안 된다. "그러므로 원어를 아는 해석자는 그 외에 또한 넓은 역사적 지식과 비판력을 소유하지 않으면 안 된다. 왜냐하면 그래야만 당시의 상황, 관습, 신념(민간 신앙)을 수단으로 하여 교회 공동체에게 성경 이해의 길을 열어줄 수 있기 때문이다." 그리고 이러한 사람의 권리는 어떠한 세속적 권력에 의해서도 제약 받아서는 안 된다. 그들로 하여금 '선의 원리'에 관한 연구에 자신의 몸을 바치도록 해야 한다.

칸트에 의하면, 이성종교에는 초자연적 계시도, 성경도, 교조적 법칙도 전혀 필요하지 않다. 이성종교의 모든 내용은 도덕법칙이고 하나님의 의지이기 때문이다. 이러한 종교에 있어서 예배란 언제나 개선되어 나가야 하는 생활태도로서 '도덕적 완전성'을 향하여 끊임없이 나아가는 중에만 존재한다. 그러므로 '역사종교'는 모든 인류를 포괄하는 유일한 '이성종교'가 되어야 하며, 그렇게 될 경우 서로 싸움질에만 몰두하는 대다수의 교회들은 사라지게 될 것이다. 그리고 승리를 쟁취한 오직 하나의 교회만이 이 세상에 존재하게 될 것이다.

이러한 칸트의 사상은 '오직 그리스도만이 교회의 머리가 된다'고 하는 기독교의 교리와 흡사한 면이 있는 것으로 보인다. "또 만물을 그 발아래 복종하게 하시고 그를 만물 위에 교회의 머리로 주셨느니라." (엡1:22) 이러한 형편을 칸트 식으로 말한다면, 교회는 영원불변의 어떤 이상에 의해 꾸려져 나가지 않으면 안 된다는 것이다.

(5) 예배와 거짓 예배

칸트에 의하면, 종교란 우리가 우리의 모든 의무를 하나님의 명령으로서 인식하는 것이다. 그러한 의무는 우리의 이성에 존재하는 도덕법칙의 소리(요구)에 의하여 우리에게 계시된다. 진정한 종교는 도덕법칙 이외의 다른 내용을 갖지 않는다. 따라서 진정한 예배 역시 도덕적 양심 및 도덕적 생활태도 이외의 곳에서 존재할 수 없다. 예수 그리스도가 우리의 모든 의무를 '하나님을 사랑하고 네 이웃을 사랑하라'로 요약하였을 때, 이 명령의 의미는 '의무를 하나님의 명령으로서, 하나님 자신을 위해서만 지키라. 그리고 네 이웃의 행복을 촉진하라. 도덕적 양심 및 도덕적 생활태도, 이것이 순수하게 도덕적인 존재로서의 기독교가 우리에게 요구하는 바의 진정한 예배이다.'라는 뜻이라고 칸트는 해석한다.

그러나 '교회'의 형식을 통하여 나타날 때, 기독교의 교리는 신앙규칙에 입각한 계시종교로서 나타난다. 이 경우에는 신앙규칙을 지키는 것이 도덕적 양심을 지키는 것보다 높게 평가될 위험이 있다. 교회에서의 봉사 역시 도덕성에 기초해야 한다. "신에게 봉사하기만을 요구하는 신앙은 부역과 보수(대가)의 신앙이며, 이것은 도덕적인 것이 아니므로, 축복을 마련해주는 신앙이라고 볼 수 없다. 왜냐하면 축복을 마련해주는 신앙이란 자유롭고 순수한 마음에 기초한 신앙이 아니면 안 되기 때문이다. 부역 및 보수에 대한 신앙은 (수고스럽기는 하나) 그 자체로서는 아무런 도덕적 가치도 없는, 따라서 단순히 공포와 희망에 의해 강제된 (…) 행위를 통해서 신의 마음에 들려고 하는 망상된 짓이다."(신옥희 역, 상게서)

사람들은 흔히 기도와 고행(苦行), 희생과 성지(聖地) 예배 등, 분명히 도덕적으로는 어떻게 되어도 상관없는 행위에 의해, 그리고 남을 위한 사소한 일과 무위에 의해 하나님의 만족(칭찬)을 얻으려고 한다. 그리하여 칸트는 이러한 거짓예배의 무익(無益)함과 위험을 계속 되풀이하여 강조하였다. 인간의 좋은(도덕적) 생활태도 이외에 하나님의 기쁨을 얻어낼 수 있다고 생각하는 것은 광신(狂信)이며, 거짓 예배에 지나지 않는다는 것이다.

칸트는 이러한 입장에서 기도에도 조건부의 가치만 인정해야 한다고 말한다. 우리가 하나님을 향해 진정으로 기도한다면, 하나님은 우리를 도와 도덕적 생활태도를 취하게 할지도 모르며, 그렇게 하면 그러한 기도 속에는 (도덕적 개선은 우리들 자신에 의존한다 할지라도) 우리의 도덕적 양심을 격려한다고 하는 가치가 있다. 그러나 도덕적 개선 이외의 무엇인가를 위해 하나님께 기도하는 사람이 있다면, 그는 하나님에 대해 거짓 예배를 드리고 있는 셈이다. "신으로부터 은총을 받기 위한 수단으로 여겨지는 기도는 미신적 망상일 뿐이다. 왜냐하면 그것은 (…)

존재자에 대해서 단지 소망을 밝히는 것뿐이며, 그(기도하는 자)에 의해서 아무 것도 행해지지 않고 신의 명령으로서 우리에게 주어진 의무는 하나도 행하지 않기 때문이다. 따라서 신은 실제로 아무런 봉사도 받지 못하는 셈이 되기 때문이다."(신옥희 역, 상계서) 물론 이러한 칸트의 입장은 기도 자체에 커다란 의미를 부여하고 있는 기독교의 그것과는 배치된다.

칸트는 교회 예배에 대해서는 (다른 사항에 비해) 비교적 긍정적으로 평가하고 있다. 그것은 기독교적 공동체를 교화(敎化)하고 격려하기 위한 수단으로서의 가치가 있다. 그리하여 모든 신자는 예배에 부름 받을 필요가 있으며, 공동체의 성원이 된다는 것은 신자의 의무이기도 하다. 물론 예배는 순수한 '이성종교'에 모순될 수도 있으며, 또한 그로 인해 양심의 괴로움을 받을 수도 있다. 그러므로 교회 예배만으로 하나님으로부터 칭찬을 받으리라 생각하는 사람은 어리석은 사람이다. 왜냐하면 도덕적 양심의 발로가 아닌 그 밖의 모든 외면적 행위는 무가치하기 때문이다.

세례 역시 상징적, 축제적인 행위이다. "예수께서 세례를 받으시고 곧 물에서 올라오실 새 하늘이 열리고 하나님의 성령이 비둘기같이 내려(…)"(마3:16) 우리는 세례에 의해 교회로부터 한 성원으로서 인정을 받는다. "그러므로 너희는 가서 모든 족속으로 제자를 삼아 아버지와 아들과 성령의 이름으로 세례를 주고 내가 너희에게 분부한 모든 것을 가르쳐 지키게 하라."(마28:19)

그러나 칸트에 의하면, 세례를 통하여 어떤 초자연적인 은총을 중개받으리라고 기대하는 것 역시 거짓예배의 일종이다. 기도가 "도덕적 선을 우리 자신 안에 확고하게 근거를 갖도록 하고, 그의 선한 심성을 거듭해서 마음속에 일깨우는 일"로서 도덕적 선을 촉진하려는 데에 목적이 있는 것과 마찬가지로, 세례는 "신입 회원을 신앙 공동체 안에 받아들이고, 의무적으로 그들을 교육함으로써 후세에게 도덕적 선을 전파하기" 위한 어떤 것이다.

성찬식도 마찬가지이다. 예수는 "내 살을 먹고 내 피를 마시는 자는 영생을 가졌고 마지막 날에 내가 그를 다시 살리리니 내 살은 참된 양식이요 내 피는 참된 음료로다 내 살을 먹고 내 피를 마시는 자는 내 안에 거하고 나도 그 안에 거하나니 (…)"(요6:54-55)라고 말했지만, 칸트에 의하건대 성찬식이란 "교회의 성원들을 윤리적 단체에로 결합시키고 서로간의 권리와 도덕적 선의 결과를 평등하게 분배한다는 원리에 따라서, 이 단체를 지속시키는 반복적인 공공적 의식에 의해 공동체를 유지"되도록 하는 어떤 것이어야 한다. 그리하여 하나님께서 단순한 교회적 행위와 초자연적 은총을 일치시키고 있다고 믿는다면, 그것은 도덕의 향상으로 인해 올 수 있는 풍성한 축복의 결과를 빼앗는 것이나 마찬가지이다. 진정한 예배는 실로 도덕적 양심과 도덕적 생활태도로써만 존재하는 것이다. 이러한 주장을 종합하여 보건대, 칸트가 주장하는 바는 다음과 같다. '도덕법칙을 하나님의 명령으로서 받아들이라. 그때 너는 진정한 종교를 갖는 것이 되고, 네 삶은 진정한 예배가 될 것이다.'

칸트는 도덕법칙의 체험을 기독교의 삼위일체설에 비유한다. 이 체험은 세 가지 형태로 나타나는데 첫째, 도덕법칙의 신성성(神聖性)이다, 즉, 존엄성은 우리에게 신성한 입법자, 즉 하나님 아버지가 된다. 둘째, 우리가 도덕법칙을 우리로 하여금 도덕적 개선을 이루게 하는 완전한 인간의 숭고한 이상으로 간주할 경우, 그것은 자비로운 구세주, 즉 하나님의 아들(聖子. 성자, 예수 그리스도)이 된다. 셋째, 도덕법칙이 악을 벌하는 공평한 심판자로서 우리 앞에 나타나는 경우 그것은 성령(聖靈)이 된다.

칸트에 의하면, 자신의 삶을 '도덕적으로' 이끄는 일보다 하나님의 '은총'에 의지하려고만 하는 사람은 화를 입게 마련이다. 도덕적 삶에 의하여 성스러운 것을 충만케 하지 않으면, 다시 말하면 죄의 속성을 지니고 있는 인간이 고행(苦行)에 의해 하나님의 정의를 수행하지 않는다면 결코 구원받지 못할 것이다. 이런 의미에서, 칸트는 진정한 기독교란 참으로 도덕적인 것이어야 한다고 생각했던 것이다.

칸트에 의하건대, 종교의 과제는 오직 도덕을 촉진시키는 데에만 있다. 종교는 '의무를 신의 명령, 말하자면 계명(誡命)으로 보아야 한다'고 가르침으로써 도덕법칙의 영향을 강화해야 한다. 그렇다면 종교교육은 어떻게 이루어져야 하는가?

일단 자연이나 세계, 자기 자신에 대해 잘 알지도 못하는 청소년들에게 이러한 교육을 시킨다는 것은 불합리하다. 그러므로 먼저 자연의 질서와 아름다움을 알게 하고, 세계에 대한 지식을 갖추게 하고, 나아가 인간사에 대한 식견이나 판단력을 높인 다음, 비로소 그 다음에 지고의 존재(하나님)에 대해서도 가르쳐야 한다. 물론 편견에 치우친 종교 관념을 가질 것에 대비해야 한다는 차원에서는 우선 올바른 종교 관념을 심어주는 일이 시급하게 느껴지긴 하지만, 그렇다고 주입식이 되어서는 안 된다. 모든 교육과 마찬가지로 종교교육 역시 자연스럽게 이루어져야 하며, 아이들에게 신의 관념을 심어주기 위해서는 그를 양육해주는 아버지의 비유를 드는 것이 좋을 것이다. 왜냐하면 그렇게 할 경우, '인간과 신의 일체화'를 가정에서의 '아버지와 아들'의 그것과 비교할 수 있게 되어 편리하기 때문이다. 더 나아가 "신의 관념과 의무의 관념을 결부시켜서 설명해주면, 아이들은 피조물에 대한 신의 보살핌을 보다 더 존경하게 될 것이고, 나아가서는 작은 동물에 대한 수많은 파괴와 잔인한 욕구들을 갖지 않을 수 있게 된다."(위의 책, p.109) 어떻든 도덕교육에 있어서 종교(기독교)는 상당히 좋은 수단이 되는 셈이다.

3. 결 론

칸트의 종교해석은 강직하고, 엄격하며, 위대하고 또한 준엄한 시대에 알맞은 어떤 것이다. 거기에는 모호한 감정도 없고, 자칫 무위(無爲)로 끝나버릴 수 있는 정관적(靜觀的)인 예배도 없다. 오직 우리 자신의 삶을 통한 끊임없는 도덕적 실천만을 요구하고 있다.

그의 사상에는 우리가 귀를 기울일만한 대목이 있긴 하다. 가령 종교란 반드시 우리의 이성에서 생겨나야 한다는 주장도 그렇고, 그가 강조해마지 않는 도덕법칙과 의무라는 것 역시 누구나 공감할 수 있는 개념이다. 일단 우리는 우리 마음에서 울려 퍼지는 그러한 외침을 하나님으로부터 나온 어떤 것으로 생각할 수도 있다. 우리는 도덕법칙을 하나님의 음성으로 받아들일 수 있다. 우리는 또한 기독교 안에 들어있는 심오하고 원천적인 도덕적 진리를 발견할 수 있다.

그리하여 창조적인 일에 부름받은 위인들이 모두 도덕적인, 말하자면 기독교의 창조적인 힘 앞에 무릎을 꿇는 것은 분명 우연이 아니다. 이천 여 년 동안 인류의 의식 속에 침투하여 형성된 사상은 창조의 깊은 심연으로부터 솟아나는 것임을 그들은 모두 감지하고 있었던 것이다.

칸트는 기독교 이외의 다른 종교를 은총(恩寵)종교, 또는 단순한 제사(祭祀)종교라고 부른다. 왜냐하면 그러한 종교들이 주장하는 바는 다음과 같기 때문이다. '인간이 보다 좋은 도덕적 품행에 의해서가 아니라, 오히려 단순한 제사행위(제물이나 복채를 바치는 행위)에 의하여 보다 좋은 인간이 될 수 있다.' 그러나 기독교는 인간의 본래부터 타고난 재능을 정당하게, 그리고 충분히 사용하기를 요구한다. 그것은 좋은 품행을 요구하는 종교이며, 따라서 이전부터 있었던 종교들 가운데 가장, 아니 거의 유일하게 도덕적인 종교이다.

칸트에 의하면 기독교의 예배는 도덕적 양심이자, 도덕적 생활태도가 되어야 한다. 이러한 뜻에서 기독교는 독일국민의 종교여야 하며, 또한 언제까지나 그래야만 한다. 여기에서 우리는 '우리 자신의 도덕적 양심 및 생활태도에 의하여 완전히 초감성적인 도덕세계에 태어나는 것을 바랄 수 있다'고 하는 칸트의 '복음'을 듣는다.

칸트는 실천의 측면을 통하여 새로이 종교를 확립시켰다. 실천이성은 자유와 영혼불멸과 신이라고 하는 세 가지 관념을 신앙(믿음)의 입장에서 받아들이도록 강요한다. 그리하여 칸트에서는 종교가 도덕으로 환원되어 버린다. 종교는 도덕으로부터 유래한다. 도덕은 우리에게 도덕법칙을 부여하는데, 종교는 이 도덕법칙이 신에 의해 우리의 이성 가운데 불러올려진 어떤 것으로 해석한다. 이렇게 종교를 해석함으로써 우리의 내부에 있는 도덕법칙은 더욱 강화되어 나간다.

그러나 칸트는 전지전능한 하나님마저 순수이성에 의해 도출하고자 시도하였으며, 그것이 여의치 않자 이번에는 다시 방향을 바꾸어 실천이성을 통하여 도출하고자 하였다. 칸트에 있어서 신이란 '도출'된 것이고, '요청'된 것이다. 그것은 인간이성의 논리법칙에 의하여 이끌려져 나온 어떤 것이다.

그렇다면 과연 이것이 절대자로서의 신의 개념에 합치하는 것인가? 더 나아가 그것이 기독교에서 말하는 신의 의미와 일치될 수 있는가? 분명 그렇지는 않을 것이다. 예수 그리스도에 대해서도, 칸트는 그(예수 그리스도)가 육과 살을 가진 하나의 인간이면서 동시에 하나님이라고 하는 사실을 인정하지 않으려는 태도를 보이고 있다. 이러한 입장은 예배와 기도, 성찬식 등에 대한 관점에 있어서도 마찬가지이다.

칸트는 신의 계명에 의하여 구성되어야 하는 (기독교적 의미에서는) 도덕을 오히려 절대화하여 이 도덕을 위해 신을 이용하고 종교를 활용했다는 오해를 받을 수도 있으며, 이것이 바로 '종교에 관한 한, 더 이상 글을 발표하거나 강연할 수 없도록' 경고를 받은 한 이유였을 것이다.

칸트가 받아들인 종교란 그가 살던 시대, 즉 인간의 건전한 이성에 대해 거의 맹목적인 신뢰를 보냈던 계몽주의적 수준을 벗어나지 못하고 있다. 그리하여 마땅히 독립성을 보장해주어야 할 종교 분야에서까지 이성의 잣대로서 그것을 측정하려는 어리석음을 범하고 말았던 것이다.

그럼에도 불구하고 '종교의 과제란 오직 도덕을 촉진시키는 데에만 있다'고 주장함으로써 일정 부분 종교의 역할을 인정하고 있음도 사실이다. 또 모든 종교 가운데 기독교만이 도덕적 완성을 이룩한 유일한 종교라고 주장함으로써 기독교의 의의도 인정하고 있다.

오늘날 우리 사회가 안고 있는 도덕의 아노미 현상은 아주 심각한 지경에 이르러 있다. 그렇다고 하여 고전적이고 과거인습적인 도덕교육에 의해 그 성과를 기약할 수 있는 것도 아니다. 이러한 현실에서 도덕성에 기초한 종교 교육을 강화하는 일도 한번쯤 고려해볼 수 있지 않을까? 그것이 우리 사회의 도덕적 건전성을 담보하는 데 유효하고도 시급한 대안이 될 수도 있다고 여겨지기 때문이다.

(이 글은 2005년 3월 한국동서철학회에서 발행한 『동서철학연구』 제35권에 발표한 논문을 수정, 보완한 것임을 밝혀둔다.)

참고문헌

강성률, 「칸트철학에서의 인간적 자유에 관한 연구」, 전북대 대학원(박사학위 논문), 1990.

김병옥, 『칸트 교육사상 연구』, 집문당, 서울, 1986.

김용정 역, 되링(W.O.Do'ring) 저, 『칸트철학 입문』, 중원문화, 1986.

배석원, 『도덕과 종교』, 이문출판사, 1988.

『세계의 대사상』(칸트편), 휘문출판사.

최재희 역, 칸트 저, 『순수이성비판』, 박영사.

_______________, 『실천이성비판』, 박영사.

신옥희 역, 칸트 저, 『이성의 한계 안에서의 종교』, 이화여대 출판부, 2001.

임재진 역, 코플스톤 저, 『칸트』, 중원문화, 1986.

하영석 외, 『칸트철학과 현대사상』, 형설출판사, 1984.

한단석, 『칸트와 헤겔』, 사회문화연구소, 2001.

Jaspers, Karl., "Kant", *Die Grossen Philosophen*, R. Piper & Co. Verlag. Munchen.

Kant,I., *Religion innerhalb der Grenzen der blossen Vernunft*, Felix Meiner Verlag. Herusg. von Karl Vorlander.

______, *Kritik der reinen Vernunft*, Felix Meiner Verlag, 1956.

______, *Kritik der praktischen Vernunft*, Felix Meiner Verlag, 1974.

______, *Lectures on Philosophical Theology*, trans by Allen W.Wood and Gertrude M. Clark, Ithaca and London: Cornell Univ. Press, 1978.

Ku'hn, H.H., *Die Padagogik Kants in Verhaltnis zu seiner Moralphilosophie*, Leipzig, 1910, 246.106.

Maritain, Jacques., *An Introduction to Philosophy*

Maritain, Jacques., *Moral Philosophy: A historical and Critical Survey of the Great Systems*, N.Y.: Charles Scribner's Sons, 1964.

Wood, Allen.W. Kant's Moral Religion, Ithaca and London: Cornell Univ. Press, 1970.

『금강심론』에서의 '지상(智相)' 해설

박 건 주
전남대학교 사학과

목차

1. 서 언

『금강심론(金剛心論)』은 금타화상(金陀和尙. 1898-1948년)의 유작(遺作)이다. 금타화상은 전북고창 출신으로 기미년 3·1운동 당시에 고창 문수사(文殊寺)에 피신 중 방에 있던 『금강경』을 읽고 출가심을 내게 되어 백양사의 만암(曼庵) 대종사를 은계사(恩戒師)로 출가 득도하였다. 그 후 1948년 입적까지 백양사 운문암·내장사 벽련암·변산 월명암 등에서 정진하였다. 『금강심론』은 성문법에서 대승밀법에 이르기까지 거의 전 불법(佛法)을 망라하여 핵심 교의를 융회하고 회통하고 있다. 대부분 높고 원만한 신증(身證)을 성취한 자리에서만이 해설하고 체계화 할 수 있는 법문이다. 거의 모든 교의(敎義)를 산의 정상에 올라 아래를 조망하며 설명하듯이 통관(通觀)하면서 그 위상과 이(理)·사(事)를 개시(開示)하였다. 또한 불교의 우주자연관을 현대물리학과 결부하여 해설 체계화하였으며, 현대물리학으로서는 거의 해명하기 어려운 광대무변한 우주의 생성 원리와 구성 양태를 수리(數理)로서 밝혀 체계화한 법문은 실로 경탄을 금할 수 없게 한다. 아울러 한글 자모(子母)의 근원을 설파하고 그 온전한 전승을 위해 관음문자(觀音文字) 법문을 창도하였다. 과연 불교사상 희대의 업적이요 자랑이라 하지 않을 수 없다.

이 『금강심론』은 제자인 청화선사(淸華禪師)가 6·25 전란 중에 유실되기 직전에 있던 것을 찾아 지니고 계시다가 삼십년 전부터 출간과 해설을 하시게 되면서 세상에 알려지게 되었다. 그러나 아직 본서에 대한 관심과 연구는 거의 도외시되어 왔다. 그 이유는 본서가 거의 모든 교학이 망라되어 있고, 높고 원만한 신증(身證) 성취의 바탕에서 나온 것이라 교학과 수증의 바탕이 없이는 접근하기 어렵다는 점과 함께, 화두선 일변도인 한국선불교의 풍토도 한 요인일 것이다. 그러나 한국근현대 불교사상 획기적인 성과라 할 수 있는 본서에 대한 관심과 연구 및 평가는 하루 빨리 이루어져야 할 것이다.

비록 많이 늦었지만 청화선사의 지도아래 『금강심론』에 대한 공개 연구발표와 토론회가 열리게 된 것은 매우 뜻 깊고, 다행스러운 일이라고 생각한다. 필자는 아직 수증이 미진하여 『금강심론』을 충분히 이해하고 해설할 만 한 처지에 있지 못하다. 그럼에도 불구하고 발표의 청을 받아들인 것은 나름대로의 의무감과 이 기회를 통해 잘 풀리지 않았던 부분을 공부해볼 수 있을 것이라는 기대감에서였다.

본서의 수많은 내용 가운데 「지상(智相)」의 문제를 발표주제로 잡게 된 것은, 여기서의 지상 해설이 여타의 경론에서는 거의 보기 힘든 내용이어서 저자인 금타화상도 "경론에 그 지상(智相)의 해석이 없음은 유감이다" 하였고, 바로 이어 경론의 섭렵을 통하여 그에 대한 설명이 없지 않음을 파악하고 해설한 부분이 매우 인상적이고 신선하였기 때문이다. 또한 그 지상의 해설과 관련하여 충분히 이해되지 않는 부분도 있고, 보다 깊고 넓게 살펴볼 필요가 있는 주제로 생각되었기 때문이다.

한편 여타의 경론에 '지상(智相)'이라는 용어가 여러 곳에 나오는데 모두 『금강심론』에서 설한 뜻과는 다른 의미로 쓰인 것이다. 이를테면 『능가경(7권본 : 대승입능가경)』에서 세 가지 지상이라는 용어가 나오나 그 내용은 세간지(世間智)와 출세간지(出世間智)·출세간상상지(出世間上上智)를 말하는 것이고, 『대승기신론』에 제7식(마나식)의 육추(六麤) 가운데 지상이 나오는데 이는 경계에 대하여 마음에 애(愛)와 불애(不愛)를 분별함을 가리킨다. 또 『구사론(俱舍論)』에 십지상(十智相): 世俗智·法智·類智·苦智·集智·滅智·道智·他心智·盡智·無生智)이 나오나 성취한 지(智)의 위상(位相)을 10단계로 나누어 설명한 것으로 이들은 모두 그 지(智)의 공용(功用)을 나타내고 있다.(史一如, pp.334-337) 『금강심론』에서의 지상(智相)은 아뇩다라삼먁삼보리를 증득한 자리에서의 경계를 사(事)로써 드러낸 말이다. 따라서 그러한 사(事)를 증득하지 못한 처지에서 이를 논구함에 어려움이 있다. 단지 법신(法身)은 곧 이체(理體)고 이(理)는 사(事)의 증득 이전에도 통할 수 있는 것이어서 도전하는 마음으로 살펴보고자 한다.

2. 금타(金陀)화상의 행장

금타화상의 행장(行狀)에 대한 자료에는 제자 중의 한 분인 무주당(無住堂) 청화선사(清華禪師. 1923-2003년) 찬(撰)의 『벽산당금타대화상비명(碧山堂金陀大和尙碑銘)』과(본 탑비(塔碑)는 청화선사에 의해 2000년에 곡성 옥과 성륜사에 건립되었다. 이 비명문(碑銘文)은 당시 영인되어 필자를 비롯한 인연불자들에게 배부된 바 있다) 제자 법능당(法能堂) 성기선사(性起禪師. 1928-2006년)(강원도 횡성의 능현사(能顯寺)와 서울의 능현선원(能顯禪院)에서 주석하시며 법을 펴시다가 2007년에 입적하셨다. 호적상의 출생연도는 1929년(己巳)이나 실제 출생연도는 1928년(戊辰)이라고 직접 필자에게 말씀하셨다)가 금타화상의 유저(遺著)에 주석을 가하여 출간한 『수능엄삼매론(首楞嚴三昧論)』의 서언(緖言)과 서문(序文)이 있고, 청화선사가 편집한 금타화상의 유저 『금강심론』(청화선사가 스승 금타화상의 유고(遺稿)를 편집하여 『금강심론』의 제명(題名)으로 출간하였다) 및 청화선사의 법어집 『원통불법(圓通佛法)의 요체(要諦)』에 소개 해설된 글 등이 있다. 그밖에 화상의 여러 일화에 대해서는 필자가 청화선사를 비롯하여 대화상을 친견한 분들의 전언(傳言)과 손상좌 등 인연불자들로부터 재전언(再傳言)을 청취한 바가 있다. 본고에서는 한두 가지 사항 외에는 모두 위의 문자 사료에 기술된 주요 행적만을 간략히 소개하고자 한다.

대화상(大和尙)의 법호는 벽산(碧山)이고, 법명은 상눌(尙訥)이다. 삼매 중에 "금(金)"색 종이에 "타(陀)" 일자(一字)가 쓰인 것을 보고 "금타(金陀)"의 호를 자작(自作)하였다. 1898년(戊戌) 윤3월 29일 전북 고창 무장(茂長)에서 부친 병자용자(炳字龍字)와 모친 밀양 박씨의 장남으로 태어났다. 본향은 김해이고 성씨는 김씨, 속명은 영대(寧大), 자(字)는 성일(性日)이다. 그는 기미년(1919년) 3·1운동에 가담하였다가 피신하여 고창의 문수사(文殊寺)에서 은거 중에 방 다락에 있던 『금강경』을 읽고 불교에 참다운 대도(大道)가 있음을 알고는 곧 보리심(菩提心 : 무상정등각(無上正等覺)을 깨닫고자 발심함)을 발하여 출가를 결심하였다고 한다. 곧바로 장성 백양사로 가서 만암대종사(1876-1956년)를 은계사로 출가 득도하였다. 만암대종사는 1911년 영호(映湖) 박한영(朴漢永)스님(1870-1948년)·한용운스님등과 함께 임제종을 세워 이회광의 친일불교획책(일본 조동종화(化))을 저지하는 운동을 전개하였고, 1914년 이래 백양사 주지를 맡아 1916년부터 1939년 사이에 대대적인 중창불사를 전개한 바 있다. 이 시기에 백양사는 만암스님의 지도 아래 청규를 엄격히 지키고, 참선과 교학을 여법(如法)하게 힘써 전국에서 가장 엄정한 승풍을 유지하고 있다는 평가를 받았다.(정의행, pp.60-62) 금타화상의 출가(1919년) 이후 초기 수도 정진의 생활은 백양사의 이러한 분위기에서 이루어졌다. 대화상은 전 백양사 고불총림(古佛叢林)의 조실인 서옹선사(西翁禪師)의 사형이 된다. 출가 당일 대화상은 조주(趙州)스님의 '개는 불성(佛性)이 없다'는 화두를 질문 받고 곧바로 대답하길 "水銀(水銀)이 금(金)을 삼켰다."라고 답하였다고 한다. 금타화상의 제자인 법능성기(法能性起)선사는 수은은 업(業)을 뜻하고, 금은 자성(自性)을 가리킨다고 주해(註解)하였다. 그러나 이 대답은 인가(印可)받지 못하였고, 이 때문에 금타화상은 이후 18년 동안 이 무자화두(無字話頭) 타파를 위해 용맹 정진하였으나 깨닫지 못하였다. 법능(法能)스님은 이 대답이 이미 본 화두의 진의(眞意)를 해의(解義)한 것이었는데도 미개오자(未開悟者)가 불성실한 답변을 한 때문에 그렇게 된 것이라고 하였다. 결국 그는 화두법(話頭法)으로 수행할 것이 아님을 깨닫고 39세 되던 1936년 백양사 운문암 동안거에서 단지 『원각경』의 삼정관(三淨觀) 이십오륜(二十五輪)으로 용맹정진 하여 삼매 중에 「보리방편문(菩提方便門)」을 보고 이에 의거하여 가행정진(加行精進) 중에 그 해 11월 17일 인시(寅時)에 본견자성(本見自性)하여 증오(證悟)하게 되었다고 한다. 삼정관이란 방편수순(方便隨順)의 일체 수행법을 3종으로 나눈 것으로 사마타(奢摩他: 止), 삼마발제(三摩鉢提: 觀), 선나(禪那: 止와 觀이 不二인 행)를 말한다. 삼정관을 개별로, 전후, 또는 동시에 닦는 배열 조합수가 25인데 이를 이십오륜법이라 한다. 이 25법을 각 단(單)에 기록하여 불전(佛前)에 올린 후 자신에게 가장 맞는 법을 택해주실 것을 부처님께 기도한 후 하나의 단을 집어 든다. 이렇게 선택된 법이 곧 자신에게 가장 적합한 법임을 믿고 행한다. 그런데 이 삼정관과 이십오륜법은 교법(敎法)에 대한 이해가 충분히 갖추어져 있어야 제대로 행할 수 있다. 그는 출가 뒤 강원과 불교전문학교를 졸업한 바 있다. 금타대화상(金陀大和尙)의 문하 제자들이 반드시 지니고 의거하였던 경전으로는 본 『금강심론』과 『금강경』·『원각경』·『능가경(楞伽經)』·『육조단경』·『혈맥론』·『관심론(觀心論)』 등이었다고 한다. 모두 선종(禪宗)의 주요 소의경론(所依經論)들이다. 출가 후 18년 동안 화두를 들었다고 하지만 그 기간에 또한 강원과 불교전문학원을 다니며 교학도 넓게 섭렵하였음을 알 수 있다. 그러한 교법 이해가 화두 타파에 대한 일념으로 빛을 얻지 못하다가 화두를 버리게 되니 곧 『원각경』의 삼정관(三淨觀)에 향하게 되고, 이 법을 통해 선정과 지혜가 함께 갖추어지면서 증오(證悟)에 이르렀다 하겠다. 삼정관 가운데 지(止)를 통해서 선정(禪定)이 이루어지고, 관(觀)을 통해서 혜(慧)가 얻어지며 지와 관이 불이(不二)로 되면서 (禪那) 증오(證悟)가 성취된다. 그런데 대화상은 이 때 얻어진 선정에서 '보리방편문'을 관세음보살로부터 전수받았다고 한다. 그 내용은 비로자나불(청정법신)·노사나불(원만보신)·석가모니불(천백억화신), 그리고 총관(總觀)으로서 아미타불을 각 해당 사(事)의 행상(行相)으로 염(念)하는 것으로 천태종의 일심삼관(一心三觀)과 실상염불(實相念佛)의 교의(敎義)가 합치되어 있다.

이렇게 화두선에 의해서가 아니고, 경론에 개시(開示)된 이법(理法)에 의한 실천으로 증오한 대화상은 개성이 출중하고 소신이 확실하여 은사 만암스님과 법에 대한 견해 차이로 다소 불편한 관계였다고 한다.(淸華禪師, p.603)

이후 대화상은 변산 월명암에서의 1안거를 제외하고는 내장사 벽련선원과 백양사 운문암에서 10여 년간 보임(保任)정진하였다. 그리하여 1947년 11월 17일 인행(因行. 成佛의 因이 되는 보살행) 성만(成滿)하여 구경 성취하고, 다음 해 1948년 1월 24일 입적하셨다. 향년 51세였다. 대화상은 입적하기 전 1~2년 동안에 『금강심론』의 삼대(三大)법문을 세 분 상좌(上座)에게 전하였다. 먼저 맨 윗 상좌인 정수(定修)스님을 1947년 원단(元旦)에 법련당(法蓮堂)이라 건당(建堂)하고, 『수능엄삼매도(首楞嚴三昧圖)』와 『도결(圖訣)』상편(上篇)을 전하고, 「금강삼매송(金剛三昧頌)」을 전법송(傳法頌)으로 전하면서 성취 후 하편(下篇)을 저술할 것을 교지(敎旨)하였다. 다음으로 동년(同年) 인일(人日)에 상좌 성기(性起)스님을 법능당(法能堂)으로 건당(建堂)하고, 「우주의 본질과 형량(形量)」을 전하였으며, 아울러 「삼륜단공송(三輪但空頌)」을 전법송(傳法頌)으로 전하면서 성취 후 「우주의 본질과 형량」의 논문 요목식(要目

式) 100개 문제를 해의(解義)하고 논문집으로 저술 발표하여 홍법(弘法) 중생하라고 교지하였다. 이어 동년 상원(上元)에는 상좌 성륜(性輪)스님을 법륜당(法輪堂)으로 건당(建堂)하고, 『관음문자(觀音文字)』를 전하였으며, 아울러 「관음자륜송(觀音字輪頌)」을 전법송으로 전하면서 성취 후 『관음옥편(觀音玉篇)』을 재편찬하여 사바세계가 곧 정토(불국토)임을 시현하라고 교지하였다. 이밖에 『해탈십육지(解脫十六地)』·『반야바라밀다심경의 독해』 등의 법문이 위의 세 법문과 합철되어 『수능엄삼매론』과 『금강심론』의 제명(題名)으로 전해지게 되었다.

1947년에 작성한 대화상의 「관음문자 공포 취지문(觀音文字公布趣旨文」(漢子 폐지설에 대한 管見)에 의하면 관음문자의 창제에 30년 간의 연찬을 거듭하였다고 하였다. 따라서 출가(出家) 이후 곧바로 관음문자의 창제를 위해 노력하였음을 알 수 있다. 그는 관음문자 창제 후 널리 보급하기 위해 조선어학회(朝鮮語學會)에 그 뜻을 서신으로 주창하는 등의 활동을 하였다. 또한 『우주의 본질과 형량』의 출간허가를 조선총독부에 신청하여 일본 국내 각 대학에 연구자료로 할 것을 조건부로 50부 한정판 발간을 허가받아 출간한 바 있다. 26세 경에는 과학이나 수학 등 신학문을 공부하여 현대사회를 제도한다는 포부를 가지고 잠시 환속한 적이 있다. 이러한 면모는 그가 자리이타(自利利他)의 수행과 사회실천봉사에 헌신하였음을 말해준다.

그러나 대화상은 1948년 매우 중요한 시기에 51세로 너무 일찍 입적하셨다. 전언(傳言)에 의하면 1947년 동안거 시작되기 얼마 전에 대화상이 제자들에게 이제 입적하겠다고 하니 큰 제자 법연정수(法蓮定修)스님이 마당에 자리를 깔아놓고 대성통곡하며 "어찌 이리 빨리 가시려고 합니까" 하며 더 머무르실 것을 간곡히 청하였다고 한다. 이에 대화상이 마지못해 "그럼 더 있다 가지." 하고 그 해 동안거를 함께 지내고 나서 제자들을 탁발 보낸 후 한 분 제자 만 있는 가운데 며칠 있다 1948년 음1월24일에 입적하셨다. 더구나 당시 세 분의 전법(傳法) 제자 가운데 정수(定修)와 성기(性起) 두 분이 6·25 전란 중에 충남 금산

대둔산 태고사(太古寺)에서 다른 한 분 스님과 함께 좌정(坐定)한 모습으로 까맣게 탄 채로 발견되었다. 이 사실은 필자가 청화선사로부터 1986-7년경 곡성 태안사 큰스님 거처에서 직접 들은 바에 의한 것이다. 당시 청화선사는 이 세 분들이 스스로 삼매에 들어 6·25의 참혹한 업보를 대속(代贖)하는 뜻에서 소신공양 하였다고 말씀하였다. 그리고 세 분 모두 당시 한국불교계의 젊은 기대주들이었다고 하였다. 금타대화상과 젊은 세 분의 수좌(首座)들이 더 오래 이 땅에 머무셨다면 한국불교의 현 모습이 크게 달라졌을 것이다. 대화상의 제자 가운데 유고를 모아 『금강심론』을 편찬한 청화선사는 2003년 11월 12일(양) 곡성 옥과 성륜사에서 입적하셨고, 『수능엄삼매론』을 발간한 법능당 성기스님은 2006년 4월 24일(음) 입적하셨다.

3. 『금강심론(金剛心論)』 해제

전술한 바와 같이 금타화상의 유고를 편집하여 출간한 본에는 법능당 성기선사 편(編)의 『수릉엄삼매론(首楞嚴三昧論)』(1987년)과 무주당(無住堂) 청화선사 편의 『금강심론』(『金剛心論』은 1986년 7월 법공양으로 곡성 태안사(출판사는 서울의 보련각)에서 발간된 이래 1993년부터는 을지출판공사(서울)와 성륜각(전남 곡성군 옥과면 성륜사)에서 출간되어 시중에서 판매되고 있다) 등 2종의 본(本)이 있다. 이 가운데 전자는 법공양 비매품인데 반해 후자는 일반에 판매되고 있어 많이 알려진 본이라는 점에서 원문 인용은 후자에 의거한다. 금타화상의 유고는 대체로 1940년에서 1947년 사이에 작성된 것으로 보인다. 『우주의 본질과 형량』이 일어(日語)로 출간된 바 있고, 일어 원고가 남아 있으며(本書 중의 사진 참조), 부문별 발문(跋文)의 연기(年紀)가 1947년으로 되어 있는 것이 많기 때문이다. 단지 일부분은 이전부터 연찬과 작업이 이루어진 것이 있을 것이다. 전자에는 법능(法能)의 주해(註解)가 덧붙여 있지만(단지 法能堂이 대화상으로부터 부촉

받은 「우주의 本質과 形量」의 註解는 아직 작성되어 있지 않다. 法能선사는 서언(緖言)에서 이 작업을 후일로 미룬다고 하였다) 후자에는 없다. 그리고 부문별 편집 배열과 순서는 양서(兩書)가 상당히 다르게 되어 있으나 전체 내용에는 가감이 없다.

본 유고는 처음 1947년 금타대화상이 입적하기 1년 전에 세 분 제자들에게 각기 1부분씩을 전수하였는데(앞 章의 글 참조) 대화상 입적 후 2년 여에 6·25 전란이 발생하여 정황 없이 백양사를 떠나면서 동구(洞口)부락의 친지에게 유고를 맡겨놓고 가게 되었다. 그 후 이 유고의 소재를 어떻게 알고 찾아 수습한 분이 청화선사이다. 청화선사는 금타대화상 입적하기 1년 전쯤 출가하였으니 제일 막내 제자인 셈이다. 청화선사는 사형들이 전수 받은 스승의 귀중한 유고가 전란 중에 소실되지 않고 보존 출간되어 전해질 수 있게 한 데 큰 공을 세웠다. 법능스님은 이에 대해 크게 고마워한 바 있다.

『금강심론』의 내용 구성은 크게 4 부분으로 되어 있다.

제1편 「1인전(一人傳)에 일인도(一人度)」에는 「반야바라밀다심경독해」와 「보제방편문(菩提方便門)」·「관음문자(觀音文字)」·「석존일대(釋尊一代)의 경개(梗槪)」·「호법단사차성명서(護法團四次聲明書)」·「현기(懸記)」·「만덕송(卍德頌)과 십여시(十如是)」가 실려 있다.

제2편에는 「해탈십육지(解脫十六地)」가 실려 있다.

제3편 「수릉엄삼매도결(首楞嚴三昧圖訣) 상(上)」에는 「수능엄(首楞嚴)」·「반야바라밀」·「사제(四諦)」·「금강삼매(金剛三昧)」·「불성(佛性)」·「삼신(三身)과 사토(四土)」·「본적이문(本迹二門)」·「십불이문(十不二門)」·「법계(法界)」·「십신(十身)」·「진여(眞如)」·「인(忍)」·「오십육위(五十六位)와 사만성불(四滿成佛)」·「삼계(三界)」·「수미산(須彌山)」·「수미산(須彌山)」에 대한 해설이 실려 있다.

제4편에는 「우주의 본질과 형량(形量)」이 실려 있다.

『금강심론』은 여러 가지 특장을 지니고 있다.

첫째, 원시불교로부터 대승의 중관(中觀)과 유식(唯識) 및 밀교에 이르기까지 불교의 전교법(全敎法)이 동시에 설파되면서 회통(會通)되고 있다. 대부분의 내용이 신증(身證)을 통하지 않으면 나올 수 없는 원통불교의 법문들이다.

둘째, 「해탈십육지(解脫十六地)」의 성과이다. 각 경론에 여러 가지 다른 명칭과 위차(位次)의 수(數)로 설명된 수증(修證)의 계위(階位)를 하나의 표로 일목요연하게 도시(圖示)함으로써 어느 경론에서 말하는 어떠한 계위가 다른 경론에서 말하는 어느 계위에 해당하는 것인가를 알 수 있게 해주었다. 아울러 각 계위의 수행분상에서 체험되는 내용을 자세히 기술하였다. 이에 더하여 여러 경론에서 설한 위차를 총괄하고 보완하여 독창적인 「해탈십육지」를 창제하였다. 그리하여 수행의 위차가 한층 뚜렷해지게 되어서 복잡한 위차의 수와 명칭에서 갈래를 잡을 수 있게 되었다. 길은 먼저 알고 가야 하듯이 수행의 길도 먼저 알고 가야 한다고 한다. 그렇지 않으면 헛된 길을 가면서도 올바른 길을 가고 있다고 착각하고, 아직 정상에 이르지 않았는데 이른 것으로 착각한다. 금타대화상은 이러한 폐해가 당시 만연되어 있음을 보고 특별히 이 가르침을 개시(開示)하는 데 상당한 열의를 보였다.

셋째, 「수능엄삼매도결(首楞嚴三昧圖訣)」의 성과이다. '수능엄'이란 건상(健相)·건행(健行)·일체사경(一切事竟)의 뜻으로 부처님이 성취한 삼매의 이름이다. 건상이란 불덕(佛德)이 견고하여 모든 마(魔)가 부수지 못함을 드러낸 말이고, 건행이라 함은 제불수행(諸佛修行)이 금강반야행과 같기 때문이고, 일체사경(一切事竟)이란 불덕(佛德)의 구경(究竟)을 말함이다. 수능엄삼매는 구경의 삼매로서 일체의 법을 다 갖추고 있다. 그리고 그 하나하나의 법은 바로 수능엄삼매를 이루는 것이기도 하고, 수능엄삼매에서 통관되는 것이기도 하다. 불(佛)의 수능엄삼매에서의 통관은 조적(照寂. 보살의 행)이 아니라 적조(寂照. 佛의 행)이다. 금타대화상은 불법의 근간이 되는 주요 법수(法數. 用語)를 수능엄삼매를 받치는 성수(成數)로 하여 해설하고 있다. 즉 일체시교(一切時敎)가 모두 구경의 수능엄삼매로 직결되는 법문을 펴고 있다. 그래서 어떠한 법수(法數)이든 그 설명이 체증(體證)의 밀경계(密境界)로 직결되고 있다. 즉 일체불법(一切佛法)이 수능엄삼매의 행상(行相)으로서 자리한다. 이를 큰 원(圓)으로 도시하여 위치시킨 것이 곧 큰 종이에 인쇄된 「수능엄삼매도(首楞嚴三昧圖)」이다. 일체불법이 이 도(圖)로 시현(示現)되고 있다.

넷째, 「관음문자(觀音文字)」의 창제이다. 그는 그 공포(公布) 취지문에서 이르길, "한문자(漢文字)가 수입된 이래 동방(東方) 문화사상에 곧 조선문화화(朝鮮文化化)한지라 이를 폐지함은 곧 조선문화의 반감(半減)일새 (…), 필자가 감히 이에 유의하고 30년 간의 연찬을 거듭하여 가위(可謂) 동서문자를 통일한 자형(字形)과 의의를 고구(考究)하야 표음(表音)·표의(表意)를 쌍구(雙具)하고, 사성(四聲)을 겸비한 훈민정음의 본능(本能)을 발휘하야써 '증보정음 관음문자(增補正音觀音文字)'라 신제(新題)하고, (…)"라 하였다. 그는 특히 일정(日政)에 의해 포악한 침해를 입어 어음(語音)이 반실(半失)되는 등 여러 사정으로 손실되거나 비정상으로 된 귀중한 어음(語音)을 복구 회복하고, 심성(心性)의 계발을 위해 보완해야 한다는 취지를 밝히고 있다. 그리하여 기존의 한글 자모 가운데 유실된 것을 포함하여 총 87자의 한글자모를 정하고 이를 '증보정음(增補正音) 관음자륜87(觀音字輪87)'이라 이름하였다. 또한 각 어음(語音)과 자형(字形)을 여러 성질별로 구분하여 해설하고 있는데 모두 심오한 철리(哲理)가 들어 있음을 알 수 있다. 금타대화상은 이 「관음문자」를 1947년 경 조선어학회에 보낸 바 있으나 조선어학회에서는 "거룩하신 연구의 결정이라 반가이 보관하고 참고하겠으나 귀사(貴寺)에서 보내주신 의도를 자세히 알지 못하겠사오니 (…)"라고 답신하였다. 이후 1년이 못되어 대화상이 입적하였고, 6·25전란까지 이어져서 훈민정음을 보완하기 위한 이 노력은 빛을 보지 못하였다.

다섯째, 「우주의 본질과 형량」에 대한 명시(明示)이다. 이는 청화선사의 「머리말」에 "미증유한 파천황의 우주론이다"고 한 바와 같이 현대과학과 자심(自心)에서 법계(法界)의 실상(實相)을 요달(了達) 체증(體證)한 경계가 함께 어우러져 있어 범부로서는 가까이 갈 수도 없을 정도이다. 여기에서는 우주의 본질과 행성들의 형량(形量) 등이 해설과 더불어 수치로 계산되어 명시되고 있다. 또한 현대과학으로서도 그 윤곽을 잡기 어려울 정도의 우주 해부가 종횡으로 설파되어 있다. 현대과학의 길과 과제를 제시해주고 있다고 본다.

이외에도 본 논(論)의 창의성과 심오함, 그리고 통관 및 회통의 성과는 작은 항목마다 가득하다. 모두 후인들이 관심을 가지고 이해하도록 하여 적극 활용해야 할 보배로운 가르침들이다. 본고에서는 그 가운데 한 항목인 지상(智相)에 대한 해설에 관해 이해의 폭을 넓혀보고자 한다.

4. '지상(智相)'의 의(義)

본고에서는 『금강심론』에 해설된 여러 사항 가운데 지상(智相)에 대한 해설에 관해 이해의 폭을 넓혀보고자 한다. 『금강심론』, pp.74-77(第八節 ; 阿耨菩提의 實相解)에 다음과 같이 설하였다. 본문은 현대인에게 익숙하지 않은 고투의 글이어서 본 뜻을 손상시키지 아니하고 현대어투로 약간 바꾸어 인용한다.

> 아뇩다라삼먁삼보리(阿耨多羅三藐三菩提)란 오직 부처님 한 분의 지혜를 이름한 것으로 무상대도(無上大道)임을 개시(開示)한 것이니 무상정편도(無上正遍道) 또는 무상정편지(無上正遍智)라 구역(舊譯)하고, 무상정등정각(無上正等正覺)이라 신역(新譯)하야 그 지덕(智德)만을 의역(意譯)하였을 뿐이오, 그 지상(智相)의 해석이 무(無)함은 유감이니라.
>
> 그러나 아누(阿耨)는 아나(阿拏) 또는 아토(阿菟)라고도 하는데 색계(色界)의 색법(色法)인 금진(金塵) 이상의 극미(極微)라고도 역한다. 『대일경소(大日經疏)』일(一)에 "언소분자(言小分者)를 범운(梵云), 아누(阿耨)이니 즉

시(卽是) 칠미합성(七微合成)이라" 하였으니 진공(眞空)·인허(隣虛)·극미(極微)·미(微)를 함축한 칠미합성(七微合成)의 금진(金塵)을 지칭한다.

곧 아누(阿耨)란 진공(眞空)의 체(體)에 묘유(妙有)의 사성(四性)과 사상(四相)을 구비한 금강륜(金剛輪)의 단체(單體)인 금진(金塵) 이상의 합칭을 의미한 아누색(阿耨色)이란 뜻이다.

다라(多羅)는 저라(咀囉)라고도 하는데 안(眼)·안동(眼瞳. 눈동자)이라고도 역한다. 『소바호경(蘇婆呼經)』하(下)에 "다라(多羅)는 이에 묘목정(妙目精)"이라 하였고, 『불공견색심주왕경(不空羂索心呪王經)』에 "다라(多羅)는 주운(周云. 중국말로) 동자(瞳子. 눈동자)"라 하였으며, 『대일경소(大日經疏)』 오(五)에 다라(多羅)는 "시(是) 안의(眼義)"라 하였으니 아뇩다라(阿耨多羅)란 곧 범부의 안견소득(眼見所得)인 수진(水塵) 이하의 현계(顯界)가 본공(本空)한 지성(地性)의 최저층(最低層)인 금강륜(金剛輪) 곧 금진(金塵)을 증견(證見)하는 수행인이 육안(肉眼)을 성취함에 따라 본격적 미(微)의 아누색(阿耨色)을 능견(能見)하는 천안(天眼)이 생함으로써 극미(極微)의 색구경천(色究竟天)에 좌(坐)하게 되니 뢰야(賴耶: 제8식인 아뢰야식)의 제법을 묘관찰(妙觀察)하는 법안(法眼)이 생하면서 대계(大界)의 인허(隣虛) 경계를 통관하는 혜안(慧眼)이 생하고, 일보(一步)를 전진하여 진공원명(眞空圓明)의 불안(佛眼)을 득(得)하니 묘유(妙有)의 일체법(一切法)에 원통(圓通)하는 공안(空眼)의 묘목정(妙目精)이 시(是)며,

三藐三菩提(삼먁삼보리)란 三藐三佛陀(삼먁삼불타)라고도 하고, 정편지일체법(正遍知一切法)이라 역(譯)하니 곧 『지도론(智度論)』 소설(所說)의 불지(佛智)인 일체종지(一切種智)가 시(是)니라.

그러한즉 이에 阿耨多羅三藐三菩提(아뇩다라삼먁삼보리)의 실상(實相)을 해역(解譯)하고, 이를 약(略)하면, 오안(五眼)을 구비한 아뇩다라(阿耨多羅)의 일체종지라 하겠고, 또는 공안(空眼)인 묘목정(妙目精)의 정견(正見)인 정정(正定)의 정지(正智)라 함이 긴요하니 지상(智相)의 해역(解譯)이 경론(經論)에 궐(厥)한 바 아니니라.

아뇩다라삼먁삼보리는 산스크리트어 anuttarā samyak-saṃbodhiḥ의 음역이다. anuttarā(阿耨多羅)는 무상(無上), samyak(三藐)은 정(正) 또는 등(等), saṃbodhiḥ(三菩提)는 정각(正覺)의 뜻이다. 그래서 한역(漢譯)에서는 무상정등각(無上正等覺) 또는 무상정편지(無上正遍智)로 번역되어

사용되어 왔다.

그런데 본 『금강심론』에서는 이 용어가 지덕(智德)을 의역(意譯)한 것이고, 지상(智相)에 대한 해석은 보이지 않는 것이 유감이라고 생각되지만, 사실은 지상에 대한 설명이 없지 아니하다는 것을 『대일경소』와 『소바호경』·『불공견색심주왕경』 등 주로 밀교 계통의 경(經)과 소(疏)에 의거하여 밝히고 있다.

『금강심론』이 뛰어난 점은 다른 면에서도 말할 수 있겠으나 무엇보다도 현교(顯教)와 밀교를 각 교법의 주요 법수(法數) 해설을 통하여 회통시키고 있다는 것이다. 이를테면 주로 성문승에서 사용되는 법수(法數)라 할지라도 일반 경론이 그 법수의 기본 개념을 설명하고 있는데 비하여 본 논은 증(證)한 차원에서의 지상(智相)을 들어 설명하니 곧바로 밀교의 법수가 되고, 현밀(顯密)이 자연히 회통된다. 언어에 의해 중생이 알아듣도록 분석과 여러 논리로 해설한 법문이 현교라고 한다면 이를 통해 심오(心悟)하고 신증(身證)하여 지상이 열리게 되면 곧 밀(密)의 차원이다. 그 신증한 경계는 언어로 드러낼 수 없는 까닭에 밀(密)이며, 체증(體證)의 경계인지라 전도된 상(相)이나 망상이 아니고, 대상으로서의 상이 아니다. 즉 능지(能智)와 소지(所智)를 떠난 자리에서의 자증성지(自證聖智)이다. 능지와 소지를 떠남에서 바로 무생(無生)의 각(覺)이 성취되는 바 이 각이 곧 무상정등각(無上正等覺)이다. 그런데 이 무상정등각이 곧 지(智)의 덕을 말하는 것이라 함은 전5식에서 제8식까지 모두 능(能. 인식주체)·소(所. 인식대상)가 있는 상태인데 능·소가 따로 없게 되는 자리에서 각(覺)을 성취함과 동시에 제8식인 아뢰야식은 대원경지(大圓鏡智)로, 제7식인 마나식은 평등성지(平等性智)로, 제6식인 의식(意識)은 묘관찰지(妙觀察智)로, 전5식은 성소작지(成所作智)로 전환하게 되고, 그 덕이 곧 법계의 만상(萬象)을 현현하고(大圓鏡智), 제법평등(諸法平等)의 작용을 이루며(平等性智), 제법(諸法)을 묘분별(妙分別)하여 모든 중생의 근기를 관찰하고 설법하여 의혹을 끊게 해주며(妙觀察智), 자리이타(自利利他)의 묘업(妙業)을 성취함(成所作智)인 까

닭이다. 그래서 본 『금강심론』에서는

> 오지(五智. 밀교에서는 제9식 암마라식이 轉한 法界體性智를 더하여 五智로 함)는 일신소구(一身所具)의 지덕(智德)이다.(p.203)

고 하였다. 여기서 말한 일신(一身)은 곧 불신(佛身)이다. 이러한 덕을 갖춘 까닭에 이 과위(果位)의 각(覺)을 인위(因位)의 여러 각(覺. 相似覺과 隨分覺)에 대비하여 무상정등각(無上正等覺)이라 이름 하였다.

그런데 이 사지(四智)의 덕은 그 내용으로 보아 행덕(行德)이다. 『금강심론』에서 "대원경지(大圓鏡智) 등 사지(四智)의 종자를 행불성(行佛性)이라 이름 한다"(p.206)고 함도 같은 뜻일 것이다. 지(智)가 각 방면에 기능하는 무위(無爲)의 용(用)을 말하고 있는 까닭에 행덕(行德)이다. 그래서 그 지의 자상(自相)을 말한 것은 아니다. 또 본론에 다음과 같이 설하였다.

> 화엄·천태 등의 일승종(一乘宗)은 (…), 진여(眞如)의 법이 수연(隨緣)하야 만덕(萬德)의 지상(智相)을 현(現)하는 까닭에, 이(理)·지(智)가 본래 불이(不二)요, 법성(法性)의 체(體)에 스스로 능조(能照)의 지용(智用)을 겸구(兼具)하는 까닭에, 이·지가 본래 일체(一體)다. 이·지가 공(共)히 무위상주(無爲常住)의 법이(法爾)요 무작(無作)이나 능조(能照)·소조(所照)와 능연(能緣)·소연(所緣)의 의상(義相)에 의하여 법(法)·보(報)의 이신(二身)을 분(分)할 뿐이다.
>
> 진언종(眞言宗)은 지(地)·수(水)·화(火)·풍(風)·공(空)·식(識)의 육대(六大)를 법신(法身)이라 말하는데, 차(此) 육대(六大)는 사법(事法)이니만큼 법신(法身)에 본래 색상(色相)을 갖추고 인격(人格)을 지님이 현교(顯敎)의 보(報)·화불(化佛)과 같다. 그러하니 육대는 무애섭입(無碍涉入)하는 것이어서 차별하기 어려우나 전(前) 오대(五大)를 자성신(自性身)인 이법신(理法身) 곧 태장계(胎藏界)의 대일(大日)이라 하고, 제육(第六)의 식대(識大)를 자수용신(自受用身)인 지법신(智法身) 곧 금강계(金剛界)의 대일(大日)이라 하나니라.(『금강심론』, pp.214-215)
>
> 금륜(金輪) 이상(以上)을 금강륜(金剛輪)이라 하니 대일여래(大日如來)의

지덕(智德)을 개시(開示)한 부문(部門)이며, 여래(如來) 내증(內證)의 지덕(智德)의 체(體)가 견고하여 일체의 번뇌를 최파(摧破)하는 승용(勝用)이 있는 까닭이다.(p.192)

이와 같이 화엄과 천태 등 현교의 일승종(一乘宗)이나 진언종(眞言宗)에서도 지(智)의 공용(功用)으로서의 덕(德)을 드러내고 있다. 화엄과 천태에서 설하는 지상(智相)도 "만덕(萬德)의 지상(智相)"이고, "능조(能照)의 지용(智用)을 겸구(兼具)"하는 것이며, 이(理)와 일체인 의(義)에서의 지(智)이다. 진언종(眞言宗)에서도 "대일여래의 지덕(智德)을 개시(開示)한 부문(部門)"이라 하였고, "자수용신(自受用身)의 지법신(智法身)"이라 함도 지(智)의 공용(功用)으로서의 덕상(德相)을 말한 것이다.

그런데 『금강심론』은 지덕(智德)을 총체적으로 간략히 드러낸 것이라 할 수 있는 '아뇩다라삼먁삼보리'가 그대로 지상(智相)의 뜻을 지니고 있다고 해설한다. 아뇩(阿耨: 아누)는 금진(金塵) 이상의 극미(極微)로 역되는 말이라 하고, 그 근거로서 일행(一行)의 『대일경소(大日經疏)』권1에 "언소분자(言小分者)를 범운(梵云), 아누(阿耨)이니 즉시(卽是) 칠미합성(七微合成)이라"고 한 것을 인용하고 있다. 이 소(疏)는 『대일경(大日經)』권1 입진여문주심품제일(入眞如門住心品第一)의 다음 문단에 대한 해설이다.

부처님께서 말씀하셨다. "보리심이 인(因)이고 비(悲)가 근본이며, 방편이 구경(究竟)이니라." 비밀주보살이여! 어떠한 것이 보리(菩提: 覺)인가 하면 여실(如實)하게 자심(自心)을 아는 것이니라. 비밀주여! 이 아뇩다라삼먁삼보리 내지 저 법(아뇩다라삼먁삼보리)의 소분(小分)이라도 얻을 수 없다. 왜냐하면 허공상(虛空相)이 바로 보리(菩提)인 까닭이다. 지해(知解)함도 없고, 개효(開曉)함도 없나니 왜냐하면 보리(菩提)란 무상(無相)인 까닭이다. 비밀주여! 제법이 무상(無相)함에 허공상(虛空相)이라 하는 것이니라.(『대정장』권제18, p.01b-01c)

경문에서 "저 법의 소분(小分)"이라 함은 '아뇩다라삼먁삼보리' 또는

'무상(無相)의 보리심(『대일경소』)의 극히 작은 부분'이란 뜻이다. 무상의 보리심인지라 극히 작은 부분이라 할지라도 얻을 바 없다. 또한 아뇩다라삼먁삼보리를 성취한 자리에서 따로 보리(菩提)를 구하는 마음을 발할 바가 없다. 그래서 그러한 보리심의 극히 작은 부분이라도 없다고 한 것인데 소(疏)는 이러한 뜻의 '소분'을 칠미합성(七微合成)의 미(微)를 뜻하는 아누(阿耨)로 해석하였다. 『대일경소』권제3에 "극미(極微)는 모여서 된 것이 아니다. 미(微)란 칠미(七微)이다. 모여서 된 색(色) 가운데 미(微)로 모인 것으로서는 가장 미세한 것이다(極微非聚, 微是七微, 聚色之中, 微聚最細)."라고 하였다. 또한 팔사(八事. 四大와 四境) 구생(俱生)하여 수일불멸(隨一不滅)함을 칭하니 능조(能造)의 지수화풍(地水火風) 사대(四大)와 소조(所造)인 색향미촉(色香味觸)의 사경(四境)이 상호 화융(和融)하여 일미(一微)의 체(體)를 이룬다(『구사론』). 이 팔사는 더 이상 분리할 수 없어서 색취(色聚) 가운데서 최극(最極)의 미세한 것이다. 까닭에 미취(微聚)라고 이름한다. 육방(六方. 동서남북상하) 및 중심(中心)의 칠극미(七極微)가 모아져야 비로소 천안(天眼)에 보인다. 음역하여 阿菟(아토, anu)·阿拏·阿耨라 하고 '微(미)'로 의역한다. 이 미(微. 微塵이라고도 함)는 지극(至極)의 미(微)는 아닌 까닭에 '극(極)'을 붙이지 않는다. 단지 안(眼)으로 볼 수 있는 색(色)으로는 가장 작고(이 眼은 天眼을 말함), 색을 분석하여 가장 미세한 것이라는 점에서 또한 극미라고도 한다.

요컨대 미(微)는 지극의 미인 극미(極微)가 육방(六方)과 중앙에 모아져 이루어지는 7극미이며 눈(天眼)으로 볼 수 있는 가장 미세한 색이라는 점에서 극미라고도 칭해지는 미이다. 『구사론』에 의하면 이 미가 7개 모여 금진(金塵)이 된다. 그래서 49개의 극미가 1금진이다. 『금강심론』에서 아누(阿耨)는 진공(眞空)의 체(體)에 묘유(妙有)의 사성(四性)과 사상(四相)을 구비한 금강론(金剛輪)의 단체(單體)인 금진(金塵)에 해당한다고 하였다. 여기서 말하는 사성과 사상은 곧 『구사론』에서 극미의 사성으로 설명된 견성(堅性)·습성(濕性)·난성(暖性)·동성(動性)과 지수화풍(地水火風)을 말한 것으로 본다. 견성(堅性)은 지물(持物)의 작용을 지니며, 습성(濕性)은 섭물(攝物)의 작용을, 난성(暖性)은 성물(成物)의 작용을, 동성(動性)은 활동의 사물을 장양(長養)하는 작용을 지닌다. 우주만유는 이 사성(四性)의 어느 한 쪽이 치우치게 증대되어 나머지 3성이 잠복되면서 나타난다. 이를테면 견성(堅性)이 치우치게 증대되면 나머지 세 성이 잠복되어 금석(金石)의 고체 사물이 나온다. 그래서 일체 만물은 모두 극미(極微)의 적집(積集)으로 생하지 않은 것이 없다(『구사론』). 그런데 극미는 색의 원시(原始)요 구경이고, 이 극미는 비색비공(非色非空)이며 묘유(妙有)의 극치인 인허(隣虛)의 7배이다(『금강심론』). 이를 오안(五眼)과 결부하여 정리하면 다음과 같다.

一心(眞空) : 佛眼(五眼을 모두 갖춤)
인허(隣虛) : 非色非空 : 妙有의 극치 : 慧眼
극미(極微) : 隣虛의 7배 : 色의 原始이며 究竟 : 法眼
미(微; 微塵) : 極微의 7배(7極微) : 阿耨色 : 天眼
금진(金塵) : 微의 7배(49極微) : 金塵 : 肉眼
수진(水塵) : 金塵의 7배(343極微)
토모진(兎毛塵) : 水塵의 7배(2,401極微)
양모진(羊毛塵) : 兎毛塵의 7배(16,807極微)
우모진(牛毛塵) : 羊毛塵의 7배(117,649極微)
격유진(隔游塵) : 牛毛塵의 7배(823,543極微)

그리고 『금강심론』의 석공관(析空觀) 해설에서 수행의 진전과정을 설명한 가운데

심월(心月)이 변하여 자마금색체(紫磨金色體)인 등일륜(等日輪)의 금강륜(金剛輪)이 현로(現露)하거든 장등정각(將等正覺. 장차 정등각을 성취할)의 전조(前兆)인 금강좌(金剛座)인 줄 시인(是認)하고, 흑야(黑夜)에 백주(白晝)와 같이 지광(智光)이 발하거든 천안(天眼)이 생하야 아누색(阿耨色)을 직

견(直見)하는 경계요, 광명을 대(帶)한 정세극미(精細極微)의 양염(陽炎. 아지랑이)과 같은 경계가 현전하거든 색(色)의 구경(究竟)인 줄 자인(自認)할 따름이오. (…) .(『금강심론』, pp.71-72)

라 하였다. 욕계정천(欲界頂天)의 정법상(頂法相)인 심월(心月)이 나타나는 단계를 넘어 자마금색(紫磨金色)의 일륜(日輪)의 금강륜(金剛輪)이 현로(現露)하는데 이는 곧 천안(天眼) 소견(所見)의 아누색(阿耨色)이고, 지광(智光)이 발한 것이라 하였다. 천안(天眼) 소견(所見)의 아누색(阿耨色)은 곧 7극미인 미(微. 微塵)이다. 이를 지광(智光)이라 하였으니 곧 지상(智相)을 말함이다. 이를 『대일경』에서 보리심의 소분(小分)이라 한 것은 구름에 가리어졌던 일광(日光)이 구름이 거두어지면서 약간 드러난 상태와 같기 때문이다. 그러나 아직 구름의 여운이 남아 있고, 전체의 일광이 아닌 상태이다. 그러나 그 또한 분명히 일광이고, 일광을 본 것이니 진여(眞如)를 증(證)함이라 하나 아직 그 소분이다. 보리심은 무상(無相)이나 그 소분으로 최미세(最微細)의 색(色)인 아누색(阿耨色)은 눈으로 볼 수 있어 지상이 된다. 그래서 지상이 곧 아누(阿耨. 阿耨色)라 한 것으로 본다. 물론 이 때의 안(眼)은 천안(天眼) 이상(以上)이다. 즉 지상은 아뇩다라(阿耨多羅)의 소견(所見)인 상(相)을 말한다.

다음으로 다라(多羅)는 안(眼. 瞳), 묘목정(妙目精)의 뜻이며, 다라보살은 대일여래(大日如來)의 협시보살로 관세음보살의 우변(右邊)에 그려진다. 『금강심론』에 의하면 아뇩다라(阿耨多羅)는 천안(天眼) 소견의 아누를 넘어 아뢰야식의 일체법을 묘관찰(妙觀察)하는 법안(法眼)을 생하고, 더 나아가 일체 우주의 인허(隣虛) 경계를 통관하는 혜안(慧眼)을 생하며, 더 나아가 진공원명(眞空圓明)의 불안(佛眼)을 얻어 묘유(妙有)의 일체법을 원통(圓通)한 공안(空眼)인 묘목정(妙目精)을 말한다. 즉 아뇩다라는 아누(天眼 所見)→다라(妙目精: 法眼·慧眼·佛眼)를 뜻한다. 법안(法眼)·혜안(慧眼)·불안(佛眼)은 색상(色相)을 넘어 선 차원이기 때문에 그 지안(智眼)인 묘목정으로서 지상의 지(智)를 나타낸 것이라 하겠고, 지상은 결국 그 아누를 견(見)할 수 있는 천안과 법안·혜안·불안의 다라 즉 묘목정 소견인 상(相)이다. 그리고 불안은 오안(五眼)을 구족하고 있는 까닭에 아뇩다라는 오안을 구비하여 제법의 실상에 원통(圓通)한 지혜의 눈과 그 소견인 상(相)을 함께 말한 것이라고 하겠다.

『금강심론』의 금강삼매송(金剛三昧頌)에 궁극의 진(眞) 금강삼매(金剛三昧)를 설한 가운데 다음 내용이 있다.

> 內心空과 外界空이　　圓通한 眞空 중에서
> 能造四大의 慧性과　　所造四大의 智相이
> 一圓球가 되야 갖고　　八角의 金剛盤에서
> 彼此없이 궁굴어야　　眞所謂 金剛三昧라
> 心과 物이 一如하다. (p.82)

여기에서 "소조사대(所造四大)의 지상(智相)"이 나온다. 능조사대(能造四大)인 지수화풍(地水火風)이 진공(眞空)의 묘유(妙有) 작용에서 일체 색법(色法)을 나오게 하는 인(因. 能造)이 되는 까닭에 그 용(用)의 면에서 혜성(慧性)이라 하였고, 소조사대(所造四大)는 사대로부터 나오게 된 일체의 색법인데 이것이 지상이라 함은 금강삼매의 위(位)에 이른 자리에서 일체의 법(색수상행식)이 이미 지(智)가 된 까닭일 것이며, 또한 상술한 바와 같이 천안(天眼) 내지 법안(法眼)·혜안(慧眼)·불안(佛眼)에 이르는 묘목정이 보는 바 없이 보는 것이기 때문이겠다. 즉 불보살의 청정 지혜의 눈에 대(對)한 경계를 개시(開示)하여 이를 지상(智相)이라 이름한 것으로 본다. 단지 능소(能所)를 온전히 떠난 불안(佛眼)에서는 대법(對法)으로서의 경계가 없다. 단지 여래의 행화(行化)라는 차원에서 색구경(色究竟)의 지상(智相)을 논할 수 있음은 다음 장에서 설명하겠다.

samyak(三藐) saṃbodhiḥ(三菩提)는 무상정등각 또는 무상정편지(無

上正遍智)의 뜻이다. 그래서 삼먁삼보리는 불지(佛智)인 일체종지(一切種智)를 말한다. 『금강심론』은 이를 또 "공안(空眼)인 묘목정의 정견(正見)인 정정(正定)의 정지(正智)"를 뜻한다고 하였다. 즉 아뇩다라인 묘목정은 정견(正見)과 정정(正定)을 구족한 정지(正智)인지라 아뇩다라삼먁삼보리는 그러한 의미에서 그러한 지(智)의 내용을 설명한 것이니 지상(智相)을 말하고 있다는 것이다. 그래서 경론에 보리(菩提)의 지상(智相)에 대한 해석이 없지 아니하다고 하였다.

5. '지상'과 여래(如來)의 행화(行化)

『금강심론』은 경론에서 찾아보기 어려운 지상(智相)을 들추어 그 뜻을 개시(開示)하였다. 『금강심론』에서 이것이 지상이다 하고 몇 가지 경론을 인용하여 설명하였으니 알 수 있지 그렇지 않으면 지상이라는 주제 하에 설명된 내용이 사실 경론에서는 찾아보기 어렵기 때문에 쉽게 관심을 갖기도 어려웠을 것이다. 그 전거(典據)는 거의 모두 밀교 계통의 경수(經疏)들이다. 밀교는 신증(身證)의 차원에서 일체법문을 융회한 가르침이다. 지상에 대한 지적과 해설은 그래서 아뇩다라(阿耨多羅)의 신증을 성취한 자리에서 나올 수 있는 것이다. 보리를 성취한 자리에서 실증(實證)되는 지상은 사실 언설을 뛰어 넘은 자리이며 분별을 떠난 자리이다. 경론에서 지상을 주제로 별다른 설명이 없는 것도 그러한 이유 때문이기도 할 것이다. 또한 불안(佛眼) 성취의 아뇩다라삼먁삼보리에서는 이미 능(能)과 소(所)를 떠난지라 일체의 상(相)을 여이었는데 이 자리에서 지상이 이렇다 하고 설명함은 오해와 혼란을 줄 수도 있기 때문이 아니었을까. 아직 천안 단계에서는 견(見)되는 바의 미진(微塵)이 있다는 점에서 지(智)의 상(相)을 말해도 문제는 없겠으나 능·소를 떠난 차원의 아뇩다라삼먁삼보리에서는 그대로 진공(眞空)이고 능·소가 따로 없는지라 지상(智相)을 얻을 바가 없다.

『능가경(7권본)』 게송품에

離於能所取	能取와 所取 떠난 것을
我說爲眞如	나는 眞如라 하느니라.

고 하였다. 그러나 여래는 열반에 머무르지 않는다. 그래서 동(同) 게송품에

常行無分別	(佛은) 항상 분별 떠난 행을 하며,
遠離心心法	心과 心所法 멀리 떠나,
住色究竟天	色究竟天에 머무르고,
離諸過失處	모든 과실 있는 곳 떠난다네.
於彼成正覺	그곳에서 정각 이루고,
具力通自在	力通自在함과
及諸勝三昧	모든 뛰어난 삼매 갖추어,
現化於此成	此土에 化現함을 이룬다네.(이상, 박건주 역주, pp.478-479.)

라고 하였다. 즉 여래는 색계의 색구경천(色究竟天)에 머물러 정각(正覺) 이루고 역통자재(力通自在)함과 모든 뛰어난 삼매 갖추어 이 찰토(刹土: 세계)에 화현하신다. 또한 여러 경에서 여래는 색구경처정(色究竟處定)에 드시어 열반하셨다고 하였다. 색의 구경은 곧 극미(極微)이며, 진공(眞空. 一心)・인허(隣虛; 非色非空)・극미(極微)・미(微)를 포함한 것이 금진(金塵)이고 금륜(金輪)이다고 하였다(『금강심론』 앞의 인용문). 단지 극미는 천안 소견(所見)의 경계이나 위 게송에 여래는 "심(心)과 심소법(心所法)을 멀리 떠나 색구경천(色究竟天)에 머문다"고 하였으니 같은 극미의 색구경(色究竟)에 처해 있다 하더라도 양자가 다르다. 천안(天眼)까지 밖에 얻지 못한 인위(因位)의 행자(行者)는 아직 능(能)과 소(所)를 온전히 떠나지는 못하여 아직 경계를 조견(照見)함이 있다. 그러나 여래는 심과 심소법을 멀리 떠난 까닭에 색구경천에 머무른다 하여도 색구경인 극미가 인식의 대상으로 조견되는 것이 아니며,

능·소를 떠난 일심(一心)의 행(行)이고, 본각(本覺)에서의 적조(寂照)이다. 인위(因位)의 보살은 조적(照寂. 적멸을 照함)하고, 여래는 적조(寂照. 적멸에서 照함 없이 照함)한다고 하였다.(『보살영락본업경』권하 석의품제4에 나오는 구절. 보살지의 位를 歡喜地에서부터 法雲地 乃至 無垢地(等覺)까지 설한 후 끝으로 佛地를 설명한 부분이다. 佛地 부분을 모두 인용한다: "佛子여! 妙觀上忍의 大寂無相에서는 오직 일체중생을 緣으로 하여 善法을 生하며, 또한 일체의 공덕을 스스로 지니는 까닭에 이름하여 佛藏이라 하고 일체법을 寂照하며, 佛 이하의 일체 보살은 照寂하느니라. 이 까닭에 佛子여! 내가 이전에 第四禪 중에서 8억의 범천왕을 위해 寂照를 설하였나니, 如來는 無心·無色이면서 일체법을 寂照하느니라." 또 원효대사의 『금강삼매경론』卷下 眞性空品에서는. "또 이 智用(圓智의 自用)은 等覺位에서는 照寂慧라 이름하니, 아직 生滅의 動相을 떠나지 못한 까닭이다. 妙覺位에 이르러서는 寂照慧라 이름하니, (…) "라 하였다.) 여래의 적조(寂照)에서의 조(照)는 대상을 조견(照見)하는 것이 아니고, 불이(不二)로 각(覺)됨이다.

여래가 열반에 머무르지 아니하고 색구경처(色究竟處)에 머무름은 차토(此土)에 화현하여 중생을 제도하고자 함이다. 『능가경(7권본)』 게송품에

一切空無生	일체가 空이며 無生이나,
我實不涅槃	나는 실은 열반에 머무르지 아니하고,
化佛於諸刹	모든 찰토(刹土)에 化身佛로서
演三乘一乘	3승과 (2승), 1승을 펼치느니라.

라고 함은 바로 이를 말한다. 색취(色聚)의 세간중생을 교화하기 위해서 색신(色身)을 화현하여야 하기에 색취(色聚)의 원시(元始)이고 구경(究竟)인 극미(極微. 色究竟)에 머무른다는 것이다. 또한 색취(色聚)의 원시(元始)이고 구경(究竟)에 머무르는지라 색취의 세간에서 역통자재(力通自在)하며, 모든 뛰어난 삼매를 갖추게 된다. 이 때의 역통자재와 삼매(三昧)는 색취의 세간을 교화하기 위한 것이고, 색법(色法)이 있는 가운데 역통자재도 구현될 수 있는 까닭일 것이다. 그렇다면 아뇩다라삼먁삼보리로서의 지상은 곧 여래의 이러한 색구경천에 머무른 행화(行化)에서의 경계이기도 할 것이다.

6. 『능가경』의 심지법문(心地法門)과 『금강심론』의 '지상' 해설

『금강심론』의 색법(色法)에 대한 내용은 주로 『구사론』의 정의(定義)에 의거하고, 더 나아가 밀교를 포함한 대승법을 함께 적용하고 있다. 그런데 사대(四大)에 대한 『구사론』의 정의(定義)는 『능가경』의 교의(教義)에서 부정되고 있다. 이하 『능가경(7권본: 대승입능가경)』 게송품에서 관련 게송을 인용한다.

若大種是有	만약 (能造인) 大種이 있는 것이라면
可有所造生	所造가 생길 수 있겠으나,
大種無性故	大種의 실체가 없는 까닭에
無能相所相	能相・所相 없는 것이네.

大種是能造	大種이 能造라면,
地等是所造	땅(이 地는 能造인 四大의 地가 아니라, 所造인 땅・大地를 가리킴) 등은 所造이나,
大種本無生	大種이 본래 無生이라
故無所造色	所造인 色(사물, 물질)도 없는 것이네.

즉 능조(能造)로서의 대종(大種. 四大)이 본래 생한 바 없으며, 따라서 소조(所造)인 색(色)도 없다는 것이다.

火乃燒於色	火는 色을 태우고,
水復爲爛(潤)壞	水는 다시 젖게 하여 무너뜨리며,
風能令散滅	風은 능히 흩어져 멸하게 하는데,
云何色得生	어찌 色이 생길 수 있겠는가.

『구사론』에서 지수화풍(地水火風)의 각 성질(性質)인 견성(堅性)・습성(濕性)・난성(暖性)・동성(動性)이 색(色)을 이루는 작용을 설하여, 견성(堅性)은 지물(持物)의 작용을 지니며, 습성(濕性)은 섭물(攝物)의 작용을, 난성(暖性)은 성물(成物)의 작용을, 동성(動性)은 활동의 사물을

장양(長養)하는 작용을 지닌다고 한 것과는 정반대되는 작용의 면을 설하고 있다.

왜 사대(四大)가 본래 무생(無生)인가.

心心所差別	心과 心所의 차별이
而起於現法	現前의 법을 일으키는 것,
分析於諸色	諸色 분석해보면,
惟心無所造	오직 마음 뿐이라 만들어진 것 없네.

색(色) 등의 경계는 단지 자심(自心)의 동(動. 分別)에서 나온 것일 뿐이다. 경계가 있어 나온 것이 아니다.

若離於大種	大種 떠나서는
諸物皆不成	모든 사물 이루어질 수 없고,
大種旣惟心	大種이 이미 오직 마음일 뿐이니,
當知無所生	마땅히 生한 바 없는 것임을 알라.

사물의 바탕으로서 대종(大種)을 말하지만 실은 그 대종(大種)도 마음일 뿐이다. 오직 마음일 뿐인 까닭에 여기서 무엇이 새로 생함이 없다. 유심(唯心)이고 일심(一心)이니 무생(無生)이라는 이치는 『능가경』에서 자주 강조하는 요의(要義)이다. 또

色性無所有	色의 自性 얻을 바 없고,
甁衣等亦然	물병과 衣등 또한 그러하며,
但由分別生	단지 분별로 생긴 것이라,
所見終無有	보이는 것 끝내 있지 않다네.

일체의 법은 심(心)과 심소(心所)의 차별, 즉 본래 마음뿐인 것인데 자심(自心)에서 보는 자리[見分]와 보는 대상의 자리[相分]를 나누어 스스로 분별함에 따라 나오게 된 것이다. 본래 마음 뿐이라 무엇이 무엇을 만들고 만들어짐이란 있을 수 없다.

心雖成二分	心(識)이 비록 見分 · 相分으로 二分되어 있으나,
而心無二相	心에 二相 없나니,
如刀不自割	비유컨대 칼이 스스로를 자르지 못하고,
如指不自觸	손가락이 스스로를 만지지 못함과 같이,
而心不自見	心이 스스로를 보지 못하는 것도
其事亦如是	또한 그와 같나니라.

견분(見分)과 상분(相分)으로 되어 있는 마음이 전5식(眼識 · 耳識 · 鼻識 · 舌識 · 身識)에서 제8식에 이르는 식(識. 心識)이다. 이러한 (심)식과 구별하여 견분과 상분이 본래 따로 없는 자리를 일심(一心)이라 한다. 일심이 곧 진여이고 불성이며, 본각이고, 묘각이다. 심에 본래 견분과 상분이 따로 없는 까닭에 마음이 마음을 보지 못한다. 마음은 인식의 대상이 될 수 없다.

『구사론』과 『능가경』의 이러한 상위는 전자가 소승 유부(有部)의 설을 집대성한 것이고, 후자는 성문승을 비롯하여 대승의 중관(中觀) 유식(唯識) 등의 교법을 원통(圓通)케 하는 교의(敎義)라는 차이에서 온 것으로 일단 이해할 수 있다. 일체를 있다고 보는 중생의 입장에서 보면 그 생한 연유가 능조사대(能造四大)와 소조사대(所造四大)로 설명되는 것이지만, 능 · 소 떠난 일심이고 오직 마음일 뿐이라는 궁극의 자리에서 보면 그러한 생멸의 경계는 그림자이고, 환(幻)과 같은 것이며, 꿈과 같은 것일 뿐이다. 그러나 중생이 느끼는 꿈이 없지 않은지라 그러한 사대를 설명하게 되는 것이다. 그리고 그러한 사대의 분석이 곧 유(有)의 존재를 분석하여 공(空)에 이르게 한다. 『금강심론』은 이러한 석공관(析空觀)을 근본행으로서 강조한다. 그렇지만 능조사대(能造四大)라 하니 그 실체가 있는 것으로 보아서는 안 된다. 『능가경』의 가르침은 그러한 분별집착에서 벗어나게 해준다. 요컨대 양자의 교법이 모두 필요해서 나온 것이다. 모순되는 듯 하지만 실은 중생의 어느 병통을 치유해주기 위한 처방으로서 융통되고 회통되는 것이다. 또한 일체의 수단설법은 결국 일불승(一佛乘. 一乘)에로 이끌기 위함인지라 마땅히 타고

(乘) 가야 할 법은 위와 같은 『능가경』의 일심(一心)·무생(無生)·불가득(不可得)의 가르침이고, 이를 선오(先悟)하고 가야 한다. 그리하여 선오후수(先悟後修)의 제불(諸佛) 공통의 길을 가게 된다.

그래서 『금강심론』에도

> 먼저 法身境에 安住하야 報(보신불)·化(화신불)의 境을 揀別할지라.(p.91)
>
> 無能·所하야 歸依佛이니 有能·所면 卽是衆生일새. (pp.91-92)
> (能·所가 따로 없으면 佛에 歸依한 것이고, 能·所가 있으면 곧 중생이다.)

라고 하였다. 아직 수행 단계에서 어떻게 먼저 법신경(法身境)에 안주한다는 것인가. 법신(法身)은 곧 이체(理體)이고 이(理)란 온전한 신증(身證)을 성취하기 이전에도 해입(解入) 또는 오입(悟入)할 수 있기 때문에 가능하다. 그래서 달마대사의 법문인 『이입사행론(二入四行論)』에서도 이입(二入. 理入과 行入)의 수행에서 먼저 이입(理入)을 개시(開示)하고 있다. 단지 『금강심론』은 바로 이러한 이해 내지는 깨달음에 이르지 못하였다면 석공관(析空觀)으로써 사대상(四大相)을 파(破)하는 길을 입도(入道)의 초보로서 제시하고 있다.

> 地·水·火·風 四大的 其 性은 空大와 합하되 그 相은 地性的으로 幻化하여 중생의 心體를 음폐(陰蔽)하고, 水性的 탐심과 火性的 진심(嗔心 : 화내는 마음)이 아울러 地性的 치심(癡心 : 어리석은 마음)이 되어서 風性的으로 현현(顯現)하니, 요는 먼저 地性을 분석함으로써 四大相을 破하고, 空性에 住함이 入道의 初步이다. (p.195)

사대(四大)가 공대(空大)와 함께 하면서 지성적(地性的)으로 환화(幻化)하여 중생의 심(心)을 음폐(陰蔽)하는 까닭에 사대 중에서도 먼저 지대(地大)의 성(性)을 분석함으로써 사대의 상(相)을 파(破)하면 공성(空性)에 머무르게 되는데 이것이 입도(入道)의 초보라고 하였다.

한편 『구사론』의 교의(敎義) 또한 필요해서 나온 것이고, 또한 깊은 뜻이 있다. 『능가경』 게송품에 또 다음과 같이 설하였다.

能生及所生	能生(能造四大)과 所生(所造四大)이
皆是自心相	모두 自心相이나니,
密意說能生	密意로 '能生' 설하였으나,
而實無自生	실은 자체가 생한 것 아니니라.

즉 밀의(密意)로 '능생(能生)'을 설하였다 하였으니 능조사대(能造四大)를 설한 것이 밀의(密意)가 있어서임을 알 수 있다. 그 밀의는 궁극의 신증을 성취하여야 온전히 알 것이나 전술한 『금강심론』의 아뇩다라 즉 지상의 해설에서 그 일면을 엿볼 수 있지 않을까 하는 것이다. 경전에서 밀의는 대체로 방편(方便. 智慧)을 내용으로 하는 것이다. 이를테면 앞에 인용한 『대일경』권1에서도 "방편(方便)이 구경(究竟)이다"고 하였다. 또한 본래 생한 바 없는 능생(能生. 能造四大)을 방편으로서 시설한 것이기에 밀의이다. 또한 밀의는 여래의 부사의(不思議)한 화현(化現)과 중생 교화행에 깃들어 있다. 전술한 바와 같이 여래가 열반에 안주하지 아니하고 색구경처(色究竟處)에 머물러 성취하고 화현(化現)하심이 밀의이되 그 자리에서의 역통자재함은 곧 색구경(色究竟)인 극미(極微)의 역통자재함이기도 한 것이다. 그러한 역통자재가 곧 능조사대와 소조사대로서 드러나고 설명되는 것이니, 『금강심론』에

圓通한 眞空 중에서	能造四大의 慧性과
所造四大의 智相이	一圓球가 되어서 (p.82)

라 함은 곧 양자가 각각 혜성(慧性)과 지상(智相)으로서의 의미를 지니고 여래 화현(化現)과 중생교화에 방편으로서 행해짐을 뜻한다고 본다. 이 구(句)는 5단계로 나눈 성취의 계위에서 궁극인 제5 불신원만위(佛身圓滿位)를 설명한 것인데 바로 『능가경』의 사종선(四種禪. 愚夫所行禪 · 觀察義禪 · 반연진여선攀緣眞如禪 · 如來禪) 설명에서 궁극인 여

래선(如來禪)이 바로 중생과 보살을 호념(護念)하고 교화하는 행(行)으로 설명되고 있는 것과 상통한다. 그러나 이러한 일체의 법과 행은 이체(理體)인 법신(法身)을 바탕으로 하는 것이며, 성불(成佛)은 곧 이 법신(法身)에 계합하는 것인지라 그 법신의 이(理)인 능생(能生)과 소생(所生)이 모두 자심상(自心相. 一心)이어서 따로 얻을 바가 없는 것이며, 능생이 본래 생한 것이 아니고, 그래서 소생도 무생(無生)임을 알고 가야 하는 것이다. 위에 인용한 『능가경』의 가르침은 바로 이러한 뜻이고, 『금강심론』 또한 "먼저 법신의 경계(境界. 理法)에 안주(安住)하라"고 한 것이다. 이러한 선지(禪旨)는 초기 선종의 선법(禪法)과 일치한다.(이에 대해서는 박건주(2007)를 참조) 『능가경(7권본)』 게송품에 설한다.

心心所功能	心과 心所의 功能이
聚集蘊相應	온(蘊, 오온 : 色受想行識 : 모든 존재)을 聚集하여 상응함을
無智不能取	無智한 자는 알 수 없나니,
蘊中我亦爾	온(蘊) 중의 我 또한 그러하네.

능(能)으로서의 심(心. 心王)과 심동(心動)으로 나오게 되어 대상화된 심소(心所)의 공능(功能)으로 일체의 존재[蘊]가 나온 것이라 하였는데, 이 심과 심소 즉 견분(見分)과 상분(相分)이 본래 따로 없었고, 꿈과 같은 경계인지라 이로부터 나온 것 또한 있음이 아니라는 뜻이다. 능조사대(能造四大)와 소조사대(所造四大)의 작(作)도 실은 극미(極微) 보다 더 미세한 인허(隣虛), 그리고 궁극의 자리인 일심(一心) · 진공(眞空)을 떠난 것이 아니다. 능(能) · 소(所)가 따로 없는 본래 일심(一心)에서 무명(無明)의 바람이 홀연히 불어 보는 자리[見分]를 세우게 되니 일체법이 모두 상분(相分)이 되어 꿈속의 심(心. 識) 경계에 들어간 것이 중생이다. 아(我)라고 하는 생각도 이러한 꿈에서 나온 것이다. 따라서 색구경(色究竟)으로서의 극미(極微)나 여래가 머무는 색구경처(色究竟處)도 실은 무생(無生)이고, 그러한 자리에서 일체 중생을 교화하고 설하심도 실은 중생의 경계를 화작(化作)하여 행하심이니, 바로 방편으로서의 밀

의(密意)라 하겠다. 그리고 그러한 밀의로서 행해지는 여래의 행화(行化)에서의 지상(智相)은 인위(因位)의 보살이 조적(照寂)하는 차원에서 발현되는 지상과는 구분되어야 할 것이다. 여래위(如來位. 果位)에서의 지상은 어디까지나 적조(寂照)의 차원일 것이기 때문이다. 중생 행화(行化)를 위해 밀의(密意)로 머무르는 색구경처(色究竟處)가 그러한 의미에서 '아누(阿耨)+다라(多羅)'(阿耨와 妙目精)의 합성어로 쓰일 수 있고, 지상은 바로 이러한 의미의 색구경처와 '아뇩다라'를 통하여 이해될 수 있다.

7. 결 언

금타화상의 『금강심론』에서 해설한 지상에 대해 보다 원만하고 명확한 이해를 얻기 위해 그 어의(語義)에 대한 분석과 더불어 여래의 행화(行化)와 심지법문(心地法門)과 관련하여 해석될 수 있는 면을 지적해 보았다.

금타화상에 의하면 지상이란 지(智)의 공용(功用)인 지덕(智德)과 구분하여 불보살의 신증(身證)에서 구현되는 천안(天眼) 소견(所見)의 상(相)인 아누(阿耨)와 다라(多羅. 法眼・慧眼・佛眼의 妙目精) 소견의 상을 뜻한다. 아뇩다라는 오안(五眼)을 구비하여 제법의 실상(實相)에 융통(圓通)한 지혜의 눈과 그 소견인 상을 함께 말한 것이라고 하겠다. 그 아뇩다라(妙目精)는 정견(正見)과 정정(正定)을 구족한 정지(正智)인 까닭에 삼먁삼보리라고 한다. 이것이 아뇩다라삼먁삼보리(阿耨多羅三藐三菩提)를 지상(智相)의 면에서 풀이한 것이다. 아뇩다라삼먁삼보리를 무상정등각(無上正等覺)으로 풀이함은 지덕(智德)을 개시(開示)한 것이고, 아뇩다라(阿耨多羅)의 묘목정(妙目精)과 그 소견(所見)의 상(相)으로 풀이함은 지상을 개시(開示)한 것이다. 경론에 자세히는 설파하고 있지 않으나 아뇩다라삼먁삼보리의 지상에 대한 설법이 간략하지만 없지 않음을 금타화상은 지적하였다.

한편 지상(智相)을 보다 폭넓고 깊게 이해하는 데는 여래가 열반에 머무르지 아니하고 행화(行化)하는 것과 관련하여 살펴볼 필요가 있다. 과위(果位)인 여래위(如來位)에서 열반에 머무르지 아니하고 중생 구제의 행화(行化)를 위해 색구경처(色究竟處)에 머물러 역통자재(力通自在)하는 가운데 구현되는 경계가 곧 지상(智相)이기도 하다. 색(色)의 차원에 머물러야 중생에 대한 행화(行化)가 가능하고, 그러한 색이 있어야 역통자재함도 가능하다. 여래가 색구경처에서 열반에 드시고 또 여기에서 정각(正覺)을 이루신다는 것은 곧 색에 머물되 색에 역통자재할 수 있는 색구경처에 머물러 행화하신다는 뜻이다. 여래위는 능소(能所)를 떠나 있어 상(相)이 없으나 행화를 위해 밀의(密意)로 방편의 지상을 구현한다. 그리고 그러한 밀의로서 행해지는 여래의 행화에서의 지상은 인위(因位)의 보살이 조적(照寂)하는 차원에서 발현되는 지상과는 구분되어야 할 것이다. 여래위(果位)에서의 지상은 어디까지나 적조(寂照)의 차원일 것이기 때문이다. 중생 행화를 위해 밀의로 머무르는 색구경처가 그러한 의미에서 '아누 + 다라'(阿耨와 妙目精)의 합성어로 쓰일 수 있고, 지상은 바로 이러한 의미의 색구경처와 '아뇩다라(阿耨多羅)'를 통하여 이해될 수 있다.

금타화상의 『금강심론』에서 지상에 대한 창의성이 돋보이는 지적은 높이 평가되어야 할 것이다. 한편 『금강심론』에는 그밖에 실로 불교사상(佛敎史上) 특출하며 획기적인 성과가 가득하다. 근래에 이루어진 이러한 성과를 현대인들이 너무 도외시하고 있다. 한국 근현대 불교사(佛敎史)의 자랑이며 역사에 길이 남을 명저(名著)로서 만인에게 알려지고 전승될 수 있도록 해야 할 것이다.

본 글은 어디까지나 이 주제에 대한 시론(試論)에 지나지 않는다. 보다 깊고 원만한 수증(修證)을 통하여 이 주제는 더욱 명료하게 해설되고 입증될 수 있을 것이다.

참고문헌

釋金陀 著, 淸華 編, 『金剛心論』, 서울: 寶蓮閣(곡성: 태안사 발간), 1986.(1993년부터는, 서울: 을지출판공사와 곡성: 성륜사에서 출판).

淸華禪師, 『碧山堂金陀大和尙塔碑銘』, 곡성: 성륜사, 2000.

聖輪佛書刊行會篇, 『淸華禪師法語集Ⅱ: 圓通佛法의 要諦』, 곡성: 聖輪閣, 1993.

空閒山人 註解·編, 『首楞嚴三昧論』, 서울: 能顯禪院, 1987.

박건주 역주, 『능가경 역주』, 서울: 운주사, 2010.

정의행, 「白羊寺의 僧傳」, 『불교문화연구』제6집, 남도불교문화연구회, 1996.

史一如, 『俱舍論頌略釋』, 上海佛學書局, 1996.

박건주 저, 『중국초기선종 능가선법 연구』, 서울: 운주사, 2007.

천부경에 내재된 기의들의 상호관계성

선 미 라
성산효대학원대학교

목차

1. 서 언

이 논문은 천부경의 몇 가지 사상적 특징과 언어기호 해석을 중심으로 하는 텍스트의 상호관계성에 대한 연구이다. 천부경의 관계성은 천지인의 사상을 숫자로 표시하여 2진법과 10진법의 상호성을 통하여 나타나며, 천지인의 사상은 바로 이 숫자를 중심으로 우주사상과 연계하고 있다. 그래서 정신과 육체의 활용과 그 실체의 대상이라고 하는 상호관계성을 중요시함으로써 천부경의 기본사상이 표현되고 있음을 알 수 있다. 또한 천부경은 그 용례를 제시함으로서 인간의 삶의 질을 향상시키는 미래지향적 관점을 제시하고 있는데, 그것은 모든 실체의 주체라고 하는 자아 중심사상이 종교적 관점과 함께 제시되고 있다는 점을 시사한다. 무엇보다도 천부경에서 우리는 언어 기호 형성과정을 통한 연구방법론으로 무극과 태극 그리고 황극의 관계를 이해할 수 있으며, 기와 신의 문제, 빛과 소리의 문제 그리고 그 행위의 과정들에 대한 수의 새로운 해석이 가능함을 알 수 있다. 이렇게 다의적 의미를 지닌 통시적 관점에서 천부경은 고대 경서중의 하나로서 이 경서에는 우주생성과 그 원리에 대한 문자가 기호형태로 새겨져 있다. 그래서 현대의 여러 학자들은 이 고대 문자에 대한 해독을 여러 각도에서 풀이해 보려는 연구를 시도하고 있는데, 그럼에도 불구하고 통시적 관점에서의 문자이해와 그 문화적 차이로 인하여 많은 어려움을 가지고 있다. 본고에서는 바로 이러한 노고들에 대한 작은 연구의 일환으로 천부경의 기본적인 문자 해독의 방법과 그 텍스트 이해에 있어서 도움이 될 만 한 몇 가지 과정적 방법론에 대해서 언급하려고 노력한다. 전개방식은 역사성을 존중하는 통시적 방법도 시도하고 있지만, 큰 흐름으로는 문화와 공간적 범주를 존중하는 공시적 방법론으로 더 많은 서술을 허용하며, 내용에 있어서 천부경의 어휘를 중심으로 하는 언어기호적 풀이로 그 연구 범위를 한정한다.

이를 위한 구성으로는 먼저 천부경의 우주사상의 일면을 담고 있는 천지인의 관계와 이를 설명하는 기본 구조의 무극 태극 황극의 생성과정과 빛과 소리에 관계하는 기와 신의 관계 그리고 그 활용적 측면을 강조하는 행위의 상관관계 순으로 설정해 본다.

2. 천부경의 사상들

천부경에 대한 연구는 이미 여러 종교적 관점에서 검토되어 오고 있다. 기독교적 관점에서는 천부경의 천지인에 대한 의미를 성경의 삼위일체와 비교 분석하는 관점에서 해석되어 지며, 불교적 관점에서는 천부경의 일(一)에 대한 의미를 윤회(輪回)나 유식(唯識)사상으로 보고 있는 경향이 있다. 이러한 끊임없는 연구에도 불구하고 천부경의 정신은 곧 나라고 하는 사고에 입각하지만 삼위일체는 내가 하나님이 될 수 없다는 점이다. 또한 천부경에서 천지는 하나의 자연물로서 여겨지지만 삼위일체에서 일 이(一 二)는 하나로 다루어 지지 않는다. 불교의 유식사상 역시 하나의 공(空)사상을 설명하기 위한 의미소로서 일체의 존재가 실체가 없다라고 하는 현상적 세계의 실체 부정론으로 볼 수 있다. 이러한 고전적 교리의 시각 틀 안에서 바라보는 천부경의 해석의 문제는 그 동일성과 차이라는 점에서 매우 다양하게 나타나지만, 그럼에도 불구하고 종교 간의 다각적인 입장에서 그 해석이 가능하다는 점에서는 그 의의가 매우 높다라고 볼 수 있다. 본고에서는 이러한 다양한 시각에서의 천부경 해석에 있어서 그 방향을 제시해 볼 수 있는 텍스트 그 자체에 초점을 두면서 텍스트의 어휘구성에서 생성되는 천부경의 사상을 살펴본다.

먼저 천부경의 81자의 구성은 우주사상을 문자 텍스트로 정리한 언어기호로 볼 수 있다. 문장의 문법적 규칙보다는 단어의 상징성을 강조한 함축언어를 사용함으로서, 높고 넓은 우주 공간의 세계를 인간의 의식 안으로 옮겨오려고 시도한 흔적을 발견해 볼 수 있는 것이다. 텍스트의 첫 번째 시퀀스인(본고에서는 천부경의 81자 문장구조를 기호학적 연구에서 시도하고 있는 의미단락의 구분 단위인 시퀀스의 개념을 차용하여 이해하기 쉽게 첫 번째 시퀀스와 두 번째 시퀀스 등으로 각각의 문장을 구별한다) 텍스트에서 '一始無始一(일시무시일) 析三極無盡本(석삼극무진본)'에서는 우주의 생성과정을 단자론적인 입장과 천부인권설을 중심으로 발전시키고 있음을 알 수 있다. '모든 것은 하나에서 시작되나 그 하나는 시작이 없고, 하나가 나뉘어 셋이 되지만, 그 다함이 없는 근본은 그대로다'라는 표층구조에서 우리는 우주폭파설과 상통한 천부경의 이미지를 연상해 볼 수 있으며, 이는 단자론과 상통하면서도 圓의 형태로서, 이미 지구의 천동설 입장에서 탈피하여 지동설을 설파하는 코페르니쿠스적 발상의 전환을 예시하는 어휘라고도 볼 수 있다.

두 번째 시퀀스인 '天一一地一二人一三(천일일지일이인일삼)'에서는 우주 질서론을 연상해 볼 수 있으며, 이는 장 쟉크 루소(J. J. Rousseau)

의 천부인권설과도 관련이 있다고 보여 진다. 우주의 방향 이해에 있어서 천지인은 각각 일 이 삼으로 표현이 되고 있으며, 이는 순차적으로 순리에 입각하여 우주 만물의 모든 실체가 각각의 위치와 용량을 지니고 있음을 담고 있는 어휘이다.

세 번째 시퀀스인 '一積十鉅無櫃化三(일적십거무궤화삼)'의 어휘에서 우리는 우주확장론을 추론해 볼 수 있다. '하나가 모여 열이 되고, 우주의 기틀이 갖추어지되 모두 셋으로 이루어져 있다'라는 의미는 헤겔(Hegel)이나 하이데거 (Heideggar) 그리고 칸트(Kant)나 메를로 퐁티(Ponty) 같은 현상학자들의 인식론적 방법틀과 그 맥락을 함께하고 있음을 알 수 있다. 천부경의 불교적 관점에서 해석하고 있는 김용환은 이 시퀀스에서 한얼태교 사상을 주장하고 있다. '하나 쌓아 열이 되면 상자가 없어 셋으로 바뀐다'라는 한글 해석을 하고 있는데, 이는 한얼을 쌓아 열 달이 차면 담을 상자가 없어 생명체가 결국 어머니 자궁 밖으로 나온다는 의미로 해석하고 있는 것이다. 또한 이 시퀀스에서는 농경생활의 일면과 그 생활상에서 차용되는 들녘의 볏단을 연상케 하는 문화사회학적 입장을 제시하고 있어 당시 농경이라고 하는 문화적 입장 수용을 가능하게 하고 있음을 엿볼 수 있다. 네 번째 시퀀스인 '天二三地二三人二三(천이삼지이삼인이삼)'에서는 우주의 공간론을 엿볼 수 있다. '하늘이 둘을 얻어 셋이 되고, 땅이 둘을 얻어 셋이 되고, 사람이 둘을 얻어 셋이 된다'라는 의미에서 하늘과 땅, 사람 모두가 하늘·땅·사람이라고 하는 세 가지 차원을 가지고 있음을 암시한다. '이'가 '삼'하니 완전하다는 수식의 논법을 이 어휘소에서 읽을 수 있으며, 이는 바로 천 지 인의 조화로 이어져 내려옴을 암시하는 기의체로서 과거와 현재의 미래와의 연관성을 예시하는 문장으로 볼 수 있다. 그래서 하늘이 내어준 땅도 완전하고 땅이 내어 준 땅도 모자란 것이 없으며, 인간이 만들어 낸 그 땅도 편안하니 행복만이 존재하는 구나라는 천부경의 행복추구사상을 엿볼 수 있다. 천부경의 사상적 맥락은 바로 이 네 번째 시퀀스에서 찾아 볼 수가 있으며, 이는 또한 우주 공간에서의 상호관계성이 이루어짐을 암시받을 수 있는 시퀀스라고 볼 수 있다. 다시 말해 하늘이 둘을 얻어 셋이 되고, 땅이 둘을 얻어 셋이 되고, 사람이 둘을 얻어 셋이 됨으로서 우주간의 상호 교통과 소통의 가능성을 암시받을 수 있는 것이다. 그래서 우주간의 천지인 삼재가 상호관계성 속에서 그 유기적 실체를 공유하고 있음을 알 수 있다. 다섯 번째 시퀀스인 '大三合六生七八九運(대삼합육생칠팔구운), 運三四成環五七一(운삼사성환오칠일)에서는 우주의 교감과 소통의 과정을 우주의 운동성과 변증법으로 묘사하고 있음을 알 수 있다. 크게 합하여 여섯이 되고, 여섯이 일곱과 여덟을 만들며, 아홉에서 순환하며, 셋과 넷이 어울려 고리를 만들고, 다섯과 일곱이 어울려 일체가 된다'라는 의미에서 하늘과 땅 그리고 사람이 합쳐져서 온갖 사물을 형성하고, 진화하고 발전하여 완성에 이르름을 알 수 있다. 이는 네 번째 시퀀스에서의 천지인이 다섯 번째 시퀀스에서의 실천구조와의 상관성을 통해 천 지 인의 구체적인 목표와 그 기능을 강조하고 있다는 점에 주목하게 한다. 다시 말해 김홍호는 절대 1과 상대 2가 합하여 3이 되고, 3이 합하여 6과 9가 되는데, 태음은 6, 소양은 7, 소음은 8, 태양은 9로 돌아가 춘하추동이 된다고 한다. 천 3, 지 4의 하늘과 땅을 이루고 오행이 그 가운데 펼쳐져 금목수화토가 된다고 주장한다. 이때 7은 하늘과 땅을 합한 완전수이고, 1은 근원수, 묘는 하나, 연은 일곱이 되어 하나가 일곱이 되고 일곱이 하나가 된다고 한다. 필자가 보는 견해는 크게 합하여 여섯이 되고, 여섯이 일곱과 여덟을 만들며 아홉에서 순환한다는 의미로 풀이가 가능하며, 이는 우주의 운동성을 엿볼 수 있는 시퀀스로 볼 수 있다. 마치 서양의 정반합을 중심으로 전개되는 변증법적 규칙을 우주의 순환론의 기본으로 사용하고 있음은 바로 천부경의 기하학적 이미지가 풍부하게 내재되어 있다는 해석으로도 볼 수 있는 것이다. 다시 말해 우주의 운동성은 인식론의 변증법과 상통하여 우주간의 소통을 가능하게 한다는 어휘로도 볼 수 있다는 것이다. 여섯 번째 시퀀스인 '妙衍萬往萬來 用變不動本(묘연만왕만래 용변부동본), 本心本太陽昻明人中天地一(본심 본태양앙명인중천지일)'에서는 우주의 원칙론과 천지인 사상의 결실을 알 수 있다. '만물이 이와 같은 질서 속에 오묘히 오고 가며 온갖 모양과 쓰임을 지어내지만, 그 근본에 있어서는 변함이 없으며, 본마음은 태양과 같아서 오직 빛을 향하니 사람 안에 하늘과 땅이 있어 셋이 일체를 이룬다'라는 어휘에서 우리는 제사장과 신관의 이미지를 연상해 볼 수 있다. 천부경의 핵심어휘소의 집합으로 필자는 이 시퀀스를 주목한다. 인간의 우주로 향하는 수련법의 이치를 '본심본태양'으로 묘사함으로써 마지막 습의 과정을 제사장과 신관의 모습으로 그리고 있는 것을 연상해 볼 수 있는 시퀀스이기 때문이다. 그리고 여기에서 '본태양'은 태양계의 태양이라기보다는 천지인의 합일로서 온 우주를 연결시키는 '태양새'의 상징으로 보는 것이 이 텍스트의 맥락에 더 어울린다고 보며, 이는 또한 신인합일의 사상을 암시한다고 볼 수 있다. 다시 말해 이 시퀀스의 핵심 기의소는 그 어떤 결과물이며, 이는 농경문화에 있어서 수확의 이미지로서 결국 천부경에서 발현하고자 하는 결실의 이미지와도 매우 상통하고 있다는 점을 알 수 있다. 마지막 시퀀스인 '一終無終一(일종무종일)'에서는 우주순환론을 역설하고 있음을 알 수 있다. 앙리 푸엥카레(H. Poincaré)의 우주 연속성과 지속성의 개념과도 일맥 상통하는 어휘로서, 이는 결국 우주의 속성에 있어서 공(空)의 개념으로서 천부경에서는 그 이미지를 연출한다고 볼 수 있다.

이러한 천부경의 사상은 결국 우주의 순환론을 강조하기 위한 것이며, 천지인의 연속성과 지속성의 특징을 농경문화의 순환체계로 설명하고 있음을 알 수 있다. 이러한 관점에서 살펴 볼 때 천부경의 여러 다양한 사상이 오늘날 우리의 생활상에서 어느 부분에 녹아들어 있으며, 향후 어떻게 활용할 수 있는가에 대한 해법도 찾아 볼 수 있는 그 정신적 근거를 마련해 볼 수도 있다. 이점은 바로 천부경이 한민족 상고대 시대의 단순한 사상적 맥락을 넘어선 인류 공동의 보편적 생활철학이 될 수 있음과 동시에 천부경의 우주사상이 바로 현대적 삶의 정신적 지표가 될 수 있음을 가능케 하는 요인으로도 보여 지는데, 그 구체적인 텍스트 언어의미는 다음 장에서 설명되는 천부경의 언어기호에서 살펴본다.

3. 천부경의 언어기호

앞장에서 살펴본 천부경의 시퀀스와 그 사상적 흐름은 그 어떤 격식을 갖추고 있음을 알 수 있다. 다시 말해 첫 번째 시퀀스에서 시작하여 마지막 일곱 번째 시퀀스에 이르기 까지 그것은 숫자의 형성을 갖추고 있으며, 그것은 또한 어휘들의 상징이라고 하는 언어 기호의 과정을 담고 있음을 알 수 있다. 시간적으로 수 천 년의 역사성이라고 하는 통시적 개념을 압축하여 하나의 상징어로 표현하고 있는데, 그것은 곧바로 천부경의 의미를 알려주는 하나의 기호로 작용하는 기능을 수행하고 있다. 대표적인 언어 기호로 첫 번째 시퀀스에서 나타나는 '극(極)'자를 통해 우리는 천부경 텍스트에서 발견되는 언어의 상징성이 얼마나 압축적이며 통시적인가에 대해 살펴본다.

천부경의 천지인은 각각 무극과 태극 그리고 황극으로 구별되어 나타나는데 무엇보다도 중요시 하는 점은 태극의 언어 기호이다. 이때 태극이 하나의 상징성을 지닌 기호이기 위해서는 그 상징성이 가지고 있는 일정한 요건을 필요로 하는데, 그것은 태극이 지니는 문자적 역사성일 때 가능하다. 그렇다면 천부경의 첫 번째 시퀀스에서 등장하는 이 극의 사상에서 태극은 그 상징적 특성인 '과정'을 지니고 있다는 결론을 도출해 볼 수 있다. 이점에 대한 이해를 위해 우리는 언어 기호가 갖는 언어 형성의 과정을 밝혀봄으로서 그 이해를 돕는다. 먼저 태극이라고 하는 문자기호는 無極(무극) ⇒ 太易(태역) ⇒ 太初(태초) ⇒ 太始(태시) ⇒ 太素(태소) ⇒ 太極(태극)이라고 하는 6단계에 걸쳐서 이루어짐을 알 수 있다.

무극에서 태극으로 변화하는 과정에는 太易 ⇒ 太初 ⇒ 太始 ⇒ 太素

단계를 거쳐서 태극(太極)으로 되는 생성의 과정이 있으며, 그 각각의 구성은 양자, 전자, 중성자로서 3수의 구성 틀을 갖추고 있음을 알 수 있다. 먼저 태극(太極)에서의 '태(太)'자(字)의 구성과 그 변화의 과정을 살펴본다.

태(太) 자의 구성은 '一'(天: 하늘, 양자, 유전인소)과 '人'(인간: 중성자, 열매, 결실, 대행자), 그리고 '·'(地: 땅, 전자, 羊水: 養水)으로 구성되어 있으며, 이때 일차적으로 형태학적인 측면에서 살펴보면 인간은 열매요, 자녀가 되고, 하늘은 양(陽)으로서 아버지가 되며, 땅은 품어서 기르는 음(陰)의 덕성으로서 어머니가 되는 것으로 볼 수 있다. 이차적으로 그 생성과정으로 살펴보면 '일(一)'은 정신의 유전인자인 '양(陽)'이 되며, '인(人)'은 형태로 드러난 중성자 매개자'음(陰)'이 되며, '·'은 정신의 유전인자의 결실인 '정(精)'과 '(신)神'을 상징하며, 결실 후에는 반드시 휴식의 형태로 드러난다. 왜냐하면 생성과정 이후에는 휴식의 마디로 볼 수 있는 기반으로서 그것은 새로운 생성의 시작으로 볼 수 있기 때문이다. 그러므로 형태의 구성 틀은 양자(陽 +)와 전자(陰 −) 그리고 중성자(中 ·)로 기호화 되며, 생성의 변화 과정은 생장렴장(生長斂藏)의 순환체계로서 표출된다.

이러한 관점에서 '人'의 구성과 그 생성과정을 살펴보면 다음과 같다.

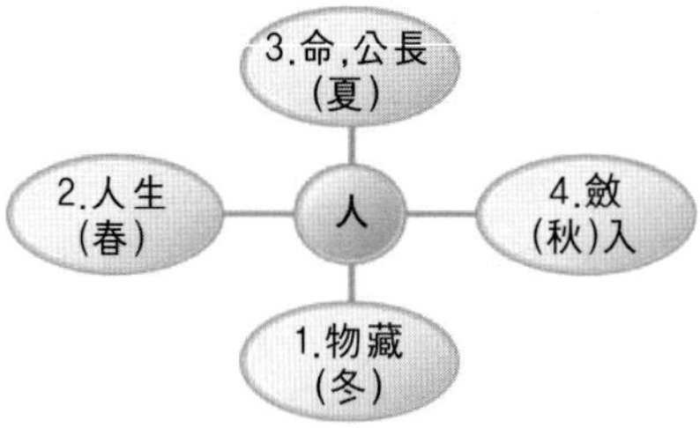

('人'의 구성과 생성과정)

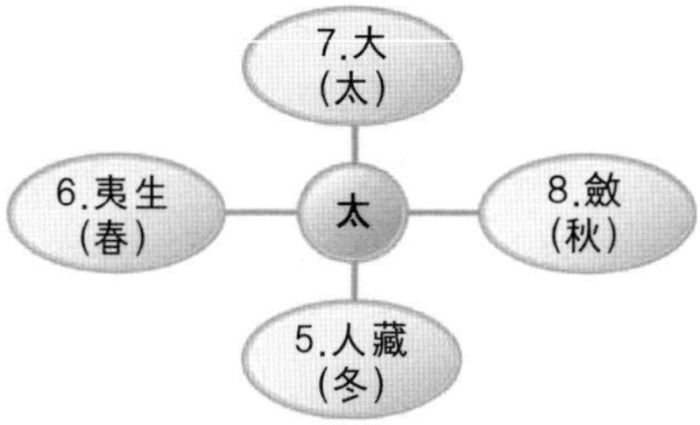

('太'의 구성과 생성과정)

위 도표 1항에서 인(人)의 구성과 그 문자의 형태를 살펴보면 먼저

'물(物)'자(字)는 천지만물의 형태가 있는 것(음양이 붙여서 太極으로 존재하는 모든 것)은 모두 포용되는 문자(文字)로서, 이는 '물(物)'자(字)의 이미지의 소리로서 기표를 의미하며, '인(人)'자는 이 물(物)에서 '丿'자는 음양(陰陽)의 '양(陽)'이라고 하는 기의이며, '㇏'자는 음양(陰陽)의 '음(陰)'이라고 하는 또 다른 기의로서, '人'자는 물(物)의 결실, 음양(陰陽)의 결실, 대행의 의미와 함께 '人'자를 우리는 사람을 뜻하는 하나의 언어 기호로 볼 수 있다. 사람이 천지만물의 결실이며 대행자이기 때문이다. 위 도표 2항에서 '人'은 생(生. 春. 봄)의 과정으로 양(陽)이 크고, 음(陰)이 작은 것을 뜻하고, 3항에서 '명(命)', '공(公)'자는 장(長. 夏. 여름)의 과정으로 음과 양이 동등한 뜻을 가지고 있으며, 4항에서 '人'자는 렴(斂. 秋. 가을)의 과정으로 양보다 오히려 음이 더 큰 것을 뜻하는 것으로 나타난다. 그러므로 활을 위로 쏴 올렸을 때 위로 올라갈 때의 운동은 봄과 여름의 과정으로 양(陽)기운이 전진하는 기운이 강할 때이며, 위로 올라간 정점은 음양이 동등(同等)할 때이며, 전진하는 기운이 제로에서 내려오면서 후퇴하는 음기운이 더 강할 때 하강하는 것이 인(人)의 구성과 그 생성과정이다.

다음은 태(太)의 어휘구성과 그 생성과정에 대해 살펴본다.

위 도표 5번 항의 '人(인)'은 천지만물의 결실인 음양의 대표로써 사람 '人'자이며, 6번 항의 '夷(이)'자는 인간이 어린상태에서 생겨 문자는 모르고 말씀 소리로만 듣고 말하는 과정을 묘사하는 것으로서 '夷'자를 기호 과정으로 분석해보면, '一'자와 '人'자와 '弓(궁)'자로 구성되어 있음을 알 수 있는데, 이때 '一'자는 하나님, 우주의 절대자, 본체, 무극을 뜻하는 이미지 기의로 볼 수 있으며, '人'자는 어린 사람의 기의이며, '弓'자는 소리, 우주의 본음, 하나님의 말씀으로 음파를 뜻하는 기의로 볼 수 있다. 그러므로 '夷'자는 어린사람이 하느님의 말씀으로 온몸을 감싸는 형상으로, 이는 곧 하나님의 자녀, 천손민족(天孫民族)을 뜻하는 기의들의 동위원소로 볼 수 있다. 그래서 중국이 우리민족을 동이족(東夷族)이라 했으며, 뒤 훗날에 중국이 자신의 뿌리도 모르고 감정적으로

'夷'자를 오랑캐라 했지만 환국시대에는 구이족(九夷族. 黃夷族·玄夷族·赤夷族·暘夷族·白夷族·風夷族·方夷族·嵎夷族·畎夷族)으로 구성된 12환국이 있었고, 역사에도 천손민족으로써 오늘날 통시적 관점에서 연구되는 세로 종(縱)의 역사와 공시적 관점에서 연구되는 방계(傍系)의 역사로 가로 횡(橫)의 역사가 있는 것이다. 그리고 7번 항의 '大'자는 '一'자와 '人'자의 어휘소로 구성된 언어기호로서, 이는 인간이 하느님의 마음을 실현하는 의미를 담고 있으며, 어휘소로서의 '一'자는 하느님의 마음, 한마음이지만 텍스트에서 형태로 드러날 때는 '三'수(數)로 나타낸다. 즉 '元(원)'자는 위 '一'은 하나, 근원, 한마음의 뜻을 가진 어휘소이며, 아래 '一'은 땅에서 음양(陰陽)을 나타내는 어휘소로 볼 수 있다. 그래서 이 '元'자가 자신의 모습을 드러낼 때는 '光(광)'자로도 그 의미전달이 가능하며, 이때에 한 마음은 삼신(三神)으로서 그 모습을 나타낸다. 그렇기 때문에 그 한마음, 일신(一神)이 완전히 드러나면 '旦(단)'자가 되며, 그 삼신(三神)이 완성되면 '晶(창)'자가 된다. 다시 말해 '元'자, '光'자나 '旦'자, '晶'자는 한 마음, 하느님의 마음, 변화하는 모습으로서 그 본질이 같다는 기호적 의미에서 하나의 동위원소로서 작용한다. 그리고 大 자의 '一'은 한마음을 연상케 하는데, 여기에서 '일신(一神)'은 자신의 모습을 나타낼 때는 삼신(三神)으로 나타나는데, 그 삼신에서 그 마음은 성명정(性命精)이고, 그 성명정, 하느님 마음이 지상에 나타날 때는 성(性)은 선교(仙敎. 東仙: 도교, 西仙: 기독교)로, 명(命)은 유교(儒敎)로, 정(精)은 불교(佛敎)로 펼쳐지게 된다. 8번 항에서 '太'자는 불선유(佛仙儒)를 통달한 대인(大人)이 완성(完成)된 자를 태인(太人)이 되며, 옛 사람들은 이를 태일(太一)이라 했다. 그러므로 太 자는 우주의 시작과 끝을 나타내는 뜻을 담고 있으므로 太易 ⇒ 太初 ⇒ 太始 ⇒ 太素의 단계로써의 太 자를 쓰고 있는 것이다. 이러한 관점으로 태역(太易)의 어휘구성을 살펴볼 때 '역(易)'은 '일(日)'과 '물(勿)'의 어휘소로서 '일(日)'은 양(陽)을 상징하는 이미지 기호이며, 원자에서 양자를 나타내는 기의로 작용한다. '勿'은 음(陰)을 상징하는 이미지 기호로서 이는 원자에서 전자를 나타내는 또 다른 기의다. 이는 원자의 구성 틀을 갖추고 있으면서 양자와 전자 작용 없이 입자 상태로 있는 상태이므로 태역(太易)은 기미발(氣未發)의 경계이며, 세 번째 변화 단계의 태초(太初)의 '초(初)'는 '衤衣'와 '刀刂'의 조합으로 구성되어 '衤衣'는 '示礻'의 위의 '一'은 하느님의 마음, 하나의 마음을 뜻하는 기의소로, 아래는 지상에서 하느님의 마음이 펼쳐질 때 삼신(三神)인 성명정(性命精)인데, '衤衣'는 아래 성명정 중에 정(精)이 두 갈래로 나누어져 표현됨으로서 태초에 대한 동위원소적 역할을 하고 있다. 이것은 정(精)의 형태와 에너지로 나누어진 이미지이며, '刀刂'는 가로 횡(橫)으로 나눈다는 뜻의 이미지이므로 태초(太初)는 기발현(氣發見)의 경계를 의미하는 기호소로 볼 수 있다.

네 번째 변화 단계의 태시(太始)의 '시(始)'는 '女'와 '台'의 조합으로 女와 㚤은 천지만물을 낳는 근원으로서, '女'는 성숙한 여인을 뜻하며, 台의 'ㅿ'는 하나님의 말씀인 성명정(性命精)이며, '口'는 말씀이 표현되는 뜻의 기의소로서 태시(太始)는 형지시야(形之始也)의 경계를 의미하는 기호소이다, 다섯 번째 변화 단계의 태소(太素)의 '소(素)'는 '主'와 '糸'의 어휘소가 결합한 것으로서 '主'의 어휘소 위에 있는 점은 우주의 절대자 하나님이며, 아래의 어휘소는 천지인(天地人)을 관통한 자, 다스리는 자, 우주의 주인을 뜻하는 기의소로 작용한다. '糸'는 하나님의 말씀이 세로 종(縱)과 가로 횡(橫)으로 형성되는 공간개념으로서 이는 우주 천지에 펼쳐진 뜻의 동위원소를 가지고 있는 기호체로서 태소(太素)는 질지시야(質之始也)의 경계를 의미하는 기호소이다.

이렇게 다섯 번째 과정을 통해 탄생한 '태극'이라는 하나의 언어 기호가 어떻게 생성되었는가에 대한 전 과정을 살펴봄으로서 우리는 과정 기호의 의미에 대해 생각해볼 기회를 가질 수 있었다고 본다. 지금까지 살펴본 과정을 통해서 비로소 태역(太易)은 태초(太初)를 낳고 이 태초는 다시 태시(太始)를 낳아 이 태시로 하여금 또 다시 태소(太素)의 단계를 거쳐 태극(太極)이 형성되게 함으로서 비로소 천지만물의 출현을 가능하게 하는 것임을 알 수 있겠다.

바로 이러한 태극이라고 하는 기호체는 무극과 황극과의 관계를 열고 있는데, 천부경에서 언급하는 무극의 무(無)는 선천하늘의 뚜껑을 열면 40수로 나뉘어져 있고, 아래에는 무근지화인 인신상화불증기로 완성시키고 있다. 여기에서 40수는 하도(河圖)에서 1, 6水와 3, 8木과 2, 7火와 4, 9金의 수를 더하면 40수가 되므로 우주의 주재자는 모든 계절과 모든 수를 쥐고 있고, 그 경계는 10무극으로 나타난다. 하도낙서의 하단부 점4개는 무극(無極)이 있게 하는 7火인 황극(皇極)이다. 그래서 무극(無極)은 황극(皇極)을 통하여 자신의 모습을 표출하는 대표적인 기표라고 볼 수 있으며, 이는 다음 장에서 전개되는 천부경 텍스트 기호의 기의들에 대한 이해에 도움을 준다.

4. 천부경의 기의들

전장에서 살펴본 천부경의 사상들과 그 기호적 특성들은 천부경의 문자 기호가 내포하고 있는 어떤 규칙을 갖추고 있는데, 그것은 텍스트가 본질적으로 구성하고 있는 심층적 구조라고 말할 수 있다. 그래서 천부경의 81자 텍스트는 텍스트의 문장구성을 위한 기본적인 문법구성과 그 문법을 가능하게 하는 여러 요소들의 결합으로 이루어져 있다고 볼 수 있는데, 이점에 있어서 무엇보다도 우리는 천부경 구성언어에서 그 기의적 요소들을 발견할 수 있는 근거를 찾을 수 가 있게 된다. 다시 말해 태극사상의 무극에로의 발전 과정이 그 개념의 이해를 위한 기표적 구성요소라면, 기(氣)와 신(神)으로 함축되는 빛과 소리는 천부경의 천지인의 내용을 이해하는 기의적 요소로 작용하고 있음을 알 수 있는 것이다. 그래서 여기에서 서술하는 기와 신은 천지인을 이해하는 기본 요소이며, 기와 신은 동전의 양면성과 같은 표리의 관계에서 그 이해가 가능한 것으로서, 이는 빛과 소리의 동위원소로서 작용하여 천부경 텍스트 언어의 심층을 더해 주고 있음을 알 수 있다. 이 장에서는 대표적으로 바로 이 기와 신의 기의적 의미와 그 기와 신의 순리를 밝혀주는 수의 기의적 표현에 대해 전 장에서 구분한 몇 몇 시퀀스를 중심으로 살펴본다.

먼저 기(氣)와 신(神)을 언어기호로 살펴보면 기(氣)는 기운 기의 기호로서 '气'부수의 총10획으로 구성된 문자기호이다. 형태학적으로 살펴보면 먼저 기(氣)는 '米' 와 '气'의 어휘소로 합성되어 있다. 이때 미(米)는 기(氣)가 사통팔달로 튀는 형태이며 气는 선천하늘에 하나의 마음인 하느님 마음의 일기(一氣)를 언덕이나 방호벽으로 가두어서 사용되고 있는 쓸모 있는 기운(氣運)을 상징하는 이미지로 구성되어 있음을 알 수 있다. 그래서 기란 길이와 부피와 관계하는 것이고 체(體)와 용(用)이라고 하는 입자성과 파동성이 사통팔달하는 것의 기(氣)자로 표시된다. 그리고 신(神)은 볼시(示) 자를 기본으로 하고 있으며, 귀신 신의 기호로서 示자를 부수로 하는 총10획의 문자 기호이다. 언어기호인 이 신(神)자는 귀신, 불가사의한 것, 정신, 혹은 혼의 기의소를 가지고 있으며 신(神)은 示 와 申으로 합성되어 있다. 이때 示의 '一'은 하나, 하나님의 마음이며, 그 마음을 나타낼 때는 삼수(三數)로 나타낸다. 그 삼수(三數)로 나타난 마음은 삼진(三眞), 삼관(三關)인 성(性) 명(命) 정(精)인 하느님의 마음을 나타내며, 신(申)은지지(地支)의 신(申)에서 유래하며, 하느님 마음의 형태를 나타낸다. 그래서 이 신(神)자의 기호체를 살펴보면, 이는 우주의 절대자의 기의체로서 3가지의 마음으로 우주체를 본다는 기의로 나타난다. 광(光) 단(旦) 정(晶)이 그 요소로서, 이 원리는 하나의 마음에서 비롯되는데, 이때 한 마음이라고 하는 것은 성(性) 명 (命) 정 (情)으로 외부에 표출된다. 이는 정신계에서는 무극 황극 태극으로 구성되어 활용면에서는 선도와 유도 그리고 불도로서 상징된다. 이때 도(道)라고 하는 것은 무극에서 태극까지의 여정에서 함께하는 음과 양이 하나일 때 도(道)의 세계를 구성하여 이를 도라 칭하며, 음과 양이 나누어져 있을 때를 술(述)의 세계라 하여 술이라는 언어기호로 표시한다. 이렇게 살펴 볼 때 우리는 천부경의 우주원리가 과학의 한 단편을 설명하는 기호체를 함축하고 있다고 말 할 수 있는데, 이는 원자의 세계와 관련이 있음을 알 수 있다. 다시 말해 앞서 설명한 기와 신의 기호체가 원자의 기호체와 그 어떤 상관성이 있다는 것이다. 통상적으로 우리는 과학의 세계에서 원자의 크기는 인간의 육신의 눈으로 보이는 단위가 아니다. 보이는 단위는 가시광선인 380~750㎚나노미터이다. 원자구성에서 양자와 전자 그리고 중성자가 밀고 당기는 힘을 작용하지 않고 구성된 상태로 보여질 때를 입자성이라 하고, 양자와 전자 중성자가 밀고 당기는 힘을 작용하는 것이 보여질 때를 파동성이라 한다. 입자성과 파동성이 동전의 앞면과 뒷면으로 일체이며, 태극이며, 그 형체면(形體面)을 우리는 기(氣)라 하고 그 내면 에너지인 질적(質的)면으로 살펴 볼 때 우리는 그것을 신(神)이라 할 수 있는 것이다.

이러한 기와 신은 천부경의 여섯 번째 시퀀스인 本心 本太陽昻明人中天地一(본심 본태양앙명인중천지일)에서 그 특징을 정리해 볼 수가 있다. 이 시퀀스의 '태양'의 의미는 '태양빛'의 기의소로서 심층적 구조에서는 소리와 빛의 단계에서 정신계와 물질계라는 기의를 표출하게 되는데, 이때 소리의 단계는 적외선에서 중파 장파 초장파까지의 파장을 의미하며, 빛의 단계는 감마선에서 가시광선에 이르는 단계를 말한다. 그래서 물질의 세계와 정신의 세계가 바로 이 소리와 빛의 단계에서 그 경계를 가능하게 하며, 천부경은 바로 이 정신의 단계에 까지 그 기의를 내포하고 있음을 알 수 있다.

또한 천부경의 수의 의미들에 있어서 그 기의들을 살펴보면 우리는 제 3시퀀스인 '무궤화삼(無櫃化三)'에서 그 흔적을 찾아 볼 수 있다. 이 문장은 '무'와 '화'라고 하는 대비적 어휘소를 사용함으로서 교훈적 격언의 의미를 담고 있는 어휘소임을 알 수 있다. 동시에 '무'와 '삼'을 병행함으로서 천부경에서 사용되는 완전함의 기의체를 함유하는 어휘로도 볼 수 있다. 위 두 문장은 선행된 파니카의 연구에서 '일삼론'의 구조로 등장하는데, 이는 전통적인 의미의 삼위일체가 아니라 세 가지 차원에서의 경험적 원리라는 것이다. 다시 말해 초월적인 원리와 인격적인 드러남 그리고 그것을 통합시켜주는 통일적인 신앙이라는 '차원의 개념'으로서 우주신인론(cosmotheandric)으로 다시 풀이하고 있는 것이다. 반면 필자가 보는 '화삼'은 해와 달과 별의 '천의 세계'와 음과 양의 '지의 세계' 그리고 그 사이를 뚫고 일어서는 '인간'의 묘사로서 이는 일맥 이집트의 나일신화와 동질성을 가지고 있다고 볼 수 있다. 농경을 하는 시기에는 인간들이 땅을 일구고 그 수확물을 하늘에 제사지내야 하기 때문에 그 어떤 공간을 필요로 한다. 이 노동을 위해 하늘과 땅이 합심을 하여 양쪽으로 조금씩 밀어내어 일정한 공간을 만들어 내는데, 그 사이의 빈곳이 바로 인간의 자리로서 그곳은 인간의 삶의 공간으로서 씨 뿌리는 터전이 된다. 이러한 농경의 원리는 이집트의 피라미드 구조를 가능하게 하며, 이는 벌판의 노적단의 이미지로 '이 곳'과 '저 곳'이라는 공간분리의 가능성을 내포하는 이미지로도 볼 수 있다.

5. 결 언

천부경의 언어 기호적 해석은 인류의 문자기록에 의한 역사성을 재고해 보는 기회를 제공하며, 나아가서는 잃어버린 인류의 정신적 문화유산을 되찾아 볼 수 있는 여유를 제공한다고 볼 수 있다. 이러한 천부경의 연구는 또한 하나의 경서에 대한 완전한 해독을 목표로 한다고 해도, 그 과정을 중시하는 연구방법론에서 우리는 학문의 과정적 발전과 그 과정에 대한 진화론적 연구 태도가 얼마나 많은 부분을 복원해 내고, 소생시켜내는가에 대한 확신을 갖게 하는 미덕도 배울 수 있다는 점에서 매우 중요한 연구라고 볼 수 있다. 왜냐하면 이미 시간성을 중심으로 하는 통시적 연구관에 의해서 그 범주에 설정이 되지 않으면 현대인의 의식구조에서 사라진 역사와 민족이 나타남을 알 수 있으며, 이점은 바로 한민족의 고대역사에 대한 재인식의 문제와도 관련되어 나타나며 인류의 시원과도 관계성이 있기 때문이다. 고래로 인류의 시원을 서구 중심의 시각에서 유프라테스와 티그리스강을 중심으로 하는 메소포타미아 문명과 황하강을 중심으로 하는 황하문명을 말하는 세계에서, 지금은 나일강 중심의 이집트 문명과 7천년의 요하강 중심의 홍산문명을 언급하고 있다. 천부경과 관련한 새로운 사실은 한민족의 민족 시원 또한 이러한 세계사적 흐름의 변화와 함께 황국시대부터 배달국의 고대 역사가 한민족의 역사로서 복원 될 수 있다는 가능성을 모색해 볼 수 있다는 점이다. 다시 말해 태극이 어떻게 태소와 태시 태초와 태역을 거쳐 무극과 연결될 수 있는가에 대한 그 과정적 기호를 한층 더 발달시켜 본다면 통시적 사고체계의 인식론적인 오류에서 벗어나 감추어진 정신의 기호체들을 표출시킬 수 있다는 점을 우리는 천부경의 언어기호 연구에서 찾아 볼 수가 있겠다.

참고문헌

김동춘, 『천부경과 단군사화』, 가나출판사, 1986.
김상일, 『한사상』, 온누리, 1998.
김수진, 『단군 「천부경」의 초기주석 연구』, 원광대학교 석사학위논문, 2004.
김재준, 『한국연사와 그 원점』, 「조약밭의 조약돌들」, 종로서적, 1988.
김지목, 『천부경의 신학적 해석』, 한신대학교 석사학위 논문, 2004.
김학권, 『주자역학의 우주론 고찰』, 「역사와 사회 2권」, 국제문화학회, 1997.
문창옥, 「환경윤리와 과정철학」, 『철학연구』, 제75집, 2006.
민영현, 『한 존재일원에 관한 기초연구』, 부산대학교 석사학위논문, 1989.
세계역사문화연구소편, 『한국사의 단군인식과 단군운동』, 국제평화대학원대학교 출판부, 2006.
이근철, 「천부경의 -에 관한 우주론적 고찰」, 『선도문화』 제2집, 2007.
이찬구, 『역학과 동학의 관계에서 본 천부경 사상』, 신종교연구, 2003.
전병훈, 『정신철학통편』, 우리출판사, 2004.
전승문, 「천부경에 나타난 삼재사상과 Raimon Panikkar의 삼위일체 해석학의 비교연구」, 한신대 신학전문 대학원 석사학위 논문, 1997.
조남호, 『홍익인간 사상의 삼원론적 고찰』, 홍익문화통일협회, 2003.
한배달연구원, 『천부경연구』, 1994.

Descartes R., *Principe 1*, Pléiade, 1984.
Merleau-ponty M., 1987, *Phénoménologie de la perception*, Gallimard.
Poincaré H., *La valeur de la science, : La science et l'hypothèse*, Champs-Flammarion, 1987.
Spinoza, *L'Ethique II*, vol. 1, 1987.

거경(居敬) 공부가 지향하는 천인합일(天人合一)의 경지

김 기 현
전남대학교 교수

목차

1. 유교에서 종교 수행의 경지

종교에 따라 '영성(靈性)'또는 '명상(冥想, meditation)'으로 말해지는 정신 세계는 신앙심의 의식(意識)상태가 일상과는 다르게 모종의 심리 상태에 오르는 종교의 경지와 관련된다. 종교의 경지에 이르는 길에는 크게 종교 체험(religious experience)에 의해 이르는 길과 각고(刻苦)의 부단한 종교 수행(修行) 끝에 이르는 길이 있다고 필자는 본다. 그런데 실제의 역사를 보면 대개 2천년 이상 전개된 주요 종교의 오랜 역사에서 무수한 종교인들이 체험한 종교의 경지는 순수하게 이 둘 중의 하나인 경우보다 이 두 가지가 병행 또는 혼합된 경우가 월등히 많다.

종교 체험에 의해 영성을 접하거나 명상에의 길로 들어서는 경우에는 본인의 노력에 별로 관계 없이 우연한 일이 계기가 되는 경우도 있다. 우리 주변에서 목격하기도 하고 전해 듣기도 하는 사례를 보면, 예컨대 어느 날 무병(巫病)을 앓기 시작하거나 빙의(憑依) 현상이 일어나 무인(巫人. 세분하면, 여성을 巫(무당 무)라 하고 남성을 覡(박수 격)이라 한다)이 되는 사례나 어느 날 이상한 꿈을 꾼 뒤부터 교회에만 들어가면 마음이 평안해지고 예수님 말씀이 묘한 전율(戰慄)과 함께 콕콕 가슴에 새겨지더라는 사례, 산사(山寺)에 놀러 갔다가 우연히 부처님 말씀 한 구절을 읽는 순간 뭔가 번쩍하는 것 같더니 그 뒤로 절에만 가면 마치 구름을 타고 있는 듯한 느낌이 들더라는 사례 등등이 있다. 이런 사례들을 종교 수행(修行)에 의한 경우로 말하기는 어렵다. 하지만 종교의 경지와 관련된 정신 세계에 포함시키지 않을 수도 없는 일이다. 어느 종교이든 종교의 역사가 깊어질수록 예컨대 기도, 염불, 단식, 묵상 등등의 수행 방법이 포함된 체계적인 수행론(修行論)이 세워지고 이것에 근거한 종교 수행에 의하여 종교의 경지에 이르는 것이 표준적인 방식으로 정착되곤 한다. 그러므로 영성이나 명상을 논의할 때는 이쪽, 즉 수행쪽에 초점이 놓이게 된다.

유교의 경우 체계적인 수행법은 송대(960-1279년)의 신유교(新儒教)에 이르러 정립된다. '신유교'(Neo-Confucianism. '신유학' 이라고도 불린다)란 '새롭게 정립된 유교'라는 의미인데, 신유교의 자격을 가진 유교철학으로는 성리학(주자학)과 양명학, 그리고 조선조 후기의 다산 정약용(茶山 丁若鏞. 1762-1836년)이 정립한 다산학(茶山學)을 들 수 있겠으나, 학계에서 말해지는 "신유교(신유학)"는 통상적으로 성리학(性理學)을 지칭한다.

유교는 '유대교－기독교－이슬람'계열의 종교들과 달리 초인적(超人的) 인격신(God)의 존재를 긍정하지 않는다. 유교인들에게 궁극적 관심의 대상이 되는 것은 신(God)이 아니라 천도(天道)·천리(天理)로서의 천(天)이다. 유교인들은 천을 모든 존재의 본원(本源)이자 근거로 여기며 동시에 우리의 인생이 준수해야 할 도덕 원리로 간주한다. 그러므로 유교에서 종교의 경지란 천(天)과 관련된 경지일 수밖에 없다. 사람의 모든 행위가 형이상(形而上)의 천도·천리와 합치된 경지를 유교인들은 '천인합일(天人合一)'이라 일컫는다.(성리학계에서 최후의 경지를 일컫는 명칭으로 주로 쓰이는 것은 '활연관통(豁然貫通)'이다. 활연관통이란 천(天)과 인(人)이 합일된 경지를 지칭하는데, 이 글에서 우리는 그러한 경지 자체보다 그 경지의 성립 근거와 가능 원리에 초점을 두고 있으므로 이후로 '천인합일'의 용어만을 사용하고자 한다.) 천인합일의 경지에 이르는 수행 방법의 필수 요건으로 신유교에 이르러 확정되고 심화된 것이 경(敬)공부이다.

이 글은 성리학의 경(敬) 개념을 중심으로 유교인들이 추구하는 종교적 경지는 무엇이며, 어떤 수양 방법을 통해 그 경지에 이를 수 있는지에 관하여 소개하려는 시도이다.

2. 송대 이전 유교에서의 '경(敬)'의 용법

유교의 개조는 공자(孔子. 기원전 551-479년)이다. 유교의 출발을 공자 이전으로 설정하는 주장이 있기는 하나 학계 안과 밖을 막론하고 유교는 공자로부터 시작되었다는 것이 정설이다. 물론 유교에 관한 모든 것을 공자가 창안해낸 것은 아니다. 다른 모든 종교나 철학이 다 그 이전의 전통을 확정짓거나 새롭게 정비하면서 시작되었듯이 유교 역시 공자 이전부터 내려오던 일련의 문화적·종교적 전통이 원류(源流)가 되고 이것이 공자에 이르러 하나의 '교(教)'로써 정립(定立)된 것을 두고 공자를 유교의 개조라 말하는 것이다.

유교의 역사에서 '경(敬)' 개념의 의미가 심화·확장되는 과정은 크게 2단계로 구분될 수 있다. 서기 960년에 시작된 송대(북송)를 기준으로 송대 이전까지의 경의 용법이 그 하나이고, 다른 하나는 이 전통에 이어 특히 성리학에서 확장되고 심화된 '경'의 용법이다. 유교의 전개를 간략하게 시대 구분해 보면 다음과 같다.

시 대	핵심 내용 및 주요 인물
선진(先秦)	공자(551-479, B.C)로부터 진(秦)의 통일(221, B.C)까지의 유교 주요 인물은 공자 · 맹자 · 순자
진 · 한 - 수 · 당	진(秦) 시황제의 분서갱유 이래 송대 신유교가 출현하기 이전까지의 유교 경학이 발달(훈고학)
송대	북송에 이어 남송시대에 신유교(新儒敎)로서 성리학(주자학)이 정립됨 주요 인물은 주돈이 · 장재 · 정호 · 정이 · 주희 성리학 외에 호굉의 호남학(호상학)과 육구연의 상산학이 있음
명대	주자학이 관학으로 유지되는 한편으로 왕양명에 의해 새롭게 양명학이 출현
청대	경전에 대한 연구와 문헌의 고증작업이 발달(고증학)
현대	선진(제1기) - 송명(제2기)에 이어 제3기 유학으로서 '현대신유학'이 출현

송 · 명대에 이르러 유교철학자들은 시대 여건과 사회 현실에 부응하는 새로운 유학을 추구하게 되는데, 결과를 놓고 볼 때 대표적으로 성공한 유교철학에는 주자학(朱子學)과 양명학(陽明學)이 있다. 경(敬) 개념은 성리학자들에 의해 점차 심오한 종교적 의미를 갖게 된다. 반면에 양명학에서는 경이 특별히 중요한 의미를 갖지는 않는다. 조선조 후기의 다산학(茶山學)에서도 경은 수양공부와 관련하여 특별한 의미를 갖지는 않는다.

경(敬)은 기본적으로 '무엇에 대한' 존경 또는 경배의 태도를 함의한다. 그 '무엇'이 사람일 수도 있고, 덕(德)일 수도 있고, 신(神)의 존재를 믿는 종교에서의 신(God)일 수도 있고, 경험계를 초월하는 실체(實體)로서 초자연적 질서[天道 · 天理]일 수도 있다. 경의 원시 의미는 사람이나 사물을 대함에 있어 또는 사무(事務)를 처리하거나 사회활동을 함에 있어 언행을 삼가는 계신공구(戒愼恐懼)의 뜻이었다.(김충열, pp.4-5 참조)

고대의 문헌에 나오는 "윗사람이 예를 좋아하면 백성들이 [윗사람을]

공경[敬]하지 않을 수 없다(上好禮, 則民莫敢不敬)”(『논어』 「자로」:4)나 “귀신을 공경하되 멀리한다(敬鬼神而遠之)”(『논어』 「옹야」:20) 등에서의 ‘경(敬)’은 사람 또는 인격적 대상 등 모종의 대상에 대하여 공경하거나 경배하는 마음가짐 및 그것을 표출하는 자세를 가리킨다. 반면에 『서경』 「홍범」편의 “다섯 가지 업무를 공경히 실행하고(敬用五事)”나 『논어』에 나오는 “자신의 업무를 공경히 수행하고 복록(급여)은 뒤로 한다(敬其事而後其食)”(「위령공」:37), “예를 행함에 공경스럽지 않다면(爲禮不敬)”(「팔일」:26) 등은 같은 맥락이되 다만 사람이 아닌 사물이나 일을 대상으로 하는 점만이 다른 용례들이 되겠다.

다른 한편으로, 위와 같이 사람을 대하거나 일을 할 때의 마음가짐 및 그 표출로서의 자세가 아니라, 내면에 하나의 덕성으로 자리잡은 품덕으로서의 경(敬)의 용법이 있다. 『시경』 「문왕」편의 “덕있고 위엄있는 문왕이시어, 그 공경함 언제까지라도 빛나리(穆穆文王, 於緝熙敬止)”나 『논어』의 “공경함을 유지하고 간략함을 행함으로써 백성들을 대한다면(居敬而行簡, 以臨其民)”(「옹야」:1), “경으로써 자신을 수양한다(修己以敬)”(「헌문」:45) 등은 이 용법에 속한다.

유교에서 경(敬)이 갖는 의미의 발전 단계를 거시적으로 말한다면, 공자를 거치면서 경은 행위의 외적 측면 못지않게 행위를 일으키는 내면의 마음의 공손함까지를 포함하는 의미로 확대가 되고, 더 나아가 도덕성의 배양을 위한 내면의 수양까지를 아우르는 용법이 열리게 된다고 말할 수 있다.

이 도덕수양 면의 의미는 점차 시간이 흐르면서 『주역』 「문언전(文言傳)의 유명한 “군자는 경(敬)으로써 자기 내면을 바르게 하고, 의로써 행위를 바로잡는다(敬以直內, 義以方外).”는 명제로 표출된다. 이 명제는 훗날 유가들의 핵심 명제가 된다.

송대 신유교를 기준으로 말할 때, 경은 이상의 의미 발전 단계를 거쳐 신유교에 이르러 차원을 달리하는 거경(居敬)공부의 경 개념에로 발전된다.

3. 신유교에서의 '경(敬)'의 용법

경(敬)이 사람의 일거수일투족과 긴밀한 관계를 갖는 개념으로 심화되고 도덕수양론의 핵심 개념이 되는 것은 북송의 이학가(理學家)들에 이르러서이다. 송대는 전기의 북송과 후기의 남송으로 구성된다. 송-원-명대의 유학자들은 이(理)를 형이상의 실체(實體)로 긍정하는 데서 출발하므로, 이들에 의해 정립되고 전개된 유학을 이학(理學)이라 부른다. 주자학자들과 양명학자들은 모두 이학가(理學家)이다. 북송이학의 주요 인물에는 주돈이(周敦頤)·장재(張載)·정호(程顥)·정이(程頤)가 있고, 남송이학의 주요 인물에는 주희(朱熹)와 육구연(陸九淵)이 있다. 이들 가운데 경(敬) 공부론의 정립에 결정적 역할을 한 이학가는 정이(호는 이천)와 주희(조선조 사회에서는 '주자'라 불렸다)이다.

'사람이나 사물을 대함에 있어서 또는 사무(事務)를 처리하거나 사회활동을 함에 있어 언행을 삼가는 계신공구(戒愼恐懼)의 뜻'이었던 경의 원시 의미는 송대의 이정(二程. 북송의 정호와 정이를 가리킴) 및 주희에 이르러 공부방법으로서의 경(敬) 개념으로 정착된다.('공부방법으로서의 敬'이라는 용어는 垣內景子에게서 취했다. 垣內景子, p.51) 주희 이래의 모든 성리학자들은 경공부와 관련하여 정이가 유교 역사에서 일정한 지위를 갖는다는 점을 긍정하였다. 주희의 발언들 및 주희와 문인들 간의 대화를 편집한 『주자어류』에는 다음 기록이 있다.

> 어떤 사람이 말하기를, "진(秦)나라와 한(漢)나라 이래로 유학자들이 모두 경(敬) 개념을 잘 몰랐는데, 정자(程子. 정호와 정이——필자)에 이르러 비로소 자세하게 설명되어 배우는 사람들이 힘쓸 곳을 알게 되었다"고 하자, 선생님(주희)이 말씀하시기를, "정자는 이와 같이 자세하게 설명했다"고 하였다.(或曰: "自秦·漢以來, 諸儒皆不識這敬字, 直至程子方說得親切, 學者知所用力." 曰: "程子說得如此親切了." 『朱子語類』 권12, 제73조)

경공부의 내용과 관련하여 성리학계에서 정이의 주장(공헌)으로 말해져 온 대표적인 것은 '주일무적'이다. 필자가 석사반에 재학 중일 때 지도교수님이 전라남도 담양의 어느 유림을 방문하시는 길을 수행(隨行)한 일이 있는데, 두 분이 담소하다가 잠시 쉬는 사이에 문득 그 분이 필자에게 묻기를, '경(敬)이 무엇인지 아느냐'고 했다. 무슨 말씀을 하고 싶으신가 했더니, 그 분의 말씀은 '경은 주일무적(主一無適)이다'는 것이었다. 성리학자들이 경공부의 구체적 내용으로 열거하는 것에는 이 주일무적 외에 '정제엄숙(整齊嚴肅. 의관을 단정히 하고, 언동을 신중히 함)', '상성성(常惺惺. 항상 깨어 있음)' 등등이 있는데 주일무적은 그 가운데 대표적인 조목으로 말해질 수 있다. 담양의 그 유림은 성리학을 깊이 공부한 것 같지는 않았으나, 성리학의 경공부에 대해 알고 있었고 그 내용으로 주일무적을 알고 있었던 셈인데, 경에 대한 이 주일무적의 설명이 바로 정이로부터 시작된다.

글자 뜻으로 보면 주일(主一)은 '하나에 주로 한다'이고, 무적(無適)은 '감이 없다' '가지 않는다'이다. '갈 적'이라 읽는 '適'은 음은 '적'이고 뜻은 '가다'이다. '하나에 주로 한다'의 함의는 두 가지이다. '마음을 하나로 모아 우리 내면의 의식 상태를 전일(專一)하게 하는 것'과 일을 하거나 생각을 할 때 그 대상이 되는 것 한 가지에만 전념하는 것이 그것이다. 예를 들어, 머릿속이 흐릿하거나 마음이 산란하다면 '주일'과는 거리가 먼 상태이고, 책을 읽으면서 음악을 듣거나 자동차를 운전하면서 다른 생각을 한다면 주의력이 다른 데로 흐르는 것, 즉 '감[適]'이 있는 것이 된다. 현대의 개념을 사용하여 개괄하여 말하자면, 주일무적의 경공부란 곧 '정신집중', '주의력 집중'이라 말할 수 있다.

북송의 정이에 의해 정립되기 시작한 공부방법으로서의 경은 후에 그 문인들을 거치면서 일정(一定)하지 않게 유연(流衍)되고 있었는데, 남송의 주희에 이르러 정연(整然)한 공부론 구조상에서 확고한 지위를 갖는 공부방법으로 정착된다.

주로 사람이나 영혼 등의 대상을 대할 때의 공경하는 마음가짐이나 일을 함에 있어 신중하고 조심하여 처리하는 마음자세 등의 용법으로 쓰인 송대 이전 유교에서의 경은 신유교에 와서 우리의 의식(意識)을 일정한 상태로 유지하는 수양공부의 개념으로 정착된다.

경공부를 이해함에 있어 현대의 우리가 유의하여야 할 것의 하나는 경이 목적은 아니라는 점이다. 다시 말해서, 경공부만 제대로 하면 유교의 최후 경지에 도달할 수 있다거나 유교의 목적이 달성된다고 생각한다면 빗나간 것이 된다. 공부로서의 경은 일종의 '전제 조건'에 해당된다. 유교의 최후 경지에 도달하려면 반드시 갖추어야만 하는 필수 요건이라 생각하면 되겠다.

신유교에서 모든 유학자가 추구하는 것은 이(理)이다. 우리가 일상적으로 말하는 '이치'가 성리학의 이(理) 개념과 통한다. 우리가 말하는 '이치'에 형이상의 실체 의미가 추가되는 것이 성리학의 이 개념이라 이해하면 되겠다. 예를 들어, 물은 위에서 아래로 흐르는 것이 물[水]의 이치이고, 배[船]는 물 위로 떠가고 수레는 육지의 길로 다니는 것이 각각 배와 수레의 이치이다. 마찬가지로, 자녀를 낳은 부모는 죽는 날까지 자녀를 사랑하고[慈] 책임(보호)지는 것이 부모의 이치이고, 자녀는 부모에게 효도하고[孝] 봉양하는 것이 모든 자녀의 이치이다. 성리학자들이 추구하는 이(理)는 '우주 자연의 이법'의 의미를 갖는데, 성리학자들은 이 이(理)가 모든 존재하는 것들의 근원·근거의 지위를 갖는다고 믿는다. 유대교-기독교-이슬람 계열의 종교에서 인간이 존재하기 이전에 신(God)이 존재하는 것으로 믿듯이, 신유교인들은 인간을 비롯하여 천지자연의 모든 존재물 이전에 그것들의 근본으로서의 이(理)가 존재한다고 믿는다. 이것이 신유교의 이(理)가 갖는 '형이상의 실체' 의미이다. 이 의미의 이를 통상 '천리(天理)'라 일컫는다. 부자자효(父慈子孝. 부모는 자애하고 자녀는 효도함)는 인간 사회의 미덕이 아니라 우주 자연의 운행이 본래 그렇게 하게끔 질서지어져 있다고, 즉 모든 부모와 자녀는 천부적으로 그러한 이치[天理]를 갖고 있다고 보는 것이 성리학의 윤리관이다.

모든 사람이 각자 천리를 깨쳐 그 이에 맞게 사는 것, 이것이 신유교인들이 지향하는 이상적 삶이다. 이 천리를 깨쳐 24시간 '나'의 행위가 천리에 맞는 삶이 되도록 하기 위해 처음부터 끝까지 유지되어야 하는 마음상태가 곧 경이다. 그 맑고 전일(專一)한 의식상태에 도달하고 유지하려는 노력이 경공부이고, 공부방법으로서의 경이다. 그러므로 신유교에서 목적은 이(理)라고 해야 하겠고, 경은 그것의 구현을 위한 일종의 전제 조건이라고 보아야 한다. 신유교의 경공부는 흔히 '경에 머문다' '경의 상태를 유지한다'는 뜻의 '거경(居敬)'공부로 일컬어지고, '지경(持敬)'공부라 일컬어지기도 한다.

4. 인간 존재의 근원으로서의 천(天)과 천리(天理)

조선조 사회의 유교계 지식인들은 모두 신유교인 성리학의 세계관과 가치관을 가지고 살았다. 사회 계층에서 그들은 사대부(士大夫) 또는 왕족에 속했고, 사대부 이상의 계층에 속하는 지식인들 가운데 유학(儒學)에 종사하는 사람들은 사실상 예외 없이 다 성리학자였다. 성리학자들 가운데 하늘[天]의 존재를 믿고 마음공부를 통한 내면의 수양에 진력(盡力)하면서 자신의 일거수일투족이 도(道)에 맞게 사는 생활을 하는 수도인(修道人) 겸 학자를 '도학자(道學者)' 또는 '도학 선생'이라 불렀다. 조선조 지식인 사회에서 도학자로 인정받는 성리학자들은 오늘날의 고시공부에 해당되는 과거(科擧)에 응시하지 않거나 예컨대 집안 형편상 불가피하게 응시하더라도 과거시험을 경시(輕視)하는 경향이 있었다. 이들이 공직을 맡을 때는 대개 오늘날의 추천에 해당되는 '천거(薦擧)'에 의해 등용되었다. 일반의 성리학자들에 비해 좀 더 종교인다운 색채가 짙은 이들 도학자들의 마음공부 및 수행(修行)은 어떤 구조와 배경을 갖고 있을까?(조선조 사회의 이들 성리학자들 및 도학자들을 통상 '선비'라 부르는데, 종교의 관점에서 볼 때 이들은 신유교인들이다. 신유교의 세계관과 가치관을 추구하면서 매 순간을 진지하고 치열하게 산 이들 선비들의 하루 일과에 관해서는, 정

옥자, p.397을 참조)

현대의 학술적 관점에서 조명하자면, 성리학자들은 천즉리(天卽理) 명제와 성즉리(性卽理) 명제를 믿고 실천하는 교인(教人)들이다. 성리학에서 천은 모든 존재하는 것들의 근거이자 근원이다. 예컨대 부모는 자녀를 사랑하고 보호해야 하고 자녀는 부모에게 효도해야 한다는 부자자효(父慈子孝)의 뿌리는 천(天)이다. 아버지와 어머니, 아들과 딸은 모두 사람인데, 사람[人]이라는 존재의 근원은 천(天)이며, 동시에 모든 부모는 자녀에게 자(慈)해야 하고 모든 자녀는 부모에게 효도해야 하는 당위(의무)의 원천 역시 천이다. 천이 있기에 인간이 존재할 수 있으며, 하늘[天]이 그렇게 시켰기 때문에 예를 들면 부자자효를 해야만 한다. 이 구조를 『중용』의 제1장은 다음과 같이 명료하게 선언한다.

> **하늘이 명령한 것을 성(性)이라 하며, 성을 따르는 것을 도(道)라 하며, 도를 닦는 것을 교(敎)라 한다.**(天命之謂性, 率性之謂道, 修道之謂敎)

성리학자들은 여기의 천과 성을 이(理)로 믿는 유교인들이다. 천(天. 즉 하늘)은 곧 이이고(天卽理), 성(性. 본성)은 곧 이이다(性卽理).

사람은 천으로부터 이(理)를 받아 존재하며, 부자자효는 그 천리의 일부이다. 일본의 연구자들 중에는 신유교의 이(理)를 패턴(pattern)으로 설명하는 이들이 있다. 커피 자판기 같은 자동판매기에는 동전을 투입하면 일정하게 작동하게끔 프로그램이 장치되어 있다. 마찬가지로 모든 부모된 자에게는 자녀에 대하여 자애하도록 선천적으로 프로그램(즉 理)이 장치되어 있고, 모든 자녀된 자에게는 부모에 대하여 효도하도록 선천적으로 프로그램이 장치되어 있다. 선천적으로 갖추어져 있는 이 프로그램을 '성'(天命之謂性)이라 부른다. 그러므로 성은 곧 이이다. 성리학의 이가 인간의 존재 및 행위의 근거와 관련하여 갖는 이러한 의미를 오늘의 우리는 패턴과 통하는 것으로 이해할 수 있겠다.

5. 경관동정(敬貫動靜)의 공부론 구조

유교인들은 악을 흔히 '불선(不善)'이라 말한다. 신유교에서 악은 하늘로부터 명받은 이(理)를 우리의 정신과 신체가 준수(遵守)하지 못하는 데서 발생한다. 사람을 비롯하여 존재하는 것들을 '물(物)' 또는 '사물'이라 일컫는데, 사물이 원초에 하늘로부터 부여받은 이(理)에 준거(準據)하여 운행(행위)되지 못할 때 악이 발생한다. 성리학에 의하면, '나'의 모든 행위가 이를 준수하여 선을 실현(實現)한다는 것은 먼저 세상의 각 사물의 이를 깨닫고 있어야만 가능하다. 여기에서 '사물의 이를 궁구한다'는 궁리(窮理) 개념이 등장한다.

송대 이후로 새롭게 정비된 신유교 체계들, 즉 정이-주희에 의해 정립된 성리학(주자학)과 왕수인(王守仁)에 의해 정립된 양명학 등은 최종적으로 모든 존재하는 것들의 근원이자 운행 원리인 천리를 추구한다. 천리란 각 사물에 천부적으로 부여되어 있는 이(理) 외의 다른 것이 아니다. 신유교인들이 말하는 '사물의 이'에서 '사물[物]'이란 예컨대 부모 · 아들 · 딸 · 임금 · 신하 · 책상 · 의자 · 수레 · 선박 · 소나무 · 대나무… 등등 존재하는 것들을 가리키고, '이(理)'란 이 사물들의 존립 근거 및 운행 원리를 가리킨다. 운행 원리가 사람에게 적용되면 도덕법칙이 된다. 부모에게는 자녀를 보호하고 책임져야 하는 이가 있고, 대나무에는 휘지 않음, 곧게 자람 등등의 이가 있다. 각 사물의 이는 하늘[天]이 부여한 것('天命')이자 동시에 이 사물들이 이 세상에 존재하는 한 반드시 운행의 표준으로서 준수되어야 할 법칙이기도 하다. 이것을 성리학 용어로는 각각 '소이연지고(所以然之故. 존재의 근거)'와 '소당연지칙(所當然之則. 운행의 법칙)'이라 한다. 신유교의 수도자(修道者)가 부(父)의 이, 자(子)의 이, 수레의 이, 배의 이… 등의 각 사물의 이(理)를 깨닫는 것은 곧 천리(天理)를 깨닫는 것이고 천(天)을 깨닫는 것이 된다.

사물의 이를 궁구하는 궁리 공부는 성리학에서 구체적으로 두 영역의 공부가 실행됨으로써 이루어지는 것으로 되어 있다. 그 두 영역을 흔히 정시(靜時)와 동시(動時)로 말하기도 하고, 무사시(無事時)와 유사시(有事時)로 말하기도 하고, 미발(未發)과 이발(已發)로 말하기도 한다.

심 ─┬→ 미발(未發); 정시(靜時); 무사시(無事時)
　　└→ 이발(已發); 동시(動時); 유사시(有事時)

'유사시(有事時)' 또는 '동시(動時)' 또는 '이발(已發)'이란 우리의 마음이 사물에 간여하는 때를 가리킨다. 예컨대 교통사고 현장에서 '내'가 119에 신고전화를 한다든가 사고자를 구조하는 등의 행위를 하는 때가 이발(已發)의 유사시(有事時)·동시(動時)이며, 또 이렇게 직접 행위를 하지는 않더라도 그러한 상황에 처하였을 때 '나는 어떻게 하여야 하는가'를 생각하는 것도 유사시에 속한다. 반면에 미발(未發)의 무사시(無事時)·정시(靜時)의 공부란 우리의 의식 세계가 그러한 구체적인 행위나 상황에 전혀 관여하지 않는 상태에서의 공부를 가리킨다.

유교에서 '종교적 경지'는 공부(工夫 또는 功夫)에 의해 도달된다. 오늘의 우리는 흔히 '수양' 또는 '수양공부'라고 말하는데, 전통 사회에서는 공부라는 용어를 써왔다. 전통의 학계에서 공부란 주로 마음공부를 가리킨다. 마음공부에 우리의 의식이 아직 사물에 관여하기 전인 미발(未發) 시의 공부가 있고 사물과 관여하면서부터인 이발(已發) 시의 공부가 있는 것이 된다.

공부의 과정에서 일종의 전제 조건처럼 필수요건이 되는 경(敬)은 미발 시에도 필수적으로 요구되고 이발 시에도 필수적으로 요구된다. 성리학의 공부론이 갖는 이 구조를 '경관동정(敬貫動靜)'이라고 한다. 동시에나 정시에나 경은 일관되게 유지되어야 한다는 뜻이다. 이것이 주희에 이르러 새롭게 정립된 공부론 구조이다.(蔡仁厚, 「朱子的工夫論」 참조)

미발(未發) 시에는 순수하고 선한 마음 상태를 '보존하고 기르는' 존양(存養)·함양(涵養)의 공부를 하고, 이발(已發) 시에는 그 사물에 대하여 우리의 마음이 어떻게 반응하는지를, 즉 자신의 의식(意識)의 움직임을 살피는 찰식(察識)의 공부를 한다는 것이 신유교의 공부론 골격이다. 이 가운데 현대의 우리가 이해하는 데 유의해야 할 것은 무사시의 마음공부, 즉 미발 시의 함양공부론이다. 겉으로 보기에는 신유교가 마음공부의 면에서 불교나 도교(노장)와 유사한 내용을 갖고 있는 것처럼 보일 수 있지만 근본적으로 구별되는 것이 이 부분이기 때문이다.

성리학에서 무사시(無事時)의 함양 공부란 모든 생각을 끊고서 무(無)나 공(空)의 경지를 추구하는 것이 아니라, 아직 발하지 않은 상태의 성리(性理)를 본연의 순수한 상태로 보존하는 공부이다. 성리학에서는 성리(性理)가 직접 발동하는 것은 아니고 심기(心氣)의 발동(發動)이 의거하는 소이연(所以然)이자 소당연(所當然)으로서의 근거일 따름이지만, 기(氣)가 순수 본연의 상태일 때는 성리 역시 아무런 제약을 받지 않기 때문에 본연의 순수한 상태가 그대로 보존될 수 있다고 성리학자들은 믿는다. 바로 이 점에서 무사시의 공부는 불교나 도교의 공부와 근본적으로 차이가 있게 된다.

외면상으로 보면, 무사시(無事時)의 공부가 사물에 관여함이 없는 상태에서의 공부라는 점에서는 성리학의 함양 공부가 불교나 도교의 공부와 상통하는 것처럼 보일 수 있으나, 성리학의 정시(靜時) 공부는 사물의 성리(性理)와 단절하는 공부가 아니라 오히려 사물의 성리를 근원면에서 잘 보존하려는 공부라는 점에서 도(道)·불(佛)과는 근본적으로 다르다. 무사시의 존양 공부가 천리(天理)·성리(性理)와 관련이 있다고 말하는 것은 이 점을 두고 하는 말이다.

6. 거경(居敬) 공부와 천인합일(天人合一)

종교학 분야의 연구자들에 의해 제시된 종교(religion)에 대한 정의(定

義)는 백여 가지가 넘는 것으로 알려져 있다. 그 가운데 틸리히(Paul Tillich)가 제시한 '궁극적 관심(ultimate concern)'은 상대적으로 가장 널리 회자되는 개념 중의 하나이다. 유교에서 궁극적 관심은 천(天)과 인(人)의 일치된 지점(경지)에 있다. 오늘날의 '명령하다'·'명을 받다'로 이해해도 되는 명(命)은 하늘[天]과 사람[人]을 이어주는 개념이다. 50세의 별칭인 지천명(知天命)은 천명을 아는 나이, 즉 '하늘이 나에게 명령한 것을 깨닫는 나이' 또는 '선천적으로 부여받은 천명을 깨치는 나이'라는 의미를 갖고 있다.

하늘을 이로 보는(天卽理) 신유교에서 천인합일(天人合一)은 인간이 천리(天理)를 온전하게 깨치고 보존(保存)함으로써 '나'의 모든 기거동작이 천리에 합치하는 것을 지칭한다. 성리학자들에 따른다면 이것은 일상의 모든 삶이 천리에 근거하며 천(天)과 인(人)이 본래 하나의 이(理)이기 때문에 기대할 수 있는 일이다. 주희는 이렇게 말한다:

> (…) 사람의 본성은 본래 선한데, 그것이 일상생활에서는 마땅히 그러해야만 하는 법칙이 된다. '법칙'이란 이른바 천리(天理)이다. 사람이 만약 매사에 이것을 준수하면서 산다면 천리와 합치한[경지가 된]다. 천(天)과 인(人)은 본래 오직 하나의 이(理)이다.(…人之性本無不善, 而其日用之間莫不有當然之則. '則', 所謂天理也. 人若每事做得是, 則便合天理. 天人本只一理. 『朱子語類』 권17, 제53조)

천리에 합치하는 삶은 먼저 이(理)를 깨닫고 있을 때에만 가능하다. 이런 연유로 성리학에서는 이(理)를 탐구하여 깨치는 궁리(窮理)공부를 필수 요건으로 한다. 먼저 이를 깨달아 알고[知] 이것을 실천[行]할 때에 천리에 합치하는 삶이 가능해지는데, 이 지(知)와 행(行)의 모든 과정에 필수적 전제조건이 거경(居敬)이다.

각 사물에 성으로 내재하는 이를 궁구하여 깨닫는 것[知]도 마음의 작용이고, '나'의 행위가 이(理)에 맞게 실천하는 것[行]도 마음의 작용이다. 여느 종교나 마찬가지로, 유교에서도 '나'라는 존재자의 활동은 마음에서 출발한다. 그러므로 마음공부가 관건이 된다. 성리학의 경우 경(敬)은 모든 마음공부의 전제가 된다.

한국 성리학은 퇴계 이황(1501-1570년)과 율곡 이이(1536-1584년)를 두 구심점으로 발전해 왔다. 퇴계는 "경(敬)은 마음 전체의 주재자이며 모든 일의 근본이다. (…) 경(敬) 한 글자는 (…) 성학의 처음부터 끝까지에 걸쳐 필수 요건이다(敬者一心之主宰, 而萬事之本根也. (…) 敬之一字 (…) 聖學始終之要也. 『聖學十圖』, 「第四大學圖」)"고 말했고, 율곡도 대표 저술인 『성학집요(聖學輯要)』에서 "경(敬)은 성학의 시작이자 끝이다(敬者聖學之始終也. 修己第二, 收斂章第三)"고 확언하였다.

사물의 이(理)를 궁구하는 일에서부터 나의 지(知)를 완성하는(致知) 일에 이르기까지, 그리고 물뿌리고 마당쓰는 일에서부터 공직을 맡아 백성의 교화에 참여하고 나아가 인류의 평화를 도모하는 일(治國平天下)에 이르기까지 모든 '나'의 행위가 경(敬)이 아니고서는 하나도 바르게 행해질 수 없다는 것이 주자 이후 성리학자들의 기본 신념이었다.

퇴계는 군주에게 저술하여 올린 『성학십도』의 머리말(「進聖學十圖箚」)에서 지경(持敬)공부를 강조하고 그 상세한 요령을 열거하여 설명한 후 다음과 같이 말한다.

> (…) 더 자신감을 갖고 더욱 힘쓰셔야 합니다. 그리하여 진리를 많이 쌓고 오랫동안 힘을 기울이면, 자연스럽게 마음[心]과 이(理)가 서로 어우러져 나도 모르게 모든 것이 융화하고 환히 꿰뚫듯 이해하게 되고, 습관[習]과 일[事]이 서로 익숙해져서 갈수록 순탄하고 편안하게 행해질 것입니다. 처음에는 각각의 한 가지 것에만 전념하지만 마침내 전체로서의 하나에 이를 수 있게 됩니다. 이것이야말로 맹자가 말한 '깊이 공부하여 스스로 깨닫는 경지'이니, 살아 있는 한 어찌 그만둘 수 있는 경험이겠습니까(살아 있는 동안에는 그만둘 수 없는 경험이다)(…尤當自信而益勵, 至於積眞之多用力之久, 自然心與理相涵而不覺其融會貫通, 習與事相熟而漸見其坦泰安履. 始者各專其一, 今乃克恊于一. 此實孟子所論深造自得之境, 生則焉可已之驗! 「進聖學十圖箚」)

퇴계는 조선조의 성리학자 가운데 그 누구 못지 않게 종교적 삶을 산 유교인이었다. 여기서 퇴계가 말하는 "살아있는 동안에는 그만두지 못할 경험(生則焉可已之驗)"이란 천인합일(天人合一)의 경지 외의 다른 것이 아니다. 또한 신유교에서 최고의 종교적 경지라 말할 수 있는 이 천인합일의 경지는 바로 성인(聖人)의 경지이기도 하다. 율곡은 이 경지가 가능함을 『성학집요(聖學輯要)』에서 다음과 같이 말한다.

> 성인의 덕은 하늘[天]과 일치하여 [그] 신묘함을 헤아릴 수 없다. 비록 [그러한 경지에] 도달하기를 기대할 수 없을 것 같으나, 진실로 충분히 공부를 쌓는다면 [누구라도 그러한 경지에] 이르지 못할 사람은 없다.(聖人之德與天爲一神妙不測, 雖似不可企及, 誠能積累工夫, 則未有不至者也. 修己第二下, 修己功效第十三)

앞에서 인용한 퇴계의 진술과 마찬가지로 여기의 인용문 역시 군주에게 올리는 저서의 일부분이지만, 천인합일의 이 경지는 군주만이 도달할 수 있는 것은 아니고 신유교를 수행하는 사람이라면 누구에게나 가능한 경지이다. 조선조의 신유교인들, 즉 성리학자 및 도학자들이 추구했던 종교적 경지는 바로 이렇게 천(天)의 덕과 인(人)의 덕이 일치하는 천인합일(天人合一)의 경지였다.

7. 맺음말

신유교(성리학)에 따르면, 하늘과 인간은 이(理)의 면에서 동일한 근거를 갖고 있다. 하늘과 인간의 이러한 선천적 동일성에 의거하여 인간은 하늘과 합일(合一)할 수가 있는데, 그 합일의 가능성은 지경(持敬)공부로부터 열린다.

하늘과 인간이 합일한다든가 상통(相通)한다는 관념은 천(天)의 덕성이 인(人)의 심성 속에 내재되어 있음을 전제로 한다. 천(天)의 도와 인

(人)의 도는 일관(一貫)되어 있으며, 우주의 근본(根本)은 인륜 도덕의 근원이고, 인륜 도덕은 곧 우주의 근본인 이(理)가 발현된 것이다. 여기서 신유교의 독특한 일면이 확인된다. 우주의 근본에는 도덕적 의미가 함유되어 있으며 도덕에도 또한 우주론적인 의미가 포함되어 있다는 점이 그것이다. 인간이 금수와 다른 이유는 오직 인류만이 천명(天命)의 이(理)인 인간의 본성[性]을 깨달을 수 있고 실천할 수 있는 점에 있다는 것이 신유교의 일관된 관점이다.

신유교의 유학자는 누구나 경(敬)을 강조하여 말한다. 성리학자들이 말하는 거경(居敬) 공부는 언제나 '경관동정(敬貫動靜)'의 구조 위에서 그 학술적 의미를 갖는다. 거경 공부를 통해 드러내고자 하는 것, 즉 깨닫고자 하는 것은 천리(天理)이다. 천리는 인간 안에 선천적으로 성(性)으로 부여되어 있고, 이 성이 곧 이이다(性卽理)는 것이 성리학의 출발점이다. 천의 이는 인간에게만 성(性)으로 내재하는 것이 아니라 모든 사물에 그것의 이로, 즉 그 사물의 성으로 내재한다. 이런 까닭에 신유교는 '성리학(性理學)'이라 불린다.

성리학의 공부론이 갖는 독특성의 핵심은 사람을 포함하여 모든 사물의 이를 탐구하여 깨치는 궁리(窮理)공부와 모든 공부의 처음이자 끝인 거경(居敬)을 강조하는 점에 있다. 사물의 이를 궁구하는 일에서부터 나의 앎을 완성하는(致知) 일에 이르기까지, 그리고 물 뿌리고 마당 쓰는 일에서부터 공직을 맡아 백성의 교화에 참여하고 나아가 인류의 평화를 도모하는 일(治國平天下)에 이르기까지 모든 '나'의 행위가 경(敬)이 아니고서는 한 가지라도 바르게 행해질 수 없다는 것이 주희 이후 모든 신유교인들의 기본 신념이었다. 거경공부에 의해 인간이 천리를 실천하는 경지는 곧 천(天)과 인(人)이 하나가 되는 경지이고, 성인(聖人)의 경지이다. 이것이 모든 신유교인들이 최후에 도달해야 할 종교적 경지이다.

참고문헌

『詩經』 / 『書經』 / 『論語』 / 『中庸』
『朱子語類』
『聖學十圖』 / 『聖學輯要』

김충열, 「南冥學의 要諦 - '敬義'」, 『南冥學』 제1집, 남명학연구소, 1988.
朴連洙, 『陽明學의 理解』, 集文堂, 1999.
이강래, 『주자학의 인간학적 이해』, 예문서원, 2000.
李相殷, 『退溪의 생애와 학문』, 서문당, 1973.
정옥자, 『우리 선비』, 현암사, 2002.
천병돈 역, 채인후 저, 『공자의 철학』, 예문서원, 2000.
황선명, 『종교학 개론』, 종로서적, 1997년 11쇄.

山根三芳, 『朱子倫理思想研究』, 日本: 東海大學出版會, 昭和58年.
垣內景子, 『朱子思想構造の硏究』, 日本: 汲古書院, 平成17年.
蔡仁厚, 「朱子的工夫論」, 『中國哲學的反省與新生』, 台灣: 正中書局, 民國83年.
______, 『王陽明哲學』, 台灣: 三民書局, 民國77年修訂再版.

필진 소개 (게재 순)

지운(智雲):

파계사 성우큰스님으로부터 전계(傳戒)를 받았다. 대한불교 조계종 교재편찬위원, 조계종 행자교육원 교수사, 송광사 강원 강주, 대구 동화사 강원 강주를 역임하였다. 현재는 자비선 명상센타 지도법사로 활동 중이다. 저서에 『깨달음으로 가는 길』, 『뿌리없는 나무에 핀 꽃』, 『찻잔 속에 달이 뜨네』가 있고, 역주서로 『원측소에 따른 해심밀경』이 있다.

이경열(李敬悅):

원광대학교 원불교학과를 졸업하고, 중앙대학교 대학원 사회심리학과 석사, 전북대학교 대학원 상담심리학과에서 박사학위를 취득하였다. 원불교 대구교당, 방배교당 부교무, 완도청소년훈련원 과장, 원불교 중앙총부 수위단회사무처 연구원, 원불교 중앙총부 법무실 과장, 영산선학대학교 부교수, 원광대학교 대학교당 주임교무를 역임하였다. 현재는 원불교대학원대학교 부교수로 재직하고 있다. 논문으로 「한국인을 위한 영성척도의 개발」, 「영성증진 훈련프로그램이 영성, 자기 존중감, 사회적 지지, 삶의 질에 미치는 효과」, 「마음공부상담」, 「행복 증진 프로그램 개발」 등 다수가 있다.

윤찬원(尹燦遠):

서울대학교 철학과를 졸업하고, 동 대학원에서 도교사상 연구로 박사학위를 취득하였다. 육군사관학교 교수를 역임하고 현재는 인천대학교 윤리학과 교수로 재직 중이다. 저서에 『도교철학의 이해 - 태평경의 철학체계와 도교적 세계관』, 『한비자 - 덕치에서 법치로』가 있고, 번역서로 『老子와 道敎』, 『도교의 세계 - 철학, 과학 그리고 종교』가 있고, 논문으로 「後漢時代 初期道敎哲學思想에 관한 연구 - 四川省 五斗米道를 중심으로 -」, 「道敎 勸善書에 나타난 윤리관에 관한 연구 - 後漢時代 『太平經』을 중심으로」 등 다수가 있다.

허성석(許成碩):

성 베네딕도회 왜관수도원에 입회하여 사제가 되었다. 대구 가톨릭대학교 대학원에서 영성신학 연구로 석사학위를 받았고, 로마 안셀모대학교 수도승연구소(Monastic Institute)에서 수도승신학(Monastic Theology) 연구로 석사학위를 받았다. 왜관수도원 수련장과 『코이노니아』 편집위원, 대구 가톨릭신학원 강사를 거쳐 현재 미국 뉴멕시코 주의 성 베네딕도회 사막수도원(The Monastery of Christ in the Desert)에서 수도생활에 정진하고 있다. 저서에 『하느님을 찾는 삶: 성 베네딕도와 함께 하는 영적 여정』이 있고, 번역서로 『사막 교부, 이렇게 살았다』, 『수도승 영성』이 있고, 논문으로 「렉시오 디비나」, 「베네딕도회 영성에 대한 고찰」 등 다수가 있다.

김영태(金榮泰):

서울신학대학 신학과를 졸업하고, 전남대학교 교육대학원에서 영어교육전공(교육학석사), 동 대학교 대학원의 철학과에서 문학석사학위, 전북대학교 대학원에서 철학박사학위, 서울대학교 대학원 종교학과에서 종교학박사학위를 취득하였다. 최근에는 성공회대 신학대학원에서 신학박사 과정을 수료하였다. 전남대학교 교수, 이스라엘 예루살렘 히브리대학교 객원교수, 전님대 종교문화연구소장 등을 역임하였고, 현재 전남대학교 명예교수이고 한국종교문화학회 공동대표로 활동하고 있다. 대표저서에 『현대의 종교』, 『신비주의와 퀘이커공동체』, 『도덕신학과 도덕신앙』 등이 있고 다수의 논문이 있다.

황병하(黃炳河):

한국외국어대학교 아랍어과를 졸업하고 동 대학원에서 이슬람종교와 문화 연구로 박사학위를 취득하였다. 사우디 리야드 킹 사우드대학교 연구교수, 이집트 카이로 아메리칸대학교 연구교수, 뉴질랜드 웰링턴 빅토리아대학교 연구교수를 역임하였고, 현재 조선대학교 아랍어과 교수 및 국제문화연구원장으로 재직중이다. 저서에 『이슬람 역사』, 『고등학교 아랍문화』가 있고, 번역서로 『종교와 문화(아시아편)』, 『역사와 종교』가 있고, 논문으로 「이슬람 교리와 종파」, 「18세기 말 중국 이슬람의 신 종교부흥운동 연구」 등 다수가 있다.

이향만(李香晚):

성균관대학교를 졸업하고 동 대학원에서 석사학위를 받은 후 독일 Albert-Ludwigs Univ. Freiburg에서 마테오 리치의 적응개념 연구로 박사학위를 취득하였다. 성균관대학교에서 박사후 연구, 성균관대학교 동아시아학술원 책임연구원, 국민대학교 연구교수를 역임하였으며 현재는 가톨릭대학교 강의교수로 재직 중이다. 저서에 『지금, 여기의 유학』, 『다산경학의 현대적 이해』가 있고, 논문으로 「장자 ‘내편’의 수행적 논증구조에 관하여」, 「술이부작의 해석학」 등 다수가 있다.

최성식(崔聖植):

독일 쾰른대학교에서 전공으로 철학, 부전공으로 교육학과 가톨릭신학으로 학사, 석사, 박사과정을 졸업하였고, 인간학 분야 연구로 박사학위를 취득하였다. 귀국 후 전남대학교를 비롯한 여러 대학에서 철학과 종교 관련 강의를 하고 있다. 현재는 전남대학교 종교문화연구소 연구교수로 재직하면서 종교간 대화를 위한 이론적 연구와 각종 프로젝트에 참여하고 있다. ‘마틴부버인성교육연구소’를 설립하여 인간학에 관한 연구와 강의 그리고 교육프로그램 개발에 전념하고 있고, 특히 ‘가족관계아카데미’, ‘가족사랑부부교실’, ‘참나를 찾아 떠나는 여행’ 등을 개발하여 전국적으로 활동하고 있다. 저서에 『소통과 공존의 철학』이 있고, 논문으로 「마틴 부버 대화철학에서의 원간격과 간격 개념에 관한 존재론적 고찰」, 「동질윤리를 넘어 차이윤리로」, 「종교간 대화의 걸림돌」 등이 있다.

강성률(姜聲慄):

전남대학교 철학과를 졸업하고, 동 대학원에서 석사졸업을 한 후 전북대학교 대학원에서 칸트 연구로 박사학위를 취득하였다. 한국헤겔학회 이사, 광주교대 학생생활연구소 소장, 교육정보원장 등을 역임하였고, 현재 광주교육대학교 교수로 재직 중이다. 저서에 『철학의 세계』, 『2500년간의 고독과 자유』, 『청소년을 위한 동(서)양철학사』, 『한 권으로 읽는 동(서)양철학사 산책』 등이 있고, 논문으로 「3대일신교의 상호관계에 대한 고찰」, 「칸트에서의 자유에 관한 연구」, 「정신과 물질에 관한 철학적 고찰」 등 다수가 있다.

박건주(朴健柱):

전남대학교 사학과, 동 대학원에서 석사, 성균관대학교 대학원 사학과에서 박사학위를 취득하였다. 동국대학교 동국역경원 역경위원을 역임하였고, 성균관대, 순천대, 목포대, 조선대에 출강하였다. 현재는 전남대 사학과 외래교수, 종교문화연구소 연구교수로 재직 중이다. 저서에 『달마선』, 『중국초기 선종 능가선법 연구』 등 다수가 있고, 역주서로 『위없는 깨달음의 길: 금강경』, 『하택신회선사 어록 역주』, 『북종선법문 역주』 등이 있다.

선미라(宣美羅):

전남대학교 불어불문학과를 졸업하고 동 대학원에서 석사졸업을 한 후, 프랑스 Univ. de Paris VIII에서 박사학위를 취득하였다. 귀국 후 전남대학교에서 박사 후 연구(Post Doc.)를 하였고, 동 대학교 등 여러 대학에 출강하면서, 광주경실련 여성위원장, 교육인적자원부 자문위원, 한국문화예술국제위원회 대표를 역임하였다. 현재는 성산효대학원대학교에 출강하면서 이화여자대학교 통일학연구원 객원연구위원, 민주평화통일자문회의 상임위원으로 활동하고 있다. 공동저서로 『동아시아의 공간관』이 있고, 역서로 『뽈 리쾨르』가 있으며, 논문으로 「원형 신화 콘텐츠」, 「바슐라르의 4원소에 입각한 문화원형성과 문화브랜드」, 「공간의 인식론적 의미」 등 다수가 있다.

김기현(金起賢):

전북대학교 철학과를 졸업하고, 동 대학원에서 석사과정을 수료한 후, (台灣) 東海大學 哲學硏究所에서 한중(韓中)성리학 연구로 석사와 박사학위를 취득하였다. 한국정신문화연구원(현 한국학중앙연구원)에서 박사 후 연구(Post Doc.)를 하였고, 성균관대 유교문화연구소 책임연구원, 한국유교학회 부설 유교사상연구소 책임연구원을 거쳐 현재 전남대학교 윤리교육과 교수로 재직 중이다. 저서에 『조선조를 뒤흔든 논쟁』(상,하), 『대학 – 진보의 동아시아적 의미 – 』가 있고, 번역서로 『유학과 현대세계』가 있으며, 논문으로 「日・中・韓 유학의 현대화 시도에 대한 연구」, 「주자 성리학의 공부론 중 함양에 관한 연구」 등 다수가 있다.

전남대학교 종교문화연구소 총서 제3권

영성과 명상의 세계

인쇄 | 2009년 12월 5일
발행 | 2009년 12월 10일

저 자 | 지 운·이경열·윤찬원·허성석·김영태·황병하
이향만·최성식·강성률·박건주·선미라·김기현
발행인 | 김윤수
발행처 | 전남대학교출판부

등록 | 1981. 5. 21. 제53호
주소 | 500-757 광주광역시 북구 용봉로 77
전화 | (062) 530-0571~3
팩스 | (062) 530-0579
홈페이지 | http://altair.chonnam.ac.kr/~cnup

값 15,000원

ISBN 978-89-7598-813-4 (93210)

이 도서의 국립중앙도서관 출판시도서목록(CIP)은 e-CIP홈페이지(http://www.nl.go.kr/ecip)에서 이용하실 수 있습니다. **(CIP제어번호 : CIP2010001519)**